Quotale Gesellschafterhaftung

Europäische Hochschulschriften

European University Studies

Publications Universitaires Européennes

Reihe II	**Rechtswissenschaft**
Series II	Law
Série II	Droit

Band/Volume **5486**

Katharina Engels

Quotale Gesellschafterhaftung

PL ACADEMIC RESEARCH

Bibliografische Information der Deutschen Nationalbibliothek
Die Deutsche Nationalbibliothek verzeichnet diese Publikation in der Deutschen Nationalbibliografie; detaillierte bibliografische Daten sind im Internet über http://dnb.d-nb.de abrufbar.

Zugl.: Freiburg (Breisgau), Univ., Diss., 2012

D 25
ISSN 0531-7312
ISBN 978-3-631-62975-8 (Print)
E-ISBN 978-3-653-03394-6 (E-Book)
DOI 10.3726/ 978-3-653-03394-6

PL Academic Research ist ein Imprint der Peter Lang GmbH.
Peter Lang – Frankfurt am Main · Bern · Bruxelles · New York · Oxford · Warszawa · Wien

www.peterlang.de

Meinen Eltern

Vorwort

Die vorliegende Arbeit wurde im März 2012 von der Juristischen Fakultät der Albert-Ludwigs-Universität Freiburg als Dissertation angenommen. Sie befindet sich auf dem Stand Februar 2012. Die mündliche Prüfung fand am 17. und 18. Juli 2012 statt.

Zunächst möchte ich meinem Doktorvater Herrn Prof. Dr. Hanno Merkt, LL.M. für die Betreuung der Arbeit danken. Außerdem danke ich Herrn Prof. Dr. Boris Paal, M. Jur. für die schnelle Erstellung des Zweitgutachtens.

Ganz besonders möchte ich mich bei meinen Eltern bedanken, die mir das Studium ermöglicht und mich auch während der Promotion weiter unterstützt haben. Ihnen ist diese Arbeit gewidmet.

Mein Dank richtet sich außerdem an alle meine Freunde, die durch anregende Gespräche und Korrekturlesen zum Gelingen dieser Arbeit beigetragen haben.

Frankfurt am Main, 30. April 2013 *Katharina Engels*

Inhalt

Einleitung

In den letzten Jahren stehen unter anderem sogenannte geschlossene Immobilienfonds im Mittelpunkt der Diskussion zur Gesellschafterhaftung in einer Gesellschaft bürgerlichen Rechts. Dabei handelt es sich um Gesellschaften, deren Geschäftszweck auf die Errichtung, den Erwerb und die Verwaltung eines oder mehrerer Immobilienobjekte mit einem im Voraus feststehenden Investitionsvolumen ausgerichtet ist und die, sobald das Eigenkapital platziert ist, mit einem festen Kreis von Anlegern geschlossen werden.[1] Als Publikumspersonengesellschaften mit einer Vielzahl von Anlagegesellschaftern stellen sie aufgrund ihrer körperschaftlichen Organisation atypische Erscheinungsformen einer Personengesellschaft dar.[2]

Die Ausgestaltung des geschlossenen Immobilienfonds als Anlageform ist im Einzelnen äußerst vielfältig,[3] sie lässt sich in den Grundzügen aber wie folgt beschreiben: In der Regel planen ein oder mehrere Initiatoren die Gründung der Gesellschaft und sehen sich nach einem geeigneten Grundstück um.[4] Das Grundstück wird dann entweder von der Gesellschaft selbst oder von einem Grundbuchtreuhänder erworben.[5] Ist es noch unbebaut, wird zunächst die Immobilie, die später an einen oder mehrere Mieter vermietet werden soll, errichtet.[6] Zudem wird eine große Anzahl von Anlegern geworben, die bereit sind, ihr Kapital in die Gesellschaft zu investieren. Dabei beteiligen sich so viele Anleger an der Fondsgesellschaft, bis das für das anstehende Vorhaben nötige Eigenkapital beschafft ist.[7] Hinsichtlich der Beteiligungsformen ist zwischen den reinen Eigenkapitalfonds und den Fremdkapitalfonds zu unterscheiden. Bei den Eigenkapitalfonds werden die für die Finanzierung erforderlichen Mittel allein durch die Gesellschafter aufgebracht, indem diese zum einen Erspartes in die Fondsgesellschaft einbringen und zum anderen selbst Darlehen aufnehmen.[8]

---

1 *Falk*, S. 123; *King*, S. 144; *Otto*, S. 37; vgl. außerdem *Kindler*, S. 63 f.

2 *Jacobs*, S. 173.

3 Anm. *Kunkel*, BB 2011, 2387; *Weisemann*, DZWIR 2007, 183.

4 Graf von Westphalen/Thüsing/*Furmans*, Immobilienfonds, Rn. 3.

5 *Weisemann*, DZWIR 2007, 183.

6 Lüdicke/Arndt/*Arndt/Fischer*, B. I. 1 a, S. 196.

7 *Falk*, S. 123.

8 Vgl. *Bartlsperger*, Geschlossene Immobilienfonds, S. 74 f., 98; *Fleischmann*, DStR 1993, 907, 908; *Stenzel/Beckmann*, BB 2011, 2507, 2513: Indem die Gesellschafter

Demgegenüber sind für die akzessorische Haftung der Gesellschafter gemäß § 128 S. 1 HGB (analog) für die zur Finanzierung des Projektes aufgenommenen Darlehen allein die Fremdkapitalfonds von Bedeutung, bei denen die Gesellschaft Vertragspartnerin der Banken wird.[9] In diesem Fall wird also die Finanzierung des Projektes neben den von den Anlegern erbrachten Einlagen in großem Umfang auf Darlehen gestützt, die die Fondsgesellschaft selbst bei einem Kreditinstitut aufnimmt.[10] Dadurch erwirtschaftet sie steuerliche Verluste. Diese machen die Beteiligung an der Gesellschaft insofern interessant, als dass sie den Anlegern im Verhältnis ihrer Gesellschaftsbeteiligung zugewiesen werden.[11] Aufgrund des schrittweisen Abbaus von Steuerbegünstigungen nimmt allerdings die Bedeutung der mit der Beteiligung an einem geschlossenen Immobilienfonds verbundenen Renditemöglichkeiten immer mehr zu.[12]

Eine Vielzahl der geschlossenen Immobilienfonds befindet sich zurzeit in einer Krise.[13] Die Finanzierungsschwierigkeiten dieser Gesellschaften beruhen auf verschiedenen Ursachen. Ihre oftmals desaströse finanzielle Lage ist unter anderem Folge von nicht durchdachten Finanzierungskonzepten, die dazu führten, dass die Gesellschaften bei der Vermietung ihrer Immobilien den kalkulierten Mietzins nicht erzielen konnten und nicht mit genügend Eigenkapital ausgestattet waren.[14] Außerdem kam es in vielen Fällen infolge eines Überangebots auf dem Immobilienmarkt zu einer ausbleibenden Anschlussvermietung und damit zum Leerstand der Immobilien sowie zu ausfallenden Mieteinnahmen.[15] Dementsprechend waren die Fondsgesellschaften in den meisten Fällen auch nicht mehr in der Lage, ihre laufenden Darlehens- und Zinsverbindlichkeiten zu tilgen.[16] Anfallende Verwaltungs- und Instandhaltungskosten führten

---

selbst das Darlehen zur Finanzierung ihrer Gesellschaftsbeteiligung aufnehmen, stellen sie sicher, dass die Darlehenszinsen als Werbungskosten abzugsfähig sind.

9 *Kindler*, S. 66.

10 Vgl. *Bartlsperger*, Geschlossene Immobilienfonds, S. 75; *Falk*, S. 123; Assmann/Schütze/*Strohm*, § 21 Rn. 156.

11 *Loddenkemper*, ZfIR 2006, 707.

12 *Bartlsperger*, Geschlossene Immobilienfonds, S. 76; Mootz, S. 2.

13 Zu den Wegen aus der Krise eines geschlossenen notleidenden Immobilienfonds vgl. *Wagner*, NZG 1998, 289 ff.; *ders.*, NZG 1999, 868 ff.

14 *Gummert*, FS-Lüer, S. 201, 214 f.; *Otto*, S. 45; *Wagner*, NZG 1998, 289, 290 ff.; *ders.*, NZG 1999, 868, 869; *Walch*, S. 41, 43 f.

15 *Mootz*, S. 1; *Wagner*, NZG 1998, 289 f.; *ders.*, NZG 1999, 868 ff.; *Walch*, S. 41.

16 *Wagner*, NZG 1999, 868, 870; *Walch*, S. 41

dann zu einer weiteren Erhöhung der Gesellschaftsschulden.[17] Die Schwierigkeiten, einen Mieter zu finden, machten die Fondsimmobilien außerdem nahezu unverkäuflich und minderten die Aussichten der Banken, mit den Erlösen aus einer Zwangsversteigerung einen großen Teil der ausstehenden Forderungen decken zu können.[18]

Darüber hinaus hat der Wegfall von öffentlichen Subventionen bei vielen geschlossenen Immobilienfonds zu Finanzproblemen geführt. Vor allem das Land Berlin hat ab dem Jahr 1972 den sozialen Wohnungsbau durch Aufwendungshilfen für Investoren gefördert.[19] Diese Aufwendungshilfen dienten primär dazu, den Differenzbetrag zwischen den eigentlichen Mietkosten und dem vom Sozialmieter zu entrichtenden Mietzins auszugleichen. Als die fünfzehnjährige Grundförderung auslief, half das Land Berlin regelmäßig mit einer Anschlussförderung nach. Mit Beschluss vom 4.2.2003 stellte der Berliner Senat allerdings fest, dass es mit Wirkung zum 1.1.2003 keine Anschlussförderung mehr geben werde.[20] Das BVerwG erklärte am 11.5.2006 diesen Beschluss für wirksam.[21] Aufgrund des Wegfalls der Grundförderung und der Anerkennung der unbeschränkten persönlichen Gesellschafterhaftung durch den BGH stehen viele Anleger solcher Fondsgesellschaften vor dem finanziellen Ruin.[22]

Bereits im Jahr 2001 hat *Heil* zutreffend vorausgesehen, dass solche Publikumspersonengesellschaften mit ihrer oftmals sehr großen Anzahl von Gesellschaftern „der Praxis noch viel Freude bereiten werden".[23] Dementsprechend waren die Fondsgesellschaften in den letzten Jahren hinsichtlich der unterschiedlichsten Sachfragen immer wieder Gegenstand von grundlegenden Entscheidungen des BGH. Im Vordergrund stand hier zum einen das Problem der wirksamen Vertretung der Gesellschaften durch Geschäftsbesorger, die nicht zugleich Gesellschafter sind. Hier stellte sich die Frage, ob die den Geschäftsbesorgern erteilte Vollmacht gegen Art. 1 § 1 RBerG verstößt und daher nach

---

17 *Walch*, S. 41; vgl. auch *Otto*, S. 49.

18 *Wagner*, NZG 1999, 868, 870.

19 Pressemitteilung Nr. 27/2006 des BVerwG vom 11.5.2006.

20 KG, BeckRS 2008, 13228.

21 BVerwG, NVwZ 2006, 1184.

22 Eingehend hierzu der Beitrag von *Wagner/Loritz*, WM 2009, S. 2149 ff.; zu möglichen Prospekthaftungsansprüchen der Anleger vgl. *Kind/Schmidt-Modrow*, NZG 2010, 249 ff.

23 *Heil*, NZG 2001, 300, 305.

§ 134 BGB nichtig ist.[24] Auch sogenannte Treuhandgestaltungen haben den BGH in letzter Zeit immer wieder beschäftigt.[25] Denn neben einer unmittelbaren Beteiligung an der Fondsgesellschaft mit darlehensvertraglicher bzw. gesellschaftsvertraglicher Haftungsbeschränkung existieren noch andere Beteiligungsformen. Denkbar ist zunächst eine Beteiligung als stiller Gesellschafter oder auch eine Unterbeteiligung.[26] Bei einer Treuhandgestaltung sind die Gesellschafter demgegenüber lediglich mittelbar über einen Treuhänder an der Gesellschaft beteiligt. Eine Einschränkung des Haftungsrisikos der Anleger ist dann nur möglich, wenn der Treuhänder für Rechnung der Anleger im eigenen Namen auftritt.[27] Im Fall der in der Praxis beliebten sogenannten echten Treuhand[28] wird allein der Treuhänder Gesellschafter und die Anleger können nur mittelbar über die ihnen im Treuhandvertrag eingeräumten Rechte Einfluss auf die Gesellschaft nehmen.[29]

Bei der Verlustausgleichshaftung der Fondsgesellschafter gemäß den §§ 735, 739 BGB steht aktuell zum einen das vom BGH gebilligte Konzept des „Sanieren oder Ausscheiden" im Vordergrund,[30] zum anderen geht es um die Frage, ob die Verlustausgleichsansprüche der Fondsgesellschaft gegen die Gesellschafter aus den §§ 735, 739 BGB der Regelverjährung gemäß § 195 BGB unterliegen.[31] Darüber hinaus erklärte der BGH am 20.7.2010 die Grundsätze zur fehlerhaften Gesellschaft auch im Fall der nichtigen Übertragung von Ge-

---

24 BGH, NZG 2006, 745; BGH, NZG 2007, 140; *Lehleiter/Hoppe*, WM 2005, 2213, 2214 f.

25 Vgl. BGHZ 178, 271; BGHZ 185, 310; BGHZ 189, 45; BGH, NZG 2011, 1432; BGH, BB 2011, 1807; sowie die Entscheidungen des BGH vom 22.3.2011: BGH, Az. II ZR 100/09; Az. II ZR 174/09; BGH, Az. II ZR 215/09; BGH, Az. II ZR 216/09; BGH, Az. II ZR 217/09; BGH, Az. II ZR 218/09 (juris); außerdem *Tebben*, in: Gesellschaftsrecht in der Diskussion 2010, S. 161 ff.

26 Vgl. hierzu die ausführliche Darstellung bei Lüdicke/Arndt/*Bost/Halfpap*, A. II. 3. b, S. 27 ff.

27 *Otto*, S. 41; vgl. auch Anm. *Kunkel*, BB 2011, 2387.

28 Daneben existiert die viel seltener vorkommende sogenannte unechte Treuhand, bei der die Anleger selbst Kommanditisten der Gesellschaft werden und nur die Wahrnehmung ihrer Mitgliedschaftsrechte auf den Treuhänder übertragen, vgl. Graf von Westphalen/Thüsing/*Furmans*, Immobilienfonds, Rn. 133.

29 Graf von Westphalen/Thüsing/*Furmans*, Immobilienfonds, Rn. 134; Lüdicke/Arndt/*Bost/Halfpap*, A. II. 3. b aa, S. 22 ff.

30 BGHZ 183, 1; *Westermann*, NZG 2010, 321 ff.

31 BGH, NZG 2010, 1020; *Wagner*, NZG 2011, 489, 491; kritisch: *K. Schmidt*, DB 2010, 2093, 2094 ff.

schäftsanteilen einer Fonds-GbR für anwendbar.[32] In Fortführung seiner Entscheidung vom 21.9.2009, in der der 2. Zivilsenat BGB-Gesellschaftern einen Anspruch auf Auskunftserteilung über die Namen und Anschriften ihrer Mitgesellschafter aus § 716 Abs. 1 BGB und dem gesellschaftsvertraglichen Verhältnis zubilligte,[33] stellte er in seinem Urteil vom 11.1.2011 fest, dass ein solcher Anspruch auf Auskunftserteilung auch jenen Anlegern zustehe, die als Treugeber mittelbar über eine Treuhandkommanditistin als Treuhänderin an einer Publikums-KG beteiligt sind, sofern die Anleger im Innenverhältnis eine GbR bilden.[34]

Gegenstand all dieser Entscheidungen aus der letzten Zeit waren als GbR, als KG oder auch als OHG organisierte Fondsgesellschaften. Im Gegensatz zu den offenen Immobilienfonds, die ein von einer Kapitalanlagegesellschaft in der Rechtsform der AG oder GmbH (vgl. § 6 Abs. 1 S. 2 InvG) verwaltetes Sondervermögen, § 30 Abs. 1 S. 2 InvG, darstellen,[35] besteht zwar bei den geschlossenen Immobilienfonds kein Rechtsformenzwang. Aufgrund der angestrebten Erzielung von möglichst umfassenden Steuervorteilen kommen in der Praxis aber allein die Rechtsformen der GbR, OHG und KG in Betracht, weil dann die von der Fondsgesellschaft erlangten steuerlichen Verluste den Gesellschaftern zugewiesen und mit deren positiven Einkünften verrechnet werden können.[36] Wenn die Fondsgesellschaft lediglich eigenes Vermögen verwaltet und keine Eintragung nach § 105 Abs. 2 S. 1 HGB in das Handelsregister vorliegt, ist sie in der Rechtsform der GbR organisiert.[37] Die häufige Wahl dieser Gesellschaftsform in der Vergangenheit ist wohl darauf zurückzuführen, dass das Haftungsrisiko für die Gesellschafter nach der von der Rechtsprechung früher vertretenen Doppelverpflichtungslehre beherrschbarer war, als nach der nunmehr vorherrschenden Akzessorietätstheorie.[38]

Vor der Kulisse der bereits beschriebenen Finanzierungsschwierigkeiten vieler Fondsgesellschaften besteht angesichts der in vielen Fällen nur geringen

32 BGHZ 186, 253.
33 BGH, NZG 2010, 61.
34 BGH, NZG 2011, 276; vgl. hierzu auch *Voigt*, NZG 2011, 256.
35 Vgl. *Kindler*, S. 8.
36 *Otto*, S. 38.
37 Vgl. *Barchewitz*, MDR 2009, 1374; *Jacobs*, S. 174; *King*, S. 150; Bamberger/Roth/*Schöne*, § 705 Rn. 192; Palandt/*Sprau*, § 705 Rn. 47; *Westermann*, FS-Krämer, S. 373, 374.
38 *Gummert*, FS-Lüer, S. 201.

Beteiligung der einzelnen Anleger das Bedürfnis nach einer Begrenzung der Haftungsrisiken. Denn die Anleger müssen nicht nur mit einer Inanspruchnahme durch die Gesellschaftsgläubiger rechnen, sondern im Fall ihres Ausscheidens auch die Verlustausgleichshaftung gemäß § 739 BGB befürchten. Außerdem kann es vorkommen, dass sie sich gegen ihren Willen auf der Grundlage einer gesellschaftsvertraglichen Bestimmung finanziell an einer Sanierung der Fondsgesellschaft beteiligen müssen. Scheitert die Sanierung der Gesellschaft dann trotzdem, droht ihnen aufgrund der persönlichen Gesellschafterhaftung eine Inanspruchnahme durch die Gläubigerbanken auf Rückzahlung der zur Sanierung gewährten Darlehen einschließlich Zinsen. Daneben müssen die Anleger sich außerdem darauf einstellen, ihre Einlagen ganz oder jedenfalls zum Teil zu verlieren.[39] Unter Umständen verzichten sie sogar freiwillig auf die ihnen zustehenden Ausschüttungen, um nicht die fristgerechte Tilgung der Gesellschaftsverbindlichkeiten zu gefährden.[40]

Vor diesem Hintergrund bewegt sich nun die aktuelle Diskussion um die quotale Haftung der Anleger für die Verbindlichkeiten der Fondsgesellschaften. In den Gesellschaftsverträgen bzw. in den Darlehensverträgen der Gesellschaft mit den kreditgebenden Banken sind in vielen Fällen Klauseln enthalten, die die Haftung der Anlagegesellschafter für die Gesellschaftsverbindlichkeiten quotal beschränken. In einem solchen Fall haftet der einzelne Gesellschafter abweichend von der gesetzlichen Vorgabe des § 128 S. 1 HGB (analog) für die Gesellschaftsverbindlichkeit nicht in voller Höhe, sondern lediglich in der Höhe eines Anteils (Quote), der seiner Beteiligung an der Gesellschaft entspricht.[41] Eine quotale Beschränkung der persönlichen Gesellschafterhaftung begrenzt allein den Umfang der persönlichen Einstandspflicht eines Gesellschafters, so dass es grundsätzlich bei der akzessorischen Gesellschafterhaftung und damit auch bei erheblichen Haftungsrisiken für die einzelnen Anleger bleibt.[42] Ist die Haftung der Anlagegesellschafter auf diese Weise beschränkt, stellen sich schwierige Fragen nach der Bemessungsgrundlage der Haftungsquoten sowie der Verteilung des Risikos einer Insolvenz von Anlegern.

---

39 Zu diesen Risiken *Westermann*, NZG 2011, 1041, 1042.

40 *Westermann*, NZG 2011, 1041, 1042.

41 *Von Arnim*, Das Grundeigentum 2005, 1409; *Barchewitz*, MDR 2009, 1374; *Lehleiter/Hoppe*, BKR 2008, 323, 324.

42 *Deutscher*, ZfIR 2009, 631, 639.

Die in der Rechtsform der Außen-GbR konstituierte Fondsgesellschaft wird ihrem tatsächlichen Vorkommen in der Rechtswirklichkeit entsprechend bei der Behandlung der Problematik der quotalen Gesellschafterhaftung im Vordergrund stehen. Die gewonnenen Ergebnisse könnten jedoch angesichts der grundsätzlich identischen Haftungsverfassung der OHG auch auf die in dieser Gesellschaftsform organisierten geschlossenen Immobilienfonds übertragen werden. Bei der KG hingegen stellt sich die Problematik einer quotalen Haftungsbeschränkung nicht, da hier durch die gesellschaftsvertragliche Einräumung der Kommanditistenstellung und die Leistung der Kommanditeinlagen die Haftung der Anleger beschränkt wird.[43]

Die Diskussion zum Wesen und zur Natur der GbR hat in den letzten Jahrzehnten einen wesentlichen Umbruch erfahren. Aufgrund dessen geht nun sowohl die Rechtsprechung als auch der überwiegende Teil der Literatur bei der Beurteilung von gesellschaftsrechtlichen Fragen im Zusammenhang mit der GbR von einem völlig anderen Strukturverständnis dieser Gesellschaftsform aus. Auch die herrschende Ansicht zur dogmatischen Herleitung einer Haftung der BGB-Gesellschafter für Gesellschaftsschulden hat sich grundlegend gewandelt. Die in dieser Arbeit angestellte Untersuchung der quotalen Beschränkung der Gesellschafterhaftung hängt eng mit dem dargestellten Strukturwandel im Recht der GbR zusammen. Demgemäß wird am Anfang dieser Arbeit (*Kapitel 1*) die Entwicklung in Lehre und Rechtsprechung zu den Fragen der Struktur und Haftungsverfassung in der GbR stehen.

Im Anschluss daran wird in *Kapitel 2* ermittelt, inwiefern BGB-Gesellschafter und im Speziellen solche einer Publikums-GbR wie die Fonds-Anlagegesellschafter ihre Haftung gegenüber den Gesellschaftsgläubigern beschränken können. Dabei wird zunächst die Frage aufgeworfen, inwieweit eine Haftungsbeschränkung überhaupt zulässig ist, um sodann ihre dogmatischen Grundlagen zu erkunden. Insbesondere wird auf die in letzter Zeit immer häufiger diskutierte Frage eingegangen werden, ob die Haftung der Anlagegesellschafter einer Publikums-GbR institutionell beschränkt ist oder ob eine Haftungsbeschränkung mittels formularvertraglicher Vereinbarung zugelassen werden kann. Schließlich ist zu klären, ob die für die quotale Haftung in der GbR gefundenen Ergebnisse auch auf eine Fondsgesellschaft in der Rechtsform der OHG übertragbar sind. Schlussendlich sollen auch die Unterschiede zwischen den in der Praxis vorkommenden verschiedenen Varianten einer quota-

---

43 Vgl. *Deutscher*, ZfIR 2011, 505, 507.

len Haftungsbeschränkung – der rein prozentualen sowie der summenmäßigen Haftungsbegrenzung – herausgearbeitet werden.

Im Mittelpunkt der Debatte über die quotale Haftung steht das Problem, nach welcher Bemessungsgrundlage sich jeweils die Haftungsquote des einzelnen Anlegers richtet, also ob die quotalen Haftungsbeträge immer anhand der ursprünglichen Gesellschaftsverbindlichkeit bestimmt werden oder ob vielmehr die jeweils aktuelle Gesellschaftsschuld zugrunde zu legen ist. Damit verbunden ist die aus wirtschaftlicher Sicht wichtige Frage, wer das Risiko eines Ausfalls von einzelnen oder mehreren Anlegern trägt. Mit diesem Problem haben sich in den letzten Jahren nicht nur einige Oberlandesgerichte beschäftigt, sondern auch der BGH hat in mehreren Entscheidungen aus dem Jahr 2011 Stellung zu dieser Frage bezogen. In *Kapitel 3* wird daher zunächst der dazu in Rechtsprechung und Literatur vertretene Meinungsstand dargestellt und anhand von Beispielsfällen die Konsequenzen der verschiedenen Ansichten erörtert. Sodann erfolgt eine umfassende Auseinandersetzung mit den in der Rechtsprechung und im Schrifttum vertretenen Lösungsansätzen.

Abschließend soll in diesem, den Schwerpunkt der Arbeit bildenden Kapitel, untersucht werden, ob das hinsichtlich der Anrechnungsfrage gefundene Ergebnis auch auf eine quotale Haftungsbeschränkung in Form einer summenmäßigen Festsetzung der einzelnen Haftungsquoten übertragbar ist. Außerdem muss in diesem Rahmen noch die Frage beantwortet werden, wie im Fall einer summenmäßigen quotalen Haftungsbeschränkung mit von der Quotenhaftung nicht gedeckten Gesellschaftsschulden umzugehen ist.

In *Kapitel 4* soll schließlich dem Problem nachgegangen werden, welche Auswirkungen die Wahl einer bestimmten Reihenfolge bei der Verwertung der den Gläubigerbanken zur Verfügung stehenden Sicherheiten – also die persönliche Haftung der Anlagegesellschafter sowie die Zwangsvollstreckung in das Fondsgrundstück – auf die Verteilung des Risikos eines Ausfalls von Anlegern hat. Dementsprechend ist zu prüfen, ob die Banken im Fall einer Vollstreckung in das Fondsgrundstück und in das Privatvermögen der Gesellschafter eine bestimmte Vollstreckungsreihenfolge einhalten müssen und welchen Einschränkungen ein freies Wahlrecht unter Umständen unterliegt. Sodann ist zu untersuchen, ob die den Gläubiger befriedigenden Anleger aufgrund einer cessio legis die regelmäßig an dem Fondsgrundstück bestehenden dinglichen Sicherheiten erwerben und welche Folgen mit einer solchen Legalzession im Einzelnen verbunden sind.

Wenn ein Anleger von dem Gesellschaftsgläubiger in Anspruch genommen wurde, wird er in der Regel Rückgriff bei der Gesellschaft oder den anderen Gesellschaftern nehmen wollen. Dementsprechend wird in *Kapitel 5* ermittelt, welche Rückgriffs- und Freistellungsansprüche einem Gesellschafter im Normalfall einer gesamtschuldnerischen Haftung aller Gesellschafter für die Gesellschaftsverbindlichkeiten zustehen. Sodann werden die Besonderheiten erörtert, die sich für die Frage der Rückgriffs- und Freistellungsansprüche ergeben, wenn ein Gesellschafter lediglich quotal beschränkt im Verhältnis zu seiner Beteiligung an der Gesellschaft für die Gesellschaftsverbindlichkeiten haftet. Zur besseren Vergleichbarkeit wird hier eine Parallele zu den Fällen einer gesetzlichen Teilschuld – der Haftung in der Partenreederei und der Haftung in der Wohnungseigentümergemeinschaft – gezogen.

Die Welle der oberlandesgerichtlichen Entscheidungen zur quotalen Haftung der Anlagegesellschafter von geschlossenen Immobilienfonds ab dem Jahr 2008 hat dazu geführt, dass dieses Thema auch im Schrifttum vermehrt zur Sprache gekommen ist. Alle diese Beiträge bieten jedoch keine abschließende bzw. zufriedenstellende Darstellung der Problematik der Quotenhaftung. Ziel dieser Arbeit ist es daher, die mit der quotalen Haftungsbeschränkung verbundenen Probleme herauszuarbeiten und Lösungsmöglichkeiten zu diskutieren. Dabei sollen stets die sowohl auf der Anleger- als auch auf der Gläubigerseite berührten Interessen Beachtung finden. Die vorliegende Untersuchung berücksichtigt die Literatur und Rechtsprechung bis Mitte Februar 2012.

Kapitel 1 - Die Entwicklung in Lehre und Rechtsprechung zu den Fragen der Struktur und der Haftungsverfassung der Gesellschaft bürgerlichen Rechts

Die GbR verkörpert zwar die Grundform aller Personengesellschaften,[44] dies bedeutet aber keineswegs, dass damit die entscheidenden Fragen nach ihrem Wesen und ihrer Verfassung abschließend geklärt wären. Insbesondere ab den siebziger Jahren des 20. Jahrhunderts bis in den Anfang des neuen Jahrtausends hinein gab es wiederholt heftige Kontroversen hinsichtlich der Fragen nach ihrer Rechtsnatur und Haftungsverfassung. Die §§ 705 ff. BGB konnten im Rahmen der Diskussion aufgrund ihres zum Teil nur geringen Regelungsgehalts oftmals keine Antworten liefern.[45]

Im Vergleich zu seiner früheren Rechtsprechung hat der BGH in den letzten Jahrzehnten sein Verständnis vom Wesen der GbR und der persönlichen Haftung der BGB-Gesellschafter gegenüber den Gesellschaftsgläubigern grundlegend gewandelt. Der weit überwiegende Teil der Literatur, in der vornehmlich bereits zuvor ein anderes Verständnis von der Rechtsnatur und der Haftungsverfassung der GbR herrschte,[46] bewertet den durch *BGHZ 142, 315* und *BGHZ 146, 341* vollzogenen Wandel in der Rechtsprechung des BGH grundsätzlich positiv.[47]

---

44 *Fauser*, S. 83; *Reiff*, NZG 2000, 281.

45 Vgl. *Fauser*, S. 83; *Flume*, ZHR 136 (1972), 177, 178; Anm. *K. Schmidt*, JuS 1997, 752.

46 Vor dem Rechtsprechungswandel gingen unter anderem bereits von einer Rechtsfähigkeit der GbR aus: *Aderhold*, S. 157 ff.; *Dauner-Lieb*, DStR 1999, 1992, 1996 f.; *Flume*, Die Personengesellschaft, § 4 II, S. 54 ff.; *Kirberger*, FS-Leser, S. 219 ff.; *Mülbert*, AcP 199 (1999), 38, 66; *Timm*, NJW 1995, 3209 ff.; für eine akzessorische Haftung von BGB-Gesellschaftern sprachen sich darüber hinaus schon früh aus: *Dauner-Lieb*, S. 541 ff.; *dies.*, DStR 1999, 1992 ff.; *Timm*, NJW 1995, 3209, 3216; für die Anwendung der Akzessorietätstheorie auf unternehmenstragende und freiberufliche GbR sowie solche, die ausschließlich eigenes Vermögen verwalten: *Reiff*, ZIP 1999, 517, 521; *ders.*, ZIP 1999, 1329; *ders.*, NZG 2000, 281, 283 f.; *K. Schmidt*, Gesellschaftsrecht, § 60 III 2, S. 1790 ff.; *Ulmer*, ZIP 1999, 554, 555 ff.

47 Anm. *Altmeppen*, ZIP 1999, 1758, 1760; Anm. *Bayer*, EWiR 2003, § 705 BGB 5/03, 405; *Dauner-Lieb*, DStR 2001, 356 ff.; *Hadding*, ZGR 2001, 712 ff.; *K. Schmidt*, NJW 2001, 993 ff.; *Ulmer*, ZGR 2000, 339, 344; *ders.*, ZIP 2001, 585, 589 f.; weiterhin kri-

Die Rechtsprechungsentwicklung hat zu tiefgreifenden Veränderungen der Haftungsverfassung der Außen-GbR geführt und entfaltet daher auch große Bedeutung für die Frage nach Inhalt und Umfang der quotalen Gesellschafterhaftung. Im Folgenden werden daher überblicksmäßig die verschiedenen Ansichten zur Struktur und Haftungsverfassung der GbR beschrieben. Da der Zweck dieser Darstellung indes allein in einem besseren Verständnis der Folgeprobleme einer Beschränkung der Haftung von Personengesellschaftern besteht, sollte klar sein, dass es sich hierbei nur um die Grundzüge dieser Theorien handelt und keineswegs ein Anspruch auf Vollständigkeit hinsichtlich ihrer einzelnen Spielarten erhoben wird. Im Anschluss wird die oben bereits erwähnte Entwicklung der Rechtsprechung zur Außenhaftung von BGB-Gesellschaftern aufgezeigt.

A. Die verschiedenen Ansichten zur Struktur und Haftungsverfassung der Gesellschaft bürgerlichen Rechts

I. Die Struktur der Gesellschaft bürgerlichen Rechts

1. Die individualistische Gesamthandslehre

Während nach dem ersten Entwurf des BGB die GbR noch ein reiner Schuldvertrag zwischen den Gesellschaftern war,[48] fasste der zweite Entwurf das Gesellschaftsvermögen als Gesamthandsvermögen.[49] Dementsprechend folgerte man aus § 719 Abs. 1 BGB, dass die GbR mehr als einen schuldrechtlichen Vertrag darstellte, da es den Gesellschaftern nach dieser Norm nicht möglich ist, über ihren Anteil am Gesellschaftsvermögen frei zu verfügen.[50] Die Vertreter der klassischen Gesamthandslehre sprachen sich daher gegen eine Rechtsfähigkeit

---

tisch bis ablehnend: *Baumann*, JZ 2001, 895 ff.; *Beuthien*, NZG 2011, 481 ff.; *Heil*, NZG 2001, 300 ff.; *Peifer*, NZG 2001, 193 ff.

48 *Mugdan*, Band 2, Motive, S. 330, Protokolle, S. 989, 2435.

49 *Mugdan*, Band 2, Protokolle, S. 990.

50 Vgl. *Nagel*, DStR 2000, 2091, 2093.

der GbR aus, so dass die Träger der Rechte und Pflichten allein die Gesellschafter in ihrer gesamthänderischen Verbundenheit waren.[51] Allerdings wurde auch hier zwischen dem Privatvermögen der Gesellschafter und dem Gesamthandsvermögen unterschieden, wobei Letzteres ebenfalls den Gesellschaftern zugeordnet war.[52] Der Gläubiger konnte dann aus zwei Vermögensmassen Befriedigung suchen, zum einen aus dem persönlichen Vermögen der Gesellschafter und zum anderen aus dem Gesamthandsvermögen.[53]

Durch das rechtsgeschäftliche Handeln der Geschäftsführer, die ausdrücklich oder aufgrund der Zweifelsregelung von § 714 BGB Vertretungsmacht hatten, wurden danach allein die Gesellschafter verpflichtet.[54] Umstritten ist unter den Vertretern der Gesamthandslehre, ob die Haftung der Gesellschafter mit ihrem Privatvermögen nur durch eine individualvertragliche Vereinbarung mit den Gläubigern beschränkt werden kann[55] oder ob vielmehr auch eine einseitige Haftungsbeschränkung möglich ist.[56]

Die Rechtsprechung des BGH war über Jahrzehnte von der klassischen Gesamthandslehre geprägt.[57] Auch in den neunziger Jahren des 20. Jahrhunderts hat es noch Versuche gegeben, diese Lehre erneut aufleben zu lassen.[58] Die Diskussion zur Frage nach dem Wesen der Gesamthand hat sich zwar im Wesentlichen auf die GbR konzentriert, allerdings wurde sie in einem kleineren Rahmen trotz der Bestimmung des § 124 HGB auch bei der OHG und KG geführt.[59]

---

51 *Huber*, S. 61 ff.; *Kübler*, § 4 III, S. 27, § 6 III 3 c, S. 53; *Larenz*, Schuldrecht II, 12. Auflage, § 60 IV c, S. 392; *Wiedemann,* WM 1975, Sonderbeilage 4, S. 28; *ders.*, Gesellschaftsrecht I, § 5 I 2b, S. 250 ff.; weitere Nachweise bei *Zöllner*, FS-Gernhuber, S. 563 Fn. 1; vgl. auch *Peifer*, NZG 2001, 193, 194.

52 *Zöllner*, FS-Kraft, S. 701, 704 ff.; *Kübler*, § 6 III 3 c, S. 53; vgl. auch *Blenske*, NJW 2000, 3170.

53 Vgl. *Windbichler*, § 8 Rn. 11; *Peifer*, NZG 2001, 193, 195.

54 Vgl. *Peifer*, NZG 2001, 193, 194.

55 Vgl. *Würdinger*, Gesellschaften I, S. 90; *Peifer*, NZG 2001, 193, 195.

56 So *Nicknig*, S. 22; *Wolf*, S. 40 ff.

57 BGHZ 5, 35, 37 (für die OHG); BGH, NJW 1961, 1022 f. (für die KG).

58 *Zöllner*, FS-Gernhuber, S. 563 ff.; *ders.*, FS-Kraft, S. 701 ff.; ihm folgend: *Hueck*, FS-Zöllner, S. 275 ff.

59 Vgl. RGZ 139, 252, 254; *Buchner*, AcP 169 (1969), 483 ff.; *Huber*, S. 89 ff.; unschlüssig bereits BGHZ 36, 224, 227.

2. Die Gruppenlehre

Die Gruppenlehre oder auch Lehre von der Teilrechtsfähigkeit der GbR hat ihre Ursprünge in der von *Otto von Gierke* begründeten deutsch-rechtlichen Gesamthandslehre des 19. Jahrhunderts[60] und wurde von *Flume* in den siebziger Jahren des 20. Jahrhunderts weiterentwickelt.[61] Die von *Flume* in *ZHR 136* veröffentlichte Abhandlung zur neuen Gesamthandslehre, die in den folgenden Jahren von anderen namhaften Autoren vorangetrieben wurde,[62] hatte eine über drei Jahrzehnte andauernde heftige Kontroverse zwischen den Anhängern der individualistischen Theorie und denen der Gruppenlehre zur Folge.[63]

Im Gegensatz zu den Anhängern der individualistischen Theorie gehen die Vertreter der Gruppenlehre davon aus, dass die Außen-GbR so verselbstständigt ist, dass sie Trägerin von Rechten und Pflichten sein kann. Obwohl die GbR keine juristische Person darstelle, sei sie demzufolge (teil-)rechtsfähig.[64] Das Vermögen der Gesamthandsgesellschaft wird nicht mehr als gebundenes Sondervermögen der Gesellschafter betrachtet, sondern die Gesellschaft ist danach selbst Trägerin des Gesamthandsvermögens.[65] Für *Flume* ist das entscheidende Argument für die Anerkennung der Teilrechtsfähigkeit der GbR, dass der Gesetzgeber sie ursprünglich als reines Schuldverhältnis verstanden und nicht erkannt habe, dass die Gesellschaft mit der Ausgestaltung des Gesellschaftsvermögens als Gesamthandsvermögen zu einer Organisationseinheit werde. Als eine solche könne die GbR dann auch Teilnehmerin des Rechtsverkehrs sein.[66] Für die Anerkennung der Rechtssubjektivität der GbR spreche auch, dass sich

---

60 *Gierke*, S. 663 ff., 682.

61 *Flume*, ZHR 136 (1972), 177 ff.

62 Vgl. Soergel/*Hadding*, 11. Auflage, Vor § 705 Rn. 21, § 714 Rn. 1 ff.; MüKo/*Ulmer*, BGB, 3. Auflage, § 705 Rn. 131 ff.; *K. Schmidt*, Gesellschaftsrecht, 1. Auflage, § 8 III, S. 151 ff.

63 Vgl. *K. Schmidt*, NJW 2001, 993, 994 f. m.w.N.

64 *Flume*, Die Personengesellschaft, § 4, S. 50 ff.; *ders.*, FS-Raiser, S. 27 ff.; *Fauser*, S. 86; *Dauner-Lieb*, in: Gesellschaftsrecht in der Diskussion 2001, S. 117, 121 f.; *Hüffer*, ZHR 151 (1987), 396, 397 f.; *ders.*, 4. Auflage, S. 45 ff.; *Jaschke*, S. 27 ff.; *Wiedemann*, WM 1994, Sonderbeilage Nr. 4, S. 6 ff.

65 *Flume*, ZHR 136 (1972), 177, 193 ff.; *Gierke*, S. 682; *Reiff*, NZG 2000, 281.

66 *Flume*, ZHR 136 (1972), 177, 178 f.

eine kleingewerbliche GbR quasi über Nacht durch eine Änderung ihrer Unternehmensstruktur zu einer OHG wandeln könne.[67]

Unter den Vertretern der Gruppenlehre war lange Zeit umstritten, ob die GbR aktiv und passiv parteifähig ist[68] und ob sie die Grundbuchfähigkeit besitzt.[69] Diese Fragen wurden mit der Anerkennung der aktiven und passiven Parteifähigkeit der GbR durch den BGH,[70] der Neufassung von § 50 Abs. 2 ZPO, der nun ausdrücklich auch die aktive Parteifähigkeit des nichtrechtsfähigen Vereins bestimmt,[71] und der Neufassung von § 47 GBO, nach dessen Abs. 2 im Fall der Eintragung eines Rechts der GbR auch deren Gesellschafter im Grundbuch einzutragen sind, nun (jedenfalls) für die Praxis endgültig geklärt.

Da die Aussagen der Gruppenlehre nicht mit dem Wortlaut von vielen gesellschaftsrechtlichen Regelungen des BGB vereinbar sind,[72] konnte diese Lehre sich lange Zeit nicht gegenüber der individualistischen Theorie durchsetzen. Inzwischen entspricht sie jedoch der herrschenden Meinung.[73] Unter den Vertretern der Gruppenlehre ist umstritten, welchen Formen der GbR die Rechtsfähigkeit zuzuerkennen ist. Weitgehend einig ist man sich dabei in dem Punkt, dass nur die Außen-GbR rechtsfähig sein kann, wobei jedoch die Kriterien zur Abgrenzung der Außengesellschaft von der reinen Innengesellschaft wiederum unklar sind.[74]

---

67 So *Reiff*, ZIP 1999, 517, 518 f.; *ders.*, NZG 2000, 281, 282.

68 Gegen die Parteifähigkeit der GbR: BGH, NJW 1981, 1953, 1954; *Jauernig*, 26. Auflage, § 19 II 1, S. 59; *Lüke*, ZGR 1994, 266, 278 ff.; *Müther*, MDR 1998, 625; *Rosenberg/Schwab/Gottwald*, 15. Auflage, § 43 II 8 a, S. 220; a.A. hingegen *Gummert*, in Münchener Hdb. des Gesellschaftsrechts I, 1. Auflage, § 9 Rn. 47; Soergel/*Hadding*, 11. Auflage, § 714 Rn. 52; *Hüffer*, 4. Auflage, S. 48; *Timm*, NJW 1995, 3209, 3214; *Schünemann*, S. 212.

69 Vgl. § 47 GBO a.F.; für eine Grundbuchfähigkeit sprachen sich unter anderem *Gummert*, in Münchener Hdb. des Gesellschaftsrechts I, 1. Auflage, § 9 Rn. 32 und *Kirberger*, FS-Leser, S. 219, 233 ff. aus.

70 Vgl. BGHZ 146, 341, 347 ff.

71 Vgl. Vorwerk/Wolf/*Hübsch*, § 50 Rn. 26; Musielak/*Weth*, § 50 Rn. 27.

72 Eine gute Übersicht zu diesen Vorschriften bietet *Nagel*, DStR 2000, 2091, 2093 f.; vgl. auch *K. Schmidt*, NJW 2001, 993, 996 f.; *Zöllner*, FS-Kraft, S. 701, 702.

73 Vgl. *Gummert*, in: Münchener Hdb. des Gesellschaftsrechts I, § 17 Rn. 6 ff. m.w.N. in Fn. 27 und 32.

74 Vgl. *Eigner*, S. 38 m.w.N.

Ulmer will nur solchen Außen-GbR die Rechtsfähigkeit zuerkennen, die zur Teilnahme am Rechtsverkehr mit handlungsfähigen Organen und einem Gesamtnamen gegründet wurden und deren Gesellschaftsvertrag als Organisationsvertrag ausgestaltet ist. Entscheidend sei daher die Verknüpfung von Organisationsvertrag und Gesamthandsvermögen; nur eine GbR mit eigener Identitätsausstattung könne rechtsfähig sein.[75] In ähnlicher Weise vertritt *K. Schmidt* die Beschränkung der Rechtsfähigkeit auf die Mitunternehmer-GbR.[76] *Derleder* hingegen will den BGB-Gesellschaftern das Recht einräumen, die Rechtsfähigkeit ihrer Gesellschaft durch eine entsprechende kollektive Bezeichnung im Rechtsverkehr selbst zu bestimmen. Als objektives Kriterium verbleibe dann allein der „komplexitätsbedingte Bedarf für eine eigenständige Rechtspersönlichkeit".[77]

II. Die Haftungsverfassung der Gesellschaft bürgerlichen Rechts

Auch die Frage der Haftung der Gesellschafter für die Verbindlichkeiten der GbR wurde äußerst kontrovers diskutiert. Sie ist eng mit dem Strukturverständnis der GbR verbunden. Nach der individualistischen Theorie konnte die GbR nicht selbst Trägerin von Rechten und Pflichten sein; damit kamen allein die Gesellschafter als Verpflichtungssubjekte in Betracht. Demgegenüber handeln bei einer dem Verständnis der Gruppenlehre folgenden Annahme der Teilrechtsfähigkeit der GbR die Geschäftsführer zunächst in Vertretung der GbR als eigenes Rechtssubjekt. Die GbR ist dann selbst Schuldnerin der Gesellschaftsverbindlichkeiten.[78] In diesem Fall kann der Gläubiger auf das Vermögen der Gesellschaft als Haftungsmasse zurückgreifen. Eine darüber hinausgehende persönliche Haftung der Gesellschafter für die Gesellschaftsverbindlichkeiten muss dann besonders begründet werden.[79] Mit der Anerkennung der Rechtsfähigkeit der GbR durch den BGH stand demnach nun auf einmal die Frage im Vordergrund, wie neben der Haftung der Gesellschaft selbst auch die persönliche Haftung der Gesellschafter für die Gesellschaftsverbindlichkeiten begrün-

---

75 *Ulmer*, AcP 198 (1998), 113, 118, 150; *ders.*, ZIP 2001, 585, 593 f.

76 *K. Schmidt*, Gesellschaftsrecht, § 58 V, S. 1720 ff.

77 *Derleder*, BB 2001, 2485, 2489 f.

78 Vgl. *Fauser*, S. 89; *Nagel*, DStR 2000, 2091, 2094.

79 *Nagel*, DStR 2000, 2019, 2094.

det werden kann.[80] Hier werden im Wesentlichen zwei unterschiedliche Konstruktionen vertreten: die Doppelverpflichtungslehre und die Akzessorietätstheorie.

1. Die Gesellschafterhaftung nach der individualistischen Gesamthandslehre

Geht man zu den Anfängen der individualistischen Theorie zurück, als man die Gesellschaft nur als reines Schuldverhältnis unter den Gesellschaftern begriff, so wurden die Gesellschafter durch ein rechtsgeschäftliches Handeln der Geschäftsführer selbst verpflichtet. Denn die Gesellschaft konnte mangels Rechtssubjektsqualität nicht selbst Vertragspartnerin werden.[81] Auch die darauf folgende Annahme der gesamthänderischen Bindung des Gesellschaftsvermögens brachte insoweit im Ergebnis keine Neuerungen mit sich. Der einzige Unterschied zur Lehre vom Schuldvertrag unter den Gesellschaftern bestand darin, dass sich nun die Gläubiger mit dem Privatvermögen der Gesellschafter und dem Sondervermögen der Gesamthand einem doppelte Zugriffsobjekt[82] gegenübersahen.

2. Die Doppelverpflichtungstheorie

Zur Frage der Haftung von Gesellschaftern einer GbR wurde vom BGH bis zum Jahr 1999 in ständiger Rechtsprechung – wenn auch nicht ausdrücklich – die Doppelverpflichtungstheorie vertreten.[83] Danach wird die Haftung der Gesellschafter durch Rechtsgeschäft begründet. Die Geschäftsführer gäben als organschaftliche Vertreter der Gesellschaft zunächst eine Willenserklärung für die Gesellschaft ab. Darüber hinaus sei § 714 BGB dahingehend zu verstehen, dass die Geschäftsführer aufgrund einer gesellschaftsvertraglichen Bevollmächtigung im Zweifel auch die anderen Gesellschafter verpflichten würden.[84] Daraus

---

80 *Gummert*, FS-Lüer, S. 201, 203.

81 *Nagel*, DStR 2000, 2091 f.

82 *Blenske*, NJW 2000, 3170.

83 Vgl. BGHZ 74, 240, 242 f.; BGHZ 79, 374, 377; BGHZ 136, 254, 258 f.; BGH, NJW 1987, 3124, 3125; BGH, NJW-RR 1990, 701, 702; BGH, ZIP 1992, 247, 249.

84 *Habersack*, JuS 1993, 1, 3; *Heckelmann*, FS-Quack, S. 243, 247; Anm. *Henssler*, JZ 1993, 155; MüKo/*Ulmer*, BGB, 3. Auflage, § 714 Rn. 31 ff.; vgl. auch *Hüffer*, ZHR 144, 518, 520.

folge dann die Haftung der Gesellschafter für eine eigene und nicht lediglich für die fremde Verbindlichkeit der Gesellschaft.[85]

Die Kritik an der Doppelverpflichtungslehre rührt vor allem daher, dass – folgt man dieser Lehre – die Gesellschafter nicht für gesetzliche Verbindlichkeiten der Gesellschaft haften.[86] Da die Geschäftsführer die Gesellschafter nur im Fall einer wirksamen Vertretungsmacht verpflichten können, stehen den Gesellschaftern nach dieser Lehre umfangreiche Möglichkeiten einer Beschränkung der Haftung mit ihrem Privatvermögen offen. Diese Haftungsbeschränkungsmöglichkeiten und ihre Konstruktion werden in *Kapitel 2* näher dargestellt.

3. Die Akzessorietätstheorie

Demgegenüber befürworteten andere Vertreter des Schrifttums bereits vor der Rechtsprechungswende eine akzessorische Haftung von BGB-Gesellschaftern entsprechend dem Vorbild der Haftung in der OHG.[87] Nach der Akzessorietätstheorie wird durch das rechtsgeschäftliche Auftreten der Geschäftsführer einer GbR allein eine Verpflichtung der Gesellschaft selbst begründet. Die Gesellschafter haften dann aufgrund einer Analogie zu § 128 S. 1 HGB akzessorisch für die Gesellschaftsverbindlichkeiten.[88] Teilweise wird aber auch darauf verwiesen, dass die akzessorische Haftung der Gesamthandsgesellschaft wesenseigen sei.[89] § 714 BGB müsse dann so verstanden werden, dass im Zweifel den Geschäftsführern Vertretungsmacht für die Gesellschaft zustünde.[90]

Der Vorteil der akzessorischen Haftung gegenüber der Doppelverpflichtungslehre wird darin gesehen, dass hiernach die Gesellschafter ohne besonderen Begründungsaufwand[91] auch für gesetzliche Verbindlichkeiten der Gesell-

---

85 Vgl. *Heckelmann*, FS-Quack, S. 243, 247; MüKo/*Ulmer*, BGB, 3. Auflage, § 714 Rn. 33.

86 *Huep*, NZG 2000, 285, 287; *K. Schmidt*, NJW 2001, 993, 998.

87 Vgl. die Nachweise in Fn. 46.

88 *Timm*, NJW 1995, 3209, 3215; *K. Schmidt*, Gesellschaftsrecht, § 60 III 2, S. 1790 ff.

89 *Flume*, Die Personengesellschaft, § 16 IV 3, S. 327.

90 *Nagel*, DStR 2000, 2091, 2095.

91 Vgl. MüKo/*Ulmer*, BGB, 3. Auflage, § 714 Rn. 54 ff. m.w.N. zu der nach der Doppelverpflichtungstheorie eingreifenden Gesellschafterhaftung für Verbindlichkeiten aus culpa in contrahendo, Geschäftsführung ohne Auftrag und Leistungskondiktion aufgrund der Nähe zur vertraglichen Haftung.

schaft aufkommen müssen.[92] Die Gesellschafter haften dann beispielsweise automatisch für betriebliche Steuerschulden, Ansprüche aus Gefährdungshaftung und solche aus Bereicherungsrecht.[93] Für deliktische Verbindlichkeiten ist mittlerweile eine persönliche Haftung der Gesellschafter aufgrund einer entsprechenden Anwendung sowohl von § 31 BGB als auch von § 128 S. 1 HGB höchstrichterlich anerkannt.[94]

B. Die Rechtsprechung des BGH

In wohl kaum einem anderen Rechtsgebiet hat die höchstrichterliche Rechtsprechung eine derartige Entwicklung vollzogen wie im Personengesellschaftsrecht hinsichtlich der Fragen nach dem Wesen und der Haftungsverfassung der GbR. Während das RG in ständiger Rechtsprechung annahm, dass allein die Gesellschafter Träger von Rechten und Pflichten sein könnten,[95] hat der BGH in den letzten Jahrzehnten in regelmäßigen Abständen immer wieder direkt oder indirekt Aussagen zum Wesen der GbR und der Haftung ihrer Gesellschafter gemacht. Dabei hat er sich lange Zeit jedoch nicht unmittelbar für die Rechtsfähigkeit der GbR und eine akzessorische Haftung ihrer Gesellschafter ausgesprochen.

Betrachtet man aber die in den letzten vierzig Jahren ergangenen Entscheidungen des BGH, so ist eine vorsichtige, schrittweise erfolgende Hinwendung zu einer Verselbstständigung der GbR und zu einer an die Haftung von OHG-Gesellschaftern angelehnten akzessorischen Haftung[96] von BGB-Gesellschaftern erkennbar.[97]

---

92 *Hadding*, ZGR 2001, 712, 735 f.; *K. Schmidt*, NJW 2001, 993, 999; *Ulmer*, ZIP 1999, 554, 559; in BGHZ 74, 240, 242 f. hatte der BGH die mit einer akzessorischen Haftung der Gesellschafter verbundenen Haftung auch für sämtliche gesetzliche Verbindlichkeiten noch als zu hart empfunden.

93 *Dauner-Lieb*, DStR 2001, 356, 359; *Reiff*, NZG 2000, 281, 282.

94 Vgl. BGHZ 154, 88.

95 RGZ 12, 229 f.; RGZ 56, 206, 209; RGZ 85, 157, 158 f.; RGZ 136, 236, 241; RGZ 155, 75, 85.

96 Auch die Einordnung der Haftung von OHG-Gesellschaftern war über einen langen Zeitraum umstritten; Die einen gingen von der Identität zwischen Gesellschaftsschuld und Gesellschafterhaftung mit mehreren Haftungsobjekten aus, während die anderen

I. Die Rechtsprechung bis zum Jahr 1999

Zunächst war der BGH ein Anhänger der individualistischen Theorie.[98] Hinsichtlich der Frage der Haftung von BGB-Gesellschaftern für eine ungerechtfertigte Bereicherung des Gesellschaftsvermögens stellte der BGH im Jahr 1973 in *BGHZ 61, 338* außerdem fest, dass „eine dem § 128 HGB ähnliche Vorschrift, nach der bei der offenen Handelsgesellschaft die Gesellschafter für alle Arten von Gesellschaftsschulden voll haften, fehlt."[99]

Zum Ende der siebziger Jahre des 20. Jahrhunderts hin nahm der BGH langsam – wenn auch nicht ausdrücklich – von der zuvor verfolgten individualistischen Sichtweise Abstand. Den Auftakt einer Reihe von Entscheidungen, die die Verpflichtungsfähigkeit der GbR anerkannten, bildete *BGHZ 72, 267*. Hier vertrat der 8. Zivilsenat des BGH die Ansicht, dass Vertragspartnerin des zugrunde liegenden Vertragsverhältnisses die GbR geworden sei. Jedoch hafteten die beiden Gesellschafter für die sich aus dem Vertragsverhältnis ergebenden Verbindlichkeiten der GbR unmittelbar als Gesamtschuldner.[100] In dieser Entscheidung brachte der BGH also bereits indirekt die Rechtsfähigkeit der GbR in Form ihrer selbstständigen Verpflichtungsfähigkeit mit der Doppelverpflichtung sowohl der Gesellschaft als auch ihrer Gesellschafter in Verbindung.[101] Im Anschluss daran ist auch in der Urteilsbegründung von *BGHZ 74, 240* von den „Altschulden der Gesellschaft" die Rede.[102]

In seinem Beschluss vom 3.11.1980[103] nahm der 2. Zivilsenat zunächst an, dass die GbR Gründerin einer GmbH sein könne. Dabei werde sie allerdings nicht als ein von ihren Gesellschaftern abgesonderter selbstständiger Rechtsträger Gesellschafterin der GmbH. Vielmehr würden die Personen, die sich zu der GbR zusammengeschlossen hätten, bei der GmbH-Gründung gemeinsam

---

schon ein Verhältnis der Akzessorietät annahmen, vgl. *Hadding*, ZGR 2001, 712, 737 sowie *Ulmer*, ZHR 161 (1997), 102, 107 ff. m.w.N.

97 Vgl. *Hadding*, ZGR 2001, 712, 713, 739; *K. Schmidt*, NJW 2001, 993.

98 Vgl. BGHZ 17, 340, 342; BGHZ 23, 307, 313; BGHZ 34, 293, 296; BGHZ 59, 179, 184; vgl. außerdem BGHZ 46, 291, 296.

99 BGHZ 61, 338, 342.

100 BGHZ 72, 267, 271 f.

101 *Hadding*, ZGR 2001, 712, 739.

102 BGHZ 74, 240, 243.

103 BGHZ 78, 311.

eine Stammeinlage übernehmen, so dass dieser einheitliche Geschäftsanteil Bestandteil des Gesamthandsvermögens werde.[104]

In *BGHZ 79, 374* stellte der 2. Zivilsenat fest, dass zwar die Gesellschaft nicht gegenüber ihren Mitgliedern verselbstständigt sei, allerdings aufgrund des Gesamthandprinzips die Gesellschafter in ihrer Verbundenheit „als Gesellschaft" mit Wirkung für und gegen das Gesellschaftsvermögen im Rechtsverkehr handeln könnten und man infolgedessen die Gesellschaft als Vertragspartnerin ansehen müsse.[105]

Der 5. Zivilsenat des BGH lehnte es hingegen noch am 18.5.1989 ab, eine GbR als Verwalterin einer Wohnungseigentümergemeinschaft anzuerkennen, da die GbR nicht als rechtlich selbstständige Einheit handlungsfähig sei.[106] In den Jahren 1991 bis 1998 erkannte der 2. Zivilsenat dann jedoch die Fähigkeit einer GbR, Mitglied einer Genossenschaft, Gesellschafterin einer AG und Gesellschafterin einer GbR zu sein, an.[107] Am 4.11.1991 stellte der BGH zunächst fest, dass eine GbR als Teilnehmerin am Rechtsverkehr grundsätzlich, also sofern sich nicht aus bestimmten rechtlichen Aspekten etwas anderes ergibt, jede Rechtsposition einnehmen könne. Hierzu zähle auch die Mitgliedschaft in einer Genossenschaft.[108] Wenige Monate später, am 13.4.1992, urteilte er, dass eine GbR auch als Gesellschafterin an einer AG beteiligt sein könne und verwies zur Begründung auf seine beiden früheren Entscheidungen zur Gründung einer GmbH und zur Mitgliedschaft in einer Genossenschaft.[109] Im Jahr 1997 stellte der BGH schließlich fest, dass eine Außen-GbR sich auch als Gesellschafterin an einer anderen GbR beteiligen könne.[110]

Bereits nach seiner ausdrücklichen Entscheidung für die Rechtsfähigkeit der GbR[111] entschied sich der BGH auch positiv zu der Frage, ob die GbR als Kommanditistin an einer Kommanditgesellschaft beteiligt sein kann. Hiergegen sei

---

104 BGHZ 78, 311, 313.
105 BGHZ 79, 374, 378 f.
106 BGHZ 107, 268, 271 f.
107 BGHZ 116, 86; BGHZ 118, 83; BGH, NJW 1998, 376.
108 BGHZ 116, 86, 87 ff.
109 BGHZ 118, 83, 99 f.
110 BGH, NJW 1998, 376.
111 BGHZ 146, 341.

auch aus Publizitätserwägungen nichts einzuwenden, wenn neben der GbR jeweils auch ihre Gesellschafter in das Handelsregister eingetragen würden.[112]

Mit Urteil vom 15.7.1997[113] erkannte der 11. Zivilsenat die Scheck- und Wechselfähigkeit der GbR an. Jedenfalls hinsichtlich ihrer Fähigkeit zur Eingehung einer Scheckverpflichtung komme der GbR Rechtsfähigkeit zu. Die Anerkennung der Scheckfähigkeit der GbR stünde auch nicht im Konflikt zu scheckrechtlichen Vorschriften. Eine Entscheidung über die umfassende Rechtsfähigkeit der GbR müsse man allerdings nicht treffen.[114]

Hinsichtlich der Frage der Haftungsverfassung der GbR kann die schon erwähnte Entscheidung vom 30.4.1979[115] als konsequente Fortführung der Doppelverpflichtungstheorie begriffen werden. Der BGH stellte fest, dass ein neu in die Gesellschaft eintretender Gesellschafter nicht entsprechend § 130 HGB mit seinem Privatvermögen für die bereits zuvor begründeten Gesamthandsverbindlichkeiten haftet. Eine Haftung der Gesellschafter mit ihrem Privatvermögen könne allein rechtsgeschäftlich begründet werden.[116] Die Gesellschafter müssten sich entweder im Wege des Schuldbeitritts hierzu verpflichtet oder selbst am Vertragsschluss mitgewirkt haben. Ferner könnten die Geschäftsführer die Gesellschafter bei Vertragsschluss aufgrund einer entsprechenden Vertretungsmacht verpflichten.[117]

Der BGH ging infolgedessen davon aus, dass bei einem rechtsgeschäftlichen Handeln der Geschäftsführer für die Gesellschaft regelmäßig nicht allein eine Verpflichtung der Gesamthand, sondern daneben grundsätzlich auch die persönliche Verpflichtung der Gesellschafter begründet werde.[118] In der persönlichen Haftung der Gesellschafter für die durch Rechtsgeschäft begründeten Gesellschaftsverbindlichkeiten sah er demnach den „gesetzlichen Regelfall",[119] der allerdings in den meisten Fällen abbedungen werde.[120]

---

112 BGHZ 148, 291, 293 ff.
113 BGHZ 136, 254.
114 BGHZ 136, 254, 256 ff.
115 BGHZ 74, 240.
116 BGHZ 74, 240, 241 f.
117 BGHZ 74, 240, 241.
118 BGH, NJW-RR 1990, 701, 702.
119 BGH, NJW 1992, 3037, 3038.
120 Vgl. BGH, NJW-RR 1990, 701, 703.

Hinsichtlich der Ansicht der Rechtsprechung zur Frage der persönlichen Haftung von BGB-Gesellschaftern für gesetzliche Gesellschaftsschulden bestand allgemeiner Konsens darin, dass die Rechtsprechung einer solchen Haftung der Gesellschafter im Grundsatz ablehnend gegenüberstehe und sie ausnahmsweise nur dann annehme, wenn und soweit die Gesellschafter in eigener Person einen speziellen Verpflichtungstatbestand verwirklicht hätten.[121] Diese Folgerung lässt sich allerdings nicht auf die Rechtsprechung zur Gesellschafterhaftung für Ansprüche gegen die Gesellschaft aus Leistungskondiktion übertragen. Denn nach Ansicht des BGH hafteten BGB-Gesellschafter zumindest dann nach § 427 BGB analog in vollem Umfang der Bereicherung, wenn der Bereicherungsgläubiger im Zusammenhang mit einem Vertragsverhältnis ohne rechtlichen Grund an die Gesellschaft geleistet hatte und die Gesellschaft danach aufgelöst, das Vermögen der Gesamthand verteilt und die Bereicherung an die Gesellschafter ausgeschüttet oder in ihrem Interesse verwendet worden war.[122] Die persönliche Haftung der Gesellschafter für deliktische Schulden war hingegen für den BGH nie ein Thema, da er eine Analogie zu § 31 BGB für die GbR mit dem Argument verneinte, dass sie anders als die OHG und KG keine körperschaftliche Organisation in dem Sinne aufweisen würde, dass man in den für sie handelnden Gesellschaftern ihre „Organe" erblicken könnte.[123]

II. Der Paradigmenwechsel

Am 27.9.1999[124] gab der BGH seine Rechtsprechung zur Doppelverpflichtung der Gesellschafter auf. Im Gegensatz zum Rechtsprechungswandel in der Frage der Rechtsfähigkeit der GbR kam der Umschwung zur Befürwortung einer gesetzlichen Haftung der BGB-Gesellschafter jedoch relativ unerwartet.[125] Zur Be-

---

121 Vgl. *Habersack*, JuS 1993, 1, 3; MüKo/*Ulmer*, BGB, 3. Auflage, § 714 Rn. 53; zur Frage der persönlichen Gesellschafterhaftung für gesetzliche Verbindlichkeiten der GbR existieren nur äußerst wenige Urteile; vgl. die Urteile zur Frage der Haftung für Ansprüche aus Leistungskondiktion: BGHZ 61, 338 ff.; BGH, NJW 1983, 1905 ff.; BGH, NJW 1985, 1828 f.; OLG Hamburg, BB 1984, 14 ff.; OLG Frankfurt, NJW 1986, 3144 f.

122 BGHZ 61, 338, 343 f.

123 BGHZ 45, 311, 312; BGH, NJW 1975, 533, 534; anders ein beachtlicher Teil der Lit.: *Fabricius*, GS-Schmidt, S. 171, 194 ff.; *Flume*, Die Personengesellschaft, § 16 IV 2, S. 322; *Habersack*, JuS 1993, 1, 3; *Nicknig*, S. 34 ff.; wohl auch *Kornblum*, S. 11 ff.

124 BGHZ 142, 315.

125 Vgl. *Dauner-Lieb*, DStR 1999, 1992, 1997.

gründung der Haftung der Gesellschafter mit ihrem Privatvermögen sei keine besondere rechtsgeschäftliche Verpflichtung der Gesellschafter erforderlich. Vielmehr hafteten die Gesellschafter einer GbR für die im Namen der Gesellschaft begründeten Verbindlichkeiten grundsätzlich kraft Gesetzes auch persönlich. Daher sei eine Haftungsbeschränkung auch nicht durch eine Beschränkung der Vertretungsmacht der Geschäftsführer möglich. Ein Namenszusatz oder ein sonstiger haftungsbeschränkender Hinweis reiche ebenfalls nicht aus; vielmehr bedürfe es stets einer individualvertraglichen Vereinbarung.[126]

Während sich am 24.2.2000 der 1. Zivilsenat noch gegen die Fähigkeit der GbR, Inhaberin einer Marke zu sein, ausgesprochen hatte,[127] erkannte der 2. Zivilsenat schließlich in seinem Urteil vom 29.1.2001[128] die Teilrechtsfähigkeit der GbR an und sprach ihr infolgedessen auch die aktive und passive Parteifähigkeit gemäß § 50 ZPO zu. Dies war insofern erstaunlich, als dass der BGH bisher in ständiger Rechtsprechung die Parteifähigkeit der GbR abgelehnt hatte.[129]

Darüber hinaus stützte der BGH die Haftung der Gesellschafter ausdrücklich nicht mehr auf die Doppelverpflichtungslehre. In Fortführung von *BGHZ 142, 315,* wo er die Rechtsgrundlage für die von ihm dort befürwortete gesetzliche Gesellschafterhaftung offen gelassen hatte, sprach sich der BGH nun für eine akzessorische Haftung der Gesellschafter für die Verbindlichkeiten der Gesellschaft entsprechend der akzessorischen Haftung der Gesellschafter gemäß §§ 128 f. HGB bei der OHG aus. Eine unmittelbare Anwendung der §§ 421 ff. BGB im Verhältnis von Gesellschaft und Gesellschaftern sei nicht möglich, da kein echtes Gesamtschuldverhältnis vorliege; man müsse aber stets prüfen, ob unter Berücksichtigung aller betroffenen Interessen der Rechtsgedanke der §§ 421 ff. BGB im jeweiligen Einzelfall Anwendung finden könne.

Als Argumente für die nun erfolgte Anerkennung der Rechtsfähigkeit führte der BGH an, dass man aufgrund der Unvollständigkeit der gesetzlichen Regelung der GbR die Beurteilung ihrer Rechtsnatur anhand von praktischen Bedürfnissen vornehmen dürfe. Allein auf diese Weise habe ein Wechsel im Mitgliederbestand keinen Einfluss auf die Beständigkeit der mit der GbR bestehenden Rechtsverhältnisse. Auch die Haftung des Eintretenden für Altverbindlich-

---

126 BGHZ 142, 315, 317 ff.

127 BGH, NJW-RR 2001, 114, 115 f.

128 BGHZ 146, 341, 343 ff.

129 BGHZ 80, 222, 227; BGH, NJW 2000, 291, 292.

keiten lasse sich auf anderem Weg kaum begründen. Zudem deute § 11 Abs. 2 Nr. 1 InsO darauf hin, dass der Gesetzgeber die Rechtsfähigkeit der GbR anerkannt habe.[130]

In Abwendung von seiner Rechtsprechung in *BGHZ 45, 311* erklärte der BGH schließlich in seinem Urteil vom 24.2.2003[131] § 31 BGB auf die GbR für entsprechend anwendbar, so dass ihr nunmehr zum Schadensersatz verpflichtendes Handeln ihrer (geschäftsführenden) Gesellschafter zugerechnet werden kann. Damit haften die Gesellschafter einer GbR jetzt grundsätzlich auch für gesetzlich begründete Verbindlichkeiten ihrer Gesellschaft persönlich und als Gesamtschuldner.[132]

In *BGHZ 154, 370* entschied der BGH erstmals in Abkehr von seiner früheren Rechtsprechung,[133] dass neu in die Gesellschaft eintretende Gesellschafter nach § 130 HGB analog auch für die Altverbindlichkeiten der Gesellschaft haften. Zugleich stellte er aber fest, dass die Haftung für Altverbindlichkeiten aus Gründen des Vertrauensschutzes grundsätzlich erst bei Beitritten nach Bekanntwerden der Entscheidung vom 7.4.2003 eingreift.[134]

In der Folge schränkte der 2. Zivilsenat jedoch mit Urteil vom 12.12.2005 den von ihm in *BGHZ 154, 370* gewährten Vertrauensschutz erheblich ein. Die Frage der Haftung eines vor dem 7.4.2003 beigetretenen Gesellschafters gemäß § 130 HGB analog könne nur durch eine Abwägung zwischen materieller Gerechtigkeit auf der einen Seite und Rechtssicherheit auf der anderen Seite im konkreten Einzelfall beantwortet werden. Danach haftet ein Gesellschafter dann für Altverbindlichkeiten, wenn er sie bei seinem Beitritt kannte oder hätte erkennen können.[135]

---

130 BGHZ 146, 341, 343 ff.

131 BGHZ 154, 88.

132 BGHZ 154, 88, 93 ff.; vgl. zu den eine Haftung für deliktische Verbindlichkeiten ablehnenden Stimmen aus der Literatur: *Schäfer*, ZIP 2003, 1225, 1227 ff.

133 Vgl. BGHZ 74, 240, 243 f.

134 BGHZ 154, 370, 372 ff.

135 BGH, NZG 2006, 106, 107; vgl. außerdem OLG Dresden, NZG 2005, 549, 550 f., nach dem die Haftung aus § 130 HGB analog in zeitlicher Hinsicht auch schon für Gesellschafter besteht, die vor Erlass des BGH-Urteils vom 7.4.2003 beigetreten sind, wenn die Gesellschafter im konkreten Fall nicht schutzwürdig sind.

C. Stellungnahme zur Struktur und Haftungsverfassung der Gesellschaft bürgerlichen Rechts

Der individualistischen Theorie ist zwar zuzugestehen, dass sie entgegen der Gruppenlehre mit dem Wortlaut vieler Bestimmungen des BGB vereinbar ist, die auf die Gesellschafter und nicht auf die Gesellschaft als solche abstellen. Es ist aber schwer nachvollziehbar, dass sich eine GbR allein durch die Vergrößerung des von ihr betriebenen Gewerbes quasi unbemerkt in eine rechtsfähige OHG verwandeln könnte. Wenn man dann nicht von der Rechtsfähigkeit der GbR ausginge, würden sämtliche Sachmittel zunächst im gesamthänderisch gebundenen Eigentum der Gesellschafter stehen, um sodann ab dem zumeist nicht genau feststellbaren Zeitpunkt des Rechtsformwechsels der OHG zu gehören.[136] Aus der Annahme der Rechtsfähigkeit der GbR folgt außerdem, dass nicht ständig neue Verträge mit allen Gesellschaftern geschlossen werden müssen, wenn es zum Aus- und Eintritt von Gesellschaftern kommt.[137] Auch die §§ 191 Abs. 2 Nr. 1, 202 Abs. 1 Nr. 1 UmwG, die den identitätswahrenden Formwechsel einer Kapitalgesellschaft in eine GbR und damit ihre Rechtsträgerschaft anerkennen,[138] § 2 Abs. 2 HS. 2 PartGG, aus dem sich die Zulässigkeit der Umwandlung einer GbR in eine PartG ergibt,[139] und § 11 Abs. 2 Nr. 1 InsO, aus dem die Insolvenzfähigkeit der GbR folgt,[140] sprechen für eine weitgehende Verselbstständigung der GbR. Zudem ist zu beachten, dass mittlerweile auch der Gesetzgeber durch die Reform bzw. Neuschaffung der §§ 50 Abs. 2 ZPO n.F., 47 GBO n.F., 899a BGB auf die Anerkennung der Rechts- und Grundbuchfähigkeit der GbR durch den BGH reagiert hat und sie damit ebenfalls anerkennt.[141]

Hinsichtlich der Frage nach der dogmatischen Begründung einer persönlichen Haftung der Gesellschafter für die Gesellschaftsverbindlichkeiten ist die Akzessorietätstheorie vorzugswürdig. Die Doppelverpflichtungstheorie stellt

---

136 *Nagel*, DStR 2000, 2091, 2097; *Reiff*, ZIP 1999, 517, 518 f.; *ders.*, NZG 2000, 281, 282.

137 Vgl. *Dauner-Lieb*, DStR 1999, 1992, 1997.

138 Vgl. *Dauner-Lieb*, DStR 1999, 1992, 1997; *dies.*, DStR 2001, 356, 357; *Nagel*, DStR 2000, 2091, 2097; *Timm*, NJW 1995, 3209 ff.

139 Vgl. *Timm*, NJW 1995, 3209, 3213 f.

140 Vgl. *Dauner-Lieb*, DStR 2001, 356, 357; *Nagel*, DStR 2000, 2091, 2097; *Timm*, NJW 1995, 3209, 3215.

141 Vgl. BT-Drucks., 16/12813, S. 15; Bamberger/Roth/*Eckert*, § 899a Rn. 1 f.; Hügel/*Retz*, § 47 vor Rn. 1; Musielak/*Weth*, § 50 Rn. 27.

mit ihrer Vielzahl von fingierten Willenserklärungen eine reine Konstruktion dar, um zu dem Ergebnis einer persönlichen Gesellschafterhaftung in der GbR zu gelangen.[142]

Aber selbst wenn man im Rahmen der Doppelverpflichtungstheorie eine Vielzahl von Vertrauensschutz- und Rechtsscheinserwägungen zulässt, ist danach eine GbR ohne persönliche Gesellschafterhaftung und einer dann allein möglichen Befriedigung der Gläubiger aus dem Gesellschaftsvermögen kaum vermeidbar.[143] Es ist widersprüchlich, zunächst auf der Grundlage der Doppelverpflichtungstheorie eine rechtsgeschäftliche Haftung der Gesellschafter mit ihrem Privatvermögen und damit zugleich auch die Möglichkeit einer entsprechenden Haftungsbeschränkung zu begründen, um sodann über einen extensiven Umgang mit Rechtsscheinsgrundsätzen dennoch im Ergebnis eine persönliche Haftung der Gesellschafter zu erreichen.[144] Auch stehen die nach der Doppelverpflichtungstheorie möglichen Wege einer Beschränkung der Gesellschafterhaftung nicht mit der nach herrschender Meinung unbeschränkten Innenhaftung der Gesellschafter in der Vor-GmbH in Einklang.[145]

Nach dem anfänglichen Verständnis der Gesamthandsgesellschaft als einem bloßen Sondervermögen wurde jeder Gesellschafter nicht allein mit dem Gesamthandsvermögen, sondern auch persönlich für die Gesamthandsverbindlichkeiten verpflichtet. Durch die Annahme einer akzessorischen Haftung von BGB-Gesellschaftern kann daher grundsätzlich ein ursprünglich nicht intendierter Abbau der den Gläubigern zur Verfügung stehenden Haftungsmasse vermieden werden.[146]

Eine unternehmerische Betätigung im Rechtsverkehr ist für den Handelnden jedenfalls grundsätzlich auch mit einer unbeschränkten persönlichen Haftung verbunden.[147] Darüber hinaus besteht kein Wertungsunterschied bei der Frage der Haftung von Gesellschaftern einer OHG und der Haftung von Gesellschaftern einer unternehmenstragenden GbR.[148] Außerdem führt die Ak-

142 Vgl. *Dauner-Lieb*, S. 524 ff.; *Gummert*, ZIP 2003, 1063, 1065 f.; *Ulmer*, ZIP 1999, 554.

143 *Dauner-Lieb*, S. 532; *Reiff*, ZIP 1999, 517, 521.

144 *Dauner-Lieb*, S. 540.

145 *Reiff*, ZIP 1999, 517, 520 f.

146 *Dauner-Lieb*, S. 522 ff., 534 f., 542 ff.; *dies.*, DStR 1999, 1992, 1993 f.

147 Vgl. *Ulmer*, ZIP 1999, 554, 555 f.

148 *Reiff*, S. 186 ff.; zu der Frage, ob auch vermögensverwaltende Gesellschaften unter den Unternehmensbegriff fallen, gibt *Reiff*, S. 19 ff. keine eindeutige Antwort; vgl.

zessorietätstheorie zu interessengerechteren Ergebnissen bei der Frage einer Haftung der Gesellschafter für kraft Gesetzes entstandene Gesellschaftsschulden, indem nach ihr stets die Haftung der Gesellschafter begründet wird, während die Anhänger der Doppelverpflichtungstheorie bei dieser Frage mit Argumentationsproblemen kämpfen mussten.[149] Durch die im Rahmen der Akzessorietätstheorie nur begrenzten Möglichkeiten einer Beschränkung der Gesellschafterhaftung, die in *Kapitel 2* näher untersucht werden, wird die bei der GbR fehlende Sicherung des Gesellschaftskapitals ausgeglichen.[150] Außerdem entspricht die Entscheidung für eine akzessorische Haftung der BGB-Gesellschafter aufgrund einer entsprechenden Anwendung von § 128 S. 1 HGB der schon seit einigen Jahren erkennbaren Tendenz, bei der Zurverfügungstellung von neuen personengesellschaftsrechtlichen Rechtsformen eine akzessorische Haftung der Gesellschafter für die Verbindlichkeiten der Gesellschaft vorzusehen.[151]

Hinsichtlich der Begründung einer Haftung von BGB-Gesellschaftern für die Gesellschaftsschulden wird daher auch in dieser Arbeit die Akzessorietätstheorie zugrunde gelegt.

---

auch *K. Schmidt*, Gesellschaftsrecht, § 8 III 4 d, S. 204, der klar zwischen unternehmenstragenden und vermögensverwaltenden Gesellschaften unterscheidet.

149 Vgl. *Dauner-Lieb*, S. 544; *Ulmer*, ZIP 1999, 554, 559.

150 *Ulmer*, ZIP 1999, 554, 559.

151 Vgl. § 8 Abs. 1 PartGG und Art. 24 Abs. 1 EWiV-VO sowie *Dauner-Lieb*, S. 547; *Ulmer*, ZIP 1999, 554, 559.

Kapitel 2 - Die quotale Beschränkung der persönlichen Gesellschafterhaftung

A. Das Bedürfnis einer Beschränkung der persönlichen Haftung von Anlegern einer Fondsgesellschaft bürgerlichen Rechts

I. Die Problematik der Vielfalt der Erscheinungsformen der GbR

Sieht man zunächst von einer möglichen Haftungsbeschränkung ab, so ist die Haftung von BGB-Gesellschaftern für die Verbindlichkeiten der Gesellschaft von Gesetzes wegen nach §§ 128-130 HGB analog unbeschränkt. Damit haften die Gesellschafter für die gegenüber der Gesellschaft bestehende Forderung weder gegenständlich auf ein bestimmtes Vermögen, noch summenmäßig auf einen bestimmten Betrag begrenzt.[152] Der Gläubiger kann jeden Gesellschafter für die gesamte (Rest-)Forderung sofort und unmittelbar in Anspruch nehmen, wobei er allerdings nur einmal Anspruch auf die Summe der noch ausstehenden Forderung hat.[153] Ausgeschiedene Gesellschafter haften im Wege der Nachhaftung gemäß § 736 Abs. 2 BGB in Verbindung mit § 160 HGB für die zum Zeitpunkt ihres Ausscheidens begründeten Verbindlichkeiten. Neu der Gesellschaft beitretende Gesellschafter haften nach § 130 HGB analog für die bis zu ihrem Beitritt bereits begründeten Verbindlichkeiten. Damit stellt sich die Frage, in welchem Rahmen eine Beschränkung der Gesellschafterhaftung überhaupt möglich ist und welche Folgen eine quotale Haftungsbeschränkung gegebenenfalls für die Gesellschafter hat.

Die GbR weist in der Praxis eine außerordentliche Fülle von Erscheinungsformen auf. Dies hängt damit zusammen, dass der Gesellschaftszweck nur durch die Ausschlussmerkmale des Betriebs eines Handelsgewerbes und der verbotswidrigen Tätigkeiten begrenzt ist und keine Mindesteinlageverpflich-

---

152 Ebenroth/Boujong/Joost/Strohn/*Hillmann*, § 128 Rn. 17; *Kornblum*, S. 53; MüKo/*K. Schmidt*, HGB, § 128 Rn. 15.

153 Vgl. *Lehleiter/Hoppe*, BKR 2008, 323, 325.

tung besteht.[154] So wird die Bandbreite zwischen unternehmerischer, also kleingewerblicher oder freiberuflicher, und ideeller Zweckverfolgung gänzlich ausgeschöpft. Die bedeutendsten Erscheinungsformen der Außen-GbR stellen die Gelegenheitsgesellschaften, die freiberuflichen GbR, die Kleingewerbetreibenden, die Arbeitsgemeinschaften (ARGE), die vermögensverwaltenden Gesellschaften, die Konsortien, die Bauherrengemeinschaften und die Publikumsgesellschaften dar.[155]

Aufgrund der vielfältigen Formen der Außen-GbR war schon zu der Zeit, als die Rechtsprechung die persönliche Haftung der Gesellschafter noch mit der Doppelverpflichtungslehre begründete, unter den Anhängern der Akzessorietätstheorie umstritten, ob die akzessorische Haftung nur für die unternehmenstragende Außen-GbR galt,[156] ob jedenfalls die Gesellschafter sogenannter Idealgesellschaften von der strengen akzessorischen Haftung ausgenommen waren[157] oder ob ohne Ausnahme sämtliche Gesellschaften bürgerlichen Rechts, die im Rechtsverkehr nach außen auftraten, von ihr betroffen sein sollten.[158]

Die Typenvielfalt bei der GbR führt dementsprechend zu der Frage, ob die Rechtsprechung mit ihrem Postulat der ausnahmslosen Anwendung von § 128 HGB analog auf sämtliche Außengesellschaften bürgerlichen Rechts nicht zu weit über den angestrebten Gläubigerschutz hinausgeht und damit den Gebrauch der Rechtsform der GbR gerade im haftungssensiblen Raum unverhältnismäßig behindert.[159]

---

154 MüKo/*Ulmer*, BGB, Vor § 705 Rn. 34.

155 Vgl. Prütting/Wegen/Weinreich/*von Ditfurth*, § 705 Rn. 39 ff.; Bamberger/Roth/*Schöne*, § 705 Rn. 165 ff.; Palandt/*Sprau*, § 705 Rn. 36 ff.; MüKo/*Ulmer*, BGB, Vor § 705 Rn. 34 ff.; Erman/*Westermann*, Vor § 705 Rn. 26 ff.

156 *K. Schmidt*, Gesellschaftsrecht, 3. Auflage, § 58 V 2, S. 1726 f.; *Reiff*, NZG 2000, 281, 283 f.; wohl auch *Dauner-Lieb*, DStR 1998, 2014, 2020; vgl. auch mit vielen weiteren Nachweisen *Reiff*, S. 183 f., Fn. 141 f.

157 *Flume*, Die Personengesellschaft, § 16 IV 5, S. 330 ff.

158 *Mülbert*, AcP 199 (1999), 38, 89 ff.; *Timm*, NJW 1995, 3209, 3216.; *Ulmer*, ZIP 1999, 554, 564.

159 Vgl. MüKo/*Ulmer/Schäfer*, BGB, § 714 Rn. 60.

II. Die Notwendigkeit einer Beschränkung der persönlichen Gesellschafterhaftung von Publikumspersonengesellschaftern

1. Die individualvertragliche Beschränkung der Gesellschafterhaftung

Nach § 128 S. 2 HGB analog ist eine Vereinbarung der Gesellschafter, die ihre persönliche Haftung für die Verbindlichkeiten der Gesellschaft gegenüber den Gesellschaftsgläubigern beschränkt, diesen gegenüber unwirksam. Die Vorschrift steht unbestrittenermaßen aber nicht einer Haftungsbeschränkungsvereinbarung mit den Gesellschaftsgläubigern selbst entgegen.[160] Zum Teil wird allein eine solche individualvertragliche Haftungsbeschränkung für zulässig gehalten.[161]

Eine Haftungsbeschränkungsvereinbarung stellt zwar das sicherste und greifbarste Mittel dar, die Haftung der Gesellschafter zu begrenzen,[162] allerdings ist sie auch der gegenüber den Gesellschaftsgläubigern am schwersten durchsetzbare Weg.[163] Denn die Geschäftspartner werden regelmäßig keinem Vorschlag zustimmen, der die Zugriffmöglichkeit auf das Privatvermögen der Gesellschafter beschränkt oder gänzlich ausschließt, während sie die Entwicklung des Gesellschaftsvermögens als verbleibender Haftungsmasse mangels Einblick in die genauen Geschäftsabläufe nicht vorhersehen können.[164] Erfahrungsgemäß fällt es grundsätzlich schwerer, ausdrücklich einer Haftungsbeschränkung zuzustimmen, als sich lediglich passiv mit ihr abzufinden.[165] Ein derartiger Vorschlag einer Haftungsbegrenzung oder eines Haftungsausschlusses kann im Extremfall die Vertragspartner der Gesellschaft misstrauisch ma-

---

160 Vgl. *Eigner*, S. 277; Staudinger/*Habermeier*, Vorbemerkung zu §§ 705-740 Rn. 36; *Lang/Fraenkel*, WM 2002, 260, 265; *Nagel*, NZG 2001, 202; *Reiff*, NZG 2000, 281, 284; *Ulmer*, ZIP 1999, 554, 560; *ders.*, ZIP 2003, 1113, 1117.

161 *Huep*, NZG 2000, 285, 287.

162 *Heermann*, BB 1994, 2421, 2422; *Peifer*, NZG 2001, 193, 199.

163 *Eigner*, S. 277.

164 *Flume*, Die Personengesellschaft, § 16 IV 4, S. 328; vgl. auch *Blenske*, NJW 2000, 3170; 3173; *Kögel*, DB 1995, 2201.

165 *Kögel*, DB 1995, 2201.

chen und sie dazu bewegen, von dem Vertrag mit der Gesellschaft Abstand zu nehmen.[166]

Zudem sprechen auch praktische Erwägungen dagegen, die GbR-Gesellschafter in jedem Fall auf eine individualvertragliche Haftungsbeschränkung zu verweisen. Bei einer GbR, die eine Vielzahl von Vertragspartnern hat, wird es in der Praxis kaum zu bewerkstelligen sein, bei jedem einzelnen Vertragsschluss eine Haftungsbeschränkung individuell auszuhandeln.[167] Auch die Voraussetzungen des „individuellen Aushandelns" im Sinne des § 305 Abs. 1 S. 3 BGB, das der Abgrenzung der individualvertraglichen Abrede von einer AGB dient, werden nicht in jedem Einzelfall gegeben sein.[168] Denn die Rechtsprechung hat für die Erfüllung dieses Merkmals strenge Voraussetzungen aufgestellt. Es gelten höhere Anforderungen als lediglich ein Verhandeln der einzelnen Vertragsbestimmungen. Der gesetzesfremde Kern der Klausel muss ernsthaft zur Disposition der verhandelnden Parteien gestellt und dem Verhandlungspartner muss Gestaltungsfreiheit zur Wahrung eigener Interessen eingeräumt werden. Dabei muss zumindest die reale Möglichkeit bestehen, die inhaltliche Ausgestaltung der Vertragsbestimmungen beeinflussen zu können.[169] Ein solches Verfahren ist zum einen mit einem hohen Kosten- und Zeitaufwand verbunden, so dass es sich nur in bestimmten Einzelfällen lohnt.[170] Zum anderen wird man kaum mit Gewissheit feststellen können, ob tatsächlich alle Merkmale des individuellen Aushandelns im Einzelfall erfüllt sind.[171]

---

166 Vgl. *Beuthien*, WM 2012, 1, 2; *Dauner-Lieb*, S. 36; *Hasenkamp*, S. 175; *Hasselbach*, MDR 1998, 1200; *Horst*, DStR 1995, 2027, 2028; *Lang/Fraenkel*, WM 2002, 260, 265; *Reiff*, AnwBl. 1997, 3, 4; *ders.*, ZIP 1999, 1329, 1336; *Wellensiek*, FS-Brandner, S. 727, 734.

167 *Heermann*, BB 1994, 2421, 2422; *Reiff*, ZIP 1999, 1329, 1336; *Saller*, DStR 1995, 183, 187.

168 Vgl. *Graf von Westphalen*, ZIP 1995, 546; *M. Wolf*, WM 2000, 704, 705; eingehend auch *Hasenkamp*, S. 176 f.

169 BGH, NJW-RR 1993, 504; BGH, NJW 1998, 3488, 3489.

170 *Hasenkamp*, S. 177; *Heermann*, BB 1994, 2421, 2422; *Reiff*, AnwBl. 1997, 3, 4; *ders.*, ZIP 1999, 1329, 1336.

171 *M. Wolf*, WM 2000, 704, 705.

2. Die Interessenlage in der Publikums-GbR

Darüber hinaus könnte die Interessenlage in der Publikums-GbR dafür sprechen, dass die persönliche Haftung der Anlagegesellschafter nicht nur individualvertraglich eingeschränkt werden kann. Denn die Publikumsgesellschaft stellt eine körperschaftlich strukturierte und damit atypische Personengesellschaft dar, die in der Regel zur Kapitalsammlung von einer übersichtlichen Anzahl von Gründergesellschaftern ins Leben gerufen wird und auf der Grundlage eines bereits vorformulierten Gesellschaftsvertrages eine Vielzahl persönlich nicht miteinander verbundener und rein kapitalistisch beteiligter Gesellschafter aufweist.[172]

Die Interessen der Anlagegesellschafter und der Gesellschaftsgläubiger sowie sonstige Interessen sind im Rahmen einer umfassenden Abwägung gegenüberzustellen.[173] Sie müsste ergeben, dass das Interesse der Anlagegesellschafter an einer nur begrenzten persönlichen Haftung das Bedürfnis der Gesellschaftsgläubiger und sonstige Interessen an einer neben dem Gesellschaftsvermögen existierenden weiteren Sicherheit in Form einer persönlichen und unbeschränkten Einstandspflicht aller Gesellschafter für die Gesellschaftsschulden überwiegt.

Im Rahmen dieser Interessenabwägung sind die verschiedenen Funktionen zu berücksichtigen, die der persönlichen Gesellschafterhaftung zukommen. Sie dient im Wesentlichen der Leistungserzwingung, dem Eigenkapitalersatz sowie der Verhaltenskontrolle.[174] Während die Funktionen der Leistungserzwingung und des Eigenkapitalersatzes primär die Interessen der Gläubiger im Blick haben, zielt die Verhaltenskontrolle vorwiegend auf die Verwirklichung der Gesellschafterinteressen.[175]

---

172 *Hasenkamp*, S. 220; Baumbach/Hopt/Merkt/*Hopt*, Anh. § 177a Rn. 52; Palandt/*Sprau*, § 705 Rn. 47.

173 Vgl. *Jacobs*, S. 69 ff.; *Reiff*, ZGR 2003, 550, 571; *Schäfer*, FS-Nobbe, S. 909, 915; außerdem *Bruns*, S. 44; zu den maßgeblichen Kriterien für die Interessenabwägung *Jacobs*, S. 79 ff.

174 *Jacobs*, S. 80; *Peifer*, NZG 2001, 193, 197; *K. Schmidt*, Zur Stellung der OHG, S. 106; *ders.*, Gesellschaftsrecht, § 18 IV 2a, S. 541; *Schöpflin*, S. 413; *Wiedemann*, Gesellschaftsrecht I, § 10 III 1 a bb, S. 536.

175 *Jacobs*, S. 80.

Die Interessen der Gesellschafter und der Gläubiger stehen in einem wechselseitigen Verhältnis.[176] Man kann gerade dann nicht von einem schutzwürdigen Vertrauen der Gesellschaftsgläubiger an einer unbeschränkten Gesellschafterhaftung ausgehen, wenn diese für die Gesellschafter offensichtlich untragbar ist.[177]

a) Die Interessen der Anlagegesellschafter

aa) Zur Verfügung stehende Rechtsformen mit gesetzlicher Haftungsbeschränkung

Zunächst könnte man das Schutzbedürfnis von Anlagegesellschaftern an einer neben der individualvertraglichen Begrenzung ihrer Haftung bestehenden Haftungsbeschränkungsmöglichkeit mit dem Argument ablehnen, dass die Gesellschafter die Möglichkeit haben, die Gesellschaft in einer anderen Gesellschaftsform mit Haftungsbeschränkung zu organisieren. Sie können die Rechtsform der GmbH wählen oder sich nach den §§ 105 Abs. 2, 161 HGB als KG formieren.[178] So hat der BGH in einer Entscheidung zur Vor-GmbH anerkannt, dass „außerhalb der gesetzlich geregelten Fälle nicht etwa die Annahme einer unbeschränkten, sondern diejenige einer beschränkten Haftung begründungsbedürftig ist."[179]

(1) Zumutbarkeit der Gründung einer GmbH

Damit stellt sich die Frage, ob den Anlagegesellschaftern die Gründung einer GmbH zugemutet werden kann, um ihre persönliche Haftung auf das Gesellschaftsvermögen zu beschränken. Die Anleger haben zwar regelmäßig keine Möglichkeit, bei der Wahl der Rechtsform der Gesellschaft mitzuwirken, da diese von den Gründern festgelegt wird und die Anleger in der Regel erst später beitreten.[180] Dann könnten aber jedenfalls die Gründer die Fondsgesellschaft als GmbH konstituieren.

---

176 *Jacobs*, S. 80.

177 *Armbrüster*, ZGR 2005, 34, 36.

178 BGHZ 142, 315, 322; OLG Hamm, DB 2002, 522, 523; *Grobe*, WM 2011, 2078, 2082; *Gummert*, S. 103; *Reiff*, ZGR 2003, 550, 574 f.; a.A. *M. Wolf*, WM 2000, 704, 705.

179 BGHZ 134, 333, 336.

180 *Hasenkamp*, BB 2004, 230, 235; *Jacobs*, S. 185 f.; *Schäfer*, FS-Nobbe, S. 909, 920.

Der Vorteil der Errichtung[181] einer GmbH besteht zunächst darin, dass die Haftung sämtlicher Gesellschafter beschränkt werden kann. Andererseits sollten die auch bei der GmbH vorhandenen Haftungsrisiken nicht unterschätzt werden.[182] Gegen den Verweis auf die GmbH wird zudem argumentiert, dass die für die Gründung und den Aufbau eines geschlossenen Immobilienfonds notwenige Gestaltungsfreiheit durch die Wahl der Rechtsform der GmbH kaum erreichbar sein wird.[183] Die Reform des GmbH-Rechts durch das MoMiG hat die Gründung der GmbH zwar vereinfacht. Unter anderem kann nun gemäß § 2 Abs. 1a GmbHG die Gründung in einem vereinfachten Verfahren erfolgen. Dann darf die Gesellschaft jedoch höchstens drei Gesellschafter haben und es dürfen keine von den gesetzlichen Regelungen abweichenden Bestimmungen getroffen werden. Die Gründung im vereinfachten Verfahren scheidet daher bei einem geschlossenen Immobilienfonds aufgrund der regelmäßig hohen Zahl von Anlagegesellschaftern und des umfassenden Regelungsbedarfs im Gesellschaftsvertrag aus.

Der Gesellschaftsvertrag der GmbH sowie jeder Beschluss über die Änderung des Gesellschaftsvertrages bedürfen gemäß § 2 Abs. 1 GmbHG bzw. § 53 Abs. 2 S. 1 GmbHG der notariellen Beurkundung. Ein solches Formerfordernis besteht bei der GbR nicht; vor allem ist für den Beitritt zu einem geschlossenen Immobilienfonds nach herrschender Meinung keine notarielle Beurkundung aufgrund von § 311b Abs. 1 BGB erforderlich.[184]

Das Argument, dass für die Gründung der GmbH ein enormer organisatorischer und finanzieller Aufwand erforderlich ist, der nicht allen auf eine wirtschaftliche Tätigkeit gerichteten Zusammenschlüssen zugemutet werden kann,[185] kann zwar bei Fondsgesellschaften, die in der Regel von einem professionellen Initiator oft in Zusammenarbeit mit Kreditinstituten ins Leben gerufen werden, nicht uneingeschränkt gelten. Andererseits müssen die Gründungsgesellschafter das Stammkapital aufbringen und erhalten, §§ 5 Abs. 1, 14 Abs. 1

---

181 Eine formwechselnde Umwandlung der GbR in eine GmbH ist nicht möglich, weil die GbR kein formwechselnder Rechtsträger im Sinne des § 191 Abs. 1 UmwG ist.

182 Vgl. zu den einzelnen Haftungsrisiken: *Hasenkamp*, S. 202; *Jacobs*, S. 93, Fn. 473.

183 *Walch*, S. 32.

184 BGH, NJW 1996, 1279, 1280; MüKo/*Ulmer*, BGB, § 705 Rn. 39; *Westermann*, DZWIR 2010, 265, 267.

185 *Beuthien*, WM 2012, 1, 3; *Hasenkamp*, S. 201 f.; *Jacobs*, S. 92; *Kögel*, DB 1995, 2201; *Stenzel/Beckmann*, BB 2011, 2507; *M. Wolf*, WM 2000, 704, 705; vgl. auch *Grobe*, WM 2011, 2078, 2080.

S. 1, 30 f., 58 ff. GmbHG.[186] Jedenfalls müssen aber zusätzliche finanzielle Mittel für die notarielle Beurkundung des Gesellschaftsvertrags zur Verfügung stehen.[187] Rein tatsächlich ist außerdem festzuhalten, dass die Erhebung von Statistiken vor nicht allzu langer Zeit zu dem Ergebnis geführt hat, dass die GmbH regelmäßig höchstens drei Gesellschafter hat und weniger als 3% der GmbH mehr als fünf Gesellschafter haben.[188] Zudem unterliegt die GmbH anders als die GbR umfassenden Buchführungspflichten nach §§ 41 ff. GmbHG, 238 ff. HGB und den Rechnungslegungsvorschriften für Kapitalgesellschaften nach §§ 264 ff. HGB.[189] Darüber hinaus unterliegt die GmbH den Regelungen der §§ 343 ff. HGB über die Handelsgeschäfte.[190] Die Hauptproblematik bei der GmbH ist aber in der Kapitalbindung zu sehen. Kommt es unter der Verletzung von Kapitalbindungsvorschriften zu einer Gewinnausschüttung, so sieht § 31 GmbHG einen Erstattungsanspruch der Gesellschaft mit einer gem. § 31 Abs. 3 GmbHG persönlichen Ausfallhaftung der Gesellschafter vor.

Auch steuerrechtliche Überlegungen sind für die Wahl der Rechtsform entscheidend.[191] Der Gesellschafter wird mit der Anlage seines Kapitals in einer Fondsgesellschaft Abschreibungsvorteile erlangen wollen, indem er die Gesellschaftsverluste persönlich einsetzt.[192] Dann kommt als geeignete Gesellschaftsform aber allein eine Personengesellschaft in Betracht. Denn anders als im Körperschaftsteuerrecht, in dem das Trennungsprinzip vorherrscht, wird im Einkommensteuerrecht der Gewinn der Personengesellschaften den Gesellschaftern unmittelbar zugerechnet. Damit ist das Steuersubjekt nicht die Gesellschaft selbst, sondern der einzelne Gesellschafter.[193]

---

186 Vgl. *Beuthien*, WM 2012. 1. 3.

187 *Hasenkamp*, S. 202.

188 *Kornblum*, GmbHR 1994, 505, 511; *Kornblum/Hampf/Naß*, GmbHR 2000, 1240, 1245; *Meyer*, GmbHR 2002, 177, 180.

189 Vgl. *Hasenkamp*, S. 202; *Jacobs*, S. 92.

190 Vgl. *Beuthien*, WM 2012, 1, 3

191 *Birk*, Rn. 1205-1210; *Henssler*, FS-Vieregge, S. 361; *Kellermann*, FS-Stimpel, S. 295, 296; *K. Schmidt*, Gesellschaftsrecht, § 5 II 2 b, S. 99 f.

192 Graf von Westphalen/Thüsing/*Furmans*, Immobilienfonds, Rn. 7; *Kellermann*, FS-Stimpel, S. 295, 296; *Krieger*, FS-Stimpel, S. 307, 308 f.; Beck PersGes-Hdb./*Watermeyer*, § 16 Rn. 2.

193 *Birk*, Rn. 1102 f., 1203; *Daumke*, S. 68; Tipke/Lang/*Lang*, § 9 Rn. 21, S. 237; Tipke/Lang/*Hey*, § 11 Rn. 2, S. 423 f.; vgl zu den steuerlichen Rahmenbedingungen bei

Die Fondsgesellschafter können demnach zur Befriedigung ihres Bedürfnisses nach einer Haftungsbeschränkung nicht auf die Rechtsform der GmbH verweisen werden.

(2) Zumutbarkeit der Gründung einer KG

Gemäß § 105 Abs. 2 S. 1 HGB in Verbindung mit § 161 Abs. 2 HGB hat die GbR außerdem die Möglichkeit, durch eine konstitutive[194] Eintragung der Firma in das Handelsregister die Rechtsform der KG anzunehmen. Nach §§ 171 ff. HGB haften die Kommanditisten als Ausnahme zu dem Grundsatz der unbeschränkten persönlichen Einstandspflicht nur beschränkt auf ihre Einlage, sofern sie diese geleistet haben. Die Normierung des Wahlrechts in § 105 Abs. 2 HGB durch das Handelsrechtsreformgesetz von 1998 hat gerade deswegen Zustimmung gefunden, weil auf diese Weise nunmehr die Außen-GbR die Haftung eines Teils ihrer Gesellschafter beschränken kann, indem diese die Stellung von Kommanditisten einnehmen.[195] Wenn das Wahlrecht aus § 105 Abs. 2 HGB nicht dadurch ausgeübt wird, dass die Gründer die Fondsgesellschaft als KG in das Handelsregister eintragen lassen, könnte dies die Zumutbarkeit einer unbeschränkten Haftung der Anleger mit ihrem Privatvermögen bedeuten.[196] Dies würde dann nicht nur für solche Gesellschaften gelten, die nach der Handelsrechtsreform von 1998 gegründet wurden, sondern auch für die zum Zeitpunkt der Einführung der Wahlmöglichkeit gemäß § 105 Abs. 2 HGB bereits bestehenden GbR. Denn auch diese haben bei Vorliegen der tatbestandlichen Voraussetzungen nunmehr die Möglichkeit, von § 105 Abs. 2 HGB Gebrauch zu machen.[197]

(a) Der Geltungsbereich des Wahlrechts aus § 105 Abs. 2 S. 1 HGB

Damit stellt sich die Frage, ob die geschlossenen Immobilienfonds die Möglichkeit haben über das Wahlrecht nach § 105 Abs. 2 S. 1 HGB die Rechtsform der KG anzunehmen mit der Folge, dass die Anleger als Kommanditisten gemäß

---

einer Fondsgesellschaft eingehend Lüdicke/Arndt/*Lüdicke*, A. III., S. 72 ff. und *Walch*, S. 35 ff. mit vielen weiteren Nachweisen.

194 Vgl. Baumbach/Hopt/Merkt/*Hopt*, § 105 Rn. 12; MüKo/*K. Schmidt*, HGB, § 105 Rn. 72.

195 *K. Schmidt*, DB 1998, 61; *ders.*, JZ 2003, 585, 591; *ders.*, Gesellschaftsrecht, § 60 III 2 c, S. 1796.

196 Vgl. *Jacobs*, S. 95.

197 *K. Schmidt*, Gesellschaftsrecht, § 60 III 2 c, S. 1794.

§ 171 Abs. 1 HGB nur beschränkt mit ihrer Einlage haften. Der Anwendungsbereich von § 105 Abs. 2 S. 1 HGB umfasst zwei verschiedene Alternativen.

Unter § 105 Abs. 2 S. 1 Alt. 1 HGB fallen alle Außen-GbR, bei denen das Merkmal des Gewerbebetriebs zwar erfüllt ist, deren Unternehmen aber nach Art oder Umfang keinen in kaufmännischer Weise eingerichteten Geschäftsbetrieb erfordert, vgl. § 1 Abs. 2 HGB, also die sogenannte kleingewerblichen GbR. Der handelsrechtliche Gewerbebegriff setzt nach herrschender Meinung voraus, dass eine auf Dauer angelegte wirtschaftliche Tätigkeit am Markt selbständig in der Absicht betrieben wird, Gewinne zu erzielen,[198] wobei jedoch über die Erforderlichkeit der Gewinnerzielungsabsicht Streit besteht.[199] Ebenfalls Uneinigkeit bestand lange über die Frage, ob die ausgeübte Tätigkeit erlaubt sein muss.[200]

Die kleingewerblichen GbR weisen in ihrer Struktur eine große Ähnlichkeit zur OHG auf, so dass es oft schwer ist, sie von Gesellschaften, die schon ohne Eintragung eine OHG nach § 105 Abs. 1 HGB darstellen, zu unterscheiden.[201] Darüber hinaus ist auch von heute auf morgen eine identitätswahrende Umwandlung in eine OHG denkbar, wenn sich der Umfang des Geschäftsbetriebs derart vergrößert, dass nun ein in kaufmännischer Weise eingerichteter Geschäftsbetrieb erforderlich ist.[202] Aufgrund dessen ist bei diesen Gesellschaften abgesehen von individualvertraglichen Haftungsbegrenzungen die Möglichkeit einer Haftungsbeschränkung von vornherein abzulehnen.[203]

§ 105 Abs. 2 S. 1 Alt. 2 HGB eröffnet das Wahlrecht für Gesellschaften, die nur eigenes Vermögen verwalten. Die einzige Legaldefinition der Vermögensverwaltung findet sich in § 14 S. 3 AO. Danach ist in der Regel von einer Vermö-

---

198 BGHZ 33, 321, 324 ff.; BGHZ 74, 273, 276 ff.; Heymann/*Emmerich*, § 1 Rn. 5; Röhricht/Graf von Westphalen/*Röhricht*, § 1 Rn. 23; MüKo/*K. Schmidt*, HGB, § 1 Rn. 26; *Schön*, DB 1998, 1169, 1171.

199 Dafür: BGHZ 63, 32, 33; BGHZ 74, 273, 276; Schlegelberger/*Hildebrandt/Steckhan*, § 1 Rn. 24; einschränkend Staub/*Oetker*, § 1 Rn. 42; ablehnend hingegen: Baumbach/Hopt/Merkt/*Hopt*, § 1 Rn. 16; Ebenroth/Boujong/Joost/Strohn/*Kindler*, § 1 Rn. 27; *Schulze-Osterloh*, FS-Baumann, S. 325 f.

200 Vgl. Ebenroth/Boujong/Joost/Strohn/*Kindler*, § 1 Rn. 31; Röhricht/Graf von Westphalen/*Röhricht*, § 1 Rn. 57.

201 MüKo/*K. Schmidt*, HGB, § 105 Rn. 53.

202 *Fauser*, S. 86 f.; *Reiff*, ZIP 1999, 517, 518 f.

203 *Jacobs*, S. 95.

gensverwaltung auszugehen, wenn Vermögen genutzt, zum Beispiel Kapitalvermögen verzinslich angelegt oder unbewegliches Vermögen vermietet oder verpachtet wird. Diese Begriffsbestimmung kann aufgrund der unterschiedlichen Rechtsfolgen des Handels- und des Steuerrechts zwar nicht einfach auf das Handelsrecht übertragen werden,[204] sie kann jedoch als Indiz für das Vorliegen einer Vermögensverwaltung sprechen.

Allerdings ist auch die Reichweite von § 105 Abs. 2 S. 1 Alt. 2 HGB umstritten. Die herrschende Meinung orientiert sich am Wortlaut der Regelung und erstreckt den Anwendungsbereich der Norm nur auf solche Gesellschaften, die größtenteils eigenes Vermögen verwalten.[205] Was unter „Verwaltung eigenen Vermögens" aber genau zu verstehen ist, ist innerhalb dieser herrschenden Meinung unklar. Überwiegend wird entsprechend der Gesetzesbegründung vertreten, dass völlig unbedeutende und wirtschaftlich nicht über den alltäglichen privaten Bereich herausreichende Betätigungen nicht erfasst werden[206] oder (darüber hinaus) gefordert, dass die Tätigkeit einem Gewerbe vergleichbar sein müsse.[207] Die Verwaltung eigenen Vermögens müsse – wenn auch nicht den ausschließlichen Zweck – so doch den Schwerpunkt der Tätigkeit bilden.[208] Einerseits wird teilweise auch vertreten, dass die Gesellschaft nur eigenes Vermögen verwalten dürfe,[209] andererseits dargelegt, dass es nicht darauf ankomme, ob die Gesellschaft nur eigenes oder auch fremdes Vermögen verwalte.[210]

---

204 *Schön*, DB 1998, 1169, 1170.

205 Koller/Roth/Morck/*Koller*, § 105 Rn. 10; Röhricht/Graf von Westphalen/*von Gerkan/Haas*, § 105 Rn. 9; Baumbach/Hopt/Merkt/*Hopt*, § 105 Rn. 13; Staub/*Schäfer*, § 105 Rn. 29.

206 BT-Drucks, 13/8444, S. 41; Ebenroth/Boujong/Joost/*Wertenbruch*, § 105 Rn. 23; *Happ/Möhrle*, in: Münchener Hdb. des Gesellschaftsrechts I, § 47 Rn. 55; a.A. *Habersack*, in: Die Reform des Handelsstandes und der Personengesellschaften, S. 73, 80; Baumbach/Hopt/Merkt/*Hopt*, § 105 Rn. 13.

207 BT-Drucks, 13/8444, S. 39; *Reiff*, ZGR 2003, 550, 574; Röhricht/Graf von Westphalen/*von Gerkan/Haas*, § 105 Rn. 9; Baumbach/Hopt/Merkt/*Hopt*, § 105 Rn. 13.

208 Röhricht/Graf von Westphalen/*von Gerkan/Haas*, § 105 Rn. 9; *Schön*, DB 1998, 1169, 1173; *Siems*, S. 129; *ders.*, NZG 2001, 738, 742.

209 *Schön*, DB 1998, 1169, 1174; Ebenroth/Boujong/Joost/Strohn/*Wertenbruch*, § 105 Rn. 24.

210 *Habersack*, in: Die Reform des Handelsstandes und der Personengesellschaften, S. 73, 80.

Eine andere Ansicht zum Verständnis von § 105 Abs. 2 S. 1 Alt. 2 HGB vertritt *K. Schmidt*. Nach seiner Auffassung stellt § 105 Abs. 2 S. 1 Alt. 2 HGB einen Auffangtatbestand für alle Außen-GbR dar, die nicht bereits unter die erste Alternative von § 105 Abs. 2 S. 1 HGB fallen.[211] Danach ist die Errichtung einer KG zu jedem beliebigen Zweck möglich.[212]

Die Tätigkeit von geschlossenen Immobilienfonds – also die Vermietung bzw. Verpachtung von Immobilien – stellt nach allen oben genannten Ansichten eine Vermögensverwaltung dar.[213] Ob sie darüber hinaus auch unter den Gewerbebegriff fällt, ist unklar. Diese Frage bedarf vor allem deshalb einer Klärung, da bei einer Befürwortung der Gewerbeeigenschaft geschlossene Immobilienfonds mit einer Vielzahl von Anlegern bereits nach §§ 105 Abs. 1, 1 Abs. 2 HGB OHG wären, wenn die Art oder der Umfang ihres Unternehmens einen in kaufmännischer Weise eingerichteten Geschäftsbetrieb erfordert.

Zunächst wurde die Vermögensverwaltung durch Art. 275 ADHGB, demzufolge Verträge über unbewegliche Sachen keine Handelsgeschäfte waren, von der Anwendbarkeit des Handelsrechts ausgeschlossen. Mit dem Inkrafttreten des HGB wurde gemäß § 2 HGB a.F. der Anwendungsbereich des Handelsrechts für alle gewerblichen Unternehmen, die einen nach Art und Umfang in kaufmännischer Weise eingerichteten Geschäftsbetrieb erforderten, eröffnet. Dementsprechend war ab diesem Zeitpunkt eine Abgrenzung der Vermögensverwaltung von den Merkmalen des Gewerbes erforderlich.[214]

Die überwiegende Ansicht geht zwar bis heute davon aus, dass die Vermögensverwaltung nicht unter den Gewerbebegriff fällt, allerdings ist man sich uneinig, an welchem Merkmal des Gewerbebegriffes die Subsumtion der Vermögensverwaltung scheitern soll.[215] Im Schrifttum schlagen einige Stimmen auch eine Abgrenzung nach der Risikostruktur des jeweiligen Geschäftsbetriebs vor, so dass große Immobilienfondsgesellschaften mit einem umfassenden Verwaltungsapparat zwar grundsätzlich den Gewerbebegriff erfüllen, jedoch

---

211 *K. Schmidt*, DB 1998, 61 f.; *ders.*, NJW 1998, 2161, 2165; *ders.*, JZ 2003, 585, 591; *ders.*, in: MüKo, HGB, § 105 Rn. 58 ff.; *ders.*, DB 2009, 271, 273; *ders.*, FS-Kreutz, S. 837, 842.

212 *K. Schmidt*, JZ 2003, 585, 592.

213 Vgl. *Otto*, S. 39; *Schön*, DB 1998, 1169; *Walch*, S. 33, 37.

214 *Schön*, DB 1998, 1169, 1171.

215 Vgl. hierzu Ebenroth/Boujong/Joost/Strohn/*Kindler*, § 1 Rn. 34 sowie *Schön*, DB 1998, 1169, 1171 ff. m.w.N.

aufgrund der Risikoverteilung wieder aus diesem ausgegrenzt werden.[216] Außerdem wird zum Teil angenommen, dass mit einer Vergrößerung des Betriebes die vermögensverwaltende Tätigkeit zum Gewerbe werden kann.[217]

Der BGH, von dem überwiegend Entscheidungen zu dem auf das Handelsrecht mit der notwendigen Vorsicht übertragbaren Gewerbebegriff aus § 196 Abs. 1 S. 1 BGB a.F.[218] vorliegen, nimmt ebenfalls überwiegend eine Abgrenzung anhand der Berufsmäßigkeit und anhand von quantitativen Merkmalen vor,[219] wobei er jedoch nur in Einzelfällen von der Erfüllung des Gewerbebegriffs ausgegangen ist.[220]

Zwar ist es zutreffend, dass der Zweck der Sonderbestimmungen des Handelsrechts auch bei großen vermögensverwaltenden Gesellschaften erfüllt sein kann.[221] Dennoch ist die Abgrenzung anhand von rein quantitativen Merkmalen abzulehnen.[222] Sie würde dazu führen, dass große Immobilienfondsgesellschaften generell einen Gewerbebetrieb führen und damit unter Umständen gemäß §§ 105 Abs. 1, 1 Abs. 2 HGB aufgrund der Notwendigkeit eines in kaufmännischer Weise eingerichteten Geschäftsbetriebes OHG darstellen. Der Gesetzgeber hat in der Handelsrechtsreform mit der Schaffung von zwei verschiedenen Alternativen bei § 105 Abs. 2 S. 1 HGB deutlich gemacht, dass nach seiner Ansicht die Vermögensverwaltung nicht unter den Gewerbebegriff fallen soll.[223] Die Abgrenzung nach rein quantitativen Merkmalen würde zu der Entstehung von unklaren Grenzfällen beitragen,[224] die angesichts der damit verbundenen Folge einer Ungewissheit über den Rechtsformcharakter der Gesellschaft als GbR oder als OHG nicht hinnehmbar sind. Allein der Umstand, dass der Umfang

---

216 *Schön*, DB 1998, 1169, 1173 im Anschluss an *Wieland*, Handelsrecht, Bd. 1, § 15 III 1, S. 145 f., § 15 III 4, S. 150 ff. und *Müller-Erzbach*, Handelsrecht, Kapitel 11, S. 53; befürwortend auch Ebenroth/Boujong/Joost/Strohn/*Kindler*, § 1 Rn. 35.

217 Röhricht/Graf von Westphalen/*Röhricht*, § 1 Rn. 37; Koller/Roth/Morck/*Roth*, § 1 Rn. 7a; *Schulze-Osterloh*, FS-Baumann, S. 325 ff.

218 Vgl. Röhricht/Graf von Westphalen/*Röhricht*, § 1 Rn. 21, 23.

219 BGHZ 63, 32, 33; BGHZ 74, 273, 276 f.; BGH, NJW 2002, 368, 369; BGH, NJW 2006, 3486, 3487.

220 BGH, NJW 1967, 2353; vgl. auch RGZ 74, 150 f.

221 So *Schulze-Osterloh*, FS-Baumann, S. 325, 327 ff.

222 So ausdrücklich auch Ebenroth/Boujong/Joost/Strohn/*Kindler*, § 1 Rn. 35.

223 BT-Drucks, 13/8444, S. 40; vgl. auch Ebenroth/Boujong/Joost/Strohn/*Kindler*, § 1 Rn. 32; Röhricht/Graf von Westphalen/*Röhricht*, § 1 Rn. 36; a.A. *Siems*, S. 36.

224 Vgl. Staub/*Oetker*, § 1 Rn. 26.

der mit der Vermögensverwaltung verbundenen Tätigkeiten an einen in kaufmännischer Weise eingerichteten Geschäftsbetrieb erinnert, kann nicht zu einer Qualifikation als Gewerbe führen, da man ansonsten die Voraussetzungen des Gewerbebegriffes mit denen des Handelsgewerbes vermischen würde.[225]

Die vermögensverwaltenden geschlossenen Immobilienfonds fallen demnach nicht unter den Gewerbebegriff. Ihnen steht allein die Option offen, nach § 105 Abs. 2 S. 1 Alt. 2 HGB durch Eintragung in das Handelsregister zu OHG zu werden.

(b) Erfordernis der Zulassung einer beschränkten Gesellschafterhaftung trotz des Bestehens einer Wahlmöglichkeit

Zum Teil wird die unbeschränkte persönliche Gesellschafterhaftung immer dann für angemessen gehalten, wenn die Gesellschaft gemäß § 105 Abs. 2 S. 1 HGB die Möglichkeit hat, die Rechtsform der KG anzunehmen.[226] Der Gesetzgeber habe mit § 105 Abs. 2 HGB den Gesellschaftern nur dann die Option einer Begrenzung ihrer Haftung einräumen wollen, wenn sie sich auch ansonsten den Bestimmungen des Handelsrechts und der Publizität des Handelsregisters unterwerfen.[227]

Gegen diese Verweisung der Anlagegesellschafter auf die Rechtsform der KG kann man nicht einwenden, dass in der KG allein die Kommanditisten ihre Haftung summenmäßig auf ihre Einlage beschränken können und zumindest einer der Gesellschafter als Komplementär unbeschränkt mit seinem gesamten Vermögen haften würde.[228] Denn dann ist ja noch immer die Gründung einer GmbH & Co. KG möglich, so dass keine natürliche Person von der unbeschränkten persönlichen Haftung betroffen ist.[229]

Demgegenüber hat *Canaris* ein anderes Verständnis von § 105 Abs. 2 HGB. Er ist der Ansicht, dass der Gesetzgeber mit der Schaffung dieser Norm zu er-

---

225 Ebenroth/Boujong/Joost/Strohn/*Kindler*, § 1 Rn. 35; MüKo/*K. Schmidt*, HGB, § 1 Rn. 28; *Schön*, DB 1998, 1169, 1172, 1173.

226 *Grunewald*, Rn. 110; vgl. außerdem *Dauner-Lieb*, in: Die Reform des Handelsstandes und der Personengesellschaften, S. 95, 115 f.; *Habersack*, in: Die Reform des Handelsstandes und der Personengesellschaften, S. 73, 76; *Ulmer*, ZIP 2003, 1113, 1117.

227 *Schmitt*, S. 269; *Reiff*, ZIP 1999, 1329, 1331, 1333; *K. Schmidt*, Gesellschaftsrecht § 60 III 2 c, S. 1796; vgl. auch *Blenske*, NJW 2000, 3170, 3171

228 So aber *Beuthien*, WM 2012, 1, 3.

229 Vgl. *Hasenkamp*, S. 201; *Jacobs*, S. 101.

kennen gegeben habe, dass er die BGB-Gesellschafter gerade nicht der akzessorischen Haftung nach § 128 S. 1 HGB unterstellen wolle.[230] § 105 Abs. 2 HGB sei als reines Wahlrecht zu verstehen, dass entwertet würde, wenn die Gesellschafter auch ohne die Entscheidung für einen Rechtsformwechsel akzessorisch unbeschränkt für die Gesellschaftsverbindlichkeiten haften würden.[231]

Canaris ist zwar zu entgegnen, dass die Option aus § 105 Abs. 2 HGB durch die entsprechende Anwendung von § 128 S. 1 HGB bei der GbR nicht entwertet wird, da neben der Frage nach der Haftungsverfassung noch deutliche Unterschiede zwischen GbR und OHG – etwa hinsichtlich der Geschäftsführung und Vertretung in diesen beiden Gesellschaftsformen und den Buchführungs- und Bilanzierungspflichten in der OHG – verbleiben.[232] Anderseits ist ihm aber insoweit zuzustimmen, dass der Gesetzgeber tatsächlich unter § 105 Abs. 2 HGB fallenden GbR nur die Option einräumen wollte, sich für einen Wechsel zu den Rechtsformen der OHG oder KG zu entscheiden; ein Zwang zum Wechsel in eine solche Gesellschaftsform sollte auf jeden Fall ausgeschlossen werden.[233]

Demnach ist zu untersuchen, ob die Rechtsform der KG weitere Nachteile mit sich bringt, die dagegen sprechen, einer Fonds-GbR in jedem Fall das Bedürfnis nach einer Haftungsbeschränkung jenseits der Wahl der Rechtsform der KG abzusprechen.

Als Argument gegen den Verweis der Gesellschafter auf die Rechtsform der KG könnte man § 15a EStG anführen, nach dessen Inkrafttreten die KG-Fonds einen großen Teil ihrer steuerlichen Attraktivität eingebüßt haben.[234] Denn nach §§ 21 Abs. 1 S. 2, 15a EStG können die Kommanditisten einer Immobilienfondsgesellschaft Verluste nur insoweit geltend machen, als sie durch diese Verluste auch wirtschaftlich belastet werden.[235] Nach §§ 21 Abs. 1 S. 2, 15a Abs. 5 EStG findet § 15a Abs. 1 S. 1, Abs. 1a, Abs. 2, Abs. 3 S. 1, 2, 4, Abs. 4 EStG jedoch auch auf andere Gesellschafter Anwendung, deren Haftung mit der eines Kommanditisten vergleichbar ist. Zum Teil wird dementsprechend aus den

---

230 *Canaris*, ZGR 2004, 69, 74 ff.

231 *Canaris*, ZGR 2004, 69, 75, 77.

232 *Jacobs*, S. 100.

233 BT-Drucks, 13/8444, S. 63; *Heil*, MittRhNotK 1998, 348, 351; *Jacobs*, S. 100; *Wiedemann*, Gesellschaftsrecht II, § 8 I 1 a, S. 679.

234 Vgl. *Gummert*, FS-Lüer, S. 201; *Otto*, S. 40 f.

235 Vgl. Blümich/*Heuermann*, § 15a Rn. 1.

§§ 21 Abs. 1 S. 2, 15a Abs. 5 Nr. 2 EStG geschlossen, dass für die quotal haftenden Gesellschafter eines in der Rechtsform der GbR organisierten geschlossenen Immobilienfonds dieselben Regeln über den beschränkten Verlustausgleich gelten, wie bei einem Kommanditisten.[236] Dem ist jedoch entgegenzuhalten, dass der Tatbestand des § 15a Abs. 5 Nr. 2 Alt. 1 EStG voraussetzt, dass die Inanspruchnahme des Gesellschafters für Schulden im Zusammenhang mit dem Betrieb ausgeschlossen ist. Ein solcher Ausschluss der Haftung des BGB-Gesellschafters liegt bei einer quotalen Haftungsbeschränkung aber gerade nicht vor, denn die Anlagegesellschafter haften ja weiterhin mit ihrem Privatvermögen für die Gesellschaftsschulden nur eben beschränkt auf ihre Beteiligungsquote.[237] Angesichts der gehäuften Verfahren hinsichtlich der Haftung von Anlagegesellschaftern kann auch nicht davon ausgegangen werden, dass die 2. Alt. des § 15a Abs. 5 Nr. 2 EStG erfüllt ist; es ist gerade nach der Art und Weise des Geschäftsbetriebes der geschlossenen Immobilienfonds nicht mehr unwahrscheinlich, dass die Anleger auch persönlich in Anspruch genommen werden.[238] Der beschränkte Verlustausgleich gemäß § 15a Abs. 1 S. 1 EStG gilt demnach nicht über die §§ 21 Abs. 1 S. 2, 15a Abs. 5 Nr. 2 EStG für die quotal haftenden Gesellschafter einer Fonds-GbR. Die geschlossenen Immobilienfonds in der Rechtsform der KG weisen demnach aufgrund von § 15a EStG nicht die gleiche steuerrechtliche Attraktivität wie eine Fonds-GbR auf.

Neben den mit § 15a EStG zusammenhängenden steuerlichen Nachteilen wäre mit der Rechtsform der KG – sofern keine Treuhandgestaltung gewählt wurde – das aufwendige Registerverfahren verbunden, so dass jeder der zahlreichen Anlagegesellschafter, die oftmals anonym bleiben wollen, in das Handelsregister eingetragen werden müsste.[239] Auch Veränderungen im Gesellschafterbestand bedürften ansonsten gemäß § 162 HGB stets einer Umschreibung im Handelsregister.[240] Zudem müsste die Fondsgesellschaft in der Rechts-

---

236 *Inhester*, in: Münchener Hdb. des Gesellschaftsrechts I, § 9 Rn. 38; *Thürling*, S. 25.

237 BFH, BStBl. 1994 II, 492, 495; Kirchhof/*von Beckerath*, § 15a Rn. 92; *Fleischmann*, DStR 1993, 907, 908; *Lüdemann*, S. 213; Schmidt/Drenseck/*Wacker*, § 15a Rn. 202; Assmann/Schütze/*Wagner*, § 18 Rn. 105; im Ergebnis ebenfalls gegen die Anwendbarkeit von § 15a EStG auf quotal haftende Anleger eines in der Rechtsform der GbR organisierten geschlossenen Immobilienfonds: *Grobe*, WM 2011, 2078, 2083; Anm. *Staake*, LMK 2011, 318841.

238 Vgl. BFH, DStR 1991, 1346, 1347; Kirchhof/*von Beckerath*, § 15a Rn. 93.

239 *Stenzel/Beckmann*, BB 2011, 2507.

240 *Gummert*, FS-Lüer, S. 201.

form der KG den handelsrechtrechtlichen Buchführungspflichten nach § 161 Abs. 2 HGB in Verbindung mit den §§ 238 ff. HGB nachkommen.[241]

Neben der Tatsache, dass das Wahlrecht aus § 105 Abs. 2 HGB ausgehebelt würde, wenn den Gesellschaftern faktisch keine andere Möglichkeit verbliebe, ihre Haftung einzuschränken, als die Gesellschaft in die Rechtsform der KG zu überführen,[242] ist mithin festzustellen, dass die Gesellschaftsform der KG im Vergleich mit der GbR mit einer Reihe von Nachteilen für die Anlagegesellschafter verbunden ist.

Die Möglichkeit der geschlossenen Immobilienfonds, gemäß § 105 Abs. 2 Alt. 2 HGB die Rechtsform der KG zu wählen, schließt mithin nicht von vornherein das Bedürfnis nach einer Haftungsbeschränkung jenseits einer individualvertraglichen Abrede aus. Im Rahmen der weiteren Interessenabwägung ist vielmehr zu fragen, ob die Anlegerinteressen derart die Interessen der Gesellschaftsgläubiger überwiegen, dass trotz der Option in die Rechtsform der KG zu wechseln, ein anerkennenswertes Bedürfnis nach einer anderweitigen Beschränkung der Gesellschafterhaftung besteht.

bb) Reine Kapitalbeteiligung

Die Beteiligung des Anlegers stellt typischerweise eine reine Kapitalbeteiligung dar.[243] Die Anleger haben wenn überhaupt lediglich Kontakt zu den Fondsinitiatoren bzw. den Geschäftsführungsgesellschaftern, von denen sie auf der Grundlage der Fondsprospekte geworben wurden.[244] Sie werden Gesellschafter, ohne dass sie zu den anderen Anlegern in einem persönlichen Verhältnis stehen, wie dies sonst bei einer Personengesellschaft der Fall ist, oder die anderen Anleger zumindest kennen lernen.[245]

---

241 *Hasenkamp*, S. 201; *Petersen/Rothenfußer*, GmbHR 2000, 801, 809.

242 Vgl. *Hasenkamp*, S. 201; *dies.*, BB 2004, 230, 232; *Jacobs*, S. 101; außerdem Staudinger/*Habermeier*, Vorbemerkung zu §§ 705-740 Rn. 40.

243 BGHZ 64, 238, 241; BGHZ 84, 11, 13; *Priester*, DStR 2011, 1278, 1279.

244 Vgl. *Priester*, DStR 2011, 1278, 1279.

245 Graf von Westphalen/Thüsing/*Furmans*, Immobilienfonds, Rn. 6; Anm. *Müller*, NWB 2011, 2217, 2219; vgl. auch BGH, NZG 2010, 61 und BGH, NZG 2011, 276.

cc) Keine Kontrollmöglichkeiten

Außerdem werden die Anleger Gesellschafter der Fonds-GbR, ohne die parallele oder nachfolgende Aufnahme anderer Anleger beeinflussen zu können.[246] Allein die Initiatoren bzw. die geschäftsführenden Gesellschafter wählen die aus ihrer Sicht geeigneten Anleger aus, die sodann Gesellschafter werden.[247] Bei ihrem Beitritt sind die Anleger darauf beschränkt, den vorformulierten Gesellschaftsvertrag zu unterzeichnen, dessen Inhalt sie nicht mitgestalten konnten.[248]

Auch hinsichtlich der Geschäftsführung und Vertretung der Fondsgesellschaft sind die Einflussmöglichkeiten der Anlagegesellschafter eingeschränkt. Hier sind verschiedene Gestaltungsmöglichkeiten denkbar. Im ersten Fall soll die Geschäftsführung zwar nach dem Gesellschaftsvertrag allen Gesellschaftern gemeinschaftlich zustehen, vgl. § 709 Abs. 1 HS. 1 BGB. Allerdings wird zugleich gesellschaftsvertraglich eine oftmals allein hierfür gegründete Geschäftsbesorgungsgesellschaft[249] zur Führung der Geschäfte der Gesellschaft eingesetzt, deren Rechte und Pflichten sich nach einem eigens abgeschlossenen Geschäftsbesorgungsvertrag richten.[250] Ein solches Vorgehen stellt nach Ansicht des BGH keinen Verstoß gegen den Grundsatz der Selbstorganschaft dar. Es sei zulässig in einer GbR aufgrund Rechtsgeschäfts die Geschäftsführung auf einen Nicht-Gesellschafter zu übertragen, da der Grundsatz der Selbstorganschaft nur eine Konstruktion verbiete, in der sämtliche Gesellschafter von der Geschäftsführung und Vertretung ausgeschlossen werden. Die Gesellschafter könnten einem Dritten Geschäftsführungs- und Vertretungsbefugnisse übertragen, solange ihnen selbst noch die organschaftliche Geschäftsführungs- und Vertretungsmacht zustehe.[251] Die Bevollmächtigung der Geschäftsbesorgerin kann

---

246 *Hasenkamp*, S. 221; Anm. *Müller*, NWB 2011, 2217, 2219; *Priester*, DStR 2011, 1278, 1279; vgl. außerdem BGHZ 64, 238, 241; BGHZ 84, 11, 13 f.

247 BGHZ 84, 11, 13; *Heilmann*, Das Grundeigentum 2010, 817, 818; *Stenzel/Beckmann*, BB 2011, 2507, 2508.

248 BGHZ 64, 238, 241.

249 Erman/*Westermann*, § 709 Rn. 4.

250 Vgl. hierzu den dem Urteil des BGH vom 8.2.2011, BGHZ 188, 233 zugrunde liegenden Sachverhalt sowie *Priester*, DStR 2011, 1278.

251 BGH, NJW 1982, 877, 878; BGH, NJW 1982, 2495.

dann regelmäßig von den Gesellschaftern nur beim Erreichen von bestimmten Mehrheiten in einem Gesellschafterbeschluss widerrufen werden.[252]

Denkbar ist aber auch ein Ausschluss der einzelnen Anlagegesellschafter von der Geschäftsführung. Die grundsätzlich gemäß § 709 Abs. 1 HS. 1 BGB bestehende Gemeinschaftsgeschäftsführung wird dann den Initiatoren bzw. Gesellschaftsgründern gemäß § 710 S. 1 Alt. 2 BGB übertragen.[253] In diesem Fall enthält der Gesellschaftsvertrag darüber hinaus zumeist eine Beschränkung des Kontrollrechts der Gesellschafter aus § 716 Abs. 1 BGB im Rahmen der Grenze des § 716 Abs. 2 BGB.[254] Aufgrund dessen hat der einzelne Anleger weder die Möglichkeit einer konsequenten Überwachung der Geschäftsführung, noch kann er in sonstiger Weise Einfluss auf die Gesellschaft nehmen.[255] Aber selbst wenn das Kontrollrecht nicht begrenzt wurde, wird eine effektive Kontrolle der Geschäftsführung schon allein wegen der Fülle von Anlegern kaum realisierbar sein. In der Regel wird der durchschnittliche Anlagegesellschafter den Umstand, dass die Geschäftsführungsbefugnis einem anderen übertragen wurde, aufgrund mangelnder eigener Geschäftserfahrung sogar begrüßen.[256] Von schädlichen Geschäftsführungsmaßnahmen erfahren die Anlagegesellschafter regelmäßig erst dann, wenn diese sich bereits nachteilig auf die Lage des Unternehmens ausgewirkt haben.[257]

dd) Umfang des Gesellschaftsanteils

Ist ein Anlagegesellschafter nur mit einer sehr niedrigen Quote an der Gesellschaft beteiligt, steht die unbeschränkte Haftung in keiner Relation zu seinem Anteil an dem Gesellschaftsvermögen und damit zu den aufgrund der Gesellschaftsbeteiligung möglichen Ertragsaussichten.[258] Die Anleger wird daher eine

---

252 Vgl. BGH, NJW 1982, 2495 f.

253 *Hasenkamp*, S. 221; Baumbach/Hopt/Merkt/*Hopt*, Anh. § 177a Rn. 52; MüKo/*Ulmer/Schäfer*, BGB, § 709 Rn. 6.

254 *Hasenkamp*, S. 222.

255 *Barchewitz*, MDR 2007, 1176, 1177; Anm. *Casper*, JZ 2002, 1112, 1113; *Jacobs*, S. 176; *Meyer*, S. 1033 f.

256 BGHZ 64, 238, 243.

257 *Hasenkamp*, BB 2004, 230, 235; *Jacobs*, S. 184.

258 Kritisch *Gummert*, FS-Lüer, S. 201, 216, der darauf verweist, dass viele Anleger in der Regel wirtschaftlich gut gestellt sind und mit der Fondsbeteiligung überdurchschnittliche Renditen erzielen wollen.

umfassende Einstandspflicht kaum akzeptieren.[259] Vielmehr wollen die Gesellschafter nur in einem möglichst geringen Umfang für die zivil- und steuerrechtlichen Belastungen der Fondsgesellschaft aufkommen.[260] Daher kann der Rechtsverkehr von dem einzelnen Anleger auch nicht die Übernahme der persönlichen Haftung für sämtliche Verbindlichkeiten der Gesellschaft verlangen.[261] Wenn man den Anlagegesellschaftern die Möglichkeit einer Haftungsbeschränkung verwehren würde, wären viele potenzielle Gesellschafter wohl nicht mehr bereit, ihre Ersparnisse in eine Fondsgesellschaft zu investieren. Die Publikumsgesellschaft in der Rechtsform der GbR wäre dann bald ausgestorben.[262]

b) Die Interessen der Gesellschaftsgläubiger

Ziel der Gesellschaftsgläubiger ist es regelmäßig, auf eine größtmögliche Haftungsmasse zurückgreifen zu können. Dem entspricht eine unbeschränkte Einstandspflicht der Gesellschafter für die Gesellschaftsverbindlichkeiten mit ihrem Privatvermögen. Es stellt sich jedoch die Frage, ob dieses Interesse der Gesellschaftsgläubiger im Verhältnis zu den Interessen der Anlagegesellschafter auch schutzwürdig ist.

Die Gläubiger verzichten durch die Haftungsbeschränkung (zum Teil) auf ihre beste Sicherheit.[263] Können sie sich für ihre Forderungen gegen die Gesellschaft keine anderen Sicherheiten verschaffen, so ist es sehr wahrscheinlich, dass sie im Fall einer Gesellschaftsinsolvenz keine oder nur eine teilweise Befriedigung erlangen können, wenngleich die Gesellschafter noch vermögend sind.[264]

Zum Teil wird zwar vertreten, dass die Gläubiger durch die Zusammenführung der Kapitaleinlagen der Gesellschafter hinreichend gesichert sind.[265] Dem

---

259 Anm. *Casper*, JZ 2002, 1112, 1113; *Hasenkamp*, S. 200; *Stenzel/Beckmann*, BB 2011, 2507, 2508.

260 *King*, S. 150; vgl. auch *Heilmann*, Das Grundeigentum 2010, 817, 818.

261 *Casper*, JZ 2002, 1112, 1113; *Schäfer*, FS-Nobbe, S. 909, 920; *Wagner*, ZfIR 2009, 728, 730.

262 Vgl. *Casper*, JZ 2002, 1112, 1113; *Ebbing/Grüner*, NZG 2000, 347, 352; *Hasenkamp*, S. 224; *dies.*, BB 2004, 230, 235; *Heilmann*, Das Grundeigentum 2010, 817, 818; *Wiedemann*, Gesellschaftsrecht II, § 7 III 4 b bb, S. 662.

263 *Tielsch*, S. 7.

264 *Blaurock*, FS-Stimpel, S. 553; vgl. auch *Schüller*, FS-Heuß, S. 63, 69.

265 *Ulmer*, ZIP 2003, 1113, 1119.

ist jedoch entgegen zu halten, dass die Gesellschafter ihre Beiträge frei auf gesellschaftsvertraglicher Ebene festsetzen können.[266] Durch die Festlegung der Beiträge entscheiden die Gesellschafter auch über die Höhe des der Gesellschaft zur Verfügung stehenden Gesellschaftsvermögens.[267] Die Anlagegesellschafter können zwar nicht selbst über die von ihnen zu leistenden Beiträge bestimmen, allerdings werden ihre Beiträge von den Initiatoren bzw. den geschäftsführenden Gesellschaftern, die den Gesellschaftsvertrag und das Fondskonzept ausarbeiten, vorgegeben, so dass insoweit den Gläubigern auch keinerlei Einflussnahme möglich ist.

Zudem können sie jederzeit Beträge aus dem Gesellschaftsvermögen entnehmen, sofern der Gesellschaftsvertrag oder ein entsprechender Gesellschaftsbeschluss dies zulässt.[268] Auch eine Haftung der Gesellschafter für eingetretene Verluste nach § 735 BGB ist erst bei Auflösung und Auseinandersetzung der Gesellschaft möglich, wobei selbst diese Vorschrift nach überwiegender Ansicht disponibel ist.[269]

Damit ist festzuhalten, dass die Gesellschaftsgläubiger keinerlei Möglichkeit einer Einflussnahme auf die gesellschaftsinternen Vorgänge haben.[270] Mangels Gesellschaftsregister haben sie zudem keine Chance, sich über die Gesellschaftsinterna zu informieren.[271] Da grundsätzlich jeder Gläubiger das Insolvenzrisiko seines Schuldners selbst trägt,[272] entspricht es regelmäßig dem Willen der Gläubiger, die Zahlungsfähigkeit und das bei Vertragsschluss vorhandene Vermögen ihrer Vertragspartner beurteilen zu können.[273] Eine solche Einschätzung des Insolvenzrisikos ist bei einer GbR aber äußerst umständlich und praktisch kaum durchführbar.[274] Begreift man die unbegrenzte persönliche Einstandspflicht der Gesellschafter als Korrelat zur uneingeschränkten Entnahme-

---

266 Bamberger/Roth/*Schöne*, § 706 Rn. 9; MüKo/*Ulmer/Schäfer*, BGB, § 706 Rn. 1, 7; Erman/*Westermann*, § 706 Rn. 3

267 *Dauner-Lieb*, S. 548; *dies.*, DStR 1998, 2014, 2019.

268 *Peifer*, NZG 2001, 193, 197.

269 Staudinger/*Habermeier*, § 735 Rn. 3; *Peifer*, NZG 2001, 193, 197; Bamberger/Roth/*Schöne*, § 735 Rn. 8; Palandt/*Sprau*, § 735 Rn. 1; MüKo/*Ulmer/Schäfer*, BGB, § 735 Rn. 2; Erman/*Westermann*, § 735 Rn. 2.; zum Teil a.A. *Aderhold*, S. 248 ff.

270 *Hasenkamp*, S. 204.

271 Vgl. Anm. *Wiedemann*, JZ 2001, 661, 664.

272 *Hofmann*, NJW 1969, 577, 581.

273 *Adams*, S. 61; *Peifer*, NZG 2001, 193, 197.

274 Vgl. *Hasenkamp*, S. 204.

freiheit,[275] so erscheint das Interesse der Gesellschaftsgläubiger an einer unbeschränkten Haftung der Gesellschafter durchaus nachvollziehbar und gewichtig. Prinzipiell müssen die Gesellschafter, die die Geschäfte für die Gesellschaft führen, die volle Verantwortung für ihre Entscheidungen und die Gefahr eines vollkommenen Verlustes ihres gesamten eingesetzten Kapitals tragen.[276]

Dem ist jedoch entgegenzuhalten, dass die Machtverhältnisse in einer Publikums-GbR gerade nicht denjenigen in einer herkömmlichen GbR entsprechen, in der wenige Gesellschafter in wechselseitigem Vertrauen zusammenarbeiten und so zur Verwirklichung des Gesellschaftszwecks beitragen. Die Gesellschaftsgläubiger, insbesondere die finanzierenden Kreditinstitute, können zumeist ohne große Probleme die Struktur der Publikumsgesellschaft erkennen und müssen aufgrund dessen davon ausgehen, dass sich die Anleger mit ihrer Kapitalbeteiligung nicht ohne weiteres einer unbeschränkten persönlichen Haftung aussetzen wollen.[277] Außerdem steht ihnen eine Rechtsscheinhaftung zur Seite, soweit sie die Gesellschaftsstruktur einmal nicht durchschauen können.[278] Im Gegensatz dazu können die Anleger ohne professionelle Beratung den Inhalt des in der Regel umfassenden und komplexen Vertragswerks kaum erfassen.[279] Zudem ist die Verlustgefahr der Gesellschaftsgläubiger auf den Betrag des an die Gesellschaft gezahlten Darlehens begrenzt.[280]

c) Zwischenergebnis

Neben den Interessen der Anlagegesellschafter und der Gesellschaftsgläubiger ist zu berücksichtigen, dass die Zulassung einer Haftungsbeschränkung bei der Publikums-GbR zur Erhaltung der Funktionsfähigkeit des Kapitalmarktes beiträgt, indem sie die Zusammenführung von Kapital für wichtige Investitionsprojekte ermöglicht.[281] Nach den Vertretern einer Einheit von Herrschaft und Haf-

---

275 Vgl. *K. Schmidt*, Gesellschaftsrecht, § 18 IV 2 c, S. 542 f., § 49 I 1a, S. 1409 f.; *Tielsch*, S. 2; *Wiedemann*, Gesellschaftsrecht I, § 10 III 1 b, S. 539; *Würdinger*, Gesellschaften I, S. 35.

276 *Wiedemann*, Gesellschaftsrecht I, § 10 I 1 a, S. 515.

277 *Barchewitz*, MDR 2007, 1176, 1177; *Hasenkamp*, BB 2004, 230, 235; *Jacobs*, S. 187 f.

278 *Schäfer*, FS-Nobbe, S. 909, 920.

279 *Weisemann*, DZWIR 2007, 183.

280 *Kübler*, FS-Heinsius, S. 397, 405.

281 *Raiser*, FS-Lutter, S. 637, 649.

tung[282] ergäbe sich bereits aus dem Umstand, dass den Anlegern einer Fondsgesellschaft so gut wie keine Entscheidungskompetenzen in der Gesellschaft verbleiben, die Zulässigkeit der Beschränkung ihrer Haftung. Aber auch wenn man diese Ansicht nicht uneingeschränkt teilt und Leitungsverantwortung und Haftungsbegrenzung im Gesellschaftsrecht nicht als sich grundsätzlich einander ausschließende Prinzipien versteht,[283] überwiegen aufgrund der besonderen Machtstrukturen in der Publikumspersonengesellschaft die Interessen der Anlagegesellschafter an einer beschränkten Gesellschafterhaftung die Interessen der Gesellschaftsgläubiger an einer unbeschränkten Haftung.[284] Dies gilt insbesondere mit Blick darauf, dass die Gesellschafter einer GbR, die ein schutzwürdiges Bedürfnis nach einer Eingrenzung ihrer Haftungsrisiken darlegen können, mit der Schaffung von § 105 Abs. 2 HGB nicht in die Rechtsform der KG gedrängt werden sollten.

Die Möglichkeit einer Beschränkung ihrer persönlichen Haftung ist jedoch abgesehen von einer individualvertraglichen Haftungsbeschränkungsvereinbarung nur den Anlagegesellschaftern zuzugestehen. Die geschäftsführenden Gesellschafter, die regelmäßig Gründer sind, können sich nicht auf eine Haftungsbeschränkung berufen, denn auf sie treffen die oben genannten Schutzerwägungen nicht zu. Sie haften weiterhin gemäß § 128 S. 1 HGB analog unbeschränkt für die Gesellschaftsverbindlichkeiten.[285]

---

282 *Eucken*, S. 281; *Immenga*, S. 119 f; *Müller-Erzbach*, S. 114 ff.; *ders.*, AcP 154 (1955), 299, 342 f.; *Nitschke*, S. 217, 238; *Paulick*, S. 36, 48.

283 So *Flume*, Die Personengesellschaft, § 14 VIII, S. 244; *Hasenkamp*, S. 160 ff.; *Hofmann*, NJW 1969, 577, 579 f.; *Limbach*, S. 107 ff.; *K. Schmidt*, Zur Stellung der OHG, S. 111 ff.

284 Vgl. *Schäfer*, FS-Nobbe, S. 909, 915; außerdem *Westermann*, FS-Krämer, S. 373, 377, der davon ausgeht, dass die Begrenzung der Haftung von Gesellschaftern geschlossener Immobilienfonds bereits allgemein anerkannt ist; a.A. ist *Grobe*, WM 2011, 2078, 2083 ff., der den Gesellschaftern eines geschlossenen Immobilienfonds generell das Bedürfnis nach einer nur beschränkten Haftung abspricht.

285 Anm. *Bayer*, EWiR 2003, § 705 BGB 5/03, 405 f.; *Jakobs*, S. 181 f.; Bamberger/Roth/*Schöne*, § 714 Rn. 45; Erman/*Westermann*, § 714 Rn. 19; ähnlich *Canaris*, ZGR 2004, 69, 105; a.A. *Hasenkamp*, S. 225.

B. Die dogmatische Begründung für eine Beschränkung der Gesellschafterhaftung

Ist damit anerkannt, dass die Anlagegesellschafter eines geschlossenen Immobilienfonds nur in einem beschränkten Umfang für die Gesellschaftsverbindlichkeiten einstehen müssen, stellt sich die Frage, wie die Beschränkung der Gesellschafterhaftung dogmatisch zu konstruieren ist.[286] Hierzu werden in Rechtsprechung und Schrifttum unterschiedliche Modelle vertreten.

I. Gesellschaftsvertragliche Haftungsbeschränkung

1. Unter der Geltung der Doppelverpflichtungslehre

Noch unter Geltung der Doppelverpflichtungslehre hielt man gesellschaftsvertragliche Haftungsbeschränkungen für wirksam. Nach der Theorie der Doppelverpflichtung vertraten die vertretungsberechtigten Gesellschafter nicht nur die Gesellschaft, sondern auch die Gesellschafter.[287] Dabei stellte die Befugnis, die anderen Gesellschafter zu vertreten, keine organschaftliche, sondern eine rechtsgeschäftliche Vertretungsmacht dar.[288] Damit wurde die Haftung der Gesellschafter nur aufgrund eines besonderen Verpflichtungstatbestandes begründet.[289] War nun in den Gesellschaftsverträgen die Vertretungsmacht der Geschäftsführer auf die Verpflichtung der Gesellschaft begrenzt, konnten sie die Gesellschafter mangels Vertretungsmacht nicht wirksam vertreten. Eine Haftung kam dann nur noch aufgrund eines Rechtsscheintatbestandes in Betracht.[290] Nach ständiger Rechtsprechung und herrschender Lehre war ein Haftungsausschluss schon dann möglich, wenn er den Gesellschaftsgläubigern er-

---

286 Vgl. *Schäfer*, FS-Nobbe, S. 909, 915.

287 *Kögel*, DB 1995, 2201; Anm. *K. Müller/K.-D. Müller*, WuB II J. § 714 BGB 1.97, 889.

288 *Kögel*, DB 1995, 2201, 2202; MüKo/*Ulmer*, BGB, 3. Auflage, § 714 Rn. 33; *Wiedemann*, WM 1994, Sonderbeilage 4, S. 17 f.

289 MüKo/*Ulmer/Schäfer*, BGB, § 714 Rn. 58.

290 BGH, NJW 1992, 3037, 3039; BGH, WM 1994, 237, 238; *Hadding*, FS-Rittner, S. 133, 142; Anm. *Henssler*, JZ 1993, 155 f.; *Heckelmann*, FS-Quack, S. 243, 251 f.; *Canaris*, Vertrauenshaftung, S. 75.

kennbar war.[291] Andere hielten hingegen die Offenkundigkeit der Vertretungsbeschränkung auf die Gesamthand für erforderlich[292] bzw. setzen für ihre Wirksamkeit eine entsprechende Vereinbarung mit dem Gesellschaftsgläubiger voraus.[293] Aufgrund dessen führten viele Gesellschaften im Rechtsverkehr die Bezeichnung „Gesellschaft bürgerlichen Rechts mit beschränkter Haftung". Teilweise hielt man eine dementsprechende Erklärung auf dem Briefkopf schon für ausreichend.[294] Diese Praxis wurde schließlich vom BGH in *BGHZ 142, 315* verworfen. Der maßgebliche Grund dafür, dass sich der BGH gegen die Anerkennung der GbR mbH aussprach, lag in den Risiken, die diese Gesellschaftsform im Rechtsverkehr aufgrund der mangelnden Kapitalaufbringungs- und Kapitalerhaltungsregeln aufwies.[295]

Indem der BGH schließlich ausdrücklich die Doppelverpflichtungstheorie bei der GbR ablehnte,[296] ist auch eine Haftungsbeschränkung bzw. ein Haftungsausschluss durch Begrenzung der Vertretungsmacht der Geschäftsführer auf die alleinige Verpflichtung der Gesellschaft nicht mehr möglich.

2. Unter der Geltung der Akzessorietätstheorie

Teilweise wird nunmehr allerdings vertreten, dass auch unter Geltung der Akzessorietätstheorie eine Begrenzung der persönlichen Gesellschafterhaftung im Gesellschaftsvertrag noch Wirkungen gegenüber den Gesellschaftsgläubigern entfaltet.

---

291 RGZ 155, 75, 87; BGH, WM 1987, 689, 690; BGH, WM 1989, 377, 379; BGH, WM 1990, 1113, 1114; BGH, NJW 1992, 3037, 3039; BGH, WM 1994, 237, 238; Staudinger/*Keßler*, 12. Auflage, § 714 Rn. 13; *Hadding*, FS-Rittner, S. 133, 140 ff.; *Heckelmann*, FS-Quack, S. 243, 252; Anm. *Henssler*, JZ 1993, 155, 156; *Nicknig*, S. 22 f.; krit. *Kögel*, DB 1995, 2201, 2202.

292 Soergel/*Schutze von Lasaulx*, 10. Auflage, § 714 Rn. 9; *Esser*, Schuldrecht II, § 95 III 3, S. 285; wohl auch *K. Schmidt*, DB 1973, 653, 656.

293 *Flume*, Die Personengesellschaft, § 16 IV 4, S. 328 ff.

294 OLG Hamm, NJW 1985, 1846, 1847; *Kögel*, DB 1995, 2201, 2204, 2205; vgl. auch *Dauner-Lieb*, S. 538; offengelassen bei BGH, NJW 1992, 3037, 3039.

295 Vgl. BGHZ 142, 315, 322 f.

296 Vgl. BGHZ 146, 341, 358.

a) Die Befürworter

aa) Vor allem *Ulmer* und *Petersen/Rothenfußer* wollen eine solche Haftungsbeschränkung als Folge einer beschränkten Vertretungsmacht der Geschäftsführer zulassen.[297] Die Zulässigkeit einer Konstruktion, bei der den Geschäftsführern nur Vertretungsmacht für solche Geschäfte eingeräumt wird, die die Vereinbarung einer Haftungsbeschränkung zugunsten der Gesellschafter enthalten, folge bereits aus dem Grundsatz der Privatautonomie.[298]

Die Gesellschafter könnten den Geschäftsführern Vertretungsmacht für die Gesellschaft nur für solche Verträge einräumen, die eine individualvertragliche Beschränkung der persönlichen Gesellschafterhaftung enthalten. § 714 BGB sei zwar auch nach der Akzessorietätstheorie so aufzufassen, dass im Zweifel Vertretungsmacht der Geschäftsführer für die Gesellschaft bestehe.[299] Anders als bei der OHG, für die gemäß § 126 HGB der Grundsatz unbeschränkter und unbeschränkbarer Vertretungsmacht gilt, stehe nach herrschender Meinung[300] bei der GbR der Umfang der Vertretungsmacht aber nicht unwiderleglich fest.[301]

Die mit der Begrenzung der Vertretungsmacht verbundene Haftungsbeschränkung könne ähnlich der im Rahmen der Doppelverpflichtungslehre vertretenen Haftungsbeschränkung im Namen der GbR nach außen hin erkennbar gemacht werden.[302] Willenserklärungen der Geschäftsführer seinen dann nach den §§ 133, 157 BGB dahin auszulegen, dass diese für die GbR nur dann Verbindlichkeiten eingehen könnten und wollten, wenn sich die künftigen Vertragspartner der GbR mit dem konkludenten Haftungsausschluss einverstanden erklärten.[303] Demnach sei die Haftungsbegrenzung im Namen der GbR grund-

---

297 *Ulmer*, ZIP 1999, 554, 561, 564 f.; *ders.*, ZGR 2000, 339, 345 f.; MüKo/*Ulmer/Schäfer*, BGB, § 714 Rn. 68 f.; außerdem *Petersen/Rothenfußer*, GmbHR 2000, 757, 760 f.; *Nagel*, NZG 2001, 202, 204 f.; vgl. auch *K. Schmidt*, Gesellschaftsrecht, 2. Auflage, § 60 III 2 c, S. 1501, der bereits ausdrücklich nach der Erkennbarkeit der Haftungsbeschränkung im Außenverhältnis differenziert.

298 *Petersen/Rothenfußer*, GmbHR 2000, 757, 763; so auch *Canaris*, ZGR 2004, 69, 99.

299 *Ulmer*, ZIP 1999, 554, 561; *Nagel*, NZG 2001, 202, 204.

300 Vgl. *von Ditfurth*, in: Münchener Hdb. des Gesellschaftsrechts I, § 7 Rn. 80, 83; *Kindl*, WM 2000, 697, 702; Anm. *Wiedemann*, JZ 2001, 661, 663; a.A. *Schäfer*, ZIP 2003, 1225, 1233.

301 *Ulmer*, ZIP 1999, 554, 561, 564; MüKo/*Ulmer/Schäfer*, BGB, § 714 Rn. 68; *Nagel*, NZG 2001, 202, 204.

302 *Ulmer*, ZIP 1999, 554, 561; *Petersen/Rothenfußer*, GmbHR 2000, 757, 761.

303 *Ulmer*, ZIP 1999, 554, 561; *Petersen/Rothenfußer*, GmbHR 2000, 757, 761, 763.

sätzlich sowohl nach der Doppelverpflichtungs- als auch nach der Akzessorietätstheorie geeignet, die Gesellschafterhaftung für rechtsgeschäftliche Gesellschaftsverbindlichkeiten zu beschränken. Die Haftungsbegrenzung diene jedoch nicht wie nach der Doppelverpflichtungstheorie dazu, einen konkludenten Schuldbeitritt der Gesellschafter auszuschließen, sondern zur konkludenten Einigung mit den künftigen Vertragspartnern der Gesellschaft über eine Haftungsbeschränkung.[304]

bb) *Beuthien* hat hingegen jüngst nicht für die Zulässigkeit einer unter der Bedingung der Vereinbarung einer Haftungsbeschränkung erteilten Vertretungsmacht plädiert, sondern sich vielmehr für die Zulässigkeit einer gesellschaftsvertraglichen Haftungsbeschränkung mit Wirkung gegenüber Dritten ausgesprochen.[305] Die Änderungen der Rechtsprechung zum Haftungssystem in der GbR hätten das systematische Verhältnis zum nichtrechtsfähigen Verein gestört.[306] Es sei nicht nachvollziehbar, warum die Mitglieder von bestimmten Erscheinungsformen der GbR strenger als solche des nichtrechtsfähigen Vereins haften sollten. Da die GbR sich im Einzelfall kaum von einem nichtrechtsfähigen Verein abgrenzen lasse und die persönliche Haftung nicht in das Vereinsrecht passe, bedürfe es einer Abstimmung der beiden Haftungssysteme. Die GbR mbH mit gesellschaftsvertraglicher Haftungsbeschränkung bzw. – ausschluss stelle lediglich die Ausgestaltung einer gesetzlich zulässigen Rechtsform – der GbR – dar.[307] Der Gefahr eines Missbrauchs der gesellschaftsvertraglichen Haftungsbeschränkung könne dadurch vorgebeugt werden, dass man die geschäftsführenden Gesellschafter stets persönlich haften lasse. Denn nach dem aus der Vereinigungsfreiheit folgenden Prinzip der privatautonomen Selbstverantwortung genüge es, wenn wenige Personen die persönliche Verantwortung trügen.[308]

Der Grund, warum nicht sämtliche Mitglieder des nichtrechtsfähigen Vereins persönlich haften würden, läge darin, dass die handelnden Mitglieder dem Gläubiger für die Vereinsschulden gemäß § 54 S. 2 BGB einstehen müssten. Bei der GbR ergebe sich ein vergleichbares Ergebnis daraus, dass § 128 S. 2 HGB

---

304 *Ulmer*, ZIP 1999, 554, 561; vgl. auch *K. Schmidt*, Gesellschaftsrecht, 3. Auflage, § 60 III 2 c, S. 1792.

305 *Beuthien*, WM 2012, 1 ff.

306 *Beuthien*, WM 2012, 1.

307 *Beuthien*, WM 2012, 1, 2 f.

308 *Beuthien*, WM 2012, 1, 4 f.

aufgrund der Vielfalt der Ausgestaltungen dieser Gesellschaftsform nicht entsprechend anwendbar sei. Bei der GbR sei also eine gesellschaftsvertragliche Haftungsbeschränkung zulässig, solange die Geschäftsführer weiterhin persönlich für die Gesellschaftsverbindlichkeiten einstehen müssten, was durch eine Analogie zu § 54 S. 2 BGB sichergestellt werden könne.[309] Erforderlich sei jedoch, dass die Haftungsbeschränkung nach außen deutlich werde; fehle es an der Erkennbarkeit, würden die Gesellschafter kraft Rechtscheins für die Gesellschaftsschulden haften.[310]

b) Die Gegner

Während zu dem Modell von *Beuthien* bisher noch keine Stellungnahmen vorliegen, wird die vor allem von *Ulmer* und *Petersen/Rothenfußer* befürwortete Konstruktion einer Haftungsbeschränkung durch Offenlegung der beschränkten Vertretungsmacht im Schrifttum überwiegend kritisch gesehen.[311]

Dementsprechend schlägt *Canaris* vor, über eine Inhaltskontrolle der Vollmachtsbeschränkung die Möglichkeit der Beschränkung der persönlichen Gesellschafterhaftung einzugrenzen.[312] Zwar handele es sich bei der Vollmachtsbeschränkung eigentlich nicht um eine AGB, da die Gesellschaft sie ihren Vertragspartnern nicht im Sinne des § 305 Abs. 1 BGB stelle. Scheitere aber die in den Vertrag mit dem Gesellschaftsgläubiger einbezogene Haftungsbeschränkung an der Inhaltskontrolle, fehle es auch an der Vertretungsmacht und der gesamte Vertrag wäre gemäß § 177 BGB unwirksam. Die Inhaltskontrolle, die ja eigentlich dem Gläubiger einen vertraglichen Anspruch verschaffen solle, verfehle auf diesem Weg ihr Ziel.[313] Aufgrund von § 306a BGB müsse man daher die Inhaltskontrolle sowohl auf die Haftungsbeschränkung als auch auf die Be-

---

309 *Beuthien*, WM 2012, 1, 6 ff., allerdings hält Beuthien den gesellschaftsvertraglichen Haftungsausschluss nur bei rechtsgeschäftlichen Verbindlichkeiten für zulässig, da die Handelndenhaftung gemäß § 54 S. 2 BGB analog bei gesetzlichen Verbindlichkeiten nicht greife, ebd. S. 8.

310 *Beuthien*, WM 2012, 1, 9.

311 *Armbrüster*, ZGR 2005, 34, 38 ff.; *Canaris*, ZGR 2004, 69, 96 ff.; *Dauner-Lieb*, S. 535 ff.; *dies.*, DStR 1999, 1992, 1994 f.; *dies.*, DStR 2001, 356, 359; *dies.*, in: Gesellschaftsrecht in der Diskussion 2001, S. 117, 126 ff.; *Gummert*, ZIP 2003, 1063, 1065; *ders.*, FS-Lüer, S. 201, 205; *Schäfer*, ZIP 2003, 1225, 1233; *Reiff*, ZIP 1999, 1329, 1334 f.; Anm. *Wiedemann*, JZ 2001, 661, 663 f.

312 *Canaris*, ZGR 2004, 69, 97 ff.

313 *Canaris*, ZGR 2004, 69, 97.

grenzung der Vertretungsmacht erstrecken. Denn Letztere diene alleine dazu, das Ergebnis einer formularvertraglichen Haftungsbeschränkung herbeizuführen, die ansonsten regelmäßig wegen Verstoßes gegen § 307 BGB scheitern werde.[314] Sofern die Beschränkung der Vertretungsmacht in Bezug auf die Haftungsbeschränkung dann nicht der Inhaltskontrolle standhalte, könne die Vertretungsregelung in den nicht von der Inhaltskontrolle betroffenen Teilen gemäß § 306 Abs. 1 BGB aufrechterhalten werden, so dass es im Ergebnis dann auch zu einem wirksamen Vertrag ohne Haftungsbeschränkung komme.[315]

Armbrüster will hingegen stets danach fragen, ob den Gesellschaftern die Berufung auf die Beschränkung der Vertretungsmacht zu versagen ist.[316] Auszugehen sei von einer Vermutung unbeschränkter Vertretungsmacht. Denn eine an die Vereinbarung einer Haftungsbeschränkung gebundene Begrenzung der Vertretungsmacht widerspreche den berechtigten Erwartungen des Verkehrs an eine in dieser Hinsicht unbeschränkte Vertretungsmacht.[317] Wenn der Geschäftsführer keine Haftungsbeschränkung vereinbare und damit die Grenzen seiner Vertretungsmacht überschreite, wirke die Vermutung einer unbeschränkten Vertretungsmacht zu Lasten der Gesellschafter, indem der Vertrag ohne eine Haftungsbeschränkung zustande komme. Die Vermutung für die unbeschränkte Vertretungsmacht sei allein dann ausgeschlossen, wenn kein schutzwürdiges Vertrauen des Gläubigers in die unbeschränkte Vertretungsmacht bestehe, wenn also der Gläubiger Kenntnis von der Vertretungsmachtbeschränkung habe oder sie absolut evident sei.[318] Kenne der Gläubiger demnach die Vertretungsbeschränkung nicht, komme ein Vertrag zustande und die Gesellschafter würden für die hieraus stammenden Gesellschaftsverbindlichkeiten unbeschränkt haften. Wisse der Gläubiger hingegen von der Vertretungsbeschränkung und vereinbare der Gesellschaftsvertreter keine Haftungsbeschränkung, so sei der Vertrag gemäß § 177 Abs. 1 BGB schwebend unwirksam. Genehmige die Gesellschaft den Vertrag nicht, scheitere die Inanspruchnahme des handelnden Gesellschafters an § 179 Abs. 3 BGB.[319]

---

314 *Canaris*, ZGR 2004, 69, 97 f.

315 *Canaris*, ZGR 2004, 69, 98.

316 *Armbrüster*, ZGR 2005, 34, 41 ff.

317 *Armbrüster*, ZGR 2005, 34, 41 f.

318 *Armbrüster*, ZGR 2005, 34, 42 f.

319 *Armbrüster*, ZGR 2005, 34, 44.

Durch die Inkenntnissetzung des Gesellschaftsgläubigers von der Vertretungsbeschränkung könnten die Gesellschafter nur insofern eine persönliche Haftung vermeiden, als überhaupt kein Vertrag mit der Gesellschaft zustande komme. Eine nur beschränkte Gesellschafterhaftung für eine vertragliche Verbindlichkeit der GbR setze damit schlussendlich immer noch eine Haftungsbeschränkungsvereinbarung mit dem Gesellschaftsgläubiger voraus.[320]

Dauner-Lieb und *Kindl* halten demgegenüber die Beschränkung der Vertretungsmacht von vornherein für unwirksam. Die Konstruktion einer Haftungsbeschränkung aufgrund einer Beschränkung der Vertretungsmacht missachte die Unterscheidung zwischen Schuld und Haftung.[321] Lege man § 714 BGB nach Sinn und Zweck der Bestimmung teleologisch aus,[322] so umfasse die Möglichkeit der Begrenzung der Vertretungsmacht nach § 714 BGB allein den sachlichen Umfang der Vertretungsmacht, also die Frage, für welche Vertragsgegenstände die Geschäftsführer die Gesellschaft verpflichten können. Davon sei das Problem, wer für die Gesellschaftsverbindlichkeiten in Anspruch genommen werden könne, strikt zu trennen.[323] Möglich erscheine außerdem die Annahme der Unwirksamkeit der Vertretungsmachtbeschränkung durch eine entsprechende Heranziehung von § 126 Abs. 2 HGB bei jeder unternehmenstragenden GbR.[324]

c) Stellungnahme

Gegen die von *Canaris* befürwortete Inhaltskontrolle der Begrenzung der Vertretungsmacht ist zum einen einzuwenden, dass einseitige Erklärungen des Verwenders mangels Inanspruchnahme fremder Gestaltungsmacht nicht „ge-

---

320 *Armbrüster*, ZGR 2005, 34, 44 f.

321 *Dauner-Lieb*, DStR 1998, 2014, 2015 f.; *Kindl*, WM 2000, 697, 703; vgl. auch *Aderhold*, S. 192 ff.; *Henze*, BB 1999, 2260, die die Problematik unter der Prämisse ansprechen, dass die Gesellschaft nicht rechtsfähig ist und daher allein die Gesellschafter verpflichtet werden können.

322 *Dauner-Lieb*, DStR 1999, 1992, 1996.

323 *Kindl*, WM 2000, 697, 703; *Reiff*, S. 178 f., 312 f.; *ders.*, ZIP 1999, 1329, 1334.

324 *Dauner-Lieb*, in: Gesellschaftsrecht in der Diskussion 2001, S. 117, 131; vgl. auch *Gummert*, ZIP 1993, 1063, 1065 sowie *Peres*, DStR 2000, 639, 642, der sich für eine berichtigende Auslegung von § 714 HGB im Sinne einer Annäherung an den Inhalt von § 126 HGB ausspricht.

stellt“ werden.[325] Zum anderen ist es auf der Grundlage dieser Auffassung kaum möglich das gewünschte Ergebnis – eine hinsichtlich der Haftung unbeschränkte Vertretungsmacht und damit einen wirksamen Vertrag – zu erreichen.[326] Denn wenn die Beschränkung der Vertretungsmacht unwirksam ist, ergibt sich hieraus nicht ohne Weiteres eine unbeschränkte Vertretungsmacht des handelnden Gesellschafters.[327]

Auch das Gegenmodell von *Armbrüster* mit seiner Vermutung für eine hinsichtlich der persönlichen Gesellschafterhaftung unbeschränkten Vertretungsmacht ist abzulehnen. Eine solche Vermutung liefe praktisch auf eine reine Fiktion hinaus. Außerdem ist dieses Modell mit schwierigen Beweis- und Abgrenzungsfragen verbunden, etwa wenn es darum geht festzustellen, ob der Gläubiger die Vertretungsbeschränkung kannte oder ob sie evident war.

Auf der anderen Seite sind – sofern man von der Wirksamkeit der Begrenzung der Vertretungsmacht ausgeht – die schwerwiegenden Folgen zu beachten, die eintreten, wenn es den Geschäftsführern nicht gelingt, die Beschränkung der Gesellschafterhaftung mit den Gesellschaftsgläubigern zu vereinbaren. Sofern die Vertretungsbegrenzung nämlich nicht offenkundig ist und daher mangels Rechtsschein kein wirksamer Vertrag mit der Gesellschaft zustande kommt, ist das gesamte Geschäft bei Ausbleiben der Genehmigung der Gesellschaft gemäß § 177 Abs. 1 BGB unwirksam und der Vertreter würde unter Umständen gemäß § 179 Abs. 1 BGB haften.[328] Bei Offenlegung der Vertretungsmachtbegrenzung wäre hingegen eine Haftung des Vertreters aufgrund der Kenntnis bzw. des Kennenmüssens des Vertragspartners vom Mangel der Vertretungsmacht gemäß § 179 Abs. 3 BGB ausgeschlossen. Dann wäre der Vertragspartner also überhaupt nicht abgesichert.[329]

Vor allem spricht gegen die Konstruktion einer konkludenten Haftungsbeschränkung durch Kenntlichmachung der Vertretungsbegrenzung nach außen, dass ein haftungsbeschränkender Hinweis, der mit einer Firma vergleichbar im

325 *Armbrüster*, ZGR 2005, 34, 41; *Heinrichs*, NJW 1997, 1407, 1408; *Schäfer*, ZIP 2003, 1225, 1233; MüKo/*Ulmer/Schäfer*, BGB, § 714 Rn. 69.

326 MüKo/*Ulmer/Schäfer*, BGB, § 714 Rn. 69.

327 Eingehend *Armbrüster*, ZGR 2005, 34, 39 f.

328 *Dauner-Lieb*, DStR 1999, 1992, 1995; *dies.*, DStR 2001, 356, 360; *Gummert*, ZIP 2003, 1063, 1065; *ders.*, FS-Lüer, S. 201, 205; *Schäfer*, ZIP 2003, 1225, 1234.

329 *Dauner-Lieb*, DStR 1999, 1992, 1995; *dies.*, in: Gesellschaftsrecht in der Diskussion 2001, S. 117, 131.

Namen der GbR enthalten ist, keinen rechtsgeschäftlichen Charakter aufweist. Der künftige Vertragspartner wird ihn vielmehr als Information über die Wahl einer zulässigen Rechtsform mit Haftungsausschluss begreifen, bei der eine gesetzliche Sicherung des Gesellschaftskapitals vorgesehen ist.[330] Ein juristisch nicht vorgebildeter Vertragspartner wird nicht in der Lage sein, aus einem entsprechenden Namenszusatz bei der GbR auf ein „Angebot unter der Bedingung der Vereinbarung einer Haftungsbeschränkung" zu schließen.[331]

Unabhängig von der Frage, ob man mit *Dauner-Lieb* und *Kindl* schon die Beschränkung der Vertretungsmacht für unzulässig hält, läuft die Einräumung von Vertretungsmacht nur unter der Bedingung, dass bei Vertragsschluss mit der GbR eine Beschränkung der persönlichen Gesellschafterhaftung vereinbart wird, dem Ziel einer Erhaltung der Rechtssicherheit zuwider, die mit der Anerkennung der akzessorischen Haftung von BGB-Gesellschaftern einherging.[332] Die Annahme einer konkludenten Beschränkung der Gesellschafterhaftung bei Vorliegen eines entsprechenden GbR-Namenszusatzes fingiert eine Vereinbarung über eine Haftungsbeschränkung, mit der sich der künftige Vertragspartner auf normalem Wege einer ausdrücklichen Vereinbarung nur selten einverstanden erklären wird.[333] Eine Haftungsbeschränkung durch Offenlegung einer begrenzten Vertretungsmacht ist damit im Ergebnis abzulehnen.

Auch das Modell von *Beuthien*, der eine gesellschaftsvertragliche Haftungsbeschränkung bei der GbR für zulässig hält, wenn die Geschäftsführer analog § 54 S. 2 BGB für die Gesellschaftsverbindlichkeiten persönlich haften, ist nicht schlüssig. Zunächst ist es möglich, dass die Vertragspartner der Gesellschaft – wie bereits festgestellt – den haftungsbeschränkenden Zusatz im Namen der GbR dahingehend auffassen, dass die Gesellschaft eine nach dem Gesetz zulässige Gesellschaftsform mit Haftungsausschluss gewählt hat, bei der eine gesetzliche Sicherung des Gesellschaftskapitals vorgesehen ist.[334] *Beuthien* begründet den seiner Ansicht nach nicht vorliegenden Verstoß gegen den nu-

---

330 *Dauner-Lieb*, S. 537; *dies.*, DStR 1999, 1992, 1994; *dies.*, DStR 2001, 356, 360; *dies.*, in: Gesellschaftsrecht in der Diskussion 2001, S. 117, 129; *Kindl*, WM 2000, 697, 703.

331 *Dauner-Lieb*, DStR 2001, 356, 361; *dies.*, in: Gesellschaftsrecht in der Diskussion 2001, S. 117, 129.

332 *Dauner-Lieb*, DStR 1999, 1992, 1996; *dies.*; in: Gesellschaftsrecht in der Diskussion 2001, S. 117, 132, Fn. 65; *Reiff*, ZIP 1999, 1329, 1335.

333 *Dauner-Lieb*, DStR 2001, 356, 361; *Reiff*, NZG 2000, 281, 284.

334 *Dauner-Lieb*, S. 537; *dies.*, DStR 1999, 1992, 1994; *dies.*, DStR 2001, 356, 360; *dies.*, in: Gesellschaftsrecht in der Diskussion 2001, S. 117, 129; *Kindl*, WM 2000, 697, 703.

merus clausus der Gesellschaftsformen damit, dass die GbR mbH kein mit der GmbH vergleichbarer Gesellschaftstyp darstelle.[335] Dem ist nicht zuzustimmen. Bei der Frage eines Verstoßes gegen den numerus clausus verkennt *Beuthien*, dass es nicht darauf ankommt, ob ein mit der GmbH vergleichbarer Gesellschaftstyp geschaffen wird, sondern generell, ob es zu der Schaffung einer neuen Gesellschaftsform kommt. Nach dem numerus clausus der Gesellschaftsformen muss jeder nach außen auftretende Verband einer gesetzlichen Rechtsform zugeordnet werden können. Die Gründer müssen eine der vorhandenen Rechtsformen wählen, deren Organisation und Haftungsverfassung vom objektiven Recht vorgegeben wird.[336] Erkennt man aber die akzessorische Gesellschafterhaftung entsprechend § 128 S. 1 HGB auch bei der Außen-GbR an, so ist sie prinzipiell Folge der Wahl dieser Gesellschaftsform. Die Zulassung von gesellschaftsvertraglichen Haftungsbeschränkungen und die damit verbundene Anerkennung der GbR mbh würde es demgegenüber den Gesellschaftern ermöglichen, durch gesellschaftsvertraliche Regelungen eine neue Gesellschaftsform zu schaffen. Wenn man grundsätzlich der Akzessorietätstheorie entsprechend die Gesellschafter in Analogie zu § 128 S. 1 HGB unbeschränkt persönlich für die Gesellschaftsverbindlichkeiten haften lässt, ist nicht ersichtlich, warum nicht § 128 S. 2 BGB ebenfalls analog herangezogen werden sollte.

Im Ergebnis ist dementsprechend eine gesellschaftsvertragliche Beschränkung der persönlichen Gesellschafterhaftung unter der Geltung der Akzessorietätstheorie nicht mehr möglich.

II. Konkludente Haftungsbeschränkung

Die Frage, ob neben den ausdrücklichen individualvertraglichen Haftungsbegrenzungen konkludente Haftungsbeschränkungsvereinbarungen bei einer GbR möglich sind, ist bisher nicht abschließend geklärt. Grundsätzlich wird die Möglichkeit einer konkludenten Beschränkung der persönlichen Haftung der BGB-Gesellschafter anerkannt.[337]

---

335 *Beuthien*, WM 2012, 1, 3, 8.

336 *K. Schmidt*, Gesellschaftsrecht, § 5 II 1 a, S. 96.

337 Prütting/Wegen/Weinreich/*von Ditfurth*, § 714 Rn. 14; *Kazele*, INF 2000, 83, 86; Bamberger/Roth/*Schöne*, § 714 Rn. 38.

Auch in Bezug auf das Recht der Handelsgesellschaften, das in *BGHZ 146, 341* ausdrücklich als auf die GbR anwendbar erklärt wird, wird allgemein die Wirksamkeit von konkludenten Haftungsbeschränkungsvereinbarungen vertreten.[338] Sie können in der Art ausgestaltet sein, dass der Gesellschaftsgläubiger einen bestimmten oder alle Gesellschafter nicht oder nur subsidiär in Anspruch nimmt oder mit ihnen einen Erlass vereinbart. Eine derartige Vereinbarung entfaltet jedoch nur Wirkung im Außenverhältnis, so dass der Gesellschafter, dessen Haftung beschränkt wurde, immer noch von seinen an den Gläubiger leistenden Mitgesellschaftern im Wege des Rückgriff in Anspruch genommen werden kann.[339]

Habermeier will über die Annahme einer konkludenten Haftungsbeschränkungsabrede die beim nichteingetragenen Verein, bei den Bauherrengemeinschaften und beim Idealverein geltenden Grundsätze zur Begrenzung der Haftung auf das Vermögen des Vereins bzw. der Gesellschaft auch bei Anerkennung einer akzessorischen Haftung auf bestimmte GbR übertragen.[340] Ferner schlägt *Wössner* vor, in Fällen, in denen die Gesellschafterhaftung nicht formularvertraglich beschränkt wurde, die unbeschränkte persönliche Haftung aber aufgrund der Umstände des Einzelfalles den Gesellschaftern nicht zumutbar wäre, durch eine Auslegung der vertraglichen Vereinbarungen zu einer konkludenten Haftungsbeschränkung zu gelangen, falls der Vertragspartner der Gesellschaft von den zur Unzumutbarkeit einer unbeschränkten Haftung führenden Umständen Kenntnis hatte.[341]

Man sollte jedoch trotz des Bekenntnisses des BGH und der herrschenden Lehre zu der Übertragbarkeit der Haftungsgrundsätze des Handelsgesellschaftsrechts auf das GbR-Recht bei der Annahme konkludenter Haftungsbeschränkungen im Personengesellschaftsrecht gegenüber geschäftlich nicht erfahrenen Vertragspartnern kritisch bleiben.[342] Angesichts des aus § 128 S. 1 HGB analog folgenden Grundsatzes der unbeschränkten Gesellschafterhaftung darf nur in Ausnahmefällen von einer konkludenten Haftungsbeschränkungs-

---

338 BGH, WM 1971, 1451, 1452; Staudinger/*Habermeier*, Vorbemerkung zu §§ 705-740 Rn. 38; Ebenroth/Boujong/Joost/Strohn/*Hillmann*, § 128 Rn. 14; *Reiff*, ZIP 1999, 1329, 1333.

339 Ebenroth/Boujong/Joost/Strohn/*Hillmann*, § 128 Rn. 14.

340 Staudinger/*Habermeier*, Vorbemerkung zu §§ 705-740 Rn. 38.

341 *Wössner*, ZIP 2003, 1235, 1237.

342 *Dauner-Lieb*, DStR 2001, 356, 360 f.; Staudinger/*Habermeier*, Vorbemerkung zu §§ 705-740 Rn. 38.

vereinbarung ausgegangen werden.[343] Sie kann nur dann angenommen werden, wenn sich mit hinreichender Sicherheit eine Einigung über eine solche Haftungsbeschränkung aus dem Vertrag oder aus den Umständen des Einzelfalles ableiten lässt.[344] Ansonsten gelangt man leicht zu einer reinen Fiktion der konkludenten Haftungsbeschränkungsvereinbarung.[345] Außerdem sollte bedacht werden, dass der Gesellschafter, der die konkludente Begrenzung seiner Haftung geltend machen will, die Bürde der Beweislast trägt.[346] Sollen die Gesellschafter nur in einem beschränkten Umfang für die Gesellschaftsverbindlichkeiten einstehen, so müssen sie dies grundsätzlich ausdrücklich mit den Vertragspartnern der Gesellschaft vereinbaren.

III. Haftungsbeschränkung kraft Individualpublizität

Noch vor der Änderung der Rechtsprechung zur Haftungsverfassung der GbR hat *Mülbert* als Vertreter der Akzessorietätstheorie vorgeschlagen, GbR-Gesellschaftern die Möglichkeit einzuräumen, ihre Haftung unter entsprechender Anwendung von § 176 Abs. 1 S. 1 letzter HS. HGB zu begrenzen.[347] Nach dieser Vorschrift haftet ein Kommanditist, der dem Geschäftsbeginn der Gesellschaft vor ihrer Eintragung in das Handelsregister zugestimmt hat, für die bis zur Eintragung begründeten Verbindlichkeiten der Gesellschaft wie ein persönlich haftender Gesellschafter. Dies soll nach dem letzten Halbsatz jedoch dann nicht gelten, wenn dem Gläubiger die Beteiligung als Kommanditist bekannt war.

Vor der Reform des HGB und dem Wandel der Rechtsprechung zur Haftungsverfassung der GbR erblickte die herrschende Meinung in § 176 Abs. 1 S. 1 HGB eine abstrakte Vertrauensschutznorm und maß der Vorschrift haftungsverschärfende Wirkung bei.[348] Darüber hinausgehend gewährleiste die

---

343 *Dauner-Lieb*, S. 536, 538.

344 *Henze*, BB 1999, 2260, 2261; *Kazele*, INF 2000, 83, 86; *Reiff*, NZG 2000, 281, 284; Bamberger/Roth/*Schöne*, § 714 Rn. 38.

345 Vgl. *Wössner*, ZIP 2003, 1235, 1237.

346 *Henze*, BB 1999, 2260, 2261; *Kazele*, INF 2000, 83, 86.

347 *Mülbert*, AcP 199 (1999), 38, 96 ff.

348 BGHZ 69, 95, 99 f.; Heymann/*Horn*, § 176 Rn. 1; Koller/Roth/Morck/*Koller*, § 176 Rn. 2; Staub/*Schilling*, 3. Auflage, § 176 Anm. 2; Schlegelberger/*K. Schmidt*, § 176

Vorschrift die Publizität der Haftungsverhältnisse in der Gesellschaft, indem sie die Gesellschafter dazu bewege, so schnell wie möglich die Eintragung der Gesellschaft herbeizuführen.[349]

Ausgehend von diesem Verständnis besteht die Funktion von § 176 Abs. 1 S. 1 letzter HS. HGB nur darin, bei Vorliegen der besonderen Voraussetzung der Gläubigerkenntnis keinen Vertrauensschutz in der Übergangszeit bis zur Eintragung der KG zu gewähren. Da eine GbR nicht in das Handelsregister eingetragen werden kann, wäre eine analoge Heranziehung von § 176 Abs. 1 S. 1 HGB bereits aus diesem Grund ausgeschlossen.[350]

Das Verständnis von § 176 Abs. 1 S. 1 HGB als Haftungsverschärfung hat sich jedoch mit der Anerkennung der Rechtsfähigkeit der Außen-GbR und der akzessorischen Gesellschafterhaftung gewandelt. Denn mittlerweile hat sich auch im Schrifttum die Einsicht durchgesetzt, dass § 176 Abs. 1 S. 1 HGB seine Funktion von einer Haftungsverschärfung zu einer Haftungsprivilegierung dahingehend geändert hat, dass die Haftung des Kommanditisten einer nicht eingetragenen Ist-KG durch Information der Gläubiger über die Kommanditistenstellung beschränkt werden kann.[351] Wenn die Beteiligung als Kommanditist dem Gläubiger bekannt ist, haftet der Gesellschafter gemäß den §§ 171, 172 HGB nur beschränkt, wobei die unter den Gesellschaftern vereinbarte Haftsumme entscheidend ist.[352] Aufgrund des gleichzeitigen Funktionswandels von § 176 Abs. 1 S. 2 HGB von einer Haftungsprivilegierung hin zu einer Haftungsverschärfung, wird nun über die Frage kontrovers diskutiert, ob § 176 Abs. 1 S. 1 HGB trotz des entgegenstehenden ausdrücklichen Wortlautes von Satz 2 auch auf eine Kann-KG angewendet werden kann, wenn diese den Eintragungsantrag gestellt hat bzw. sich eintragen lassen will.[353]

Rn. 1; Ebenroth/Boujong/Joost/*Strohn*, 1. Auflage, § 176 Rn. 1; vgl auch *Clauss/Fleckner*, WM 2003, 1790, 1800.

349 Heymann/*Horn*, § 176 Rn. 1; Staub/*Schilling*, 3. Auflage, § 176 Anm. 2; Schlegelberger/*K. Schmidt*, § 176 Rn. 1; vgl. auch *Priester*, BB 1980, 911 f.

350 *Reiff*, ZIP 1999, 1329, 1330; *Ulmer*, ZIP 1999, 554, 560.

351 *Dauner-Lieb*, FS-Lutter, S. 835, 837 ff.; *Jacobs*, DB 2005, 2227, 2229 f.; *K. Schmidt*, GmbHR 2002, 341, 342 f.; *ders.*, Gesellschaftsrecht, § 55 I 1, S. 1603 ff.; *ders.*, in: MüKo, HGB, § 176 Rn. 3; differenzierend *Clauss/Fleckner*, WM 2003, 1790, 1799 f.

352 MüKo/*K. Schmidt*, HGB, § 176 Rn. 16.

353 So: *Dauner-Lieb*, FS-Lutter, S. 835, 845 f.; *K. Schmidt*, GmbHR 2002, 341, 346 f.; *ders.*, Gesellschaftsrecht, § 55 I 2, S. 1605 ff.; *ders.*, in: MüKo, BGB, § 176 Rn. 6 f.; *Wagner*,

Mülbert hingegen befürwortet einen noch weitergehenden Gebrauch von § 176 Abs. 1 S. 1 HGB. Zunächst sei in § 176 Abs. 1 S. 1 erster HS. HGB eine reine Klarstellung zu sehen. In der gesellschaftsvertragliche Festlegung der beschränkt haftenden Kommanditisten liege grundsätzlich ein unzulässiger Vertrag zu Lasten Dritter, da die Gesellschaftsgläubiger durch die beschränkte Haftung der Kommanditisten im Vergleich zur unbeschränkten Haftung von OHG-Gesellschaftern benachteiligt würden. Deshalb stelle die Gesellschaft vor der Registereintragung eine OHG mit der Folge der unbeschränkten Haftung aller Gesellschafter dar. Die Vereinbarung der Kommanditistenstellung werde erst mit der Registereintragung wirksam. Abgesehen davon sei die Haftung der „Kommanditisten" dann aber auch aufgrund der Mitteilung an die Gesellschaftsgläubiger gemäß § 176 Abs. 1 S. 1 letzter HS. HGB beschränkt.[354]

Die „Haftungsbeschränkung durch Individualpublizität"[355] soll allen BGB-Gesellschaftern offen stehen, auch wenn sie (noch) keinen Eintragungsantrag gestellt haben und auch nicht beabsichtigen, einen solchen zu stellen. Demzufolge sollen nicht vertretungsberechtigte Gesellschafter, vgl. § 170 HGB, im Fall von mit der KG vergleichbaren gesellschaftsvertraglichen Verhältnissen bei Gläubigerkenntnis nur beschränkt in Höhe ihrer im Gesellschaftsvertrag festgelegten Haftsummen haften.[356]

Wäre der Ansicht *Mülberts* zu folgen, bestünde damit auch ein Modell für eine gesetzliche Einschränkung der Haftung von Anlegern einer Fonds-GbR. Erforderlich für eine Haftungsbeschränkung wäre dann lediglich, dass sie im Gesellschaftsvertrag vereinbart wurde und der Gesellschaftsgläubiger den Grund, nicht aber zwingend den Umfang der Haftungsbeschränkung kennt.[357]

Der Ansicht *Mülberts* ist jedoch zu entgegnen, dass eine Beschränkung der Haftung von GbR-Gesellschaftern analog § 176 Abs. 1 S. 1 letzter HS. HGB zu einem Aufleben der GbR mbH führen würde, die jedoch mit der Loslösung von der Doppelverpflichtungslehre Geschichte werden sollte.[358] Außerdem fehlt es an einer planwidrigen Regelungslücke sowie einer vergleichbaren Interessenla-

---

NJW 2001, 1110, 1112; ablehnend: *Clauss/Fleckner*, WM 2003, 1790, 1793 f.; *Jacobs*, DB 2005, 2227, 2232 f.; Baumbach/Hopt/Merkt/*Hopt*, § 176 Rn. 6.

354 *Mülbert*, AcP 199 (1999), 38, 98 f.

355 *Mülbert*, AcP 199 (1999), 38, 99, 101.

356 *Mülbert*, AcP 199 (1999), 38, 99 ff.

357 Schlegelberger/*K. Schmidt*, § 176 Rn. 15; *Ulmer*, ZIP 1999, 554, 560.

358 *Armbrüster*, ZGR 2005, 34, 43; *Clauss/Fleckner*, WM 2003, 1790, 1793; *Fauser*, S. 93.

ge als Voraussetzungen einer Analogie. Der Gesetzgeber hat in der letzten HGB-Reform mit § 105 Abs. 2 HGB für unternehmenstragende und vermögensverwaltende GbR die Wahl der Rechtsform der KG ermöglicht, wenn sie sich auch sonst in jeglicher Hinsicht der Registerpublizität und den übrigen handelsrechtlichen Bestimmungen unterwerfen. Wenn die Gesellschafter demzufolge auf die den Kommanditisten zu Gute kommenden Haftungsbeschränkungen in der Form zurückgreifen wollen, dass sie nur nach Maßgabe der §§ 171, 172 HGB in Höhe ihrer Haftsumme für die Gesellschaftsverbindlichkeit haften, so müssen sie ihr Wahlrecht nach § 105 Abs. 2 HGB ausüben und ihre Gesellschaft in das Handelsregister eintragen lassen. Die Schaffung eines nur summenmäßig begrenzt haftenden GbR-Gesellschafters über eine Analogie zu § 176 Abs. 1 S. 1 letzter HS. würde demgemäß dem in der Reform des HGB zum Ausdruck gekommenen gesetzgeberischen Willen widersprechen.[359] Eine Analogie zu § 176 Abs. 1 S. 1 HGB muss dann aber auch bei Gesellschaften ausgeschlossen sein, die nicht die Möglichkeit haben, über § 105 Abs. 2 HGB die Rechtsform der KG anzunehmen. Denn es wäre kaum nachvollziehbar sie nach § 176 Abs. 1 S. 1 HGB analog der Haftungsverfassung der KG zu unterstellen, während § 105 Abs. 2 HGB dies nur unter bestimmten Voraussetzungen zulässt.[360]

§ 176 Abs. 1 S. 1 HGB soll allein die Zeit bis zur Eintragung in das Handelsregister, zu der die KG nach §§ 162, 161 Abs. 2, 106, 108 HGB verpflichtet ist, überbrücken. Nur in diesem Fall privilegiert § 176 Abs. 1 S. 1 letzter HS. die Kommanditisten, wenn dem Gläubiger ihre Stellung in der Gesellschaft bekannt ist. Die Haftungsbegrenzung kraft Individualpublizität steht damit in einem untrennbaren Zusammenhang zur aktuell noch fehlenden Publizität des Handelregisters. Daher liegt keine vergleichbare Interessenlage zu einer GbR vor, die entweder schon gar nicht die Voraussetzungen von § 105 Abs. 2 HGB erfüllt oder die die Eintragung und damit einen Wechsel zu der Rechtsform der KG nicht anstrebt.[361] Eine entsprechende Anwendung von § 176 Abs. 1 S. 1 HGB bei der GbR wäre außerdem mit der Konsequenz verbunden, dass sich die Haftsummen der beschränkt haftenden GbR-Gesellschafter mangels Registerpublizität allein nach den gesellschaftsvertraglichen Vereinbarungen richten würden. Dann bestünde aber die Gefahr, dass lediglich sehr geringe Haftsummen festgelegt würden. Denn im Gegensatz zur KG muss die GbR mangels Register-

359 *Dauner-Lieb*, FS-Lutter, S. 835, 847 f.; *Kazele*, INF 2000, 83, 86; *Reiff*, ZIP 1999, 1329, 1331; *Ulmer*, ZIP 1999, 554, 560; vgl. auch *Fauser*, S. 93.

360 *Ulmer*, ZIP 1999, 554, 560 f.

361 *Reiff*, ZIP 1999, 1329, 1331 f.; *Kazele*, INF 2000, 83, 86.

publizität keinen Seriositätsverlust befürchten, da die Haftsummen allenfalls im Krisenfall publik werden würden.[362] Darüber hinaus würde bei einer GbR die Haftungsbeschränkung allein durch eine Mitteilung an die Gläubiger zustande kommen, nicht haften zu wollen. Bei der KG hingegen haften die Kommanditisten nur beschränkt mit ihrer Haftsumme, weil die Gesellschaftsgläubiger Kenntnis von der bereits bestehenden Sachlage, also der Wahl einer Gesellschaftsform mit Haftungsbeschränkung, erlangt haben.[363] Eine Haftungsbeschränkung „kraft Individualpublizität“ bei der GbR analog § 176 Abs. 1 S. 1 HGB ist mithin abzulehnen.

IV. Haftungsbeschränkung in der Publikumspersonengesellschaft

Für die Publikumspersonengesellschaft werden in der Rechtsprechung und der Literatur über die soeben dargestellten Vorschläge zur Beschränkung der Haftung von BGB-Gesellschaftern weitere Ansätze erörtert. Kontrovers diskutiert wird dabei die Frage, ob die Möglichkeit einer formularvertraglichen Beschränkung der Anlegerhaftung besteht oder ob § 128 S. 1 HGB bei einer Publikumspersonengesellschaft vielmehr teleologisch zu reduzieren ist.

Stützt man die beschränkte Anlegerhaftung auf eine formularvertragliche Begrenzung der Gesellschafterhaftung, spielt die Formulierung der Haftungsbegrenzungsklausel eine erhebliche Rolle. Geht man hingegen von einer institutionellen Haftungsbeschränkung aus, so kommt es für die Frage der Ausgestaltung der Haftung im Einzelnen auf das jeweilige Haftungsmodell an.[364]

---

362 *Reiff*, ZIP 1999, 1329, 1332.

363 *Reiff*, ZIP 1999, 1329, 1332 f.: Aber auch wenn man mit Mülbert davon ausgeht, dass es sich vor der Eintragung noch um eine OHG handelt, besteht zumindest das Wissen der Gläubiger, dass die beschränkt haftenden Gesellschafter mit der Eintragung zu Kommanditisten werden. Dieses entfällt, sobald die Gesellschafter ihre Eintragungsabsicht aufgeben.

364 Vgl. zum Ganzen *Schäfer*, FS-Nobbe, S. 909, 916.

1. Der formularvertragliche Ansatz

a) Die Ansicht des BGH in BGHZ 150, 1

Zwar stellte der BGH noch in *BGHZ 142, 315* fest, dass für eine Beschränkung der Gesellschafterhaftung immer eine individualvertragliche Vereinbarung mit den Gesellschaftsgläubigern erforderlich sei. Am 21.1.2002 bestätigte der 2. Zivilsenat jedoch die Zulässigkeit einer quotalen formularvertraglichen Beschränkung der Haftung der Gesellschafter eines geschlossenen Immobilienfonds.[365] Um zu verhindern, dass mit dem Rechtsprechungswandel von der Doppelverpflichtungslehre zur Akzessorietätstheorie die regelmäßig in den Gesellschaftsverträgen festgesetzte quotale Gesellschafterhaftung zur unbeschränkten Haftung wurde,[366] stellte der BGH in diesem Urteil außerdem fest, dass sich Anleger von geschlossenen Immobilienfonds aufgrund von Vertrauensschutz auch nach den durch *BGHZ 142, 315* und *BGHZ 146, 341* eingetretenen Änderungen für davor geschlossene Verträge auf eine im Gesellschaftsvertrag enthaltene Haftungsbeschränkung berufen dürfen, wenn diese dem Gläubiger zumindest erkennbar war.[367] Für nach den Rechtsprechungsänderungen geschlossene Verträge gelte die Ausnahme, dass die persönliche Gesellschafterhaftung für rechtsgeschäftlich begründete Verbindlichkeiten wegen der Besonderheit der Immobilienfonds als reine Kapitalanlagegesellschaften auch durch AGB beschränkt oder ausgeschlossen werden könne, ohne dass darin grundsätzlich eine unangemessene Benachteiligung im Sinne von § 307 BGB liege.[368] In einem obiter dictum nahm der BGH hingegen für die Mitglieder einer Bauherrengemeinschaft eine institutionelle Haftungsbeschränkung aufgrund einer teleologischen Reduktion von § 128 HGB an.[369]

Kernaussage dieses BGH-Urteils ist mithin, dass die persönliche Gesellschafterhaftung der Anleger einer Fonds-GbR in Zukunft durch eine vorformu-

---

365 BGHZ 150, 1.

366 *Lehleiter/Hoppe*, WM 2005, 2213, 2216; a.A. ist *Ulmer*, ZIP 2005, 1341, 1346, für den die fortdauernde Möglichkeit der Berufung auf die Haftungsbegrenzung heißt, dass für Altfälle weiterhin die Doppelverpflichtungslehre und nicht die Akzessorietätstheorie nach § 128 HGB analog gilt.

367 BGHZ 150, 1, 5; bestätigt von BGH, NJW 2006, 3716, 3717.

368 BGHZ 150, 1, 5 f.; anders noch BGHZ 142, 315, 318, wonach eine Haftungsbeschränkung nur individualvertraglich möglich ist, und OLG Stuttgart, NZG 2002, 84 f.

369 BGHZ 150, 1, 6; vgl. auch *Schäfer*, NZG 2010, 241, 243.

lierte Haftungsbeschränkung vertraglich begrenzt werden kann, da die formularmäßige Haftungsbeschränkung grundsätzlich nicht an § 307 BGB scheitert.[370]

b) Die Vertreter des formularvertraglichen Ansatzes im Schrifttum

Neben dem BGH befürwortet auch ein Teil der Literatur die Möglichkeit einer formularvertraglichen Einschränkung der grundsätzlich unbeschränkten akzessorischen Gesellschafterhaftung nach § 128 S. 1 HGB analog.[371] Danach ist eine Haftungsbegrenzung mittels AGB grundsätzlich möglich, allerdings wird sie, sofern kein atypischer Fall einer Außen-GbR – wie ihn beispielsweise eine Publikums-GbR darstellt – vorliegt, in der Regel an § 307 BGB scheitern.[372] Bei privilegierungsbedürftigen Fällen einer Außen-GbR sei die Unwirksamkeitsvermutung des § 307 Abs. 2 Nr. 1 BGB hingegen regelmäßig widerlegbar.[373] Die Existenz eines allgemeinen Rechtssatzes, wonach eine Haftungsbeschränkung nur durch eine individualvertragliche Abrede möglich sei, könne nicht nachgewiesen werden.[374] Dem Risiko einer Aushöhlung der grundsätzlich unbeschränkten Gesellschafterhaftung wirke die Inhaltskontrolle gemäß § 307 BGB hinreichend entgegen.[375] Außerdem sei es auch mit Rücksicht auf die Interessen der Gläubiger und dem Interesse der Allgemeinheit an der „Typenklarheit" der Gesellschaftsformen angebracht, von einer ausnahmslosen persönlichen Gesellschafterhaftung bei gesetzlichen Verbindlichkeiten auszugehen.[376]

Der Vorteil des formularvertraglichen Ansatzes bestehe zudem darin, dass ohne besondere Umstände eine für Gesellschafter und Gesellschaftsgläubiger hinreichende Publizität geschaffen werde, da die Haftung nur im Fall einer

370 Vgl. zum Ganzen OLG Celle, ZIP 2006, 2163, 2165 f., Revision unter XI ZR 184/06, das in völliger Abweichung zur Rechtsprechung des BGH festgestellt hat, dass eine Immobilienfonds-GbR in haftungsrechtlicher Sicht nicht wie eine Mitunternehmergesellschaft zu behandeln sei und daher § 128 HGB keine entsprechende Anwendung finde.

371 Anm. *Casper*, JZ 2002, 1112, 1113; *Schäfer*, ZIP 2003, 1225, 1232; *Ulmer*, ZIP 2003, 1113, 1118 f.; *Wälzholz*, MittBayNot 2003, 35, 38; *Wössner*, ZIP 2003, 1235, 1237 f.; kritisch: Ulmer/Brandner/Hensen/*Fuchs*, § 307 Rn. 319; differenzierend: *Hasenkamp*, BB 2004, 230, 235 f.; vgl. auch *Lang/Fraenkel*, WM 2002, 260, 268.

372 Anm. *Casper*, JZ 2002, 1112, 1113; *Schäfer*, ZIP 2003, 1225, 1232; *Ulmer*, ZIP 1999, 554, 562; *ders.*, ZIP 2003, 1113, 1118.

373 *Ulmer*, ZIP 1999, 554, 562, 564 f.; *ders.*, ZIP 2003, 1113, 1118 f.; *Wössner*, ZIP 2003, 1235, 1237.

374 Anm. *Casper*, JZ 2002, 1112, 1113.

375 Anm. *Casper*, JZ 2002, 1112, 1113.

376 Anm. *Casper*, JZ 2002, 1112, 1113.

wirksamen Einbeziehung beschränkt sein könne.[377] Die Haftungsbeschränkung sei nur dann wirksam in den Vertrag mit dem Gesellschaftsgläubiger einbezogen, wenn ausdrücklich auf sie hingewiesen worden und sie besonders hervorgehoben worden sei.[378]

Gegen die Anerkennung von bestimmten Ausnahmen zur unbeschränkten Gesellschafterhaftung nach § 128 S. 1 HGB analog spreche, dass der BGH sich in *BGHZ 146, 341* eindeutig für die entsprechende Anwendung von § 128 HGB auf sämtliche Außen-GbR ausgesprochen und damit nicht dem Vorschlag vieler Literaturstimmen gefolgt ist, die unbeschränkte Haftung nur auf Gesellschafter von unternehmenstragenden GbR auszudehnen.[379] Auch führe die Bestimmung der von der unbeschränkten Gesellschafterhaftung ausgenommenen Gesellschaftstypen zu Abgrenzungsproblemen.[380] Dann seien die Anleger ständig mit dem Risiko belastet, dass sie unter Umständen doch nicht einer haftungsprivilegierten Publikumsgesellschaft angehören.[381]

2. Die Theorie einer institutionellen gesetzlichen Haftungsbeschränkung

Ein anderer Teil des Schrifttums nimmt eine teleologische Reduktion von § 128 S. 1 HGB aufgrund der Annahme einer institutionellen Haftungsbeschränkung vor.[382] Von einer institutionellen Haftungsbeschränkung spricht man, wenn die Haftung der Gesellschafter für die Gesellschaftsverbindlichkeiten kraft Gesetzes bzw. kraft Rechtsform ausgeschlossen bzw. beschränkt ist.[383] Dafür müsse für die Gesellschaftsgläubiger allerdings die atypische Gesellschaftsstruktur er-

---

377 *Schäfer*, ZIP 2003, 1225, 1232; *ders.*, FS-Nobbe, S. 909, 917.

378 *Schäfer*, ZIP 2003, 1225, 1232; *Ulmer*, ZIP 1999, 554, 561 f.; vgl. auch *Heermann*, BB 1994, 2421, 2432.

379 *Ulmer*, ZIP 2003, 1113, 1118.

380 *Lutz*, GWR 2011, 318944; *Ulmer*, ZIP 1999, 554, 564.

381 *Lutz*, GWR 2011, 318944.

382 Staudinger/*Habermeier*, Vorbemerkung zu §§ 705-740 Rn. 40; *Jacobs*, S. 45 ff.; *Schäfer*, FS-Nobbe, S. 909, 919; Bamberger/Roth/*Schöne*, § 714 Rn. 42 ff.; *Thürling*, S. 39 ff.; *Wiedemann*, Gesellschaftsrecht II, § 7 III 4 b bb, S. 662 f.; nun auch MüKo/*Ulmer/Schäfer*, BGB, § 714, Rn. 63; a.A. nur für die Publikums-GbR: *Reiff*, ZGR 2003, 550, 575.

383 *Jacobs*, S. 45; vgl. auch zum Begriff der institutionellen Haftungsbeschränkung: *Bruns*, S. 3 ff., 184 ff.

kennbar sein.[384] Ansonsten komme nämlich eine Rechtscheinhaftung in Betracht.[385] Vor dem Hintergrund, dass die akzessorische Haftung der GbR-Gesellschafter richterliche Rechtsfortbildung darstellt, müsse man den Gesellschaftern von solchen Außen-GbR eine institutionelle Haftungsbeschränkung zubilligen, bei denen eine Abwägung der Anleger- mit den Gläubigerinteressen zu dem Ergebnis führe, dass eine unbeschränkte persönliche Haftung mit einer unzumutbaren Härte verbunden sei.[386]

Die Schwäche des formularvertraglichen Ansatzes liege darin, dass die Gesellschafter das Risiko tragen, dass die formularmäßige Haftungsbeschränkung auch tatsächlich in die Verträge mit den Gesellschaftsgläubigern einbezogen werde.[387] Die Anleger könnten weder das konkrete Haftungsmodell noch dessen Umsetzung im Außenverhältnis beeinflussen. Dadurch seien die Anleger völlig von dem Handeln der Geschäftsführer abhängig, die außerdem kaum ein eigenes Interesse an der Vereinbarung der Haftungsbegrenzung haben werden, da sie ihnen selbst gerade nicht zugutekomme.[388] Allein die institutionelle Haftungsbeschränkung sei mit Rechtssicherheit für die Gesellschafter verbunden. Bei einer Haftungsbeschränkung mittels AGB müsse hingegen für jede einzelne Gesellschaft festgestellt werden, ob die Klausel der Inhaltskontrolle nach § 307 BGB standhalte.[389]

Nachdem der BGH mittlerweile auch die Gesellschafterhaftung für gesetzliche Verbindlichkeiten bejaht, spreche zudem für eine teleologische Reduktion von § 128 S. 1 HGB, dass auf diese Weise auch die Haftung für solche Verbindlichkeiten beschränkt werden könne.[390] Gerade im Fall einer gesetzlichen Gesellschaftsverbindlichkeit, in dem die Interessen der Gläubiger an einer weiteren Haftungsmasse - der persönlichen Gesellschafterhaftung - am geringsten

---

384 *Jacobs*, S. 103 ff.; Bamberger/Roth/*Schöne*, § 714 Rn. 42; MüKo/*Ulmer/Schäfer*, BGB, § 714 Rn. 65; vgl. auch *Reiff*, ZGR 2003, 550, 570, der ebenfalls Ausnahmen nur bei Erkennbarkeit der atypische Form der GbR zulassen will.

385 MüKo/*Ulmer/Schäfer*, BGB, § 714 Rn. 65.

386 Ausführlich *Jacobs*, S. 69 ff.; Bamberger/Roth/*Schöne*, § 714 Rn. 42.

387 *Schäfer*, FS-Nobbe, S. 909, 919; MüKo/*Ulmer/Schäfer*, BGB, § 714 Rn. 63; *Thürling*, S. 31 f.

388 *Schäfer*, FS-Nobbe, S. 909, 919.

389 *Reiff*, ZGR 2003, 550, 568; *Thürling*, S. 29 f.

390 Anm. *Casper*, JZ 2002, 1112, 1113; *Reiff*, ZGR 2003, 550, 570; vgl. auch *Thürling*, S. 30 f.

seien, versage der formularvertragliche Ansatz.[391] Die Gesellschafter hafteten dann stets in den Fällen, in denen die Gesellschaftsgläubiger in keiner vertraglichen Beziehung zu der Gesellschaft stünden.[392]

Auch sei der Weg über die Anerkennung einer institutionellen Haftungsbeschränkung bei Fondsgesellschaften mit mehr Rechtssicherheit verbunden, da auf diese Weise von vornherein feststehe, ob die Haftung der Gesellschafter beschränkt sei oder nicht.[393]

Die Ausgestaltung der institutionellen Haftungsbeschränkung ist jedoch wiederum umstritten.

a) Das Haftungsmodell in Anlehnung an die §§ 171 ff. HGB

Zum Teil wird ein an der Kommanditistenhaftung orientiertes Haftungsmodell befürwortet.[394] Da die Beteiligung des Kommanditisten an der KG ebenfalls wie die des Anlagegesellschafters rein kapitalistisch orientiert sei, könnten die §§ 171 ff. HGB auf die Anlagegesellschafter einer Fonds-GbR entsprechend angewandt werden, sofern sie nicht zwingend die Eintragung voraussetzen.[395] Der Haftungsumfang sei dann auf die Einlage begrenzt. Eine Haftung gegenüber den Gesellschaftsgläubigern maximal in Höhe der Einlage scheide gemäß § 171 Abs. 1 HS. 2 HGB analog erst dann aus, wenn die Anleger gegenüber der Fondsgesellschaft ihrer Einlagepflicht nachgekommen seien.[396] Nach § 172 Abs. 4 HGB analog lebe die Haftung bei Rückgewähr der Einlage wieder auf.[397]

Da die §§ 172 Abs. 3 bis 6, 173 und 174 HS. 2 HGB nicht die Eintragung der Einlage im Handelsregister voraussetzten, könne auch zu diesen Vorschriften eine Analogie für die Fondsgesellschaft gezogen werden, um eine den Bestim-

---

391 *Jacobs*, S. 57 ff.; *Schäfer*, FS-Nobbe, S. 909, 918; MüKo/*Ulmer/Schäfer*, BGB, § 714 Rn. 63; *Wössner*, ZIP 2003, 1235, 1238.

392 *Reiff*, ZGR 2003, 550, 569.

393 *Reiff*, ZGR 2003, 550, 570.

394 *Jacobs*, S. 190 ff.; *Schäfer*, FS-Nobbe, S. 909, 921 ff.; *ders.*, NZG 2010, 241, 245; Bamberger/Roth/*Schöne*, § 714 Rn. 45; MüKo/*Ulmer/Schäfer*, BGB, § 714 Rn. 64; *M. Wolf*, WM 2000, 704, 708 ff.

395 *Jacobs*, S. 196; *Schäfer*, FS-Nobbe, S. 909, 922.

396 *Jacobs*, S. 195; *Schäfer*, FS-Nobbe, S. 909, 922; MüKo/*Ulmer/Schäfer*, BGB, § 714 Rn. 65.

397 *Jacobs*, S. 196; *Schäfer*, FS-Nobbe, S. 909, 922; MüKo/*Ulmer/Schäfer*, BGB, § 714 Rn. 65.

mungen zur KG ähnliche Kapitalbindung zu schaffen.[398] Die Haftung der Gesellschafter für Altverbindlichkeiten sei damit gemäß § 173 HGB analog begrenzt auf ihre jeweilige Haftsumme.[399] Dies rechtfertige der Zweck von § 173 HGB, denn die begrenzte Haftung auch für Altverbindlichkeiten erkläre sich mit dem geringen Einfluss des rein kapitalistisch beteiligten Gesellschafters.[400] Dem stehe auch nicht entgegen, dass die Haftsumme bei der Fonds-GbR keine Registerpublizität erfordere, was schon die Existenz von § 176 HGB zeige.[401] Gegenüber der Gesellschaft gelte § 167 Abs. 3 HGB analog.[402]

Die Vertreter dieses Kommanditistenmodells lehnen die Möglichkeit einer quotalen Beschränkung der Haftung von Anlagegesellschaftern zum Teil explizit ab.[403]

b) Der Haftungsausschluss nach den Grundsätzen zur Nichthaftung der Mitglieder des nichtrechtsfähigen Vereins

Vereinzelt wird auch erwogen, die Grundsätze zur Nichthaftung der Mitglieder des nichtrechtfähigen Idealvereins auf Bauherrengemeinschaften und Immobilienfonds mit ihrer Vielzahl kapitalistisch beteiligter Gesellschafter zu übertragen.[404] Danach haftet für Verbindlichkeiten grundsätzlich nur der nichtrechtsfähige Verein selbst, während eine Haftung seiner Mitglieder nicht besteht.[405]

---

398 *Jacobs*, S. 196.

399 *Jacobs*, S. 196.

400 MüKo/*Ulmer/Schäfer*, BGB, § 714 Rn. 65.

401 *Jacobs*, S. 195; *Schäfer*, FS-Nobbe, S. 909, 922; MüKo/*Ulmer/Schäfer*, BGB, § 714 Rn. 64.

402 *Schäfer*, FS-Nobbe, S. 909, 922; MüKo/*Ulmer/Schäfer*, BGB, § 714 Rn. 65.

403 *Schäfer*, FS-Nobbe, S. 909, 921; *ders.*, NZG 2010, 241, 244 f.; MüKo/*Ulmer/Schäfer*, BGB, § 714 Rn. 65.; vgl. auch *Jakobs*, S. 119 f., der eine quotale Haftung entsprechend der Haftung der Mitreeder nach § 507 HGB nur bei der Bauherrengemeinschaft befürwortet.

404 *Dauner-Lieb*, DStR 2001, 356, 360; Staudinger/*Habermeier*, Vorbemerkung zu §§ 705-740 Rn. 40; *Ulmer*, ZIP 2001, 585, 598; vgl. zudem noch vor der Rechtsprechungsänderung des BGH zur Rechtsfähigkeit der GbR: *Reiff*, NZG 2000, 281, 283; vgl. außerdem *Barchewitz*, MDR 2009, 1374, 1376, der der Meinung ist, dass die Verfassung einer Publikumsgesellschaft mit der eines nichtrechtsfähigen Vereines vergleichbar sei.

405 *Grobe*, WM 2011, 2078, 2080; *Stenzel/Beckmann*, BB 2011, 2507, 2511.

Darüber hinaus unterliegen lediglich die für den Verein nach außen auftretenden Personen der Handelndenhaftung gemäß § 54 S. 2 HGB.[406]

Folgte man diesem Vorschlag, so wäre die Anlegerhaftung in einer als GbR konstituierten Publikumspersonengesellschaft im Grundsatz ausgeschlossen. Bei einem Auftreten für die Gesellschaft käme allenfalls eine Handelndenhaftung entsprechend § 54 S. 2 BGB in Frage. Haben sich die Gesellschaftsgläubiger keine umfangreichen anderen Sicherheiten bestellen lassen, können sie sich dann allein noch aus dem Gesellschaftsvermögen befriedigen.

c) Das Haftungsmodell in Anlehnung an die gesetzlich geregelten Fälle einer teilschuldnerischen Haftung

Thürling befürworte hingegen ein Modell der quotalen Haftung in Anlehnung an die gesetzlich normierten Fälle einer Teilschuld. Dabei verweist er unter anderem auf die anteilige Haftung der Mitreeder einer Partenreederei gemäß § 507 HGB, auf die anteilige Haftung der Mitglieder einer Wohnungseigentümergemeinschaft, die Ausfallhaftung der GmbH-Gesellschafter gemäß § 24 S. 2 GmbHG und die anteilige Haftung der Konsortialbanken eines Kreditkonsortiums.[407] In Anlehnung an diese Haftungsmodelle würden auch die Anlagegesellschafter nur als Teilschuldner für die Gesellschaftsverbindlichkeiten haften.[408] Die Haftungsbeschränkung greife auch dann, wenn der Gesellschaftsgläubiger die atypische Gesellschaftsstruktur nicht durchschaue. Damit sei die Erkennbarkeit der beschränkten Haftung keine zwingende Voraussetzung der quotalen Haftung.[409] Zudem sei die quotal beschränkte Haftung der Anleger unabhängig vom Kapitalaufbringungsgrundsatz, wie ein Vergleich zur Unternehmergesellschaft und zur Haftung in der Vorgesellschaft zeige. Obwohl daher Kapi-

406 MüKo/*Reuter*, BGB, § 54 Rn. 41; Bamberger/Roth/*Schöpflin*, § 54 Rn. 31 ff.; BGH, NJW 1957, 1186; BGHZ 50, 325, 329; auch nach der Anerkennung der Haftung von BGB-Gesellschaftern gem. § 128 S. 1 HGB analog weiterhin im Sinne einer grundsätzlichen Nichthaftung der Vereinsmitglieder: BGH, NZG 2003, 878.

407 *Thürling*, S. 43 ff.

408 *Thürling*, S. 73, unverständlich bleibt, warum er einerseits ausdrücklich nur von einer teilschuldnerischen Haftung im Innenverhältnis ausgeht, andererseits aber zugleich darauf verweist, dass der Gläubiger grundsätzlich das Risiko eines Ausfalls von Anlegern trage.

409 *Thürling*, S. 53 ff.

talaufbringungsvorschriften fehlten, sei eine Beschränkung der Anlegerhaftung möglich.[410]

Dieses Haftungsmodell würde demnach zu einer institutionellen quotale Haftung der Anlagegesellschafter im Sinne einer echten Teilschuld führen.

3. Inhaltskontrolle der formularvertraglichen Beschränkung der Haftung von Publikumspersonengesellschaftern

Eine Entscheidung zwischen dem formularvertraglichen Haftungsbeschränkungsmodell und einer teleologischen Reduktion von § 128 S. 1 HGB analog ist nur dann erforderlich, wenn eine formularvertragliche Haftungsbeschränkung bei einer Publikumspersonengesellschaft grundsätzlich der Inhaltskontrolle gemäß §§ 307 ff. BGB standhalten würde. Denn nur dann wäre sie eine denkbare Alternative zu einer institutionellen Haftungsbeschränkung.

a) Unwirksamkeit gemäß § 309 Nr. 7, 8 BGB

Zunächst könnte eine solche formularmäßige Haftungsbeschränkung an der Inhaltskontrolle nach § 309 Nr. 7, 8 BGB scheitern. Soweit diese Klauselverbote anwendbar sind, werden Haftungsbeschränkungsvereinbarungen von einem Teil der Literatur als danach unwirksam angesehen.[411]

Allerdings werden die Klauselverbote im konkreten Fall einer formularvertraglichen quotalen Haftungsbeschränkung gegenüber einer der Gesellschaft einen Kredit gewährenden Bank schon aufgrund von § 310 Abs. 1 S. 1 BGB nicht anwendbar sein. Außerdem erfasst § 309 Nr. 7, 8 BGB nur den Ausschluss oder die Begrenzung von Schadensersatz- und Gewährleistungsansprüchen. Die Klauselverbote sind jedoch nicht einschlägig, wenn es um die Frage geht, ob der Gläubiger auf bestimmte Teile des Schuldnervermögens zugreifen kann oder darum, dass die akzessorische Haftung eines anderen ausgeschlossen werden soll.[412] Mit der Beschränkung der persönlichen Gesellschafterhaftung werden die Ansprüche gegen die Gesellschaft nicht angetastet.[413] § 309 BGB will

---

410 *Thürling*, S. 66 ff.

411 Vgl. *Frangenberg*, S. 94; *Heermann*, BB 1995, 2421, 2432; *Heil*, MittRhNotK 1998, 348, 352; vgl. darüber hinaus auch *Kögel*, DB 1995, 2201, 2205.

412 *Dauner-Lieb*, DStR 1999, 1992, 1995; *Eigner*, S. 290.

413 *Ulmer*, ZIP 1999, 554, 562; *M. Wolf*, WM 2000, 704, 705.

den Gläubiger gerade nicht vor Problemen bei der Durchsetzbarkeit seiner Ansprüche schützen.[414] Die Unwirksamkeit einer formularvertraglichen quotalen Haftungsbeschränkung gemäß § 309 Nr. 7, 8 BGB scheidet damit aus.

b) Unwirksamkeit gemäß § 307 Abs. 2 Nr. 1 BGB

Die vorformulierte quotale Begrenzung der persönlichen Gesellschafterhaftung könnte allerdings nach § 307 Abs. 2 Nr. 1 BGB mit dem wesentlichen Grundgedanken der gesetzlichen Regelung, von der abgewichen wird, unvereinbar sein. Die quotale Haftungsbeschränkung mittels AGB stellt eine Abweichung von der unbeschränkten persönlichen Gesellschafterhaftung gemäß § 128 S. 1 HGB analog dar. Es ist anerkannt, dass zu einer gesetzlichen Regelung im Sinne des § 307 Abs. 2 Nr. 1 BGB auch solche Rechtssätze gehören, die im Wege einer Analogie aus den gesetzlichen Vorschriften hergeleitet werden.[415] Damit muss sich die vorformulierte Haftungsbeschränkungsklausel auch bei der GbR als Abweichung von der entsprechenden Heranziehung des § 128 S. 1 HGB an § 307 Abs. 2 Nr. 1 BGB messen lassen.

§ 128 S. 1 HGB ist im Recht der Personengesellschaften von zentraler Bedeutung, da die hier angeordnete persönliche Gesellschafterhaftung das wesentliche Strukturmerkmal der Personengesellschaften darstellt.[416] Im Gegensatz zu den Kapitalgesellschaften existieren bei den Personengesellschaften keine Vorschriften über ein erforderliches Mindestkapital, über die Aufbringung und Erhaltung des Stammkapitals sowie zu besonderen Sorgfaltspflichten der Organwalter.[417] § 128 S. 1 HGB dient demnach zum einen dem Schutz der Gesellschaftsgläubiger, denen das Privatvermögen der Gesellschafter als zusätzliche Sicherheit zur Verfügung steht,[418] und zum anderen der Personengesellschaft selbst, deren Kreditwürdigkeit durch die persönliche Gesellschafterhaftung steigt.[419]

---

414 *Eigner*, S. 290 f.

415 BGHZ 100, 157, 163; Wolf/Lindacher/Pfeiffer/*Wolf*, § 307 Rn. 108.

416 Heymann/*Emmerich*, § 128 Rn. 1.

417 Staub/*Habersack*, § 128 Rn. 1; Ebenroth/Boujong/Joost/Strohn/*Hillmann*, § 128 Rn. 1.

418 Heymann/*Emmerich*, § 128 Rn. 1 f.; Staub/*Habersack*, § 128 Rn. 1.

419 Ebenroth/Boujong/Joost/Strohn/*Hillmann*, § 128 Rn. 1; Baumbach/Hopt/Merkt/*Hopt*, § 128 Rn. 1.

Der wesentliche Grundgedanke von § 128 S. 1 HGB ist damit, dass bei unternehmerischer Betätigung mehrerer in der Regel eine persönliche und unbeschränkte Haftung dieser Personen besteht. Etwas anderes gilt grundsätzlich erst dann, wenn sie eine Rechtsform mit gesetzlicher Haftungsbegrenzung wählen.[420]

Dementsprechend geht ein Großteil der Literatur sowie ein Teil der Rechtsprechung davon aus, dass eine Haftungsbegrenzung durch AGB stets gegen § 307 Abs. 2 Nr. 1 BGB (bzw. § 9 Abs. 2 Nr. 1 AGBG) verstößt, da sie vom Grundsatz der unbeschränkten akzessorischen Haftung der Gesellschafter für die Gesellschaftsschulden abweiche.[421]

Dem tritt ein anderer Teil des Schrifttums, im Wesentlichen vertreten durch *Ulmer*, entschieden entgegen.[422] Wenn man die Gesellschafter allein auf die Möglichkeit einer individualvertraglichen Haftungsbeschränkung verweisen würde, so wäre generell eine Beschränkung der persönlichen Gesellschafterhaftung faktisch unmöglich, da in den meisten Fällen das Merkmal des individuellen Aushandelns nicht erfüllt sein werde.[423] Außerdem sei ein individuelles Aushandeln mit einem großen Zeitverlust verbunden und verursache dementsprechend hohe Kosten. Daher lohne es sich nur in außergewöhnlichen Fällen.[424] Auch die §§ 51a BRAO, 67a StBerG, 54a WPO, die eine Beschränkung der persönlichen Haftung mittels AGB ermöglichen, sprächen dafür, dass die Konstruktion einer vorformulierten Haftungsbeschränkung in bestimmten Konstellationen zulässig sein solle. Denn ein Umkehrschluss auf ein richterrechtlich geschaffenes Verbot von AGB-rechtlichen Haftungsbegrenzungen lasse sich aus diesen Vorschriften nicht herleiten.[425]

Ulmer ist darin zuzustimmen, dass die AGB-rechtliche Inhaltskontrolle nach den §§ 307 ff. BGB ein ausdifferenziertes Regelungssystem darstellt, dass es den Gerichten verbietet, pauschal die Verwendung von Haftungsbeschrän-

---

420 *Reiff*, S. 345 ff.; *ders.*, ZIP 1999, 1329, 1337.

421 BGHZ 142, 315 f.; OLG Stuttgart, NZG 2002, 84, 85; *Blenske*, NJW 2000, 3170, 3173; *Dauner-Lieb*, S. 539 f.; *dies.*, DStR 1999, 1992, 1995; *Kazele*, INF 2000, 83, 86; *Reiff*, ZIP 1999, 1329, 1337; *Weber*, JuS 2000, 313, 320.

422 Vgl. *Ulmer*, ZIP 1999, 554, 562; *ders.*, ZIP 2003, 1113, 1117 f.

423 *Ulmer*, ZIP 2003, 1113, 1117.

424 Dies gesteht auch *Reiff*, NZG 2000, 281, 284 ein.

425 *Ulmer*, ZIP 2003, 1113, 1117.

kungsklauseln als mit dem AGB-Recht unvereinbar anzusehen.[426] Wie bereits herausgearbeitet verfügt der einzelne Anleger, dessen Beteiligung rein kapitalistisch ist, über keine bzw. nur sehr eingeschränkte Möglichkeiten die Geschäftsführung zu kontrollieren. Auch steht seine oftmals nur geringe Beteiligung an der Gesellschaft in keinem Verhältnis zu einer unbeschränkten Einstandspflicht für sämtliche Gesellschaftsverbindlichkeiten, die einzeln schon Millionenbeträge erreichen können. Eine formularvertragliche Beschränkung der persönlichen Haftung der Gesellschafter ist daher aufgrund der besonderen Struktur und Interessenlage in einer Publikumspersonengesellschaft mit den wesentlichen Grundgedanken von § 128 S. 1 HGB zu vereinbaren. Sie scheitert folglich nicht prinzipiell an der Inhaltskontrolle nach § 307 Abs. 2 Nr. 1 BGB. Demnach kommt für die Anlagegesellschafter neben einer institutionellen auch eine formularvertragliche Haftungsbeschränkung in Betracht.

4. Stellungnahme

Daher soll in dem folgenden Abschnitt Stellung zu der Frage bezogen werden, ob der institutionelle oder vielmehr der formularvertragliche Ansatz vorzugswürdig ist.

Beide Ansätze sind mit Abgrenzungsproblemen verbunden, die mit der Notwendigkeit einer Herausbildung von detaillierten Fallgruppen in der Literatur, vor allem aber auch in der Rechtsprechung, einhergehen und zum Aufleben von immer neuen Kontroversen führen werden. Beim institutionellen Ansatz bedarf es dieser Fallgruppenbildung, um generell die Fälle zu bestimmen, in denen der Rechtsanwender eine teleologische Reduktion von § 128 S. 1 HGB analog vorzunehmen hat. Aber auch im Fall der Befürwortung einer formularvertraglichen Haftungsbeschränkung müssen die Erscheinungsformen der Außen-GbR herausgearbeitet werden, bei denen die Haftungsbeschränkungsklausel nicht an der Inhaltskontrolle gemäß § 307 Abs. 2 Nr. 1 BGB scheitert.[427]

Im Gegensatz zu einer formularvertraglichen Haftungsbeschränkung, die die Haftung der Anlagegesellschafter nur zu einer beschränkbaren macht, würde eine institutionellen Haftungsbeschränkung aber – wie *Priester* es formuliert

---

426 *Ulmer*, ZIP 2003, 1113, 1117.
427 *Reiff*, ZGR 2003, 550, 569 f.

– einen „großen Schritt der Rechtsfortbildung" erfordern.[428] Der Nachteil einer formularvertraglichen Haftungsbeschränkung besteht zwar darin, dass in diesem Fall eine Beschränkung der Haftung der Gesellschafter nicht für gesetzliche Verbindlichkeiten möglich ist. Allerdings kann grundsätzlich auch für den Standardfall einer individualvertraglichen Haftungsbeschränkung die Haftung nicht für gesetzliche Verbindlichkeiten begrenzt werden. Außerdem wäre dann zu erwägen, ob man ähnlich wie der BGH unter der Geltung der Doppelverpflichtungslehre die Haftung der Gesellschafter auf vertragsähnliche gesetzliche Gesellschaftsschulden ausgeweitet hat,[429] auch die formularvertragliche Haftungsbeschränkung auf solche Ansprüche erstreckt.

Darüber hinaus können sich unter Umständen vertragliche Haftungsbegrenzungen und -ausschlüsse auch auf konkurrierende deliktische Ansprüche erstrecken.[430] Tatsächlich wird es in der überwiegenden Anzahl der Fälle um die Haftung eines Gesellschafters für eine rechtsgeschäftliche Gesellschaftsverbindlichkeit gehen. Daher kann allein mit dem Argument einer im Raum stehenden Haftung der Gesellschafter für gesetzliche Verbindlichkeiten nicht die Zulässigkeit einer teleologischen Reduktion von § 128 S. 1 HGB analog begründet werden.

Auch das Argument, dass die Gesellschafter bei einer formularvertraglichen Beschränkung der Gesellschafterhaftung das Risiko tragen, dass die Haftungsbeschränkung auch tatsächlich in die Verträge mit den Gesellschaftsgläubigern einbezogen wird, vermag nicht hinreichend zu überzeugen. Zum einen machen sich die Geschäftsführer gegenüber den Gesellschaftern schadensersatzpflichtig, wenn sie die Nichteinbeziehung zu verschulden haben. Zum anderen liegt das Risiko einer unterbleibenden Einbeziehung in der verbandsrechtlichen Organisation begründet. Machen sich die Anleger die Vorteile einer Übertragung der Geschäftsführung auf einen Gesellschafter oder auf eine Geschäftsbesorgungsgesellschaft zunutze, müssen sie auch mit dem wohl eher geringen Risiko einer Nichteinbeziehung der Haftungsbeschränkungsklausel in einzelne Darlehensverträge leben.

Für den konkreten Fall der Quotenhaftung ist außerdem zu bedenken, dass die kreditgewährenden Banken Unternehmer im Sinne des § 14 BGB darstellen

---

428 *Priester*, DStR 2011, 1278, 1282.

429 Vgl. MüKo/*Ulmer*, BGB, 3. Auflage, § 714 Rn. 54 ff.

430 Staudinger/*Löwisch*, § 276 Rn. 117.

und damit aufgrund von § 310 Abs. 1 S. 1 BGB die Einbeziehung nach § 305 Abs. 2 BGB dann nicht erforderlich ist, wenn man davon ausgeht, dass die Fondsgesellschaft die haftungsbeschränkenden AGB-Klauseln stellt.

Für den formularvertraglichen Ansatz spricht vor allem die hiernach zu erzielende größere Einzelfallgerechtigkeit. Denn auch wenn man davon ausgeht, dass formularvertragliche Haftungsbeschränkungen bei Publikumsgesellschaften grundsätzlich nicht an § 307 Abs. 2 Nr. 1 BGB scheitern, kann dies aufgrund von konkreten Einzelfallumständen doch einmal der Fall sein.[431]

Bei dem Kommanditistenmodell stellt sich zunächst die Frage, wie die Gesellschaftsgläubiger Kenntnis von den einzelnen Haftungssummen der Anlagegesellschafter erlangen sollten. Die Einlagen der Kommanditisten müssen gemäß §§ 106 Abs. 1, 162 Abs. 1 HGB in das Handelsregister eingetragen werden und können dann jederzeit elektronisch abgefragt werden. Dies ist bei den Einlagen der Anleger einer Fonds-GbR gerade nicht der Fall. Die Banken haben zwar Kenntnis von der Beteiligungshöhe jedes Anlegers. Andere Gesellschaftsgläubigern, z.B. solche aus dem Dienstleistungssektor, prüfen aber nicht den Beteiligungsumfang und die Bonität jedes Gesellschafters, bevor sie einen Vertrag mit der Gesellschaft abschließen.[432] Stellt man – wie die Anhänger der KG-Lösung – auf die Beitrittsverträge ab, um Auskunft über die Höhe der Einlagen zu erlangen, setzt man die Gesellschaftsgläubiger dem Risiko eines Missbrauchs durch die Anleger aus. Sie könnten dann nämlich zusammen mit den Initiatoren rückdatierte Beitrittsverträge mit geringeren Haftungssummen erstellen.[433] Wenn demnach die Gesellschafter einem Kommanditisten vergleichbar haften wollen, müssen sie auch im Übrigen ihre Gesellschaft in dieser Rechtsform organisieren.[434] Hiergegen kann man auch nicht das oben herausgearbeitete Ergebnis anführen, dass den Gesellschaftern der geschlossenen Immobilienfonds nicht generell das Bedürfnis nach einer Haftungsbeschränkung mit dem Hinweis auf das Wahlrecht aus § 105 Abs. 2 S. 1 Alt. 2 HGB abgesprochen werden darf. Denn es kann eben Konstellationen geben, in denen die Interessen der Anleger an einer Haftungsbeschränkung überwiegen, ohne dass man sie quasi zur Geltendmachung des Wahlrechts aus § 105 Abs. 2 S. 1 HGB zwingt. Streben sie dann jedoch eine Haftung gerade entsprechend den §§ 171 ff. HGB an, muss

431 Vgl. *Reiff*, ZGR 2003, 550, 567.

432 *Priester*, DStR 2011, 1278, 1282.

433 *Grobe*, WM 2011, 2078, 2083.

434 Vgl. *Thürling*, S. 35, der auf den numerus clausus der Gesellschaftsformen verweist.

sich die Gesellschaft auch ansonsten dem Regelungsbereich der §§ 161 ff. HGB unterstellen.

Der Gesetzgeber hat deutlich gemacht, dass die §§ 171 ff. HGB die Eintragung der Gesellschaft in das Handelsregister voraussetzen. Dem kann man auch nicht mit einem Hinweis auf § 176 Abs. 1 HGB begegnen. Der Anwendungsbereich dieser Vorschrift setzt die Kenntnis des Gläubigers von der künftigen Stellung des Gesellschafters als Kommanditist voraus. Der in Anspruch genommene Anlagegesellschafter soll aber nie Kommanditist werden, sondern er will allein in einem beschränkten Umfang für die Gesellschaftsverbindlichkeiten einstehen. Zum einen wird jeder Gesellschafter den inneren Willen haben, in einem möglichst geringen Umfang für Gesellschaftsschulden aufkommen zu müssen. Zum anderen wurde der Kommanditist vom Gesetzgeber als ein Gesellschafter geschaffen, der nur begrenzt auf seine an die Gesellschaft geleistete Einlage haftet. Demgegenüber hat der Anlagegesellschafter, der in einem nur begrenzten Umfang für die Gesellschaftsschulden einstehen will, gerade keine gesetzliche Privilegierung erfahren.[435]

Darüber hinaus würden die Banken voraussichtlich im Fall einer Realisierung des Kommanditistenmodells bei der Publikums-GbR neben den Einlagen der Anleger von jedem eine weitere anteilige Haftungsübernahme verlangen,[436] da die von den Banken gewährten Kredite jeweils deutlich höher ausfallen als die Summe aller Gesellschaftereinlagen.[437] Dann hätte die institutionell beschränkte Haftung der Anlagegesellschafter entsprechend den §§ 171 ff. HGB aber weitgehend ihren Zweck verfehlt.[438]

Gegen das Kommanditistenmodell spricht schlussendlich, dass die Anerkennung einer mit der Haftung von Kommanditisten vergleichbaren Haftung von Anlagegesellschaftern die gesetzgeberischen Wertungen missachten würde, die sich aus den §§ 171 ff. und § 105 Abs. 2 S. 1 HGB ergeben. Bei diesen Bestimmungen handelt es sich um Sonderregelungen, die aufgrund ihres Ausnahmecharakters nicht auf bestimmte Sonderformen der Personengesellschaft übertragbar sind.[439]

---

435 *Grobe*, WM 2011, 2078, 2082.
436 *Priester*, DStR 2011, 1278, 1282.
437 Vgl. *Loddenkemper*, ZfIR 2006, 707.
438 *Priester*, DStR 2011, 1278, 1282.
439 So auch *Thürling*, S. 36 f.

Gegen eine Parallele zur grundsätzlichen Nichthaftung der Mitglieder eines nichtrechtsfähigen Idealvereins spricht, dass vor seiner Auflösung im Gegensatz zur GbR grundsätzlich keine Entnahmen bzw. sonstige Ausschüttungen an die Mitglieder zulässig sind.[440] Außerdem sind anders als bei der GbR nach mittlerweile ganz herrschender Meinung in der Liquidation des nichtrechtsfähigen Idealvereins nach §§ 47 ff. BGB analog die Gläubiger zwingend vorrangig zu befriedigen.[441]

Dem von *Thürling* vertretenen Modell einer institutionellen quotalen Haftungsbeschränkung von Gesellschaftern einer Fonds-GbR ist vor allem entgegenzuhalten, dass *Thürling* mehr die einzelnen gesetzlichen Fälle der teilschuldnerischen Haftung beschreibt, ohne jedoch wirklich zu begründen, warum auch die Anleger eines geschlossenen Immobilienfonds nur anteilig für die Verbindlichkeiten der Gesellschaft haften sollten. Abgesehen davon, dass die generelle Vorzugswürdigkeit des formularvertraglichen Ansatzes bereits erläutert wurde, kann es nicht ausreichen, lediglich die gesetzlichen Fälle einer teilschuldnerischen Haftung zu erörtern, ohne näher darzulegen, warum hieraus eine institutionelle quotale Haftung der Anleger folgen soll.

Die gesetzlichen Fälle einer teilschuldnerischen Haftung können dementsprechend allenfalls Anhaltspunkte für die Frage der Ausgestaltung einer rechtsgeschäftlich vereinbarten quotalen Haftung liefern und insofern als Auslegungshilfe dienen.

Eine institutionell beschränkte Haftung der Fondsgesellschafter aufgrund einer teleologischen Reduktion des § 128 S. 1 HGB analog ist mithin abzulehnen. Die Haftung dieser Gesellschafter kann vielmehr mittels AGB anteilsmäßig beschränkt werden.

Damit verbleibt allein die Unstimmigkeit, dass der BGH ohne erkennbaren Grund bei Bauherrengemeinschaften weiterhin den institutionellen Ansatz verfolgt.[442] Denn in *BGHZ 150, 1* nimmt der BGH Bezug auf die in *BGHZ 75, 26* geschaffene und seitdem anerkannte „Haftungsbeschränkung kraft Richterrechts".[443] Nach dieser Rechtsprechung haften Bauherren im Widerspruch zu

---

440 *Reuter*, NZG 2004, 217, 219; Bamberger/Roth/*Schöpflin*, § 54 Rn. 33.

441 *Reuter*, NZG 2004, 217, 219; *ders.*, in: MüKo, BGB, § 54 Rn. 74 f.; Bamberger/Roth/*Schöpflin*, § 54 Rn. 33; außerdem Staudinger/*Weick*, § 54 Rn. 85 m.w.N.

442 Vgl. *Casper*, JZ 2002, 1112, 1114; *Lutz*, GWR 2011, 318944.

443 *Schäfer*, FS-Nobbe, S. 909, 914.

§ 427 BGB bei der gemeinsamen Erbauung einer Wohnungseigentumsanlage nicht als Gesamtschuldner, sondern im Grundsatz nur quotal für alle Herstellungskosten und dies auch dann, wenn die Haftung nicht vertraglich beschränkt wurde. Man wird sehen, ob der BGH in der Zukunft die unterschiedlichen dogmatischen Ausgangspositionen aufgibt und sich für einen der Lösungsansätze entscheidet.[444]

C. Die dogmatische Konstruktion der Haftungsbeschränkung zugunsten der Gesellschafter als Dritten

Geht man von der Möglichkeit einer Beschränkung der Anlegerhaftung mittels AGB aus, stellt sich die Frage, ob die Gesellschaftsvertreter zur Beschränkung der Gesellschafterhaftung einer rechtsgeschäftlichen Vertretungsmacht bedürfen.

I. Das Erfordernis einer rechtsgeschäftlichen Vertretungsmacht zur Beschränkung der Gesellschafterhaftung

K. Schmidt geht in seiner jüngsten Stellungnahme zur quotalen Gesellschafterhaftung von der Notwendigkeit einer rechtsgeschäftlichen Vertretungsmacht zur Beschränkung der Gesellschafterhaftung aus.[445] Zwar existiere die Doppelverpflichtungstheorie nicht mehr, allerdings bestehe immer noch eine Doppelvertretungspraxis in der Form, dass neben den Verträgen der Gesellschaftsgläubiger mit der Gesellschaft auch Verträge mit den Gesellschaftern existierten.[446]

So wie beispielsweise die Unterwerfung der Gesellschafter unter die sofortige Zwangsvollstreckung einer rechtsgeschäftlichen Vertretungsmacht bedürfe, verhalte es sich mit der quotalen Beschränkung der Gesellschafterhaftung.

---

444 Vgl. *Stenzel/Beckmann*, BB 2011, 2507, 2510, die der Ansicht sind, dass eine Änderung der Rechtsprechung zur Bauherrenhaftung vor dem Hintergrund des sich in letzter Zeit rasant entwickelnden GbR-Rechts nicht unwahrscheinlich ist.

445 *K. Schmidt*, NJW 2011, 2001, 2003 f.

446 *K. Schmidt*, NJW 2011, 2001, 2003.

Man müsse zwischen der vertraglichen Haftung der Gesellschaft für die von ihr eingegangenen Verbindlichkeiten und der gesetzlichen Haftung der Gesellschafter differenzieren. Eine Vereinbarung, die die unbeschränkte Gesellschafterhaftung gemäß § 128 S. 1 HGB aufhebe, stelle eine Verfügung über das zwischen dem Gläubiger und den Gesellschaftern existierende Rechtsverhältnis dar. Da verfügende Erlassverträge zu Gunsten Dritter aber von der überwiegenden Ansicht abgelehnt würden, müsse die quotale Beschränkung der Haftung auch mit den Gesellschaftern vereinbart werden.[447] Eine Bevollmächtigung der Gesellschaftsvertreter zum Abschluss von Haftungsbeschränkungsverträgen mit den Gesellschaftsgläubigern liege regelmäßig in den gesellschaftsvertraglichen Klauseln, nach denen die Haftung der Gesellschafter quotal auf ihren Anteil am Gesellschaftsvermögen beschränkt sei.[448]

II. Stellungnahme

Die Ansicht von *K. Schmidt* ist abzulehnen. Anders als bei der Frage der Zulässigkeit eines Erlasses zugunsten Dritter, der in der Tat von der herrschenden Meinung abgelehnt und zugleich in einen pactum de non petendo zugunsten des Dritten umgedeutet wird,[449] sprechen sich nur vereinzelte Stimmen gegen die Zulässigkeit einer Haftungsbeschränkung zugunsten Dritter aus.[450]

Bei der quotalen Beschränkung der Haftung der Gesellschafter handelt es sich nicht um einen Erlass, da keine Verfügung über eine bereits bestehende Forderung erfolgt.[451] Die Haftungsbeschränkung begrenzt vielmehr von vorn-

---

447 *K. Schmidt*, NJW 2011, 2001, 2004; sich anschließend *Stenzel/Beckmann*, BB 2011, 2507, 2512 und *Westermann*, NZG 2011, 1041, 1043.

448 *K. Schmidt*, NJW 2011, 2201, 2204.

449 RGZ 127, 126, 128; BGHZ 41, 95 f.; BGH, NJW 1994, 2483, 2484; KG, OLGZ 1978, 67, 71; Bamberger/Roth/*Dennhardt*, § 397 Rn. 2; *Gernhuber*, S. 368 f.; Palandt/*Grüneberg*, Einf. vor § 328 Rn. 8; Soergel/*Hadding*, § 328 Rn. 109, 115 f.; a.A. MüKo/*Gottwald*, BGB, § 328 Rn. 201.

450 Vgl. *Helm*, AcP 160 (1960), 134, 154 f., der auch hier einen pactum de non petendo annehmen will.

451 *Bayer*, S. 202; a.A. *Grunsky*, in: Grundlagen des Vertrags- und Schuldrechts, S. 631; *Kümmel*, S. 22 ff., 44 ff., die von einer ausnahmsweise zulässige Verfügung zugunsten Dritter ausgehen.

herein das Entstehen der Haftungsverbindlichkeiten der Gesellschafter.[452] Durch die formularvertragliche Haftungsbeschränkungsklausel in den Darlehensverträgen zwischen den Banken und der Gesellschaft wird die gesetzliche Haftungsanordnung des § 128 S. 1 HGB analog dahingehend modifiziert, dass die Haftungsverbindlichkeiten der Gesellschafter in der Zukunft nur in einem beschränkten Umfang zur Entstehung gelangen.[453]

Zur wirksamen Vereinbarung der quotalen Beschränkung der Anlegerhaftung bedarf es demnach keiner rechtsgeschäftlichen Bevollmächtigung der Gesellschaftsvertreter.

D. Übertragbarkeit der herausgearbeiteten Grundsätze auf Publikumspersonengesellschaften in der Rechtsform der OHG

Während bei den als Kommanditgesellschaften organisierten Publikumspersonengesellschaften bereits die Einräumung der Kommanditistenstellung zur Begrenzung der Anlegerhaftung ausreicht, stellt sich bei einer Fondsgesellschaft in der Rechtsform der OHG die Frage, ob auch hier eine formularvertragliche Haftungsbeschränkung möglich ist. Insofern geht das Schrifttum überwiegend davon aus, dass bei der OHG nicht die Möglichkeit zur formularvertraglichen Begrenzung der persönlichen Gesellschafterhaftung besteht.[454] Zum Teil wird dies damit begründet, dass eine entsprechende Klausel überraschend im Sinne des § 305c BGB sei.[455] Teilweise wird aber auch darauf verwiesen, dass die Gesellschafter immer noch die Rechtsform der KG wählen können, wenn sie eine Beschränkung ihrer Haftung erreichen wollen. Formierten sie sich hingegen wei-

---

452 Vgl. *Bayer*, S. 202 f.; *Gernhuber*, JZ 1962, 553, 554, 556; MüKo/*Gottwald*, BGB, § 328 Rn. 186; Palandt/*Grüneberg*, Einf. vor § 328 Rn. 8; vgl außerdem *Blaurock*, ZHR 146 (1982), 238, 251, der sich auf eine Analogie zu § 328 BGB stützt.

453 Vgl. *Bayer*, S. 202.

454 Staub/*Habersack*, § 128 Rn. 16; ablehnend wohl auch MüKo/*K. Schmidt*, HGB, § 128 Rn. 14; offenbar a.A. *Nagel*, NZG 2001, 202, 208 und Oetker/*Boesche*, § 128 Rn. 16, 24.

455 MüKo/*K. Schmidt*, HGB, § 128 Rn. 14; vgl. auch Oetker/*Boesche*, § 128 Rn. 24, der aber offensichtlich formularvertragliche Haftungsbeschränkungen bei geschlossenen Immobilienfonds nicht an § 305c BGB scheitern lassen will.

terhin als OHG, so müssten sie die Haftungsbeschränkung individuell mit dem Gesellschaftsgläubiger vereinbaren, um den Folgen einer unbeschränkten Haftung gemäß § 128 S. 1 HGB zu entgehen.[456] Dem ist zuzustimmen. Ist die Fondsgesellschaft in der Rechtsform der OHG konstituiert, weil sie sich in das Handelsregister hat eintragen lassen, sind bereits die Bestimmungen des Handelsrechts auf sie anwendbar; sie unterliegt schon der Publizität des Handelsregisters. Dann treffen sie von vornherein die handelsrechtlichen Buchführungspflichten nach §§ 238 ff. HGB. Zur Beschränkung der Gesellschafterhaftung bedarf es dann entweder der Einräumung eines Kommanditistenstatus oder die Gesellschaft kann, sofern sie kein Handelsgewerbe im Sinne des § 1 Abs. 2 HGB betreibt, gemäß § 105 Abs. 2 S. 2 HGB in Verbindung mit § 2 S. 3 HGB ihre Firma im Handelsregister löschen lassen, um sodann als GbR mittels AGB eine quotale Beschränkung der Haftung zu erreichen.

E. Die verschiedenen Varianten der quotalen Haftungsbeschränkung und ihre Bedeutung

Sofern eine quotale Haftungsbeschränkung lediglich im Gesellschaftsvertrag aufgenommen wurde, ist damit grundsätzlich nur die Haftung zwischen den Gesellschaftern im Innenverhältnis geregelt.[457] Eine Ausnahme besteht für die Anleger, die sich aufgrund von Vertrauensschutz auch nach den Änderungen durch *BGHZ 142, 315* und *BGHZ 146, 341* für davor geschlossene Verträge auf eine gesellschaftsvertragliche Haftungsbeschränkung berufen dürfen, weil sie für die kreditgebende Bank erkennbar war.[458] Die Ersetzung der grundsätzlich im Verhältnis der Gesellschafter zueinander bestehenden gesamtschuldnerischen Haftung durch eine Quotenhaftung ändert nichts an der zwischen Gesellschaftsverbindlichkeit und Gesellschafterhaftung bestehenden Akzessorietät. Es wird lediglich die in Grund und Inhalt an der Gesellschaftsschuld ausgerichtete Gesellschafterschuld beschränkt.[459]

---

456 Staub/*Habersack*, § 128 Rn. 16.

457 Vgl. *Schleicher*, ZfIR 2002, 430, 433.

458 Vgl. BGHZ 150, 1, 5.

459 KG, NZG 2009, 299, 300 f.; *Westermann*, FS-Krämer, S. 373, 380, 386.

I. Die Unterscheidung zwischen prozentualer und summenmäßiger Haftungsbeschränkung

Wie bereits erläutert bedeutet die quotale Haftung eine beschränkte Haftung der Gesellschafter mit ihrem jeweiligen Anteil am Gesellschaftsvermögen. Die Beteiligungsquoten der einzelnen Gesellschafter können regelmäßig relativ einfach ermittelt werden, indem das Verhältnis des einzelnen Gesellschaftsanteils zur Summe aller Gesellschaftsanteile bestimmt wird.[460] Es sind jedoch verschiedene Formen einer quotalen Beschränkung der Gesellschafterhaftung denkbar.

1. Prozentuale quotale Haftungsbeschränkung

In der Praxis ist in den Gesellschaftsverträgen[461] bzw. in einer Anlage zu den Darlehensverträgen entweder die Beteiligungsquote des Anlegers in Prozent angegeben oder die Beteiligungshöhe durch Angabe des Eigenkapitalanteils in Euro oder Deutsche Mark kenntlich gemacht.[462] Unklar ist, ob in diesen Fällen die Gesellschafter auch anteilig für eine gestiegene Gesellschaftsschuld aufkommen müssen. Neben einem Teil des Schrifttums[463] nimmt der BGH in seiner älteren Entscheidung zur quotalen Gesellschafterhaftung[464] an, dass auch dann, wenn die quotale Haftungsbeschränkung lediglich durch Ausweisung des Beteiligungsprozentsatzes erfolgt ist, dies nicht zu einem variablen Haftungsrahmen führt, sondern zu einer summenmäßigen Haftungshöchstgrenze, die sich am Darlehensnominalbetrag orientiert. Andere Stimmen in der Literatur und ein Teil der oberlandesgerichtlichen Rechtsprechung gehen hingegen davon aus, dass dann, wenn in den Gesellschafts- bzw. den Darlehensverträgen lediglich die Beteiligungsquote zugrunde gelegt wird, die Gesellschafter grundsätzlich

---

460 Vgl. *Lehleiter/Hoppe*, BKR 2008, 323, 324.

461 Sofern in einem Altfall die Haftung durch Beschränkung der Vertretungsmacht der Geschäftsführer begrenzt wurde, vgl. *Westermann*, FS-Krämer, S. 373, 380.

462 *Wagner*, ZfIR 2005, 605, 616.

463 *Wagner*, ZfIR 2005, 605, 616; so im Ergebnis auch *Loddenkemper*, ZfIR 2006, 707, 709; vgl. auch *Thürling*, der immer von einer summenmäßig beschränkten Haftung der Anlagegesellschafter ausgehen will, die sich aus einem allgemeinen Rechtsgedanken der Kapitalanlage ergebe, S. 57 ff.

464 BGHZ 134, 224, 226.

nach oben hin offen auch für eine gestiegene Gesellschaftsschuld anteilig haften.[465]

Mit der überwiegenden Ansicht ist davon auszugehen, dass die Anlagegesellschafter regelmäßig auch für zusätzliche Kosten einstehen müssen. Wird im Darlehensvertrag lediglich die prozentuale Gesellschaftsbeteiligung zugrunde gelegt und kann auch aus sonstigen Umständen auf keinen anderen Parteiwillen geschlossen werden, muss die Summe der quotalen Haftung an der nun gestiegenen Gesellschaftsschuld bemessen werden.[466] Dies folgt schon daraus, dass die quotale Haftungbeschränkung nichts an der akzessorischen Haftung der Gesellschafter für die Gesellschaftsverbindlichkeit ändert.[467]

2. Summenmäßige quotale Haftungsbeschränkung

Es ist außerdem möglich, dass entweder die Beteiligungsquoten der einzelnen Gesellschafter oder ihre Eigenkapitalanteile an der Gesellschaft mit der dieser Quote entsprechenden Haftungssumme des Gesellschafters am Darlehensnominalkapital verbunden sind.[468] Im diesem Fall handelt es sich um eine summenmäßig beschränkte Haftung.

Die summenmäßige Festsetzung der Haftungsquote hat zur Folge, dass ein Anleger nur in Höhe des festgelegten Teils der Darlehensschuld in Anspruch genommen werden kann.[469] Denn der Zweck der Festlegung der Haftungsquoten besteht darin, eine summenmäßige Grenze für die maximale Einstandspflicht der Anleger festzulegen.[470] Es soll eine endgültige Entscheidung über das Haftungsrisiko eines jeden Anlegers getroffen werden. Sähe man dies anders, würde man den mit der summenmäßigen Festlegung der Haftung verfolgten Schutz der Anleger im Großen und Ganzen wieder abschaffen, da im Extremfall die Haftung eines Anlegers weit über den Haftungshöchstbetrag hinausgehen

---

465 OLG Frankfurt, ZIP 2009, 1618, 1621; *Westermann*, FS-Krämer, S. 373, 380; so im Ergebnis auch KG, NZG 2009, 299, 300; *Schäfer*, NZG 2010, 241, 242.

466 *Westermann*, FS-Krämer, S. 373, 381.

467 KG, NZG 2009, 299, 300 f.; *Westermann*, FS-Krämer, S. 373, 380 f., 386.

468 *Loddenkemper*, ZfIR 2006, 707, 709; *Westermann*, FS-Krämer, S. 373, 380, 381.

469 *Klimke*, WM 2010, 492, 493; *Wagner*, ZfIR 2005, 605, 616; *Westermann*, FS-Krämer, S. 373, 380; wohl auch KG, ZIP 2009, 1118, 1120; *Lehleiter/Hoppe*, BKR 2008, 323, 326.

470 *Klimke*, WM 2010, 492, 493.

könnte. Denn es macht nur dann Sinn, die Haftungsquote summenmäßig festzulegen, wenn sie die maximale Einstandspflicht für den einzelnen Anleger bestimmt.[471] Im Ergebnis steht der Anleger damit besser als im Fall einer lediglich prozentualen Beschränkung seiner persönlichen Gesellschafterhaftung, in dem die Anleger auch für solche Teile der Gesellschaftsverbindlichkeit einstehen müssen, die über die ursprüngliche Verbindlichkeit hinausgehen.[472]

II. Veränderungen im Umfang der Beteiligung eines Gesellschafters

Bisher nur vereinzelt angesprochen wird die Frage, ob sich die quotale Haftung eines Gesellschafters stets nach seiner Beteiligungsquote bei Abschluss des Darlehensvertrages richtet oder ob er auch für die Anteile einstehen muss, die ihm aufgrund des Ausscheidens von Mitgesellschaftern nach § 738 Abs. 1 S. 1 BGB anwachsen. Die Klärung dieses Problems ist deshalb von großer praktischer Bedeutung, weil in notleidenden geschlossenen Immobilienfonds viele Anleger ausgeschieden sind, entweder weil sie ihren Verpflichtungen nicht nachgekommen sind und deshalb ausgeschlossen wurden oder weil sie selbst gekündigt haben.[473]

In einigen Fällen war in den Gesellschaftsverträgen ausdrücklich bestimmt worden, dass sich bei einem Ausscheiden von Gesellschaftern die Haftungsquoten der in der Gesellschaft verbleibenden Anleger vergrößern.[474] In den Fällen, in denen es aber an einer solchen Bestimmung fehlt, wird teilweise vertreten, diese Frage immer durch Auslegung der Haftungsbeschränkungsregelung im

---

471 *Klimke*, WM 2010, 492, 493; dieses Ergebnis ist im Übrigen vergleichbar mit der Rechtslage bei einer Höchstbetragsbürgschaft: Hierzu hat der BGH in BGHZ 151, 374 festgestellt, dass eine formularvertragliche Regelung in einem Bürgschaftsvertrag eine unangemessene Benachteiligung des Bürgen im Sinne des § 307 Abs. 1 S. 1, Abs. 2 Nr. 2 BGB darstellt, sofern sie bestimmt, dass die Bürgschaft auch Zinsen, Provisionen und Kosten umfasst, die über den vertraglichen Haftungshöchstbetrag hinausgehen; eine individualvertragliche Ausdehnung der Haftung des Höchstbetragsbürgen ist jedoch immer noch möglich, MüKo/*Habersack*, BGB, § 765 Rn. 111.

472 *Klimke*, WM 2010, 492, 493.

473 Vgl. *Wagner*, ZfIR 2005, 605, 606.

474 Vgl. OLG Brandenburg, NZG 2011, 233, 235.

Kreditvertrag zu beantworten.[475] Vereinzelt wird auch ohne nähere Begründung von einer Vergrößerung der Haftungsquote eines Gesellschafters infolge der Anwachsung ausgegangen.[476] Zum Teil wird aber auch für eine Bemessung der quotalen Haftung an der ursprünglichen Beteiligungsquote eines Gesellschafters plädiert. Wer in einem frühen Stadium eine bestimmte Einlage erbracht habe, müsse grundsätzlich wegen § 707 BGB nicht mit einer Einlagenerhöhung rechnen. Die gesellschaftsvertraglichen Regelungen, die entweder eine summenmäßige Beschränkung oder eine Maximalquote angeben, die dem ursprünglichen Anteil am Gesellschaftsvermögen entspricht, seien auch in der Regel nicht dahingehend zu verstehen, dass sich die quotale Haftung nach dem jeweils aktuellen Anteil am Gesellschaftsvermögen richte.[477]

Jedenfalls wenn eine betragsmäßige Beschränkung der Haftung eines jeden Anlegers vorliegt, die seinem Anteil an der ursprünglichen Darlehensverbindlichkeit entspricht, ist davon auszugehen, dass hiermit auch die Festlegung eines summenmäßigen Höchstbetrages intendiert war. Wachsen in diesem Fall infolge des Ausscheidens eines oder mehrerer Gesellschafter die Beteiligungsquoten der übrigen Gesellschafter an, so ist davon auszugehen, dass die summenmäßigen Haftungsanteile der Gesellschafter konstant bleiben und die Gesellschafter weiterhin nur in dem Umfang ihres ursprünglich in den Gesellschafts- und Darlehensverträgen festgesetzten summenmäßigen Haftungsbetrages haften.[478] Aber auch dann, wenn die quotale Beschränkung der Gesellschafterhaftung so ausgestaltet ist, dass sie die Anteile der einzelnen Gesellschafter an dem Gesellschaftsvermögen in Prozent ausweist bzw. einen Betrag nennt, der der anfänglichen prozentualen Beteiligung des Gesellschafters an der Gesellschaft entspricht, muss die ursprüngliche Haftungsquote des Gesellschafters maßgeblich sein.[479]

Zum einen ist kein triftiger Grund ersichtlich, warum bei dieser Frage ein Unterschied zwischen einer summenmäßigen und einer lediglich prozentualen quotalen Haftungsbeschränkung gemacht werden sollte. Auch die Gesell-

---

475 *Schleicher*, ZfIR 2002, 430, 434.

476 *Weisemann*, DZWIR 2007, 183, 184, 187.

477 *Westermann*, FS-Krämer, S. 373, 389.

478 Vgl. *Westermann*, NZG 2010, 321, 327.

479 Im Ergebnis ebenso *Wagner*, ZfIR 2005, 605, 616; unklar BGH, NZG 2011, 580, da sich der Sachverhaltsschilderung nicht eindeutig entnehmen lässt, ob die Darlehensverbindlichkeit der Gesellschaft, für die der Gesellschafter in Anspruch genommen wird, vor oder nach dem Ausscheiden eines anderen Gesellschafters entstanden ist.

schaftsgläubiger sind in diesem Fall durch das Ausscheiden von einzelnen Anlegern nicht wesentlich schlechter gestellt. Denn nach § 736 Abs. 2 BGB in Verbindung mit § 160 HGB besteht eine fünfjährige Nachhaftung der ausgeschiedenen Anleger gegenüber den Gesellschaftsgläubigern, so dass die ausgeschiedenen Gesellschafter den Gläubigern wenigstens noch über einen gewissen Zeitraum im Umfang ihrer ursprünglichen Beteiligung an der Gesellschaft haften.

F. Ergebnis zu Kapitel 2

Über individualvertraglichen Haftungsbeschränkungen hinaus ist in einer Publikumspersonengesellschaft eine weitere Beschränkung der persönlichen Haftung der Anlagegesellschafter aufgrund der besonderen Interessenlage bei dieser Art von atypischer Außen-GbR geboten. Die Durchsetzung einer Haftungsbeschränkung durch eine Begrenzung der Vertretungsmacht der Gesellschaftsorgane ist unter der nun vorherrschenden Akzessorietätstheorie ebenso wenig mehr möglich wie eine gesellschaftsvertragliche Begrenzung der Gesellschafterhaftung. Auch mit der Annahme von konkludenten Haftungsbeschränkungen sollte nur äußerst restriktiv umgegangen werden, um nicht Gefahr einer Fiktion von Haftungsbeschränkungserklärungen zu laufen. Die sogenannte Haftungsbeschränkung kraft Individualpublizität ist abzulehnen, da sie den vom Gesetzgeber mit § 105 Abs. 2 HGB getroffenen Wertungen zuwiderläuft. Auch die Annahme einer institutionell beschränkten Haftung aufgrund einer teleologischen Reduktion von § 128 S. 1 HGB analog und das damit einhergehend von einem nicht unbedeutenden Teil der Literatur befürwortete Kommanditistenmodell scheiden aus. Vielmehr kann die Haftung der Fondsgesellschafter erleichternd formularvertraglich begrenzt werden. Eine solche Haftungsbeschränkung mittels AGB scheitert aufgrund der besonderen Interessen in einer Fondsgesellschaft nicht an der Inhaltskontrolle gemäß § 307 Abs. 2 Nr. 1 BGB. Da die Haftungsbeschränkungen von vornherein das Entstehen der Haftungsverbindlichkeiten der Gesellschafter begrenzen, bedürfen die Gesellschaftsvertreter zur Abgabe der Einigungserklärungen bezüglich der Begrenzung der Anlegerhaftung keiner rechtsgeschäftlichen Bevollmächtigung durch die Anlagegesellschafter.

Eine quotale formularvertragliche Beschränkung der Haftung von Gesellschaftern eines geschlossenen Immobilienfonds in der Rechtsform der OHG ist nicht möglich.

Bei den quotalen Haftungsbeschränkungen ist zwischen prozentualen und summenmäßigen Haftungsbeschränkungen zu unterscheiden. Ist die Haftungsquote eines Gesellschafters lediglich in einem Prozentsatz oder durch Angabe seines Eigenkapitalanteils an dem Gesellschaftsvermögen ausgewiesen, so muss der Gesellschafter auch im Umfang seiner Haftungsquote für eine über die ursprüngliche Gesellschaftsverbindlichkeit hinausgehende Gesellschaftsschuld einstehen. Dies ist bei einer summenmäßigen Haftungsbeschränkung, bei der der Haftungsanteil eines Gesellschafters betragsmäßig festgelegt wird, nicht der Fall. Sowohl im Fall einer summenmäßigen als auch bei einer prozentualen quotalen Begrenzung der Gesellschafterhaftung ist eine Vergrößerung der Haftungsquoten der Gesellschafter infolge der Anwachsung von Gesellschaftsanteilen ausscheidender Gesellschafter abzulehnen.

Kapitel 3 - Die Bemessungsgrundlage für die Bestimmung der quotalen Haftungsbeträge

Die akzessorische Haftung nach § 128 S. 1 HGB analog bedeutet zunächst nur, dass die Gesellschafterhaftung eine vom Entstehen und Erlöschen, von Umfang, Zuordnung und Durchsetzbarkeit der Gesellschaftsverbindlichkeit dauernd abhängige Haftung ist.[480] Ist die Haftung der Gesellschafter auf ihre Beteiligungsquote beschränkt, so steht zwar die Höhe der Quote, nicht aber die Bezugsgröße fest.[481] Daher ist auch die Frage, auf welche Weise die Bezugsgröße für die Bestimmung der Haftungsquoten zu ermitteln ist, von großer aktueller Bedeutung. Hier spielt insbesondere das Problem eine Rolle, welche Auswirkungen eine Verringerung der Gesellschaftsschuld durch Tilgungsleistungen der Gesellschaft oder einzelner Gesellschafter bzw. durch Erlöse aus einer Zwangsvollstreckung in das Fondsgrundstück auf die quotalen Haftungsbeträge der einzelnen Gesellschafter hat.

Zunächst soll geklärt werden, ob im Fall einer lediglich prozentualen Beschränkung der Haftung der Gesellschafter auf ihren Anteil am Gesellschaftsvermögen Tilgungsleistungen der Gesellschaft und Verwertungserlöse zu einer Reduzierung der Haftungsquoten führen. Ob das hierbei gefundene Ergebnis dann auch auf die betragsmäßige Ausweisung der einzelnen Haftungsquoten übertragbar ist, soll demgegenüber später in diesem Kapitel untersucht werden, um gleichzeitig auf das hier mögliche Problem eingehen zu können, was mit Gesellschaftsschulden passiert, die von den summenmäßigen Haftungsquoten nicht gedeckt werden.

A. Die Anrechnung von Tilgungsleistungen und Verwertungserlösen bei einer gesamtschuldnerischen Haftung der Gesellschafter

Die Haftung der Gesellschafter gemäß § 128 S. 1 HGB analog folgt immer der Gesellschaftsschuld. Blendet man zunächst eine mögliche quotale Haftungsbe-

---

480 BGHZ 139, 214, 217 f.; KG, NZG 2011, 102.
481 KG, NZG 2011, 102; *Schäfer*, NZG 2010, 241.

schränkung aus, so haften die Gesellschafter nach der ausdrücklichen Regelung des § 128 S. 1 HGB analog als Gesamtschuldner.

Für die Beziehung der Gesellschafter untereinander und zu den Gesellschaftsgläubigern sind somit die §§ 421 ff. BGB maßgebend.[482] Demnach haben die Gesellschaftsgläubiger nach § 421 S. 1 BGB grundsätzlich die Möglichkeit, jeden der Gesellschafter in vollem Umfang der Gesellschaftsverbindlichkeit in Anspruch zu nehmen. Die interne Lastenverteilung der Gesellschafter untereinander braucht die Gesellschaftsgläubiger dabei nicht zu interessieren.[483] Der von einem Gesellschaftsgläubiger in Anspruch genommene Gesellschafter trägt damit auch das Risiko, dass es ihm nicht gelingt, seine Regressansprüche gegen die Gesellschaft bzw. (subsidiär) gegen die Gesellschafter durchzusetzen.[484]

Geht man von diesem Normalfall einer akzessorischen gesamtschuldnerischen Haftung der Gesellschafter für die Gesellschaftsverbindlichkeit gemäß § 128 S. 1 HGB analog aus, ergibt sich hinsichtlich der Frage der Anrechnung von Tilgungsleistungen und Verwertungserlösen Folgendes: Als Folge des Akzessorietätsgrundsatzes vermindert sich auch die Haftung der Gesellschafter, soweit die Gesellschaftsverbindlichkeit durch Erfüllung erlischt. Denn die Gesellschafter haften nur in dem Umfang für die Gesellschaftsverbindlichkeit, in dem diese auch existiert. Tilgt die Gesellschaft also einen Teil ihrer Verbindlichkeit, so haften auch die einzelnen Gesellschafter gesamtschuldnerisch für den nun noch ausstehenden Teil dieser Gesellschaftsschuld. Zudem befreit jede Teilleistung eines Gesellschafters auf die Gesellschaftsverbindlichkeit nach § 422 BGB auch seine Mitgesellschafter.[485]

---

482 Staub/*Habersack*, § 128 Rn. 24.

483 Ebenroth/Boujong/Joost/Strohn/*Hillmann*, § 128 Rn. 20; MüKo/*K. Schmidt*, HGB, § 128 Rn. 18.

484 Staub/*Habersack*, § 128 Rn. 24.

485 *Westermann*, FS-Krämer, S. 373, 385.

B. Das Problem der Anrechnung von Gesellschaftsleistungen und Verwertungserlösen bei einer quotalen Haftung der Gesellschafter

Die Frage, wie sich eine Reduzierung der Gesellschaftsverbindlichkeit durch Tilgungsleistungen der Gesellschaft bzw. durch Erlöse aus der Zwangsverwertung des Fondsgrundstücks auf die einzelnen Haftungsquoten der Gesellschafter auswirkt, ist in der Rechtsprechung und Literatur äußerst umstritten. In der folgenden Darstellung soll sowohl der Meinungsstand in der Rechtsprechung und der Literatur zu diesem Problem aufgezeigt werden, als auch eine detaillierte und durchdringende Auseinandersetzung mit den zu der Frage vorgebrachten Argumenten erfolgen. Dabei wird bewusst nicht zwischen den Fällen einer Reduzierung der Gesellschaftsverbindlichkeit durch Zahlungen der Gesellschaft auf die Verbindlichkeit einerseits und einer Reduzierung durch die Anrechnung von Erlösen aus einer Zwangsversteigerung des Fondsgrundstücks andererseits unterschieden, da die Argumente für diese beiden Fälle im Wesentlichen dieselben sind.

I. Der Meinungsstand in der Rechtsprechung

In der Rechtsprechung gibt es hinsichtlich der Frage, wie sich eine Reduzierung der Gesellschaftsverbindlichkeit durch Tilgungsleistungen der Gesellschaft bzw. durch Erlöse aus einer Zwangsversteigerung auf die quotalen Haftungsbeträge der Gesellschafter auswirkt, keinen einheitlichen Standpunkt. Während sich einige der in letzter Zeit zu diesem Thema ergangenen oberlandesgerichtlichen Urteile an der Grundsatzentscheidung des BGH vom 16.12.1996[486] orientieren, nehmen andere mit diversen Begründungen eine gegensätzliche Position ein. Der BGH hat jüngst ebenfalls zu der Anrechnungsproblematik in mehreren Entscheidungen Stellung bezogen.[487]

---

486 BGHZ 134, 224 = NJW 1997, 1580 = ZIP 1997, 682 = DStR 1997, 709.

487 BGH, Urteil vom 8.2.2011, Az. II ZR 243/09, NZG 2011, 580 = ZIP 2011, 914; BGH, Urteil vom 8.2.2011, Az. II ZR 263/09, BGHZ 188, 233 = NZG 2011, 583 = ZIP 2011, 909; BGH, Urteil vom 19.7.2011, Az. II ZR 300/08; NZG 2011, 1023 = ZIP 2011, 1657; BGH, Urteil vom 27.9.2011, Az. 221/09, NZG 2011, 1352; BGH, Beschluss vom 27.9.2011, Az. II ZR 256/09 (juris).

1. Das Urteil des BGH vom 16.12.1996

Der Grundsatzentscheidung des BGH zur quotalen Gesellschafterhaftung, die allerdings noch unter Geltung der Doppelverpflichtungslehre erging, lag vereinfacht[488] folgender Fall zugrunde:

Der Beklagte B trat mit einer Beteiligung von 10 % der Publikumsgesellschaft „GbR N.straße 23" bei. Nach dem Gesellschaftsvertrag hafteten die Gesellschafter für die Gesellschaftsverbindlichkeiten nur nach Maßgabe ihrer Anteile an der Gesellschaft. Die GbR hatte mit der Klägerin K einen durch Grundschuld gesicherten Darlehensvertrag über nominell 3,3 Mio. DM geschlossen. Zudem hatte sie mit K vereinbart, dass die Gesellschafter, die Schuldbeitrittserklärungen abgegeben hatten, nur in Höhe ihrer Anteile persönlich haften sollten. Darüber hinaus wurde die persönliche Haftung der Anleger summenmäßig auf den der Gesellschaftsbeteiligung entsprechenden Anteil am Darlehensnominalbetrag beschränkt. Als die GbR das Darlehen nicht mehr bedienen konnte, nahm K die den B auch persönlich in Anspruch, der daraufhin ca. 62.400 DM an die K zahlte.

Nach dem endgültigen Scheitern des Projekts „N.straße 23" erlangte K aus dem Versteigerungserlös für das Grundstück nur ca. 2,7 Mio. DM. Darüber hinaus bestand das Problem, dass die Verbindlichkeiten der GbR über die Summe der quotalen Haftungsbeträge der Anleger hinausgingen.

Im Wesentlichen stand nun die Frage im Vordergrund, im welchem Umfang die Teilleistungen der GbR auf die Darlehensverbindlichkeit einschließlich dem zur Tilgung der Darlehensverbindlichkeit verwendeten Teil des Versteigerungserlöses die Haftungsquote des B reduziert hatten.

Zunächst stellt der BGH fest, dass die eigenen Leistungen des B aus seinem Privatvermögen auf die Gesellschaftsverbindlichkeit gemäß § 422 Abs. 1 BGB zu einer anteiligen Erfüllung auch hinsichtlich seiner quotenmäßig übernommenen Schuldbeitrittsverbindlichkeit geführt hätten, da zwischen der N-GbR und dem B im Umfang seines summenmäßig beschränkten Schuldbeitritts ein zumindest unechtes Gesamtschuldverhältnis vorliege.[489]

488 Vgl. *K. Schmidt*, NJW 1997, 2201.

489 BGHZ 134, 224, 227.

Im Anschluss daran begründet der BGH, warum sich eine quotenmäßige Tilgung der einzelnen privaten Gesellschafterverbindlichkeiten durch Leistungen der Gesellschaft nicht aus § 422 BGB herleiten lässt. Zwischen den im Wege des Schuldbeitritts von den einzelnen Gesellschaftern persönlich übernommenen Verpflichtungen für die Darlehensverbindlichkeit und der Verpflichtung der Gesellschaft aus dem Darlehensvertrag bestehe nur in beschränktem Umfang ein gesamtschuldähnliches Verhältnis. Daher erscheine eine automatische Erfüllung entsprechend der Beteiligungsquote des einzelnen Gesellschafters gemäß § 422 Abs. 1 BGB nicht möglich.[490]

Allerdings befürwortet der BGH eine analoge Anwendung der §§ 366 f. BGB. § 366 BGB setze zwar eine Mehrheit von Schuldverhältnissen voraus, deren Vorliegen richte sich jedoch immer nach den Umständen des Einzelfalles. Immerhin stelle die Darlehensschuld der Gesellschaft gegenüber der kreditgebenden Bank eine einheitliche Schuld dar. Die Interessenlage bei den Gesellschaftern spreche jedoch für eine analoge Heranziehung von § 366 BGB. Denn die vorliegende Situation sei mit dem Fall vergleichbar, in dem ein Schuldner aus mehreren Schuldverhältnissen zu gleichartigen Leistungen verpflichtet ist.[491] Zudem bestehe Ähnlichkeit mit dem Fall, in dem eine Mehrheit von Forderungen und Forderungsteilen durch ein Sicherungsrecht gesichert ist.[492]

Da es für eine ausdrückliche oder konkludente Tilgungsbestimmung gemäß § 366 Abs. 1 BGB keine Anhaltspunkte gebe, finde § 366 Abs. 2 BGB Anwendung. Nach § 366 Abs. 2 BGB komme allerdings eine verhältnismäßige Tilgung erst dann in Betracht, wenn alle vorrangigen Anrechnungsmöglichkeiten nach der gesetzlichen Tilgungsreihenfolge ausscheiden würden.[493]

Folgt man dieser Lösung des BGH, so müssen Leistungen der Gesellschaft gemäß § 366 Abs. 2 BGB analog auf die jeweils unsichersten Forderungsteile angerechnet werden. Erst wenn keine unsicheren Forderungsteile mehr existieren, kommt eine quotale Anrechnung auf die Haftungsbeträge der anderen Gesellschafter in Betracht.[494] Die Darlegungs- und Beweislast dafür, dass Leistungen der Gesellschaft ganz oder zum Teil gerade auf den bestimmten Haftungsteil eines Gesellschafters anzurechnen sind, trägt der Gesellschafter, der sich

---

490 BGHZ 134, 224, 228.
491 BGHZ 134, 224, 228 f.
492 BGHZ 134, 224, 229.
493 BGHZ 134, 224, 229.
494 BGHZ 134, 224, 229.

eine Anrechnung der Leistungen der Gesellschaft auf seinen Haftungsteil wünscht.[495]

Der Verweis des BGH auf § 422 Abs. 1 BGB ist bei der Frage, ob die Zahlungen des B ihn selbst befreit haben, kaum verständlich. Nachvollziehbar wäre die Begründung über § 422 Abs. 1 BGB nur, wenn man davon ausginge, dass B nicht auf seine eigene Schuld, sondern nur auf die der GbR gezahlt hätte. Da aufgrund des Schuldbeitritts des B zwischen ihm und der Gesellschaft eine Gesamtschuld bestand, wäre mit einer solchen Zahlung auf die Gesellschaftsschuld gemäß § 422 Abs. 1 BGB auch Erfüllung seiner Verpflichtung aus dem Schuldbeitritt eingetreten. Nach der allgemeinen Lebenserfahrung ist jedoch anzunehmen, dass B ausschließlich aufgrund seiner eigenen Verpflichtung geleistet hat. Dann ist aber unproblematisch Erfüllung gemäß § 362 BGB eingetreten; der Verweis auf § 422 Abs. 1 BGB ist damit an dieser Stelle verfehlt.[496]

Die vom BGH befürwortete Analogie zu den §§ 366, 367 BGB soll hingegen erst an späterer Stelle umfassend beurteilt werden.

2. Die oberlandesgerichtliche Rechtsprechung

Im Zeitraum der letzten zwei Jahre sind zu der Frage der Anrechnung von Tilgungsleistungen der Gesellschaft bzw. von Erlösen aus der Zwangsvollstreckung in das Fondsgrundstück auf die quotalen Haftungsbeträge der Gesellschafter mehrere oberlandesgerichtliche Urteile[497] ergangen, gegen die jeweils die Revision beim BGH zugelassen wurde.

---

495 Bamberger/Roth/*Dennhardt*, § 366 Rn. 12; *Lehleiter/Hoppe*, BKR 2008, 323, 329; MüKo/*Wenzel*, BGB, § 366 Rn. 16.

496 *K. Schmidt*, NJW 1997, 2201, 2202.

497 KG, Urteil vom 11.11.2008, Az. 4 U 12/07, NZG 2009, 299; KG, Urteil vom 12.11.2008, Az. 24 U 102/07, ZIP 2009, 1118; OLG München, Urteil vom 27.11.2008, Az. 19 U 3885/08 (juris); OLG Frankfurt, Urteil vom 25.2.2009, Az. 23 U 18/07, ZIP 2009, 1619; OLG Köln, Urteil vom 30.9.2009, Az. 13 U 168/04, NZG 2010, 102; OLG Köln, Urteil vom 30.9.2009, Az. 13 U 168/09, BeckRS 2009, 88161; KG, Urteil vom 29.4.2010, Az. 23 U 68/09, NZG 2010, 1075; KG, Urteil vom 29.6.2010, Az. 4 U 78/09, NZG 2010, 1265; KG, Urteil vom 22.12.2010, Az. 26 U 232/09, NZG 2011, 102.

a) Die Gegner einer Anrechnung

Ein Teil der oberlandesgerichtlichen Rechtsprechung sieht die Bezugsgröße für die quotale Gesellschafterhaftung grundsätzlich im ursprünglichen Darlehensnominalbetrag (nebst Zinsen und Kosten) und nicht in der jeweils bestehenden Restforderung.[498]

Handele es sich um festgesetzte Haftungshöchstbeträge, so ergebe sich bereits aus dem Wortlaut der Darlehensverträge, dass sich die quotale Haftung der Anleger auf die in den Verträgen vereinbarten Darlehenssummen nebst Zinsen und Kosten und nicht auf den jeweiligen späteren Stand der Darlehensverbindlichkeit beziehe.[499] Es widerspreche dem Zweck der persönlichen Gesellschafterhaftung, die einen Ausgleich zu dem bei der Gesellschaft fehlenden gebundenen Haftkapital bilden solle, wenn die Haftungsbeträge sich durch eine Verringerung der Gesellschaftsschuld reduzierten.[500] Auf diese Weise würde die durch die persönliche Gesellschafterhaftung gegebene zusätzliche Sicherheit auf Kosten des Gläubigers abgebaut werden und er müsste das Insolvenzrisiko der ihm noch haftenden Gesellschafter tragen.[501] Andernfalls würden auch solche Gesellschafter unberechtigt bevorzugt, die erst sehr spät oder überhaupt nicht zahlten.[502] Vielmehr reduziere sich der Haftungsbetrag eines Gesellschafters erst dann, wenn die Restverbindlichkeit unter seinen ursprünglichen Haftungsbetrag sinke.[503] Die jeweils bestehende Restforderung sei für den Haftungsumfang des einzelnen Gesellschafters demnach nur insofern von Bedeutung, als sie die Obergrenze für seine Inanspruchnahme darstelle.[504] Teilweise wird eine entsprechende Heranziehung von § 366 Abs. 1 BGB auf den zu entscheidenden Fall abgelehnt, weil die Berufung auf diese Vorschrift nur dem Schuldner zustehe, der freiwillig auf eine Erfüllung hinwirke und nicht demjenigen, gegen den die Zwangsvollstreckung betrieben werde oder dessen Sicherheiten verwertet werden müssten.[505] Zum Teil wird aber auch ausdrücklich auf

498 OLG München, Urteil vom 27.11.2008, 19 U 3885/08, Rz. 21 f. (juris); KG, ZIP 2009, 1118; OLG Köln, NZG 2010, 102; OLG Köln, BeckRS 2009, 88161; KG, NZG 2010, 1075.

499 KG, ZIP 2009, 1118, 1120.

500 KG, NZG 2010, 1075, 1076; OLG Köln, BeckRS 2009, 88161.

501 KG, ZIP 2009, 1118, 1120; OLG Köln, NZG 2010, 102; OLG Köln, BeckRS 2009, 88161.

502 OLG Köln, NZG 2010, 102; OLG Köln, BeckRS 2009, 88161.

503 OLG München, Urteil vom 27.11.2008, Az. 19 U 3885/08, Rz.23 (juris); KG, ZIP 2009, 1118, 1121; KG, NZG 2010, 1075, 1076.

504 OLG Köln, NZG 2010, 102, 103; OLG Köln, BeckRS 2009, 88161.

505 KG, ZIP 2009, 1118, 1121.

BGHZ 134, 224 verwiesen. Zwar sei in dem vom BGH entschiedenen Fall die Gesellschafterhaftung ausdrücklich nur auf den Nominalbetrag ohne Zinsen und Kosten bezogen, so dass sich mit der Zeit ungesicherte Spitzen für die Bank gebildet hätten, während sich nach dem nun vorliegenden Sachverhalt die Quote auch ausdrücklich auf Kosten und Zinsen bezog. Diese Fälle seien jedoch gleich zu behandeln, da kein Begründungszusammenhang zwischen der Frage existiere, ob die Haftung nur den Nominalbetrag oder auch Zinsen und Kosten erfasse, und der Frage der Anrechnungen von Tilgungsleistungen.[506]

b) Die Befürworter einer Anrechnung

Ein anderer Teil der oberlandesgerichtlichen Judikatur nimmt hingegen an, dass eine Verminderung der Gesellschaftsschuld durch Leistungen der Fonds-GbR bzw. durch Erlöse aus einer Zwangsversteigerung auch zu einer anteiligen Reduzierung der Haftungsquoten der Anleger führt.[507] Die quotale Haftung sei dahingehend zu verstehen, dass die Gesellschafter teilschuldnerisch für die Gesellschaftsverbindlichkeiten haften würden und sich die Quote immer nur auf die noch bestehende Restverbindlichkeit der Fonds-GbR beziehe.[508] Durch die Vereinbarung der teilschuldnerischen Haftung habe die Bank das Risiko eines Ausfalls von Anlegern übernommen.[509] Für eine Anrechnung von Leistungen aus dem Gesellschaftsvermögen auf die Haftungsquoten der Anleger spreche schlussendlich auch die Hinwendung der Rechtsprechung von der Doppelverpflichtungslehre zum Akzessorietätsgrundsatz.[510]

Zum einen wird auch hier die Anwendbarkeit der Grundsätze des BGH-Urteils vom 16.12.1996[511] zum Teil damit abgelehnt, dass es allein um die Anrechnung von Beträgen aus einer Zwangsverwaltung gehe und daher dem Schuldner ein Tilgungsbestimmungsrecht nach § 366 Abs. 1 BGB analog nicht zustehe.[512] Zum anderen wird darauf verwiesen, dass der damals vom BGH entschiedene Fall von dem des OLG Frankfurt zu unterscheiden sei. Dort war die quotale Haftung summenmäßig auf einen entsprechenden Anteil am Darle-

506 KG, NZG 2010, 1075, 1076.
507 KG, NZG 2009, 299; OLG Frankfurt, ZIP 2009, 1619, 1621; KG, NZG 2010, 1265; KG, NZG 2011, 102.
508 KG, NZG 2009, 299, 300; KG, NZG 2011, 102 f.
509 KG, NZG 2011, 102, 103.
510 KG, NZG 2009, 299, 301; OLG Frankfurt, ZIP 2009, 1619, 1621.
511 BGHZ 134, 224.
512 KG, NZG 2009, 299, 301.

hensnominalwert begrenzt, so dass zusätzlich entstandene Kosten von der persönlichen Gesellschafterhaftung nicht gedeckt waren, während vorliegend die quotale Haftung variabel sei und sich auch auf Zinsen und Kosten beziehe.[513]

Als Gesellschafter eines geschlossenen Immobilienfonds in der Rechtsform der GbR sei der einzelne Anleger einem kaum einzuschätzenden Haftungsrisiko ausgesetzt. Daher müsse seine Haftung auf ein vertretbares Maß beschränkt werden.[514] Den Anlegern könne nicht zugemutet werden, zunächst einen Betrag an die Bank zahlen zu müssen, der über ihre Haftung im Innenverhältnis hinausgehe, um dann bei den Mitgesellschaftern Rückgriff nehmen zu müssen. Auch sei die kreditgebende Bank nicht benachteiligt, da sie das Investitionsvorhaben in der Regel weitaus besser überschauen könne, als die einzelnen Anleger.[515] Wenn die Ertragsaussichten der Anlagegesellschafter schon nicht erfüllt würden, so könnten sie doch zumindest erwarten, dass ihnen der Erlös aus der Zwangsversteigerung nach Scheitern des gesamten Projekts zumindest anteilig zugutekomme.[516] Eine andere Entscheidung hätte zur Folge, dass aus der teilschuldnerischen Haftung bei unveränderlichen Haftungsquoten im Fall einer Reduzierung der Gesellschaftsverbindlichkeit eine gesamtschuldnerische Haftung würde.[517] Für eine Minderung der Haftungsquoten spreche auch, dass die Gesellschaft aus Erträgen an die Bank leiste, die ansonsten an die Anleger ausgeschüttet werden müssten. Es mache dann keinen Unterschied, ob die Gesellschaft zahle oder ob die Erträge ausgeschüttet würden und daraus die einzelnen Anleger anteilig selbst zahlten.[518] Auch aus dem Argument einer ungerechtfertigten Bevorzugung von zahlungsunwilligen Anlegern ergebe sich nichts anderes. Denn auch im Fall einer unveränderlichen Haftungsquote stünden die letzten zahlungsunwilligen Anleger dann besser, wenn die Gesellschaftsschuld bereits unter der Haftungsquote des einzelnen Anlegers liege.[519]

513 OLG Frankfurt, ZIP 2009, 1619, 1621.
514 OLG Frankfurt, ZIP 2009, 1619, 1621.
515 OLG Frankfurt, ZIP 2009, 1619, 1622; KG, NZG 2010, 1265, 1266.
516 OLG Frankfurt, ZIP 2009, 1619, 1622.
517 KG, NZG 2009, 299, 301.
518 KG, NZG 2010, 1265, 1266.
519 KG, NZG 2010, 1265, 1266 f.

3. Die Rechtsprechung des BGH aus dem Jahr 2011

In zwei Urteilen vom 8.2.2011[520] hat sich der BGH erstmals seit *BGHZ 134, 224* wieder zu dem Problem der quotalen Haftung von Gesellschaftern eines geschlossenen Immobilienfonds in der Rechtsform der GbR geäußert. Inhaltlich sind die beiden Urteile beinahe identisch. Nur die den Urteilen zugrunde liegenden Sachverhalte beleuchten die Problematik aus zwei verschiedenen Blickwinkeln.

In *BGH II ZR 243/09* hatte ein Anlagegesellschafter Vollstreckungsgegenklage gegen eine kreditgebenden Bank erhoben, die aus einer Unterwerfungserklärung im Wege der Zwangsvollstreckung gegen ihn vorging. Das beklagte Kreditinstitut hatte widerklagend beantragt, den klagenden Gesellschafter zu verurteilen, einen nicht bereits in der Unterwerfungserklärung titulierten Betrag zu bezahlen, der einem Haftungsanteil entsprach, welcher auf eine von dem Kläger nachträglich übernommene Gesellschaftsbeteiligung entfiel.[521]

BGH II ZR 263/09 befasst sich hingegen mit der Klage einer kreditgebenden Bank gegen die Gesellschafter eines in der Rechtsform der GbR organisierten geschlossenen Immobilienfonds auf Zahlung eines ihrer jeweiligen Beteiligung an dem Gesellschaftsvermögen entsprechenden Teilbetrages einer Darlehensschuld der Gesellschaft. Zwar hatte die Bank vor der Zwangsvollstreckung die Haftungsquoten der Anleger nach der aufgrund von freiwilligen Tilgungsleistungen der Gesellschaft geminderten Gesellschaftsschuld berechnet. Obwohl die Bank dann in der Zwischenzeit die Vollstreckung in das Fondsgrundstück betrieben hatte, berechnete sie später die Haftungsquoten der Gesellschafter nach dem vor der Zwangsverwertung bestehenden Stand der Darlehensverbindlichkeit. Allein hilfsweise ermittelte sie die Haftungsquoten der Gesellschafter anhand der unter Berücksichtigung der Erlöse aus der Zwangsverwaltung und der Zwangsverwertung noch bestehenden Gesellschaftsschuld.[522]

Der BGH ist in beiden Urteilen zu dem Ergebnis gekommen, dass man im Fall einer quotalen Beschränkung der Gesellschafterhaftung für eine vertragliche Verbindlichkeit durch Auslegung des Vertrages mit dem Gläubiger ermitteln müsse, inwiefern Tilgungsleitungen der Gesellschaft oder Erlöse aus der Verwertung des Gesellschaftsvermögens auch anteilig auf die Haftungsbeträge

520 BGH, Az. II ZR 263/09, BGHZ 188, 233 und BGH, Az. II ZR 243/09, NZG 2011, 580.
521 BGH, NZG 2011, 580.
522 BGHZ 188, 233

der Gesellschafter anzurechnen sind. Eine automatische Verminderung der Haftungsbeträge der Gesellschafter finde hingegen nicht statt.

Mit der Anerkennung der Rechtsfähigkeit der Außen-GbR habe sich nichts an der Haftung der Gesellschafter für rechtsgeschäftliche Verbindlichkeiten geändert, sondern sie sei lediglich auf eine neue dogmatische Grundlage gestellt worden.[523] Eine Anrechnung kraft Gesetzes komme nicht in Betracht. Denn zum einen könne aus dem Grundsatz der Akzessorietät der Gesellschafterhaftung nicht geschlossen werden, dass Leistungen aus dem Gesellschaftsvermögen bzw. Verwertungserlöse auf die Haftungsbeträge der Gesellschafter anzurechnen seien.[524] Zum anderen bestehe für eine Analogie zu § 366 Abs. 1 BGB nach der Anerkennung der Rechtsfähigkeit der Außen-GbR und der Akzessorietät der Gesellschafterhaftung kein Bedürfnis mehr.[525] Da die quotale Haftung kein gesetzliches Haftungskonzept darstelle, hänge es allein von den Vereinbarungen zwischen den Parteien ab, ob eine Anrechnung auf die Haftungsbeträge der Gesellschafter stattfinde oder nicht.[526] Die Auslegung der Darlehensverträge sowohl im Fall des OLG Frankfurt als auch im Fall des Kammergerichts ergebe, dass sich die quotalen Haftungsbeträge der Gesellschafter stets nach dem Ursprungsdarlehen richteten. Daher scheide eine Anrechnung auf die Haftungsquoten der einzelnen Gesellschafter auch aus.[527] Dieses Auslegungsergebnis entspreche ferner den Interessen der Vertragsparteien. Eine Anrechnung von Gesellschaftsleistungen und Verwertungserlösen auf die Haftungsquoten der Gesellschafter bedürfe im Hinblick auf § 128 S. 1 HGB einer eindeutigen Vereinbarung.[528] Die Tatsache, dass nach diesem Verständnis ein Gläubiger umso besser gegen den Ausfall einzelner Anleger gesichert sei, desto geringer die Darlehensforderung werde, gelte auch für andere Sicherheiten wie Grundschulden und Sicherungsübereignungen.[529] Zudem würde aus einem anderen Verständnis der quotalen Haftung folgen, dass einem vor der Verwertung des Fondsgrundstücks in Anspruch genommenen Anleger im Gegensatz zu einem

---

523 BGHZ 188, 233, 240; BGH, NZG 2011, 580.
524 BGHZ 188, 233, 241; BGH, NZG 2011, 580, 581.
525 BGHZ 188, 233, 241 f.; BGH, NZG 2011, 580, 581.
526 BGHZ 188, 233, 242; BGH, NZG 2011, 580, 581.
527 BGHZ 188, 233, 242 ff.; BGH, NZG 2011, 580, 581 f.
528 BGHZ 188, 233, 244.
529 BGHZ 188, 233, 244.

danach in Anspruch genommenen Anleger der Verwertungserlös im Außenverhältnis noch nicht einmal anteilig zugutekomme.[530]

Auch ergebe sich eine Verminderung der Haftungsquote eines Anlegers nicht daraus, dass der Gesellschaftsgläubiger mit einzelnen Gesellschaftern Vergleiche abgeschlossen habe. Ein solcher Vergleich habe weder Einfluss auf die Außenhaftung der übrigen Gesellschafter noch auf die Innenhaftung der Gesellschafter untereinander.[531]

Am 19.7.2011 musste der BGH unter anderem erneut über den Inhalt der quotalen Haftung entscheiden.[532] In diesem Rahmen bekannte sich der 2. Zivilsenat zu seiner Rechtsprechung vom Februar desselben Jahres, indem er im Wesentlichen dieselben Argumente wie in seinen beiden Urteilen vom 8.2.2011 vortrug, um zu begründen, dass die Haftungsquoten der Anlagegesellschafter nicht an der aktuellen Restverbindlichkeit der Gesellschaft bemessen wurden.[533] Auch in einem Beschluss vom 27.9.2011,[534] in dem der BGH über die Zurückweisung der Revision gegen das Urteil des OLG Köln vom 30.9.2009[535] entschied, sowie in einem Urteil vom selben Tag,[536] bestätigte er nochmals seine in den drei genannten Urteilen vertretene Ansicht zu der Anrechnungsproblematik bei einer quotalen Haftung.

II. Der Meinungsstand im Schrifttum

In der Literatur ist ebenfalls umstritten, welche Folgen eine Reduzierung der Gesellschaftsverbindlichkeit durch Gesellschaftsleistungen oder Verwertungserlöse auf die quotalen Haftungsbeträge der Gesellschafter hat. Zum Teil wird nur auf die in *BGHZ 134, 224* herausgearbeiteten Grundsätze verwiesen[537] bzw.

---

530 BGH, NZG 2011, 580, 582.
531 BGH, NZG 2011, 580, 583.
532 BGH, Az. II ZR 300/08, NZG 2011, 1023.
533 BGH, NZG 2011, 1023, 1026 ff.
534 BGH, Az. II ZR 256/09 (juris).
535 OLG Köln, NZG 2010, 102.
536 BGH, Az. II ZR 221/09, NZG 2011, 1352, 1354 f.
537 *Von Arnim*, Das Grundeigentum 2005, 1409; Prütting/Wegen/Weinreich/*Pfeiffer*, § 366 Rn. 8; MüKo/*Wenzel*, BGB, § 366 Rn. 2; krit. zur Ablehnung einer Anrechnung von Gesellschaftsleistungen analog § 366 Abs. 2 BGB: Anm. *K. Müller/K.-D. Müller*, WuB II J. § 714 BGB 1.97, 889, 890.

die dortige Lösung mit dem Hinweis auf die neue Rechtsprechung des BGH vom Februar 2011 abgelehnt.[538] Der überwiegende Teil des Schrifttums versucht jedoch Begründungsansätze für eine Reduzierung der quotalen Haftungsbeträge aufgrund einer Verminderung der Gesellschaftsschuld zu entwickeln[539] oder befürwortet im Ergebnis die vom BGH in *BGHZ 134, 224* aufgestellten Anrechnungsregeln, setzt sich aber zuvor umfassend mit der Problematik auseinander.[540] Andere schließen sich auch mehr oder weniger kritiklos der neuen Rechtsprechung des BGH zur Quotenhaftung an.[541] Die Ansichten dieser Autoren sollen im Folgenden in den wesentlichen Grundzügen skizziert werden. Dabei werden jedoch allein die Beiträge berücksichtigt, in denen umfassender zu der Problematik Stellung bezogen wird. Hingegen werden reine Urteilsanmerkungen bzw. Kommentierungen nicht in die anschließende Darstellung einbezogen.

1. In seinem Aufsatz in *NJW 1997* sprach sich *K. Schmidt* noch für eine Übertragbarkeit des Haftungskonzepts aus § 507 Abs. 1 HGB auf die quotal haftenden Gesellschafter aus.[542] Ähnlich wie bei der Haftung der Mitreeder für die Verbindlichkeiten der Partenreederei verringere die Leistung eines Gesellschafters die Gesellschaftsschuld sowie auch seine eigene Haftungsquote. Den anderen Gesellschaftern komme sie hingegen nicht zugute. Der leistende Gesellschafter könne dann nur bei der Gesellschaft, nicht aber bei seinen Mitgesellschaftern Regress nehmen.[543] Eine Zahlung der Gesellschaft reduziere demgegenüber zum einen die Gesellschaftsschuld, werde zum anderen aber auch anteilig auf die Haftungsquoten der Gesellschafter angerechnet, so dass im Zweifel auch die Banken das Ausfallrisiko von Gesellschaftern trügen.[544]

---

538 Palandt/*Grüneberg*, § 366 Rn. 2.

539 Vgl. *Barchewitz*, MDR 2009, 1374, 1375 ff.; *Klimke*, WM 2010, 492, 493 ff.; *Loddenkemper*, ZfIR 2006, 707, 710 ff.; *Schäfer*, NZG 2010, 241, 242 f.; *Thürling*, S. 85 ff.; *Walch*, S. 102 ff.; so auch noch *K. Schmidt*, NJW 1997, 2201, 2203 ff.

540 *Lehleiter/Hoppe*, BKR 2008, 323, 326 ff.; in Ansätzen auch *Lehleiter*, Das Grundeigentum 2010, 814, 816.

541 Vgl. *Deutscher*, ZfIR 2011, 505, 507 ff.; *K. Schmidt*, NJW 2011, 2001. 2002 ff.; *Westermann*, NZG 2011, 1041, 1042 ff.

542 *K. Schmidt*, NJW 1997, 2201, 2205.

543 *K. Schmidt*, NJW 1997, 2201, 2205.

544 *K. Schmidt*, NJW 1997, 2201, 2205 f.

In seiner Stellungnahme zu den beiden Entscheidungen des BGH vom Februar 2011[545] weicht *K. Schmidt* hingegen in wesentlichen Fragen von seiner Auffassung aus dem Jahr 1997 ab.[546] Zunächst stellt er fest, dass sich das Ausmaß der Quotenhaftung allein nach dem Inhalt der Haftungsbeschränkungsvereinbarungen richte.[547] Dieser sei durch eine Auslegung der im Namen der Gesellschafter und aufgrund einer rechtsgeschäftlichen Bevollmächtigung der Gesellschaftsvertreter geschlossenen Haftungsbeschränkungsverträge zu bestimmen.[548]

Im Grundsatz nimmt *K. Schmidt* an, dass die Haftung der Gesellschafter auf drei unterschiedliche Arten quotal beschränkt werden könne. Zu unterscheiden sei zwischen reinen Teilschulden, Teilschulden mit wechselseitiger Ausfallhaftung und sogenannte unechten Teilschulden, bei der die teilweise Tilgung der Gesellschaftsverbindlichkeit aus dem Gesellschaftsvermögen für die Gesellschafter zunächst keine befreiende Wirkung habe.[549]

Entscheidend für die Annahme einer „unechten Gesamtschuld“ und damit für eine Befolgung des vom BGH in seinen beiden Urteilen von Februar 2011 gefundenen Ergebnisses sei das Argument des BGH, dass die unbeschränkte Haftung gemäß § 128 S. 1 HGB den gesetzlichen Regelfall darstelle, von dem nur aufgrund einer eindeutigen und ausdrücklichen vertraglichen Regelung abgewichen werden könne.[550]

2. Walch äußert sich in seiner Monografie zur „Sanierung der Immobilienfondsgesellschaft“ auch auf einigen Seiten zur quotalen Haftung der Fondsgesellschafter. Dabei kommt er zu dem Schluss, dass nach dem Willen der Parteien „Zahlungen der Fondsgesellschaft den Fondsgesellschaftern erst dann zugute kommen, wenn die Gesellschaftsschuld der Summe der anteiligen Haftungsbeträge entspricht“.[551]

Damit befürwortet *Walch* offenbar im Grundsatz eine Anrechnung von Gesellschaftsleistungen und Verwertungserlösen auf die quotalen Haftungsbeträ-

---

545 Vgl. BGHZ 188, 233; BGH, NZG 2011, 580.
546 *K. Schmidt*, NJW 2011, 2001, 2004 ff.
547 *K. Schmidt*, NJW 2011, 2001, 2003.
548 *K. Schmidt*, NJW 2011, 2001, 2006.
549 *K. Schmidt*, NJW 2011, 2001, 2005.
550 *K. Schmidt*, NJW 2011, 2001, 2006 f.
551 *Walch*, S. 103.

ge der Gesellschafter, sofern die Haftungsbeträge aller Gesellschafter zusammen die ausstehende Gesellschaftsverbindlichkeit abdecken. Allein für den Fall, dass die Gesellschaftsschuld über die Summe aller Haftungsbeträge steigt, soll eine Anrechnung zunächst ausscheiden. Auch erscheine es interessengerecht, dass die Bank das Risiko einer Insolvenz der Anleger trage. Es entspreche auch nicht den Interessen der Fondsgesellschafter, unter Umständen in Höhe der ganzen ausstehenden Gesellschaftsschuld in Anspruch genommen zu werden und dann bei den anderen Fondsgesellschaftern Regress nehmen zu müssen.[552]

3. Auch *Loddenkemper* befürwortet eine Anrechnung von Gesellschaftsleitungen bzw. von Verwertungserlösen auf die Haftungsquoten der Gesellschafter. Dies ergebe sich aus dem Grundsatz der Akzessorietät.[553] Die Frage, wer das Risiko einer Insolvenz der Anleger tragen solle, sei durch Auslegung des Darlehensvertrages zu bestimmen. Aus dem Wortlaut der vertraglichen Regelungen lasse sich regelmäßig keine Antwort auf diese Frage finden.[554] Bei der Auslegung nach den beiderseitigen Interessen müsse jedoch berücksichtigt werden, dass die Anleger kaum Kontroll- bzw. Einflussmöglichkeiten in der Gesellschaft hätten. Demgegenüber stünden den Banken vor der Darlehensvergabe umfassende Sicherungs- und Kontrollmöglichkeiten zu. Außerdem würde ein mögliches Ausfallrisiko bereits in den Zins- und Darlehenskonditionen berücksichtigt.[555]

4. Lehleiter/Hoppe stellen zunächst fest, dass eine Anrechnung von Leistungen aus dem Gesellschaftsvermögen nicht schon aus der Akzessorietät der Gesellschafterhaftung folge. Zwar könne eine Verminderung der quotalen Haftungsbeträge der Gesellschafter durch Gesellschaftsleistungen auf einer rechtsgeschäftlichen Vereinbarung beruhen, eine solche liege aber regelmäßig nicht vor.[556] Auch könnten sich jene Anleger, die noch vor der Rechtsprechungsänderung hin zur Akzessorietätstheorie den Fondsgesellschaften beigetreten seien, nicht aufgrund von Vertrauensschutz auf eine Anrechnung berufen. Denn die Rechtsprechung habe mit dem Wandel von der Doppelverpflichtungslehre hin zur Akzessorietätstheorie keine Besserstellung der Gesellschaf-

---

552 *Walch*, S. 103 f.
553 *Loddenkemper*, ZfIR 2006, 707, 710 f.
554 *Loddenkemper*, ZfIR 2006, 707, 711.
555 *Loddenkemper*, ZfIR 2006, 707, 712 f.
556 *Lehleiter/Hoppe*, BKR 2008, 323, 326 ff.; vgl. auch *Lehleiter*, Das Grundeigentum 2010, 814, 815.

ter intendiert. Die quotale Haftungsbeschränkung könne daher aus Vertrauensschutzerwägungen keinen weitergehenden Umfang haben, als sie dies unter der Doppelverpflichtungstheorie nach den Grundsätzen von *BGHZ 134, 224* hatte.[557]

Im Ergebnis sprechen sich *Lehleiter/Hoppe* für eine Befolgung der vom BGH in *BGHZ 134, 224* aufgestellten Anrechnungsregeln aus. Da regelmäßig keine Tilgungsbestimmung der Gesellschaft vorliege, seien Gesellschaftsleistungen zunächst nach der gesetzlichen Tilgungsreihenfolge gemäß § 366 Abs. 2 BGB analog anzurechnen. Sie würden also erst auf die Forderungsteile solcher Gesellschafter angerechnet, die insolvent seien oder deren Aufenthaltsort nicht ermittelt werden könne. Erst dann könne eine verhältnismäßige Anrechnung auf die Haftungsquoten der Gesellschafter erfolgen.[558]

5. Barchewitz schließt sich in seinem Aufsatz aus dem Jahr 2009 der anlegerfreundlichen Ansicht an. Der Sinn und Zweck der auf einer rechtsgeschäftlichen Vereinbarung beruhenden quotalen Haftung bestehe darin, die Anleger gegenüber der gesetzlichen unbeschränkten Haftung gemäß § 128 S. 1 HGB analog besser zu stellen. Die Wortlautauslegung ergebe, dass eine durch die Gesellschaft veranlasste Verminderung der Gesellschaftsschuld auch zu einer Reduzierung der Haftungsquoten der Gesellschafter führen müsse. Ein Gesellschafter, dessen Anteil an der Gesellschaft 50% betrage, müsse ansonsten am Tag der Valutierung für den gesamten Darlehensnominalbetrag aufkommen, wenn man davon ausgehe, dass der „Gesamtkreditbetrag" das Doppelte des Darlehensnominalbetrags erreiche. Damit sei er im Ergebnis gegenüber einem normalen Personengesellschafter benachteiligt, da ihm im Fall einer Inanspruchnahme durch den Gesellschaftsgläubiger kein Regressanspruch gegen seinen Mitgesellschafter zustehe.[559] Die Gegenansicht missbrauche den Zweck der quotalen Haftung, indem sie sie „im Sinne einer garantiegleichen, statischen Höchstbetragshaftung" begreife.[560]

Folge man der Ansicht, die eine Anrechnung ablehne, so bestünde bei formularvertraglichen Haftungsbeschränkungen die Gefahr, dass die Haftungsbeschränkungsklausel wegen eines Verstoßes gegen das Transparenzgebot aus

---

557 *Lehleiter/Hoppe*, BKR 2008, 323, 328; *Lehleiter*, Das Grundeigentum 2010, 814, 816.
558 *Lehleiter/Hoppe*, BKR 2008, 323, 328 ff.
559 *Barchewitz*, MDR 2009, 1374, 1376.
560 *Barchewitz*, MDR 2009, 1374, 1376.

§ 307 Abs. 1 S. 2 BGB unwirksam sei. Die mangelnde Transparenz werde in der Praxis darin deutlich, dass die Banken regelmäßig in mehreren Durchgängen mit unterschiedlichen rechnerischen Ergebnissen die nach ihrer Ansicht zutreffenden Haftungsbeträge für die einzelnen Gesellschafter errechnen müssten.[561] Dann würde sich gemäß § 306 Abs. 2 BGB der Inhalt des Vertrages nach den gesetzlichen Vorschriften richten.[562] Da es an einer gesetzlichen Regelung der Haftung von Publikumspersonengesellschaftern fehle, müsse man eigentlich auf § 128 S. 1 HGB analog zurückgreifen, so dass die Anlagegesellschafter wieder unbeschränkt haften würden. Dem stehe jedoch § 306 Abs. 3 BGB entgegen, da eine unbeschränkte Gesellschafterhaftung in einer Publikumspersonengesellschaft für die rein kapitalistisch beteiligten Anleger eine unzumutbare Härte darstellen würde. [563] Die Anleger dürften nicht strenger als die Mitglieder des nichtrechtsfähigen Vereins bzw. als Kommanditisten, die ihre Einlage geleistet haben, haften. Die Intransparenz der Haftungsbeschränkungsregelung führe daher eigentlich dazu, dass alle Anleger, die ihre Einlage geleistet hätten, überhaupt nicht mehr für die Gesellschaftsschuld einstehen müssten.[564] Der BGH stelle in seiner Entscheidung zur Transparenz von AGB vom 26.10.2005[565] darauf ab, „dass ein schutzwürdiges Interesse der Gesellschafter, wegen einer intransparenten Garantieerklärung von jedweder Haftung frei zu werden, nicht anzuerkennen sei". Wolle man im Sinne dieser Aussagen des BGH zu einer Vereinbarkeit der quotalen Haftungsbeschränkung mit den §§ 306 ff. BGB kommen, so müsse man die Haftungsbeschränkung nach den Erkenntnismöglichkeiten eines rechtlich nicht vorgebildeten Durchschnittsanlegers so auffassen, dass sie sich immer nach der noch ausstehenden Restverbindlichkeit der Gesellschaft richte.[566]

Auch komme es nach der bankenfreundlichen Ansicht mit steigender Tilgung der Gesellschaftsverbindlichkeit zu einer Übersicherung der kreditgebenden Bank, so dass dem einzelnen Gesellschafter gegen die Bank ein anteiliger Freigabeanspruch zustehe, den er einer Inanspruchnahme durch die Bank entgegen halten könne.[567] Außerdem würde nach dieser Ansicht die eigentlich teil-

---

561 Vgl. *Barchewitz*, MDR 2009, 1374, Fn. 19.
562 *Barchewitz*, MDR 2009, 1374, 1376.
563 *Barchewitz*, MDR 2009, 1374, 1376, Fn. 21.
564 *Barchewitz*, MDR 2009, 1374, 1376.
565 BGHZ 165, 12, 28.
566 *Barchewitz*, MDR 2009, 1374, 1377.
567 *Barchewitz*, MDR 2009, 1374, 1377.

schuldnerische Haftung der Anleger mit steigender Tilgung zu einer gesamtschuldnerischen Haftung, ohne dass die in Anspruch genommenen Gesellschafter Ausgleich bei ihren Mitgesellschaftern nehmen könnten.[568] Auch in den gesetzlich geregelten Fällen einer teilschuldnerischen Haftung in § 10 Abs. 8 WEG und § 507 Abs. 1 HGB liege das Risiko einer Insolvenz einzelner quotal Haftender nicht bei den anderen quotal Haftenden, sondern vielmehr bei dem jeweiligen Vertragspartner.[569]

6. *Schäfer* vertritt zwar generell bei der Publikums-GbR ein anderes Modell als das der Quotenhaftung.[570] Bei Zugrundelegung einer quotalen Außenhaftung der Anlagegesellschafter ist er jedoch ebenfalls der Ansicht, dass sich die Anrechnung von Gesellschaftsleistungen auf die quotalen Haftungsbeträge der Gesellschafter aus der Akzessorietät der Gesellschafterhaftung ergebe. Aus diesem Grund trage ein Gesellschafter auch nicht das Ausfallrisiko seiner Mitgesellschafter.[571]

7. *Klimke* gelangt bei der Auslegung der quotalen Haftungsvereinbarung zu dem Ergebnis, dass Leistungen der Gesellschaft bzw. Verwertungserlöse im Zweifel auf die quotalen Haftungsbeträge der Gesellschafter anzurechnen sind.[572] Die Auslegung der quotalen Haftungsbegrenzung im Gesellschaftsvertrag ergebe, dass die Gesellschafter durch die Vereinbarung der quotalen Haftung die Parallelität von Innen- und Außenhaftung erzielen wollten. Auf diese Weise trügen sie allein das Insolvenzrisiko der Gesellschaft. Das Risiko eines Ausfalls der anderen Anleger liege hingegen bei der Gläubigerbank.[573] Dieses Auslegungsergebnis bei der gesellschaftsvertraglichen quotalen Haftungsvereinbarung entspreche dem der darlehensvertraglichen quotalen Haftungsbeschränkung. Außerdem stehe es auch mit dem Sicherungsinteresse der Banken in Einklang.[574] Denn es sei für die Banken erkennbar, dass die Haftungsbeschränkungen im Gesellschaftsvertrag und im Darlehensvertrag den gleichen Inhalt haben sollten. Gesellschaftszahlungen und Verwertungserlöse seien nur

---

568 *Barchewitz*, MDR 2009, 1374, 1377.
569 *Barchewitz*, MDR 2009, 1374, 1377.
570 Vgl. *Schäfer*, NZG 2010, 241, 244 f.
571 *Schäfer*, NZG 2010, 241, 242 f.
572 *Klimke*, WM 2010, 492, 493 f .
573 *Klimke*, WM 2010, 492, 493.
574 *Klimke*, WM 2010, 492, 493 f.

dann nicht auf die quotalen Haftungsbeträge der Gesellschafter anzurechnen, wenn sich dies unzweifelhaft aus dem Darlehensvertrag ergebe.[575]

Wenn die Auslegung demgegenüber einmal zu dem Ergebnis gelange, dass die Haftungsquoten an dem Ausgangsbetrag der Darlehensverbindlichkeit zu bemessen seien, folge eine Anrechnung weder aus der Akzessorietät der Gesellschafterhaftung noch aus § 366 Abs. 1 BGB analog, da regelmäßig von der konkludenten Abbedingung dieser Vorschrift auszugehen sei.[576]

8. Priester gelangt in seinem Aufsatz zur Quotenhaftung zu einem anderen Ergebnis als der BGH.[577] Auch seiner Ansicht nach ergibt sich bereits aus dem Akzessorietätsprinzip, dass Leistungen der Gesellschaft und Verwertungserlöse auf die quotalen Haftungsbeträge der Gesellschafter anzurechnen sind. Konsequenterweise trügen dann die Banken das Risiko einer Insolvenz von Anlegern.[578] Wenn auch der BGH im Grundsatz davon ausgehe, dass eine unbeschränkte Haftung den Anlegern nicht zumutbar sei, so müsse man die Haftungsbeschränkungsklauseln gerade dahingehend auslegen, dass eine Anrechnung den Regelfall darstelle und eine Abweichung hiervon einer ausdrücklichen Vereinbarung bedürfe.[579]

9. Westermann nimmt zum Thema der quotalen Gesellschafterhaftung zunächst in einem Festschriftenbeitrag aus dem Jahr 2009 Stellung.[580] Hierin lehnt er die vom BGH in *BGHZ 134, 224* entwickelten Grundsätze zur Anrechnungsproblematik ab.[581] Eine Anrechnung von Leistungen der Gesellschaft folge vielmehr bereits aus dem Grundsatz der Akzessorietät.[582]

In seiner Besprechung der beiden BGH-Urteile vom Februar 2011 in *NZG 2011, 1041* äußert *Westermann* sich stellenweise zweifelnd bzw. kritisch zur Lösung des BGH. Zunächst ist es für ihn unverständlich, dass der BGH im vergleichbaren Modell der in der Rechtsform der GbR organisierten Bauherrengemeinschaft von einer teilschuldnerischen Haftung ausgeht, während er bei den

---

575 *Klimke*, WM 2010, 492, 493.
576 *Klimke*, WM 2010, 492, 495 f.
577 *Priester*, DStR 2011, 1278.
578 *Priester*, DStR 2011, 1278, 1280 f.
579 *Priester*, DStR 2011, 1278, 1281.
580 *Westermann*, FS-Krämer, S. 373 ff.
581 *Westermann*, FS-Krämer, S. 373, 383 f.
582 *Westermann*, FS-Krämer, S. 373, 385 ff.

quotal haftenden Gesellschaftern der geschlossenen Immobilienfonds eine Teilschuld ablehnt.[583] Auch im Folgenden drückt er sein „Unbehagen am Lösungsmodell des BGH“ aus, ohne jedoch konkret zu werden. Letztlich gelangt er zu dem Ergebnis, dass sich die Praxis nun nach der Ansichtsweise des BGH zur quotalen Haftung zu richten habe.[584]

10. Auch *Thürling* geht in seiner erst kürzlich erschienenen Dissertation davon aus, dass Tilgungsleistungen der Gesellschaft auf die Haftungsquoten der Gesellschafter anzurechnen sind.[585] Zwar reduzierten sich die Haftungsquoten der Gesellschafter nicht aufgrund einer Tilgungsbestimmung der Gesellschaft analog § 366 Abs. 1 BGB.[586] Auch eine Vertragsauslegung führe zu keinem eindeutigen Ergebnis.[587] Aus der Akzessorietät der Gesellschafterhaftung folge jedoch, dass sich mit einer Verringerung der Gesellschaftsschuld aufgrund von Tilgungsleistungen der Gesellschaft auch die Bemessungsgrundlage für die quotalen Haftungsbeträge vermindere.[588] Außerdem könne man aus einem Vergleich der quotal haftenden Anlagegesellschafter mit der Haftung der Mitreeder einer Partenreederei und der Haftung von Wohnungseigentümern einer Wohnungseigentümergemeinschaft einen allgemeinen Rechtsgedanken der Quotenhaftung ableiten, demzufolge Leistungen aus dem Gesellschaftsvermögen auf die anteiligen Haftungsbeträge aller Gesellschafter anzurechnen sind.[589]

III. Darstellung der Konsequenzen der verschiedenen Ansichten anhand von Beispielsfällen

Bevor eine eingehende Auseinandersetzung mit den von der Rechtsprechung und dem Schrifttum entwickelten Lösungsansätzen erfolgt, wird nun anhand von einigen Beispielsfällen näher dargestellt, welche Konsequenzen die von Rechtsprechung und Literatur vertretenen verschiedenen Auffassungen hinsichtlich der Anrechnungsfrage in der Praxis haben. In den problematischen

---

583 *Westermann*, NZG 2011, 1041, 1044.
584 *Westermann*, NZG 2011, 1041, 1046
585 *Thürling*, S. 85 ff.
586 *Thürling*, S. 85 f.
587 *Thürling*, S. 88 f.
588 *Thürling*, S. 90 ff.
589 *Thürling*, S. 93 ff.

Fällen, über die die Oberlandesgerichte und der BGH zu entscheiden hatten, ging es immer um eine noch ausstehende Gesellschaftsschuld aus einem oder mehreren Darlehen, die die Gesellschaft zur Finanzierung der Errichtung der Fondsimmobilie aufgenommen hatte. Die Gesellschaftsdarlehen sind im Grundsatz durchgängig als Annuitätendarlehen ausgestaltet.[590] Diese Art der Darlehensform stellt einen Sonderfall des Tilgungsdarlehens dar.[591] Der Darlehensnehmer tilgt in konstant bleibenden Jahresraten die gesamte Darlehensforderung einschließlich der Zinsen. Die einzelnen Tilgungsraten bestehen dabei aus einem Tilgungs- und einem Zinssatz, der zumeist als Prozentsatz vom Darlehensnominalkapital dargestellt wird. Aufgrund der konstanten Jahresrate tritt eine progressive Tilgung ein. Das Verhältnis zwischen dem Tilgungsbetrag und den Zinsen ändert sich aufgrund der fortschreitenden Tilgung ständig. Da sich die zu zahlenden Zinsen nach der noch offenen Darlehensschuld richten, verringern sie sich während der Darlehenslaufzeit immer weiter, während der Tilgungsbetrag mit der Zeit entsprechend ansteigt.[592] Wie allgemein bei Real- bzw. Immobilienkrediten üblich, handelt es sich regelmäßig um ein festverzinsliches Darlehen.[593]

Beispielsfall: Der geschlossene Immobilienfonds X-GbR nimmt bei der B-Bank ein Darlehen in Höhe von 1.000.000 € auf. Jeder der insgesamt 20 Anleger ist an der Gesellschaft in Höhe von 5% beteiligt. Der Darlehensvertrag enthält eine Klausel, wonach die Gesellschafter nur quotal entsprechend ihrer kapitalmäßigen Beteiligung für die Verbindlichkeit der Gesellschaft gegenüber der Bank einzustehen haben.

Hat die kreditgebende Bank die Darlehensvaluta von 1.000.000 € vollständig ausgezahlt und haben sich noch keine Rückstände gebildet, so haftet jeder Gesellschafter in Höhe von 5% der Rückzahlungsverbindlichkeit, also konkret in Höhe von 50.000 €.

Variante 1: Hat die Gesellschaft das Darlehen der vertraglichen Vereinbarung gemäß durch Begleichung der Rückzahlungsraten bereits zu 50% getilgt, haften die Anleger, wenn man von einer Verminderung ihrer Haftungsquoten ausgeht, nur noch in Höhe von jeweils 5% an der noch ausstehenden Darle-

---

590 *Barchewitz*, MDR 2007, 1176, 1177.

591 Staudinger/*Freitag*, § 488 Rn. 29.

592 MüKo/*Berger*, BGB, Vor § 488 Rn. 46; Staudinger/*Freitag*, § 488 Rn. 29; Schimansky/Bunte/Lwowski/*Bruchner/Krepold*, § 78 Rn. 96.

593 Vgl. Staudinger/*Freitag*, § 488 Rn. 30, 32.

hensverbindlichkeit, also jeweils in Höhe von 25.000 €. Folgt man hingegen der Ansicht, die eine Verminderung der Haftungsquoten erst annimmt, wenn die noch ausstehende Darlehensverbindlichkeit unter den ursprünglichen Haftungsbetrag eines Gesellschafters sinkt, so haftet immer noch jeder der Gesellschafter in Höhe von 50.000 € für die nun noch ausstehende Verbindlichkeit von 500.000 €. Im Ergebnis deckt nach der letzteren Ansicht die Haftungsquote eines Gesellschafters nun also 10% der noch ausstehenden Gesellschaftsverbindlichkeit ab, obwohl der Anteil jedes Gesellschafters an der Gesellschaft nur jeweils 5% beträgt. Damit hätte sich die Sicherung der Bank durch die persönliche anteilige Gesellschafterhaftung letztendlich im Ergebnis verdoppelt.

Variante 2: Geht man nun davon aus, dass die Gesellschaft wie in Variante 1 bereits 50% ihrer Darlehensschuld beglichen hat, sie im Laufe dieses Zeitraumes jedoch mit Zinsen im Umfang von 100.000 € in Rückstand gerät, so beträgt die Verbindlichkeit insgesamt noch 600.000 €. Gemäß der Ansicht, die die noch ausstehende Gesellschaftsverbindlichkeit als Bemessungsgrundlage für die quotalen Haftungsbeträge heranzieht, müssten die Anleger nun also anteilig für die noch bestehende Verbindlichkeit der Bank in Höhe von 600.000 € einstehen. Dann ergebe sich eine Haftung für jeden Anleger im Umfang von 30.000 €. Folgt man allerdings bei der Berechnung der Haftungsbeträge der Ansicht, die solange die ursprüngliche Darlehensverbindlichkeit der Gesellschaft zugrunde legt, bis sie kleiner ist als der ursprüngliche Haftungsbetrag eines Gesellschafters, hat jeder Anleger noch im Umfang von 50.000 € für diese Verbindlichkeit einzustehen. Die Bank wäre dann also in Höhe von 1.000.000 € durch die persönliche Gesellschafterhaftung abgesichert, obwohl die Verbindlichkeit der Gesellschaft nur 600.000 € betragen würde.

Variante 3: In dem folgenden Fallbeispiel wird die Haftungssituation aus Variante 2 zugrunde gelegt und ferner angenommen, dass die Gesellschaft nun auch mit der Rückzahlung der Tilgungsraten in Verzug gerät. Infolgedessen entschließt sich die Bank zur Verwertung des Fondsgrundstücks, die einen Erlös von 300.000 € bringt. Der Ansicht zufolge, die eine Verminderung der Haftungsbeträge der Gesellschafter auch durch Verwertungserlöse annimmt, haften die Anleger jeweils nur noch in Höhe von 5% an der Restverbindlichkeit von 300.000 €. Die Bank kann daher jeden Gesellschafter nur noch maximal im Umfang von 15.000 € in Anspruch nehmen. Demgegenüber haftet nach der Auffassung, die eine Verminderung der quotalen Haftungsbeträge ablehnt, jeder Anleger weiterhin in Höhe von 50.000 € für die noch zu tilgende Restdarlehensschuld sowie die auflaufenden Zinsen.

Variante 4: Zahlt nun ein Anleger auf diese Darlehensforderung der Bank 10.000 €, so sinkt die Verbindlichkeit der Gesellschaft auf 290.000 € herab. Infolgedessen vermindert sich der Haftungsbetrag dieses Gesellschafters im Umfang von 10.000 € – wenn man also einen vorherigen Haftungsbetrag von 15.000 € zugrunde legt auf 5000 €, wenn man hingegen von einem Haftungsbetrag von 50.000 € ausgeht auf 40.000 €.

Die Frage, ob die Tilgung der Gesellschaftsverbindlichkeit durch den Anleger im Umfang von 10.000 € auch Einfluss auf die Haftungsquoten der anderen Gesellschafter hat, soll hingegen an späterer Stelle in diesem Kapitel thematisiert werden.

IV. Die Folgen für die Einordnung der Quotenhaftung unter die Typen der Schuldnermehrheit

Das Gesetz sieht in den §§ 420 ff. BGB verschiedene Typen einer Mehrheit von Schuldnern vor. Gesetzlich verankert sind die Gesamtschuld als praktisch am häufigsten vorkommender Fall einer Schuldnermehrheit in den §§ 421 ff. BGB und die Teilschuld in § 420 BGB. Darüber hinaus anerkannt sind die gemeinschaftlichen Schulden, von denen man dann ausgeht, wenn eine von mehreren Schuldnern geschuldete Leistung nur im Zusammenwirken aller Schuldner erbracht werden kann.[594] Eine solche gemeinschaftliche Schuld scheidet bei der quotalen Haftung bereits von vornherein aus, da die Gesellschaftsverbindlichkeit nicht von allen Anlegern zusammen getilgt werden muss, sondern vielmehr auch die ganze oder nur teilweise Tilgung der Verbindlichkeit durch einen oder mehrere Anleger möglich ist.

Die Frage nach dem zutreffenden Typus der Schuldnermehrheit hängt davon ab, wie man die Anrechnungsfrage entscheidet. Außerdem hat die Zuordnung der quotalen Haftung unter einen bestimmten Fall einer Mehrheit von Schuldnern Konsequenzen für das praktisch wichtige Problem, wer das Ausfallrisiko von insolventen Anlegern trägt. *K. Schmidt* unterscheidet in seiner jüngsten Stellungnahme zur quotalen Gesellschafterhaftung drei Möglichkeiten ei-

594 *Larenz*, Schuldrecht I, § 36 II c, S. 630; *Medicus/Lorenz*, Schuldrecht I, Rn. 856.

ner Ausgestaltung der Quotenhaftung.[595] Zunächst kann es sich um reine Teilschulden handeln. Dies hat zur Folge, dass jeder Anleger jeweils nur für seinen Anteil an der Gesellschaftsverbindlichkeit einstehen muss. Eine Haftung für den Ausfall anderer Anleger kommt dann nicht in Frage.[596] Eine Möglichkeit besteht aber auch darin, dass es sich um eine Teilschuld mit wechselseitiger Ausfallhaftung handelt. Dann kann der Gläubiger der Gesellschaft zwar zunächst nur jeden Gesellschafter in Höhe seines Anteils an der Gesellschaftsverbindlichkeit in Anspruch nehmen. Im äußersten Fall muss jedoch der allein zahlungsfähige Gesellschafter für die gesamte Gesellschaftsverbindlichkeit einstehen. Dann wäre schlussendlich die Haftung der Gesellschafter unbeschränkt mit der einzigen Besonderheit der Subsidiarität dieser unbeschränkten Einstandspflicht.[597] Als dritte Variante ist die von *K. Schmidt* so bezeichnete „unechte Teilschuld" oder auch „Teilschuld als verkappte Gesamtschuld"[598] zu nennen. Hier ist zwar die Haftung eines Gesellschafters auf seinen Anteil am Gesellschaftsvermögen beschränkt. Das Ausfallrisiko tragen jedoch die Anleger und nicht die Gesellschaftsgläubiger.[599] Diese Variante entspricht der Lösung des BGH in seinen beiden Urteilen vom 8.2.2011.

Um sich die Konsequenzen der Annahme eines bestimmten Typus der Schuldnermehrheit zu vergegenwärtigen, werden im Folgenden die Besonderheiten der gesetzlich geregelten Fälle einer Schuldnermehrheit herausgearbeitet. Es ist zwar unstrittig, dass die Vereinbarung einer quotal beschränkten Haftung dazu führt, dass die Anleger entgegen § 128 S. 1 HGB analog (jedenfalls zunächst) nicht als Gesamtschuldner für die Gesellschaftsverbindlichkeiten haften. Trotzdem werden zunächst die gesamtschuldnerische Haftung und ihre Bedeutung überblicksmäßig dargestellt. Denn wenn man der Ansicht folgt, die sich gegen eine Anrechnung von Gesellschaftsleistungen und Verwertungserlösen ausspricht, überschneiden sich die Haftungsanteile der Anleger mit fortschreitender Tilgung der Gesellschaftsschuld, so dass sich die Anlegerhaftung immer mehr auf eine gesamtschuldnerische Haftung zubewegt. Angesichts der im Bereich der Gesamtschuld anzutreffenden unzähligen Problemfelder und

---

595 *K. Schmidt*, NJW 2011, 2001, 2005; vgl. aber auch bereits *K. Schmidt*, NJW 1997, 2201, 2206.

596 *K. Schmidt*, NJW 2011, 2001, 2005.

597 *K. Schmidt*, NJW 2011, 2001, 2005.

598 *K. Schmidt*, NJW 2011, 2001, 2005; im Anschluss daran *Westermann*, NZG 2011, 1041, 1043.

599 *K. Schmidt*, NJW 2011, 2001, 2005.

Streitpunkte muss jedoch von vornherein klar sein, dass diese Darstellung keineswegs vollständig und abschließend sein kann und soll.

1. Die Gesamtschuld

Die gesamtschuldnerische Haftung im Sinne der §§ 421 ff. BGB ist der heute bedeutendste Fall einer Schuldnermehrheit.[600] Die Herausarbeitung einer eindeutigen Definition für die Gesamtschuld stellt eine der am heftigsten geführten Kontroversen des letzten Jahrhunderts dar und hält bis heute an.[601]

Bei Bestehen einer Gesamtschuld schulden mehrere eine Leistung in der Weise, dass jeder zur Bewirkung der gesamten Leistung verpflichtet ist, der Gläubiger aber die Leistung nur einmal fordern kann, § 421 S. 1 BGB. Damit hat der Gläubiger die Möglichkeit die Leistung entweder ganz oder auch nur zum Teil von jedem der Schuldner zu verlangen. Die Voraussetzungen der gesamtschuldnerischen Haftung sind allerdings nur in wenigen Punkten unstrittig.[602] Zunächst setzt § 421 S. 1 BGB voraus, dass es mehrere Schuldner gibt, die eine Leistung schulden, dass der Gläubiger jedoch die ganze Leistung nur einmal fordern kann. Die Leistungspflicht muss jedoch tatsächlich und rechtlich nicht völlig übereinstimmen; nach absolut herrschender Meinung reicht eine Leistungsidentität im Sinne einer Befriedigung desselben Leistungsinteresses aus.[603]

Welche ungeschriebenen Voraussetzungen darüber hinaus zur Abgrenzung der Gesamtschuld von ähnlichen Fallkonstellationen erforderlich sind, war und ist umstritten. Früher wurde als ungeschriebenes Tatbestandsmerkmal ein einheitlicher Schuldgrund verlangt.[604] Diese Ansicht wird aber mit Blick auf § 769 und § 774 Abs. 2 BGB heute einhellig abgelehnt.[605] Im Laufe der Zeit gewann

---

600 *Medicus/Lorenz*, Schuldrecht I, Rn. 838.

601 Erman/*Böttcher*, Vor § 420 Rn. 10; Erman/*Ehmann*, 12. Auflage, Vor § 420 Rn. 13; HKK/*Meier*, §§ 420-432/I Rn. 209.

602 MüKo/*Bydlinski*, BGB, Vorb. zu §§ 420 ff. Rn. 5.

603 BGHZ 43, 227, 230 ff.; MüKo/*Bydlinski*, BGB, § 421 Rn. 5; *Larenz*, Schuldrecht I, § 37 I, S. 632 f.; *Medicus/Petersen*, Bürgerliches Recht, Rn. 926.

604 *Eisele*, AcP 77 (1891), 374, 419 ff., 481; RGZ 61, 56, 60; RGZ, 67, 128, 130 ff.

605 MüKo/*Bydlinski*, BGB, § 421 Rn. 10; *Ehmann*, S. 49; Staudinger/*Noack*, § 421 Rn. 16; *Reinicke/Tiedtke*, S. 22; *Wernecke*, S. 30 ff.

dann die Lehre von der Zweckgemeinschaft immer mehr an Bedeutung.[606] Aufgrund seiner vielfältigen Verständnismöglichkeiten wurde dieses Kriterium jedoch bald zu einer inhaltsleeren Formel und infolgedessen von der Rechtsprechung und dem größten Teil der Literatur wieder verworfen.[607]

Die heute (wohl noch) herrschende Ansicht zieht das Kriterium der Gleichstufigkeit zur Abgrenzung der Gesamtschuld von ähnlich gestalteten Fällen heran.[608] Gleichstufigkeit ist dann gegeben, wenn nach dem Willen der Vertragsparteien bzw. der Rechtsordnung die Leistung des einen Schuldners dem anderen zugutekommen soll.[609]

Die Probleme, die hinsichtlich einer Herausarbeitung der für das Vorliegen einer Gesamtschuld maßgeblichen Kriterien bestehen,[610] zeigen, dass eine exakte Definition der Gesamtschuld ins Leere laufen würde. Die Gesamtschuld ist vielmehr ein variabler Begriff, unter dem eine Vielzahl von im Laufe der Geschichte unterschiedlichen Fallgestaltungen zusammengefasst wird.[611]

Stellt man die gesamtschuldnerische Haftung der teilschuldnerischen Haftung gegenüber, so wird deutlich, worin die Bedeutung der Gesamtschuld liegt. Der Gläubiger, dem mehrere Schuldner als Teilschuldner gegenüberstehen, wird nur dann vollständig befriedigt, wenn alle Teilschuldner ihren Zahlungsverpflichtungen auch nachkommen. Er ist also dem Risiko ausgesetzt, dass einige der Schuldner zahlungsunfähig werden und ihre Teilschuld nicht erfüllen. Haften hingegen die Schuldner dem Gläubiger gegenüber als Gesamtschuldner, so hat der Gläubiger das Recht, einen zahlungsfähigen Schuldner in Höhe der ganzen Verbindlichkeit in Anspruch zu nehmen.[612] Dementsprechend hat schon *Savigny* festgestellt, dass der primäre Zweck der Gesamtschuld darin besteht,

---

606 *Enneccerus*, Lehrbuch des Bürgerlichen Rechts, § 313 II 2, S. 254 f.; RGZ 77, 317, 323; *Enneccerus/Lehmann*, § 90 II 2, S. 361 ff.

607 MüKo/*Bydlinski*, BGB, § 421 Rn. 11; *Ehmann*, S. 50; *Larenz*, Schuldrecht I, § 37 I, S. 634 f.; Staudinger/*Noack*, § 421 Rn. 17; *Wernecke*, S. 38 ff.

608 Bamberger/Roth/*Gehrlein*, § 421 Rn. 8, 14; Palandt/*Grüneberg*, § 421 Rn. 7; *Medicus/Petersen*, Bürgerliches Recht, Rn. 922; *Schürnbrand*, S. 28, 98 f.; *Selb*, S. 40 ff., 137 ff.; BGHZ 106, 313, 319; BGHZ 120, 50, 56; BGHZ 137, 76, 82; dieses Kriterium ablehnend: *Ehmann*, S. 62; Soergel/*Gebauer*, § 421 Rn. 10 ff.; Staudinger/*Noack*, § 421 Rn. 19 ff.; *Stamm*, S. 38 ff.; *Wernecke*, S. 68.

609 *Dilcher*, JZ 1967, 110, 112; *Larenz*, Schuldrecht I, § 37 I, S. 635 f.

610 Vgl. Staudinger/*Noack*, § 421 Rn. 9 ff.; *Selb*, S. 36 ff.; *Wernecke*, S. 15 ff.

611 *Selb*, S. 28 ff., 67.

612 Zum Ganzen: MüKo/*Bydlinski*, BGB, § 421 Rn. 2; *Selb*, S. 26 f.

dem Gläubiger eine optimale Rechtsverfolgung zu sichern. Daher liege auch die Entscheidung über die erstmalige Inanspruchnahme eines oder mehrerer Schuldner sowie über eine teilweise oder volle Inanspruchnahme in der Willkür des Gläubigers.[613] Der Gesetzgeber sah den Geltungsgrund aller Gesamtschulden darin, „dem Gläubiger die Vortheile größerer Sicherheit und leichterer und bequemerer Verfolgung seines Rechtes zu verschaffen".[614]

Später hat *Heck* das Sinnbild von der „Paschastellung" des Gläubigers geprägt.[615] Der Gläubiger hat die Wahl, ob er einen oder mehrere Schuldner in Anspruch nimmt oder aber ihnen ihre Schuld erlässt.[616] Dies gilt auch dann noch, wenn er bereits ein Urteil gegen einen oder mehrere Gesamtschuldner erlangt hat.[617] Diese Rechtsstellung des Gläubigers erlischt erst mit seiner vollständigen Befriedigung.[618]

Der Sinn und Zweck der Gesamtschuld besteht mit anderen Worten darin, den Gläubiger vor der Gefahr der Zahlungsunfähigkeit eines oder mehrerer Gesamtschuldner zu bewahren.[619] Erst wenn alle Gesamtschuldner illiquide sind, kann der Gläubiger keine Befriedigung erlangen. Mit dem Wahlrecht des Gläubigers geht gleichzeitig auch die Befugnis einher, darüber zu entscheiden, welcher bzw. welche der Schuldner das Risiko der Durchsetzung eines unter Umständen bestehenden Rückgriffsanspruchs gegen die anderen Gesamtschuldner tragen sollen.[620] Allerdings wäre es unbillig, die Gesamtschuldner der völligen Willkür des Gläubigers auszusetzen. Daher stellen die §§ 422, 426 BGB gewisse Schutzmechanismen für die Gesamtschuldner auf.[621] Zum einen tritt mit der Leistung eines Gesamtschuldners gemäß § 422 Abs. 1 BGB auch Erfüllung für die anderen ein, so dass eine Inanspruchnahme mehrerer Gesamtschuldner auf das Ganze nicht in Frage kommt. Zum anderen stehen den in Anspruch genommenen Gesamtschuldnern Ausgleichsansprüche nach § 426 Abs. 1 sowie nach § 426 Abs. 2 S. 1 BGB in Verbindung mit der übergegangenen Gläubigerforderung zu, wenn die Inanspruchnahme im Außenverhältnis nicht der inter-

---

613 *Savigny*, Obligationenrecht I, § 20, S. 217 f.; vgl. auch *Ehmann*, S. 44 ff.
614 *Mugdan*, Band 2, Motive, S. 86, 156.
615 *Heck*, S. 234.
616 *Heck*, S. 234.
617 *Heck*, S. 234 f.
618 *Heck*, S. 235.
619 *Selb*, S. 90.
620 *Selb*, S. 27; vgl. auch MüKo/*Bydlinski*, BGB, § 421 Rn. 2.
621 Erman/*Ehmann*, 12. Auflage, Vor § 420 Rn. 13.

nen Haftungsverteilung entspricht.[622] Ansonsten hätten die nicht in Anspruch genommenen Schuldner – ohne etwas dafür getan zu haben – keine Inanspruchnahme mehr zu befürchten. Das Institut der Gesamtschuld erlangt erst dadurch Gerechtigkeit, dass die zahlenden Gesamtschuldner der Haftungsregelung im Innenverhältnis entsprechend von den anderen Gesamtschuldnern Ausgleich verlangen können.[623]

2. Die Teilschuld

Die teilschuldnerische Haftung ist in § 420 Alt. 1 BGB geregelt. Diese Auslegungsregel[624] enthält die doppelte Vermutung, dass bei einer teilbaren Leistung mehrere Schuldner Teilschuldner und sie zu gleichen Teilen verpflichtet sind. Bei einer Teilschuld stehen dem Gläubiger also mehrere Schuldner gegenüber, die zur Befriedigung desselben einheitlichen, aber teilbaren Interesses des Gläubigers verpflichtet sind. Der Gläubiger kann dabei jeden Schuldner nur auf einen Teil an der Verbindlichkeit in Anspruch nehmen.[625]

Die Teilschuld stellt nach dem Gesetz den Regelfall einer Schuldnermehrheit dar, denn nach § 420 Alt. 1 BGB wird vermutet, dass mehrere Schuldner als Teilschuldner haften, wenn es sich um eine teilbare Leistung handelt.[626] Zu beachten ist jedoch, dass § 420 Alt. 1 BGB zumeist durch § 427 BGB entkräftet wird, nach dem bei gemeinschaftlicher vertraglicher Verpflichtung im Zweifel eine Gesamtschuld vorliegen soll.[627] Diese Entwicklung wird durch die in der

---

622 Erman/*Ehmann*, 12. Auflage, Vor § 420 Rn. 13; vgl. auch *Heck*, S. 235.

623 *Reinicke/Tiedtke*, S. 61; *Selb*, S. 90; vor der Normierung von § 426 BGB kamen allein Ausgleichsansprüche unter den Gesellschaftern aufgrund einer Vereinbarung, aus GoA oder ungerechtfertigter Bereicherung in Betracht. Schieden danach Ausgleichsansprüche aus, so musste der als erstes in Anspruch genommene Gesamtschuldner mangels Rückgriffsansprüchen gegen die anderen die ganze Last alleine tragen, vgl. Erman/*Ehmann*, 12. Auflage, Vor § 420 Rn. 17.

624 Staudinger/*Noack*, Vorb. zu §§ 420 ff. Rn. 12; teils a.A. *Weitnauer*, FS-Hauß, S. 373, 374: § 420 als dispositive Regelung.

625 MüKo/*Bydlinski*, BGB, Vorb. zu §§ 420 ff. Rn. 4.

626 MüKo/*Bydlinski*, BGB, § 420 Rn. 1; Soergel/*Gebauer*, § 420 Rn. 1; *Goette*, S. 78; Palandt/*Grüneberg*, § 420 Rn. 1.

627 MüKo/*Bydlinski*, BGB, § 420 Rn. 2; Erman/*Ehmann*, 12. Auflage, Vor § 420 Rn. 15, § 420 Rn. 1, 5, § 427 Rn. 3; weitere Fälle, die den Anwendungsbereich von § 420 BGB stark einschränken, enthalten die §§ 840 Abs. 1 und 769 BGB: Obwohl die Schuld an

Praxis vorherrschende weite Auslegung von § 427 BGB unterstützt.[628] Die Anwendung von § 420 Alt. 1 BGB ist daher im Rechtsleben ein Ausnahmefall.[629]

Voraussetzung einer Teilschuld ist zunächst die Teilbarkeit der Leistung. Nach einer immer noch aktuellen Definition des Reichsgerichts soll Teilbarkeit dann vorliegen, „wenn ein beliebiger Leistungsteil seinem Wesen und Werte nach verhältnismäßig (anteilig) der Gesamtleistung entspricht, d.h. sich nur der Größe, nicht der Beschaffenheit nach von ihr unterscheidet".[630] Unteilbar ist eine Leistung hingegen, wenn entweder keine körperliche Aufteilung in einzelne Leistungen möglich ist oder wenn in der einzelnen Leistung ohne die Einholung der Zustimmung eines Mitverpflichteten ein unerlaubter Zugriff auf einen Vermögenswert liegt.[631] Umstritten ist, ob Teilbarkeit auch dann vorliegt, wenn nur eine Aufteilung in ungleichartige, sich in ihrer Qualität unterscheidende Leistungsteile möglich ist.[632] Die Frage ist jedoch bei der quotalen Haftung nicht entscheidungsrelevant, da hier regelmäßig Kreditverbindlichkeiten und damit Geldforderungen im Vordergrund stehen. Denn diese zählen neben der Schuld auf Leistung einer vertretbaren Sache zu den bedeutendsten Fällen einer Teilschuld.[633]

Zudem müssen die Verpflichtungen der Schuldner auf einem einheitlichen Schuldverhältnis beruhen.[634] Diese Voraussetzung ist vor allem dann nicht erfüllt, wenn die Schuldner aus jeweils eigenständigen Verträgen verpflichtet sind.[635] Die Höhe des Anteils an der ganzen Schuld bemisst sich primär nach

---

sich teilbar ist, soll nach dem Willen des Gesetzgebers bei Tätermehrheit eine Gesamtschuld vorliegen. Zudem haften Mitbürgen immer als Gesamtschuldner, auch wenn sie die Bürgschaft nicht gemeinschaftlich übernommen haben.

628 MüKo/*Bydlinski*, BGB, § 420 Rn. 6; *Selb*, S. 22.

629 *Esser/Schmidt*, Schuldrecht I/2, S. 330 f.; Soergel/*Gebauer*, § 420 Rn. 1; Palandt/*Grüneberg*, § 420 Rn. 1; *Hillenkamp*, S. 127; *Larenz*, Schuldrecht I, § 36 I, S. 570; Staudinger/*Noack*, Vorb. zu §§ 420 ff. Rn. 17.

630 RGZ 155, 306, 313; dem im Wesentlichen folgend: MüKo/*Bydlinski*, BGB, § 420 Rn. 4; Soergel/*Gebauer*, § 420 Rn. 2; Staudinger/*Noack*, § 420 Rn. 13.

631 *Wernecke*, S. 16.

632 Dafür: *Selb*, S. 20 f., nach dem Teilbarkeit nicht Wesensgleichheit oder verhältnismäßige Gleichheit im Wert voraussetzt, sofern entsprechende Parteiabreden existieren; dagegen die h.M.: Soergel/*Gebauer*, § 420 Rn. 8; *Jürgens*, S. 18; Staudinger/*Noack*, § 420 Rn. 15.

633 MüKo/*Bydlinski*, BGB, § 420 Rn. 4; *Jürgens*, S. 18.

634 MüKo/*Bydlinski*, BGB, § 420 Rn. 3; Erman/*Ehmann*, 12. Auflage, § 420 Rn. 2.

635 MüKo/*Bydlinski*, BGB, § 420 Rn. 3.

den Vereinbarungen der Parteien.[636] Existiert eine dahingehende Parteiabrede nicht, so greift die Vermutung des § 420 Alt. 1 BGB, nach dem die Schuldner zu gleichen Anteilen verpflichtet sind.

Keine Einigkeit besteht offensichtlich hinsichtlich der Frage, ob sich bei der Teilschuld die im Außenverhältnis zum Gläubiger bestehende anteilige Haftung auch deckungsgleich im Innenverhältnis fortsetzen muss. Sofern überhaupt zu diesem Problem Stellung genommen wird, geht die wohl herrschende Ansicht von regelmäßiger Deckungsgleichheit zwischen Außen- und Innenhaftung aus.[637] Demgegenüber nimmt *Selb* eine strenge Unterscheidung zwischen der Teilleistungspflicht im Außenverhältnis und im Innenverhältnis vor. Nach seiner Ansicht kann bei der Teilschuld zwischen den Schuldnern eine nicht dem Außenverhältnis entsprechende Haftungsverteilung existieren.[638] Auch diese Frage muss hier aber nicht weiter vertieft werden, da sich bei der quotalen Haftung der Umfang der Haftungsquoten in der Regel sowohl im Innen- als auch im Außenverhältnis nach den Anteilen eines Anlegers an der Gesellschaft bestimmt.

Für den Gläubiger stellt die Teilschuld die schlechteste Form einer Schuldnermehrheit dar. Erst wenn er es schafft, sämtliche Teilschuldner auf den von ihnen geschuldeten Anteil an der Verbindlichkeit in Anspruch zu nehmen, kann er vollständige Befriedigung erlangen. Er trägt das Insolvenzrisiko der einzelnen Schuldner. Außerdem muss er sich über das Innenverhältnis der Schuldner zueinander informieren, um die einzelnen Anteile, in deren Höhe ihm die Schuldner haften, in Erfahrung zu bringen.[639]

3. Die Konsequenzen der Anrechnungsfrage auf die Qualifizierung des Verhältnisses der Gesellschafter untereinander

Nun ist auf die von *K. Schmidt* herausgearbeiteten und am Beginn dieses Abschnitts bereits dargestellten Möglichkeiten einer Ausgestaltung der quotalen Haftung zurückzukommen.

---

636 *Selb*, S. 25.

637 *Goette*, S. 78; *Jürgens*, S. 11; offenbar auch KG, NZG 2009, 299, 301.

638 *Selb*, S. 25 f.

639 Vgl. zum Ganzen: *Jürgens*, S. 11.

Eine Teilschuld mit wechselseitiger Ausfallhaftung, bei der im schlimmsten Fall ein allein solventer Gesellschafter von dem Gesellschaftsgläubiger für die gesamte Gesellschaftsverbindlichkeit in Anspruch genommen werden kann, wird man nur ausnahmsweise annehmen können. Denn eine Einigung der Fondsgesellschaften mit den Banken über eine anteilig beschränkte Haftung der Gesellschafter würde regelmäßig wenig Sinn machen, wenn der einzelne Anleger im äußersten Fall doch für die gesamte Gesellschaftsverbindlichkeit einstehen müsste.[640]

Befürwortet man demgegenüber die Anrechnungsfrage, so besteht zwischen den Anlegern eine echte Teilschuld. Dann würden Leistungen der Gesellschaft zunächst ihre eigene Verbindlichkeit gegenüber dem Gläubiger reduzieren. Außerdem kämen die Zahlungen der Gesellschaft auf die Gesellschaftsschuld allen anteilig haftenden Gesellschaftern entsprechend ihrer Quoten zugute.[641] Die Zahlung eines Gesellschafters würde zunächst natürlich die Fondsverbindlichkeit reduzieren und darüber hinaus auch seine eigene Haftungsquote vermindern.[642] Hierauf könnte er die darlehensgebende Bank verweisen, wenn diese ihn über die ursprüngliche Haftungsgrenze abzüglich der von ihm selbst geleisteten Zahlung hinaus in Anspruch nehmen würde.[643] Die Haftungsquoten der Mitgesellschafter blieben hingegen unverändert.

Ergibt die nachfolgende Untersuchung der quotalen Beschränkung der Gesellschafterhaftung, dass Gesellschaftsleistungen und Verwertungserlöse auf die Haftungsquoten der Gesellschafter anzurechnen sind und es sich daher um eine echte Teilschuld handelt, tragen die Gesellschaftsgläubiger das Risiko eines Ausfalls von Anlegern.[644] Im Gegensatz zu einer gesamtschuldnerischen Haftung der Gesellschafter würde dann nicht mehr die gute Bonität einzelner Gesellschafter ausreichen, um der Bank eine größtmögliche Sicherung zu gewährleisten. Die Bank müsste einen höheren Prüfungsaufwand betreiben, um

---

640 Vgl. *Schäfer*, NZG 2010, 241, 242; *K. Schmidt*, NJW 2011, 2001, 2005, die dieses Haftungsmodell nur bei einer eindeutigen Vereinbarung zulassen wollen.

641 *K. Schmidt*, NJW 1997, 2201, 2205; *Loddenkemper*, ZfIR 2006, 707, 711.

642 *K. Schmidt*, NJW 1997, 2201, 2205; *Loddenkemper*, ZfIR 2006, 707, 711.

643 *Lehleiter/Hoppe*, BKR 2008, 323, 326.

644 Vgl. *Barchewitz*, MDR 2009, 1374, 1375 (s. Tabelle); *Heilmann*, Das Grundeigentum 2010, 817; Schimansky/Bunte/Lwowski/*Merkel/Tetzlaff*, § 98 Rn. 165; *Schäfer*, NZG 2010, 241, 242, 245; *K. Schmidt*, NJW 1997, 2201, 2206.

sicherzustellen, dass – abgesehen von den dinglichen Sicherheiten – die Gesellschafter in ihrer Gesamtheit leistungsfähig sind.[645]

Problematisch wird es hingegen, wenn man die Verringerung der quotalen Haftungsbeträge der Gesellschafter durch Tilgungsleistungen der Gesellschaft und Verwertungserlöse so lange ablehnt, bis die noch offene Gesellschaftsverbindlichkeit unter die Höhe einer einzelnen Haftungsquote absinkt. Das Risiko einer Insolvenz von Anlegern tragen dann nicht die Banken, sondern die Gesellschafter der Fonds-GbR.[646] Während dann anfangs die Summe aller Haftungsquoten der Gesellschaftsschuld entspricht, würde diese mit der fortschreitenden Tilgung jedenfalls teilweise durch die Haftung mehrerer Gesellschafter abgesichert.[647]

In *Variante 3* des obigen Beispielsfalles[648] wird davon ausgegangen, dass die Gesellschaft ihre ursprüngliche Darlehensverbindlichkeit in Höhe von 1.000.000 € bereits zu 50% getilgt hat, sich jedoch gleichzeitig auch rückständige Zinsen im Umfang von 100.000 € gebildet haben. Die dann noch ausstehende Verbindlichkeit von 600.000 € wird anschließend durch die Anrechnung von Verwertungserlösen im Umfang von 300.000 € reduziert, so dass nun eine Darlehensschuld von 300.000 € aussteht. Folgt man nun der Ansicht, die so lange die quotalen Haftungsbeträge der einzelnen Gesellschafter an der ursprünglichen Gesellschaftsverbindlichkeit bemisst, bis diese unter den Haftungsbetrag eines einzelnen Gesellschafters sinkt, haften die Gesellschafter, die ja alle zu 5% an der Gesellschaft beteiligt sind, weiterhin jeweils im Umfang von 50.000 €. Die Bank wäre demnach durch die quotale persönliche Gesellschafterhaftung im Umfang von 1.000.000 € (20 × 50.000 €) abgesichert, obwohl sie die Gesellschaft nur noch in Höhe von 300.000 € in Anspruch nehmen kann. Dies entspräche einer Sicherung von ca. 333,33%. Die Haftungsanteile der Gesellschafter würden sich jeweils im Umfang von 35.000 € überschneiden. Dies würde letztendlich dazu führen, dass mit jeder weiteren Verringerung der Gesellschaftsschuld durch Zahlungen der Gesellschaft oder durch Verwertungserlöse die Haftungsanteile der Gesellschafter in einem immer größeren Umfang

---

645 Vgl. Anm. *Schulz*, WuB II E. § 128 HGB 1.11, 661, 662.

646 Vgl. *Barchewitz*, MDR 2009, 1374, 1375 (s. Tabelle); *Loddenkemper*, ZfIR 2006, 707, 711; *Schäfer*, NZG 2010, 241; *K. Schmidt*, NJW 1997, 2201, 2206.

647 *Schäfer*, NZG 2011, 241, 242.

648 Kapitel 3, B. III.

zusammenfallen und aus der teilschuldnerischen Haftung schrittweise eine gesamtschuldnerische Haftung wird.[649]

Ob dann wenigstens den Anlagegesellschaftern, die im Umfang ihrer vollen Haftungsquote in Anspruch genommen wurden, gegen die Gesellschafter, die entweder überhaupt nicht oder – aufgrund eines Absinkens der Gesellschaftsverbindlichkeit unter den Betrag ihrer Haftungsquote an der Ursprungsverbindlichkeit – nur mit einer viel geringeren Haftungsquote einstehen mussten, Ausgleichsansprüche zuständen, ist ungeklärt.

Der BGH, der ja die Anrechnungslösung ablehnt, geht davon aus, dass ein Gesellschafter, der an den Gesellschaftsgläubiger einen höheren Betrag gezahlt hat, als es seinem Anteil an der noch bestehenden Gesellschaftsverbindlichkeit entspricht, die anderen Mitgesellschafter auf Ausgleich in Anspruch nehmen kann, soweit sie in Höhe des von ihnen im Innenverhältnis zu tragenden Haftungsanteils befreit wurden.[650]

Offen bleibt dabei jedoch die Rechtsgrundlage, auf die der leistende Gesellschafter nach Ansicht des BGH seinen Ausgleichsanspruch stützen kann. Das Bestehen von Ansprüchen aus § 426 Abs. 1 S. 1 und Abs. 2 BGB erscheint jedenfalls so lange zweifelhaft, bis die Gesellschaftsverbindlichkeit auf einen Stand gesunken ist, der den jeweiligen Beträgen der Haftungsquoten der Gesellschafter an der ursprünglichen Gesellschaftsverbindlichkeit entspricht und infolgedessen die noch offene Restschuld der Gesellschaft durch jede Haftungsquote vollständig gedeckt ist.[651] Denn nur in diesem Fall ist jeder Gesellschafter verpflichtet, die ganze Leistung im Sinne des § 421 BGB zu bewirken. Demgegen-

---

649 KG, NZG 2009, 299, 301; *Westermann*, FS-Krämer, S. 373, 386.

650 BGH, NZG 2011, 580, 583; vgl. auch KG, NZG 2009, 299, 301; demgegenüber will *Schodder*, EWiR 2011, § 128 HGB 2/11, 425, 426 die Ausgleichsansprüche der in Anspruch genommenen Gesellschafter gegen ihre Mitgesellschafter auf § 110 HGB analog stützen.

651 A.A. Anm. *Escher-Weingart*, WuB I G 5. – 5.11, 509, 510: Zwischen den Gesellschafter bestehe bei einer Ablehnung der Anrechnung von Leistungen aus dem Gesellschaftsvermögen eine Gesamtschuld, so dass die Gesellschafter als Gesamtschuldner untereinander Regress nehmen könnten; außerdem Anm. *Weckler*, NZI 2011, 870, 871: Der vom Gesellschaftsgläubiger im Umfang seiner Haftungsquote an der ursprünglichen Gesellschaftsverbindlichkeit in Anspruch genommene Gesellschafter könne nach § 426 BGB bei seinen Mitgesellschaftern für den Differenzbetrag zwischen seiner Quote an der Ursprungsverbindlichkeit und seiner Haftungsquote an der aktuellen Gesellschaftsverbindlichkeit Regress nehmen.

über nähert sich ja vor diesem Zeitpunkt einer vollständigen Deckung der Restschuld durch jede einzelne Haftungsquote die Gesellschafterhaftung lediglich mit fortschreitender Tilgung an die gesamtschuldnerischen Haftung an.

Dementsprechend wendet sich ein Teil der Literatur gegen die Ablehnung der Anrechnungslösung mit dem Argument, dass dann den Gesellschaftern untereinander keine Ausgleichsansprüche zuständen.[652] Dann müssten die Anlagegesellschafter nicht nur das Ausfallrisiko ihrer Mitgesellschafter tragen, sondern der Gläubiger könnte letztendlich darüber entscheiden, welcher Gesellschafter auch im Innenverhältnis mangels Ausgleichsansprüchen gegen die anderen Gesellschafter endgültig für die Restverbindlichkeit der Gesellschaft einstehen müsste.[653]

Dem ist jedoch entgegenzuhalten, dass man auch dann, wenn man sich gegen die Anrechnungslösung ausspricht, konkludente Ausgleichansprüche aus dem Innenverhältnis der Gesellschafter herleiten kann.[654] Denn die Anleger hätten doch wenigstens dann, wenn ihnen bewusst gewesen wäre, dass ihre Haftungsquoten so lange konstant bleiben, bis die Gesellschaftsschuld unter ihren jeweiligen Haftungsanteil an der ursprünglichen Verbindlichkeit sinkt, gewollt, dass diejenigen unter ihnen, die im Umfang ihrer vollen Haftungsquote an den Gesellschaftsgläubiger leisten, von denjenigen, die gar nicht oder nur im Umfang einer bereits verringerten Haftungsquote in Anspruch genommen werden, Ausgleich verlangen können.

Lehnt man mithin eine Reduzierung der Haftungsquoten so lange ab, bis der Haftungsanteil eines Gesellschafters der noch ausstehenden Restschuld der Gesellschaft entspricht, verlagert man das Risiko einer Insolvenz von Anlegern auf die Gesellschafter.

---

652 *Barchewitz*, MDR 2009, 1374, 1377; *Schäfer*, NZG 2010, 241, 242.

653 *Barchewitz*, MDR 2009, 1374, 1377.

654 Vgl. hierzu Ebenroth/Boujong/Joost/Strohn/*Hillmann*, § 128 Rn. 14, der davon ausgeht, dass haftungsbeschränkende Vereinbarungen der Gesellschafter untereinander im Innenverhältnis bedeutsam sind, indem sie Ausgleichsansprüche unter den Gesellschaftern begründen.

V. Auseinandersetzung mit den von der Rechtsprechung und der Literatur vorgebrachten Lösungsvorschlägen und Argumenten

Welche der von *K. Schmidt* erörterten Varianten auf die quotale Haftung der Anleger zutrifft, ist nun im Rahmen einer kritischen Auseinandersetzung mit den von der Rechtsprechung und der Literatur angeführten Argumenten zu der Anrechnungsproblematik zu klären. Zunächst werden die im Einzelnen angeführten Argumente dargestellt und sodann einer kritischen Bewertung hinsichtlich ihrer Schlüssigkeit und ihrer dogmatischen Vertretbarkeit unterzogen.

1. Anrechnung gemäß §§ 366, 367 BGB analog

Wie in *BGHZ 134, 124* (vgl. oben) und auch von einigen Oberlandesgerichten[655] aufgegriffen, ließe sich überlegen, eine Anrechnung von Tilgungsleistungen der Gesellschaft nur nach Maßgabe der §§ 366 f. BGB analog zuzulassen. Dann müsste die Gesellschaft durch eine entsprechende Tilgungsbestimmung eine Anrechnung ihrer Leistungen auf die Haftungsquoten der einzelnen Gesellschafter herbeiführen.

Nach § 366 Abs. 1 BGB steht einem Schuldner, der seinem Gläubiger aus mehreren Schuldverhältnissen zu gleichartigen Leistungen verpflichtet ist, ein Tilgungsbestimmungsrecht zu, wenn das von ihm Geleistete nicht zur Tilgung sämtlicher Schulden ausreicht. Sofern der Schuldner dieses Tilgungsbestimmungsrecht nicht in Anspruch nimmt, gibt § 366 Abs. 2 BGB eine gesetzliche Tilgungsreihenfolge vor. Nach Ansicht des BGH geht der zu vermutende vernünftige Wille des Schuldners der Bestimmung des § 366 Abs. 2 BGB vor, wenn dieser Wille der gesetzlichen Tilgungsreihenfolge ganz offensichtlich widerspricht und wenn er für den Gläubiger ohne weiteres erkennbar ist.[656]

---

655 KG, ZIP 2009, 1118, 1120; KG, NZG 2010, 1075, 1076; vgl. auch KG, NZG 2009, 299, 301; OLG Frankfurt, ZIP 2009, 1619, 1621; KG, NZG 2011, 102, 103.

656 BGH, NJW 1972, 34; BGH, NJW 1978, 1524; OLG Düsseldorf, NJW-RR 2001, 1595, 1596; OLG Rostock, NJW-RR 2002, 244, 245 f., krit. *Avenarius*, AcP 203 (2003), 511, 531 ff.

Die Tilgungsbestimmung wird durch eine einseitige empfangsbedürftige Willenserklärung gegenüber dem Gläubiger vorgenommen.[657] In der Praxis wird die Gesellschaft jedoch in den allermeisten Fällen keine ausdrückliche Tilgungsbestimmung getroffen haben. Bevor man generell auf das Problem der Zulässigkeit einer Analogie zu den §§ 366 f. BGB eingeht, stellt sich in diesen Fällen zunächst die Frage, ob man von einer konkludenten Tilgungsbestimmung dahingehend ausgehen kann, dass die Leistungen der Gesellschaft verhältnismäßig auf die Haftungsquoten der Gesellschafter angerechnet werden.

Nach der herrschenden Meinung in der Rechtsprechung und Literatur muss die Tilgungsbestimmung des Schuldners dem Gläubiger nicht ausdrücklich erklärt werden. Vielmehr könne eine Bestimmung des Leistungszwecks im Sinne des § 366 Abs. 1 BGB nach den allgemeinen Auslegungsregeln auch stillschweigend erfolgen.[658] Dabei ist stets der interessengerechte Wille des Schuldners, der aus den Umständen der Zahlung gefolgert werden kann, zu ermitteln.[659]

Zum Teil wird die Annahme einer solchen konkludenten Tilgungsbestimmung ausdrücklich abgelehnt. Denn sie würde dazu führen, dass der Gesellschaft das Recht zustünde, über Sicherheiten der Bank und deren Tilgung zu disponieren. Auch sei mit der Anrechnung von Leistungen der Gesellschaft auf die Haftungsquoten der Gesellschafter ein Feld berührt, über das bereits grundsätzlich der Gesellschaft keine Entscheidungskompetenz zustehe.[660]

Dieser Ansicht ist zuzugestehen, dass es nicht in allen Fällen eindeutig sein wird, ob und inwieweit eine Anrechnung auf die Haftungsquoten von (bestimmten) Anlegern erfolgen soll. Außerdem wäre § 366 Abs. 2 BGB dann ohne

---

657 Str., so die h.M.: Palandt/*Grüneberg*, § 366 Rn. 7; *Larenz*, Schuldrecht I, § 18 I 5, S. 244; *Schimansky*, FS-Hopt, S. 217, 219; Soergel/*Schreiber*, § 366 Rn. 7; *Wieling*, JZ 1977, 291; a.A. MüKo/*Wenzel*, BGB, § 366 Rn. 9; vgl. auch Bamberger/Roth/*Dennhardt*, § 366 Rn. 6: „zumindest geschäftsähnliche Handlung"; offen gelassen in BGHZ 106, 163, 166.

658 BGH, WM 1973, 461, 463 f.; BGH, NJW-RR 1991, 169, 170; BGH, NJW-RR 1991, 562, 565; BGH, WM 1995, 1663, 1664; BGH, NJW 1999, 2043, 2044; OLG Köln MDR 1969, 482; OLG Düsseldorf, NJW-RR 2001, 1595; Bamberger/Roth/*Dennhardt*, § 366 Rn. 9; *Schimansky*, FS-Hopt, S. 217, 219; Soergel/*Schreiber*, § 366 Rn. 7; MüKo/*Wenzel*, BGB, § 366 Rn. 10; Erman/*Westermann/Buck-Heeb*, § 366 Rn. 2.

659 Bamberger/Roth/*Dennhardt*, § 366 Rn. 9.

660 *Lehleiter/Hoppe*, BKR 2008, 323, 327.

eigenen Anwendungsbereich, wenn man quasi immer von einer konkludenten Tilgungsbestimmung ausgehen würde.

Allerdings stellt die Kenntnis des Gläubigers von der Quotenhaftung ein Argument für die Annahme dar, dass die Gesellschaft im Zweifel eine verhältnismäßige Anrechnung der Leistungen auf die Quoten erreichen will.[661] Denn aufgrund des Gesellschaftsvertrages muss die Gesellschaft die dort getroffene Haftungsregelung beachten. Haften danach die Anleger im Verhältnis ihrer Gesellschaftsbeteiligung für die Gesellschaftsverbindlichkeiten, wird es in der Regel dem Willen der Gesellschaft entsprechen, dass Leistungen aus dem Gesellschaftsvermögen auch verhältnismäßig auf alle Haftungsquoten anzurechnen sind. Daher kann man aus einer Zahlung an den Gesellschaftsgläubiger im Zweifel schließen, dass sie zu einer verhältnismäßigen Verminderung der Haftungsquoten der Gesellschafter führen soll.[662] Demnach ist regelmäßig in den Fällen, in denen die Gesellschaft keine ausdrückliche Tilgungsbestimmung getroffen hat, aufgrund der gesellschaftsvertraglichen Regelungen von einer stillschweigenden Tilgungsbestimmung auszugehen.

Damit stellt sich das Problem, ob die Annahme einer solchen konkludenten Tilgungsbestimmung seitens der Gesellschaft hinsichtlich einer verhältnismäßigen Anrechnung von Tilgungsleistungen der Gesellschaft auf die Haftungsquoten der Gesellschafter auch über eine Analogie zu § 366 Abs. 1 BGB begründet werden kann.

Unmittelbar anwendbar ist § 366 BGB auf den Fall einer Mehrheit von Forderungen (Schuldverhältnissen im engeren Sinn), die einem einheitlichen oder mehreren Schuldverhältnissen im weiteren Sinn entspringen.[663] Beispiele für eine Mehrheit von Forderungen, die sich aus einem Schuldverhältnis im weiteren Sinn ergeben, sind etwa mehrere Forderungen aus einem Mietverhältnis,[664] monatliche Forderungen auf Unterhaltsleistung[665] sowie eine Sicherung von mehreren Forderungen durch eine Grundschuld[666]. Damit stimmt der Begriff

---

661 *Klimke*, WM 2010, 492, 496.

662 *Klimke*, WM 2010, 492, 495 f.

663 Vgl. Bamberger/Roth/*Dennhardt*, § 366 Rn. 3; Palandt/*Grüneberg*, § 366 Rn. 2; MüKo/*Wenzel*, BGB, § 366 Rn. 2; Erman/*Westermann/Buck-Heeb*, § 366 Rn. 1.

664 BGH, NJW 1984, 2404.

665 OLG Saarbrücken, NJW-RR 2010, 1012.

666 BGH, NJW-RR 1989, 1036, 1037; BGH, NJW 1997, 2046, 2047.

des Schuldverhältnisses in § 366 BGB mit dem in §§ 362 und 364 BGB überein.[667]

Ist der Schuldner neben der Hauptverbindlichkeit auch zum Ersatz von Zinsen und Kosten verpflichtet, so ergibt sich aus § 367 BGB, dass in diesem Fall eine zur Tilgung der ganzen Schuld nicht ausreichende Leistung zunächst auf die Kosten, dann auf die Zinsen und erst dann auf die Hauptverbindlichkeit angerechnet wird. § 367 BGB genießt Vorrang gegenüber dem Tilgungsbestimmungsrecht des Schuldners aus § 366 Abs. 1 BGB.[668] Denn § 367 BGB schützt das Interesse des Gläubigers bei nicht ausreichender Tilgung aller Verbindlichkeiten des Schuldners den verzinslichen Anspruch zu erhalten.[669] Allerdings können § 367 BGB wie auch § 366 BGB im Vertrag zwischen Schuldner und Gläubiger abbedungen werden.[670]

Über den unmittelbaren Anwendungsbereich der §§ 366, 367 BGB sind auch Fälle einer analogen Anwendung anerkannt. § 366 BGB setze zwar eine Mehrheit von Schuldverhältnissen im engeren Sinn voraus. Wann aber eine solche Mehrheit gegeben sei, könne sich nicht so sehr nach dogmatischen Gesichtspunkten richten. Entscheidend sei vielmehr die Interessenlage des Einzelfalles.[671] Demgemäß wird eine entsprechende Heranziehung von § 366 BGB im Fall von mehreren rechtlich verselbständigten Forderungsteilen befürwortet,[672] beispielsweise bei Aufteilbarkeit einer Forderung in einen gesicherten und einen ungesicherten Teil[673] oder einen rechtshängigen und einen nicht rechtshängigen Teil.[674] Beispiele für solche rechtlich verselbstständigten Forderungsteile sind etwa die Erhebung einer Teilklage,[675] die Titulierung nur eines

---

667 MüKo/*Wenzel*, BGB, § 366 Rn. 2.

668 So: *Larenz*, Schuldrecht I, § 18 I 5, S. 243; Soergel/*Schreiber*, § 367 Rn. 1; a.A. MüKo/*Wenzel*, BGB, § 367 Rn. 1.

669 Soergel/*Schreiber*, § 367 Rn. 1; Erman/*Westermann/Buck-Heeb*, § 367 Rn. 1.

670 *Larenz*, Schuldrecht I, § 18 I 5, S. 243; Erman/*Westermann/Buck-Heeb*, § 367 Rn. 2.

671 BGH, NJW 1973, 1689, 1680, Soergel/*Schreiber*, § 366 Rn. 1; vgl. auch *Schimansky*, FS-Hopt, S. 217, 218.

672 Bamberger/Roth/*Dennhardt*, § 366 Rn. 3; *Gernhuber*, S. 137 f.; MüKo/*Wenzel*, BGB, § 366 Rn. 2.

673 BGH, NJW 1973, 1689, 1690; Erman/*Westermann/Buck-Heeb*, § 366 Rn. 6; *K. Schmidt*, NJW 1997, 2201, 2203.

674 BGH, NJW-RR 1991, 169, 170.

675 BGH, NJW-RR 1991, 169, 170; vgl. auch RGZ 66, 266, 271.

Teils einer Forderung,[676] die hypothekarische Sicherung nur eines Teils einer Forderung[677] oder wenn nur für einen Teil einer Grundschuld ein Vorrang eingeräumt wird.[678]

Die Frage der entsprechenden Anwendung der §§ 366 f. BGB im Rahmen der Problematik der Anrechnung von Tilgungsleistungen der Gesellschaft auf die quotalen Haftungsbeträge der Gesellschafter ist hingegen höchst umstritten, auch wenn die Diskussion über eine Analogie zu den §§ 366 f. BGB durch die jüngst ergangenen BGH-Urteile[679] entschärft wird.

Während ein Großteil der Stimmen in der Literatur eine entsprechende Anwendung von §§ 366, 367 BGB ablehnt,[680] befürwortet ein kleiner Teil des Schrifttums ausdrücklich eine Anrechnung von Tilgungsleistungen der Gesellschaft auf die Haftungsbeträge der Anleger analog §§ 366 f. BGB.[681]

Für eine analoge Heranziehung von § 366 BGB auch im Fall einer quotalen Beschränkung der Gesellschafterhaftung verweist insbesondere *Klimke* auf den Zweck von § 366 BGB. Nach dieser Norm soll es grundsätzlich in der Hand des Schuldners liegen, dann, wenn die Herbeiführung eines bestimmten Leistungserfolgs beim Gläubiger verschiedene Erfüllungswirkungen haben kann, darüber zu bestimmen, welche der Auswirkungen zum Zuge kommt.[682] Dies sei bei der Beziehung zwischen Gesellschafts- und Gesellschafterhaftung ähnlich. Zahlungen auf die Gesellschaftsverbindlichkeit könnten in verschiedener Art und Weise auf die Haftungsquoten der Anleger angerechnet werden, was sich bereits aus der Tatsache ergebe, dass Zahlungen der Gesellschafter auf die Gesellschaftsverbindlichkeit ihre eigene Haftungsquote mindern. Sofern also ein Gesellschafter eine Tilgungsbestimmung hinsichtlich seiner eigenen Haftungsquote machen könne, müsse diese Möglichkeit auch der Gesellschaft in Bezug auf die Haftungsquoten aller Gesellschafter offen stehen.[683]

---

676 OLG Düsseldorf, NJW-RR 2001, 1595, 1596.

677 BGH, NJW 1973, 1689, 1690.

678 BayObLG, Rpfleger 1985, 434.

679 BGHZ 188, 233; BGH, NZG 2011, 580.

680 *Loddenkemper*, ZfIR 2006, 707, 709 ff.; *Schäfer*, NZG 2010, 241, 242; *K. Schmidt*, NJW 1997, 2201, 2202 f.; *ders.*, NJW 2011, 2001, 2003; *Westermann*, FS-Krämer, S. 373, 383 f.; *ders.*, NZG 2011, 1041, 1044 f.

681 *Klimke*, WM 2010, 492, 496.

682 *Klimke*, WM 2010, 492, 496.

683 *Klimke*, WM 2010, 492, 496.

Auch die vergleichbare Interessenlage sei nach Anerkennung der Rechtsfähigkeit der Außen-GbR noch zu bejahen. Die Anrechnung der Tilgungsleistungen der Gesellschaft auf die Haftungsanteile der Anleger begünstige zwar nicht die Fondsgesellschaft selbst, sondern lediglich die Anleger. Allerdings habe die Gesellschaft aufgrund der Ausgestaltung der Gesellschafterhaftung jedenfalls ein mittelbares Interesse an einer Anrechnung zugunsten der Anleger.[684]

Die entsprechende Heranziehung der §§ 366 f. BGB ist jedoch abzulehnen. Durch eine ungleiche Entwicklung der Gesellschafterverbindlichkeiten entstehen keine eigenständigen Forderungsteile;[685] es liegt vielmehr ein einheitlicher Entstehungstatbestand vor.[686] Eine Gliederung der Gesellschaftsverbindlichkeit in einzelne Teile, die den Anlegern jeweils zugeordnet werden könnten, ist nicht möglich.[687] Denn jeder Gesellschafter haftet für jeden Teil der Gesellschaftsschuld, wenn auch nur begrenzt auf seine Quote.[688]

Entscheidend gegen eine Analogie ist letztlich, dass es andernfalls in der Hand der Gesellschaft läge, gemäß § 366 Abs. 1 BGB analog die Haftungsbeträge bestimmter Gesellschafter festzulegen, die durch ihre Zahlungen verringert werden sollen. Zum einen erscheint dies unbillig, weil Leistungen aus dem Gesellschaftsvermögen letztlich aus dem von allen Anlegern zur Zweckerreichung erbrachten Beiträgen finanziert sind.[689] Zum anderen könnte die Gesellschaft andernfalls bestimmen, dass ihre Leistungen auf die Haftungsbeträge der allein zahlungsfähigen Gesellschafter angerechnet werden sollen, so dass im Ergebnis dem Gläubiger nur noch die bereits zahlungsunfähigen Anleger haften würden.[690]

2. Anrechnung aufgrund des Akzessorietätsgrundsatzes

Zum Teil wird davon ausgegangen, dass eine Anrechnung von Leistungen der Gesellschaft bzw. von Erlösen aus der Verwertung des Fondsgrundstücks schon

---

684 *Klimke*, WM 2010, 492, 496.
685 *K. Schmidt*, NJW 1997, 2201, 2203; *Westermann*, FS-Krämer, S. 373, 384.
686 *Westermann*, FS-Krämer, S. 373, 384.
687 *Loddenkemper*, ZfIR 2006, 707, 711.
688 *K. Schmidt*, NJW 1997, 2201, 2203.
689 *Westermann*, FS-Krämer, S. 373, 384.
690 *Loddenkemper*, ZfIR 2006, 707, 711.

aus der Akzessorietät der Gesellschafterhaftung folge. Wo die Gesellschaftsverbindlichkeit erfüllt werde, erlösche auch die Gesellschafterhaftung.[691]

a) Inhalt und Bedeutung des Akzessorietätsgrundsatzes im Personengesellschaftsrecht

Die Ermittlung der Richtigkeit dieser Aussage macht es notwendig, Inhalt und Bedeutung des Akzessorietätsgrundsatzes im Personengesellschaftsrecht näher zu beleuchten. Hinter dem Begriff der Akzessorietät verbirgt sich kein eigenständiges fest umgrenztes Prinzip. Vielmehr wird Akzessorietät heute als sogenanntes „offenes Strukturprinzip" verstanden.[692] Es ist jedenfalls durch den Bestand eines Hauptrechts gekennzeichnet, dem ein von ihm abhängiges Nebenrecht zugeordnet ist.[693] Das Nebenrecht ist in den Fällen der gesetzlichen Akzessorietät stets einseitig von dem Hauptrecht abhängig.[694] Im strengsten Fall von Akzessorietät richtet sich das Nebenrecht in Entstehung, Fortbestand, Inhalt, Umfang und Durchsetzbarkeit nach dem Hauptrecht.[695]

§ 128 S. 1 HGB besagt lediglich, dass das Verhältnis der Gesellschafter untereinander ein gesamtschuldnerisches ist. Das Verhältnis zwischen Gesellschaftsschuld und Gesellschafterhaftung in einer Personengesellschaft ist hingegen kein gesamtschuldnerisches, sondern ein akzessorisches Verhältnis,[696] da

---

691 KG, NZG 2010, 299, 301; *Priester*, DStR 2011, 1278, 1280; *Schäfer*, NZG 2010, 241, 242; Anm. *Schulz*, WuB II E. § 128 HGB 1.11, 661; *Westermann*, FS-Krämer, S. 373, 385.

692 *Schürnbrand*, S. 28; vgl. auch *Becker-Eberhard*, S. 48 ff.; *Habersack*, JZ 1997, 857, 860, 863; *Lettl*, WM 2000, 1316, 1326; *Medicus*, JuS 1971, 497, 501; *Pöggeler*, JA 2001, 65, 67 f.

693 *Jürgens*, S. 37; *Schürnbrand*, S. 28.

694 *Hadding*, ZGR 2001, 712, 742; unklar *K. Schmidt*, Gesellschaftsrecht, § 49 II 3, S. 1415, wenn er von „wechselseitiger Abhängigkeit" spricht.

695 *Schürnbrand*, S. 28; vgl. hierzu auch *Reichel*, S. 46 f., der in der Akzessorietät nur einen Sonderfall der Abhängigkeit einer Forderung von einer anderen Forderung erblickt; akzessorisch sei eine Forderung nur dann „wenn sie fortdauernd und in allen Punkten sich an jene, als ihre Hauptobligation, dienend anlehnt (...)".

696 BGHZ 39, 319, 323 f.; BGHZ 47, 376, 378; Oetker/*Boesche*, § 128 Rn. 8; Heidel/Schall/*Freitag/Seeger*, § 128 Rn. 17, 19; Röhricht/Graf von Westphalen/*von Gerkan/Haas*, § 128 Rn. 5; Staub/*Habersack*, § 128 Rn. 20; *Jürgens*, S. 39; MüKo/*K. Schmidt*, HGB, § 128 Rn. 19; a.A. *Flume*, Die Personengesellschaft, § 16 II 2a, S. 286 ff., der sich für ein Gesamtschuldverhältnis zwischen Gesellschaft und Gesell-

es in diesem Verhältnis an der für eine Gesamtschuld erforderlichen Gleichstufigkeit fehlt.[697] Denn aus § 129 HGB folgt, dass die Haftung der Gesellschafter im Hinblick auf ihre Durchsetzbarkeit von den Verbindlichkeiten der Gesellschaft abhängig ist. Damit ist § 425 BGB gerade nicht auf das Verhältnis zwischen Gesellschaft und Gesellschaftern anwendbar.[698]

In der Personengesellschaft bedeutet die Akzessorietät, dass der aktuelle Bestand der Gesellschaftsschuld auch Auswirkungen auf die persönliche Gesellschafterhaftung hat.[699] Die Gesellschafterhaftung ist eine vom Entstehen, Erlöschen, von Umfang, Inhalt, Zuordnung und Durchsetzbarkeit der Gesellschaftsverbindlichkeit abhängige Haftung.[700] Zudem besteht eine Akzessorietät in Bezug auf die Gläubigerzuständigkeit. Denn als akzessorisches Nebenrecht folgt die Gesellschafterhaftung gemäß §§ 398, 412 BGB in Verbindung mit § 401 BGB immer der Gesellschaftsverbindlichkeit. Damit kann die Forderung des Gläubigers gegen den einzelnen Gesellschafter aus § 128 S. 1 HGB nicht gesondert abgetreten werden.[701]

Die persönliche Gesellschafterhaftung nach § 128 S. 1 HGB stellt eine der Haftung des Bürgen verwandte Haftung dar.[702] Dabei kann die Gesellschaftsschuld mit der Hauptschuld im Sinne der §§ 765 Abs. 1, 768 Abs. 1 BGB verglichen werden. Zudem entspricht die gesamtschuldnerische Haftung der Gesellschafter untereinander nach § 128 S. 1 HGB der gesamtschuldnerischen Haftung von Mitbürgen nach § 769 Abs. 2 BGB.[703] Ein Unterschied zwischen der Bürgenhaftung und der persönlichen Haftung eines Gesellschafters besteht allerdings darin, dass nachträgliche Erweiterungen der Gesellschaftsverbindlichkeit und ein Einredeverzicht der Gesellschaft auch gegenüber den Gesellschaf-

---

schaftern unter Beachtung des akzessorischen Charakters der Gesellschafterhaftung ausspricht sowie *Bülow*, FS-Kreutz, S. 549.

697 Staub/*Habersack*, § 128 Rn. 20; vgl. zum Kriterium der Gleichstufigkeit: *Larenz*, Schuldrecht I, § 37 I, S. 634 ff.; MüKo/*Bydlinski*, BGB, § 421 Rn. 12 ff.

698 Staub/*Habersack*, § 129 Rn. 1.

699 BGHZ 146, 341, 358; BGH, NZG 2011, 580, 581; Anm. *Lutz*, GWR 2011, 318944.

700 BGHZ 139, 214, 217 f.; KG, NZG 2011, 102.

701 Staub/*Habersack*, § 128 Rn. 22.

702 Staub/*Habersack*, § 128 Rn. 20; MüKo/*K. Schmidt*, HGB, § 128 Rn. 16.

703 Staub/*Habersack*, § 128 Rn. 20.

tern wirken. Bei der Bürgschaft wird dies hingegen durch die §§ 767 Abs. 1 S. 3, 768 Abs. 2 BGB ausgeschlossen.[704]

§ 129 Abs. 1 HGB stellt einen Ausfluss der Akzessorietät der Gesellschafterhaftung dar.[705] Danach kann ein Gesellschafter bei Inanspruchnahme durch einen Gesellschaftsgläubiger auch Einwendungen rechtlicher oder tatsächlicher Art, die der Gesellschaft aus ihrem Rechtsverhältnis zu dem Gläubiger zustehen, erheben, sofern die Gesellschaft die Einwendungen noch selbst geltend machen kann.[706] Erfasst sind alle Einwendungen im weiteren Sinne, also auch die Einreden der Gesellschaft.[707] Der Sinn und Zweck von § 129 HGB liegt darin, den Gesellschafter vor einer nicht gerechtfertigten Inanspruchnahme wegen einer Gesellschaftsverbindlichkeit zu bewahren, die überhaupt nicht oder nicht so besteht.[708] Der Gläubiger soll bei der Durchsetzung seines Anspruches gegen die Gesellschaft gegenüber dem Gesellschafter nicht besser stehen, als wenn er die Gesellschaft selbst in Anspruch nehmen würde.[709] Der Gesellschafter kann beispielsweise unter anderem geltend machen, dass der Anspruch des Gläubigers gegen die Gesellschaft infolge von Erfüllung gemäß § 362 BGB nachträglich ganz oder teilweise erloschen ist.[710]

b) Die Folgen der akzessorischen Gesellschafterhaftung für die Anrechnungsfrage

Damit ist nun zu der Ausgangsfrage zurückzukehren, ob schon allein aus dem akzessorischen Charakter der Gesellschafterhaftung folgt, dass eine Verringerung der Gesellschaftsverbindlichkeit durch Tilgungsleistungen der Gesellschaft oder durch Verwertungserlöse auch zu einer Verminderung der anteiligen Haftungsbeträge der Gesellschaft führt.

---

704 Staub/*Habersack*, § 128 Rn. 20.

705 Röhricht/Graf von Westphalen/*von Gerkan/Haas*, § 129 Rn. 3; Staub/*Habersack*, § 129 Rn. 1; MüKo/*K. Schmidt*, HGB, § 129 Rn. 1.

706 *Bülow*, FS-Kreutz, S. 549, 550; Strohn/*Habersack*, § 128 Rn. 1; MüKo/*K. Schmidt*, HGB, § 129 Rn. 1.

707 Röhricht/Graf von Westphalen/*von Gerkan/Haas*, § 129 Rn. 1; Staub/*Habersack*, § 129 Rn. 4.

708 Vgl. BGHZ 188, 233, 241; BGH, NZG 2011, 580, 581.

709 BGHZ 104, 76, 78; Heidel/Schall/*Freitag/Seeger*, § 129 Rn. 1; Staub/*Habersack*, § 129 Rn. 1; Ebenroth/Boujong/Joost/Strohn/*Hillmann*, § 129 Rn. 1.

710 Ebenroth/Boujong/Joost/Strohn/*Hillmann*, § 129 Rn. 3.

Man darf zunächst nicht vergessen, dass es sich bei der Höhe der Gesellschaftsverbindlichkeit und dem Umfang der Gesellschafterhaftung um zwei verschiedene Dinge handelt, wenn man die Frage untersucht, ob sich ein Gesellschafter nach § 129 Abs. 1 HGB auf eine von der Gesellschaft abgeleitete Einwendung berufen kann.[711]

Hierzu folgendes Beispiel:[712]

Eine Fonds-GbR hat mit einer Bank einen Darlehensvertrag über 1.000.000 € abgeschlossen und in diesem Rahmen zugunsten ihrer Gesellschafter eine quotale Haftungsbeschränkung vereinbart. Gesellschafter X ist mit 5 % an der Fonds-GbR beteiligt. Die Gesellschaft hat bereits 100.000 € an die Bank zurückgezahlt.

Die Gesellschaft kann demnach die Einwendung geltend machen, dass ihre Verbindlichkeit in Höhe von 100.000 € erloschen sei. Nach § 129 HGB kann sich auch X auf diese Einwendung berufen. Damit kann auch er – sieht man zunächst von der Haftungsbeschränkung ab - nur noch in Höhe von 900.000 € in Anspruch genommen werden. Eine weitere Begrenzung der Haftung des X lässt sich allein aus der Akzessorietät nicht herleiten. So kann über die Akzessorietät nicht begründet werden, dass X nur noch auf 45.000 € haften würde, denn Akzessorietät bedeutet eben nur, dass der Gesellschafter die gesellschaftsbezogenen Einwendungen ebenfalls geltend machen darf.[713]

Nach § 128 S. 1 HGB haftet jeder Gesellschafter summenmäßig und gegenständlich unbeschränkt für die Gesellschaftsverbindlichkeit. Auch § 129 HGB besagt lediglich, dass ein Gesellschafter Einwendungen nur soweit geltend machen kann, als dies auch der Gesellschaft möglich ist.[714] Die quotale Haftungsbeschränkung stellt demgegenüber eine gesellschafterbezogene persönliche Einwendung dar.[715] § 129 HGB selbst trifft zwar keine Aussage zur Behandlung von solchen persönlichen Einwendungen eines Gesellschafters.[716] Jedoch richtet sich eine solche gesellschafterbezogene Einwendung in ihrer Entwicklung nicht nach der Gesellschaftsschuld, sondern sie ergibt sich allein aus dem Ver-

---

711 *Klimke*, WM 2010, 492, 495; *Lehleiter/Hoppe*, BKR 2008, 323, 326.
712 Vgl. *Lehleiter/Hoppe*, BKR 2008, 323, 326.
713 *Lehleiter/Hoppe*, BKR 2008, 323, 326.
714 MüKo/*K. Schmidt*, HGB, § 129 Rn. 1.
715 *Lehleiter/Hoppe*, BKR 2008, 323, 326.
716 Staub/*Habersack*, § 129 Rn. 2; MüKo/*K. Schmidt*, HGB, § 129 Rn. 2.

hältnis zwischen Gesellschaftsgläubiger und Gesellschafter. Daher kann sich ein Gesellschafter auf eine ihm zustehende persönliche Einwendung auch unabhängig davon berufen, ob die Gesellschaft dieselbe oder andere Einwendungen geltend machen kann.[717]

Steht einem Gesellschafter eine Einwendung in Form einer quotalen Beschränkung seiner Haftung zu, so muss er in einem geringeren Umfang für die Gesellschaftsverbindlichkeit einstehen, als die Gesellschaft selbst.[718] Der Grund dafür, dass die persönliche Gesellschafterhaftung umfangmäßig unter der Haftung der Gesellschaft liegt, ist mithin nicht Folge der Akzessorietät, sondern Konsequenz daraus, dass die quotale Haftungsbeschränkung teilweise von der Akzessorietät suspendiert.[719]

Demnach ist die Ansicht widerlegt, die davon ausgeht, dass eine Reduzierung der quotalen Haftungsbeträge der einzelnen Gesellschafter durch eine Verminderung der Gesellschaftsschuld aufgrund von Leistungen aus dem Gesellschaftsvermögen schon allein aus der Akzessorietät der Gesellschafterhaftung folgt.

3. Anrechnung aufgrund des Fondsprospekts oder aufgrund von Vergleichsverträgen

Allein aus dem Fondprospekt ergibt sich ebenfalls keine Antwort auf die Anrechnungsfrage. Denn eine quotale Beschränkung der Gesellschafterhaftung mit Wirkung gegenüber den kreditgebenden Banken folgt entweder aus den Gesellschafts- oder aus den Darlehensverträgen.

Auf eine gesellschaftsvertragliche quotale Beschränkung ihrer Haftung können sich die Anleger in Altfällen aufgrund Vertrauensschutzes berufen. Ansonsten ist für das Rechtsverhältnis zwischen der Fondsgesellschaft und der Bank allein der Darlehensvertrag maßgeblich, so dass sich die Anrechnungsfra-

---

717 Staub/*Habersack*, § 129 Rn. 17.

718 *Lehleiter/Hoppe*, BKR 2008, 323, 326.

719 *Lehleiter/Hoppe*, BKR 2008, 323, 326 f.; *Lehleiter*, Das Grundeigentum 2010, 814, 815 f.

ge nach der darlehensvertraglichen Abrede zwischen der Gesellschaft und der Bank richtet.[720]

Den Anlegern könnte dann lediglich ein Anspruch aus § 826 BGB wegen sittenwidriger Schädigung gegen die Bank zustehen, wenn diese bewusst in den Darlehensverträgen mit den Gesellschaftsvertretern eine nicht den Angaben des Fondsprospektes bzw. dem Inhalt des Gesellschaftsvertrages entsprechende Vereinbarung hinsichtlich der Anrechnungsfrage trifft, ohne die Gesellschafter darüber zu informieren.[721]

Auch Vergleichen der Banken mit einzelnen Gesellschaftern bzw. Teilverzichtserklärungen gegenüber einzelnen Gesellschaftern bieten keine Anhaltspunkte dafür, dass die Banken von einer Inanspruchnahme der Anleger im Umfang ihres Anteils an der ursprünglichen Verbindlichkeit Abstand nehmen.[722] Denn das Ziel solcher Vergleichsverträge mit einzelnen Anlegern ist es ersichtlich, nur bestimmte Anleger von einer vollen Inanspruchnahme auszunehmen. Die Vergleiche entfalten nur Wirkung im Außenverhältnis, also zwischen den Gesellschaftsgläubigern und den begünstigten Gesellschaftern.[723] Da sie das Innenverhältnis zwischen den Gesellschaftern nicht berühren, haften diejenigen Anleger, die mit den Gläubigern keinen Vergleich abgeschlossen haben, weiterhin im Verhältnis ihrer Gesellschaftsbeteiligung für die Gesellschaftsverbindlichkeit. Offen ist dann allerdings immer noch, ob sich ihr Haftungsanteil am ursprünglichen oder am aktuellen Stand der Darlehensverbindlichkeit bemisst.

4. Anrechnung aufgrund der Grundsätze des BGH-Urteils vom 21.1.2002

Vereinzelt wird auch erwogen das Urteil des BGH vom 21.1.2002[724] dahingehend auszulegen, dass in Altfällen dem einzelnen Gesellschafter die Haftungsbeschränkung auch in der Gestalt zugutekommt, wie der BGH sie noch unter

---

720 Vgl. BGH, Beschluss vom 19.6.2007, Az. XI ZR 375/06 (juris).

721 Vgl. BGH, ZIP 2009, 2237, 2238; BGHZ 188, 233, 246 f.; KG, Urteil vom 1.12.2010, Az. 24 U 185/09, Rz. 81 (juris).

722 Vgl. *Westermann*, NZG 2011, 1041, 1046.

723 BGH, NZG 2011, 580, 583.

724 BGHZ 150, 1.

Geltung der Doppelverpflichtungslehre in *BGHZ 134, 224* geprägt hat.[725] Allerdings bezweckt die Änderung der Haftungsverfassung der GbR keine Besserstellung ihrer Gesellschafter. Unter der Herrschaft der Akzessorietätstheorie ergeben sich für einen Gesellschafter daher nicht mehr Einwendungen aus der quotalen Haftungsbeschränkung, als dies unter der Herrschaft der Doppelverpflichtungstheorie und mithin nach den Grundsätzen von *BGHZ 134, 224* der Fall war.[726]

5. Anrechnung aufgrund einer rechtsgeschäftlichen Vereinbarung

Allerdings kann untersucht werden, ob eine rechtsgeschäftliche Vereinbarung vorliegt, nach der Zahlungen der Gesellschaft zu einer quotalen Verminderung der Haftungsbeträge der Gesellschafter führen. In der Praxis existiert regelmäßig keine ausdrückliche Vereinbarung zwischen der Bank und der Gesellschaft hinsichtlich der Anrechnung von Tilgungsleistungen der Gesellschaft bzw. von Erlösen aus einer Zwangsversteigerung.[727] In diesem Fall ist der Inhalt der quotalen Haftungsbeschränkungen durch Auslegung zu ermitteln.[728]

Im Rahmen der Auslegung muss man zwischen zwei Arten von Haftungsbeschränkungen unterscheiden.

Stammt die quotale Haftungsbeschränkung aus der Zeit, als die Rechtsprechung die Haftung der BGB-Gesellschafter noch nach der Doppelverpflichtungslehre begründete, wird es sich um eine gesellschaftsvertragliche Bestimmung handeln, die die Vertretungsbefugnis der Geschäftsführer bzw. eines Geschäftsbesorgers dahingehend beschränkt, dass die Gesellschafter nur mit einem ihrer Beteiligungsquote an der Gesellschaft entsprechenden Anteil verpflichtet werden dürfen. Anleger eines geschlossenen Immobilienfonds können sich dann aus Gründen des Vertrauensschutzes für vor dem Rechtsprechungswandel durch *BGHZ 142, 315* und *BGHZ 146, 341* abgeschlossene Verträge weiterhin auf die gesellschaftsvertragliche quotale Haftungsbeschränkung berufen,

---

725 Dieser Gedanke stammt von *Lehleiter/Hoppe*, BKR 2008, 323, 328, allerdings lehnen sie ihn im Ergebnis auch ab.

726 *Lehleiter/Hoppe*, BKR 2008, 323, 328.

727 Vgl. *Lehleiter/Hoppe*, BKR 2008, 323, 327.

728 KG, ZIP 2009, 1118, 1119; OLG Frankfurt, ZIP 2009, 1619, 1621; KG, NZG 2010, 1075, 1076; KG, NZG 2010, 1265, 1266; *K. Schmidt*, NJW 2011, 2001, 2004; Anm. *Escher-Weingart*, WuB I G 5. – 5.11, 509; vgl. auch BGHZ 188, 233, 243 ff.

sofern sie der finanzierenden Bank als Vertragspartnerin zumindest erkennbar war.[729] Unklar lässt der 2. Zivilsenat in *BGHZ 150, 1* allerdings die Frage, zu welchem genauen Zeitpunkt für die Gesellschafter eines geschlossenen Immobilienfonds kein Vertrauensschutz mehr besteht.[730] Insoweit verweist der BGH sowohl auf *BGHZ 142, 315* als auch auf *BGHZ 146, 341*. Allerdings liegt zwischen den beiden Urteilen ein Zeitraum von 16 Monaten. Der BGH hat jedoch bereits in seinem Urteil vom 27.9.1999[731] auf eine mögliche gesetzliche Haftung der Gesellschafter Bezug genommen und damit einen wichtigen Anhaltspunkt für eine künftige ausdrückliche Anerkennung der Rechtsfähigkeit der GbR geliefert,[732] so dass zu diesem Zeitpunkt bereits absehbar war, dass der BGH in Zukunft bei der Frage der Haftungsverfassung der GbR der Akzessorietätstheorie folgen würde.[733] Sieht man dies anders, so erteilte der BGH jedenfalls in *BGHZ 142, 315* der Doppelverpflichtungslehre eine eindeutige Absage. Daher ist anzunehmen, dass bereits ab diesem Zeitpunkt kein Vertrauensschutz für die Gesellschafter mehr bestand.[734] Mithin können sich die Gesellschafter eines geschlossenen Immobilienfonds in der Rechtsform der GbR seit Bekanntgabe des BGH-Urteils vom 27.9.1999 nicht mehr aufgrund von Vertrauensschutz auf eine gesellschaftsvertraglich vorgesehene Haftungsbeschränkung berufen.

Bei Verträgen mit geschlossenen Immobilienfonds, die nach der Rechtsprechungswende geschlossen wurden, ist eine quotale Beschränkung der Gesellschafterhaftung hingegen nur möglich, wenn sie mittels AGB in die Darlehensverträge eingeführt wurde.[735]

---

729 BGHZ 150, 1, 5; KG, ZIP 2009, 1118, 1119; KG, NZG 2009, 299, 300.

730 Vgl. *Wälzholz*, MittBayNot 2003, 35, 37.

731 BGHZ 142, 315.

732 *Kazele*, INF 2000, 83, 85; *Kindl*, WM 2000, 697, 701; *Nagel*, DStR 2000, 2091, 2097, 2098.

733 Vgl. *Dauner-Lieb*, in: Gesellschaftsrecht in der Diskussion 2001, S. 117 ff., die in BGHZ 146, 341 eine konsequente Fortführung von BGHZ 142, 315 erblickt, andererseits aber auch ausdrücklich klarstellt, dass der BGH die Frage der Rechtsfähigkeit der GbR in BGHZ 142, 315 noch bewusst offen gelassen habe.

734 *Wälzholz*, MittBayNot 2003, 35, 37; ohne weitere Problematisierung auch *Deutscher*, ZfIR 2009, 631, 639; zweifelnd hingegen *Gummert*, FS-Lüer, S. 201, 211, der anmerkt, dass sich der BGH ausdrücklich auf den Zeitraum vor den Entscheidungen (Plural) bezieht.

735 Vgl. BGHZ 150, 1, 5 f.

a) Allgemeine Auslegungsgrundsätze

Im BGB stellen die §§ 133, 157 BGB allgemeine Auslegungsgrundsätze für Willenserklärungen auf. Während § 157 BGB ausdrücklich Bezug auf Verträge nimmt und eine Auslegung nach Treu und Glauben mit Rücksicht auf die Verkehrssitte vorschreibt, bestimmt § 133 BGB, dass bei der Auslegung einer Willenserklärung der wirkliche Wille zu erforschen sei und man bei der Auslegung nicht an dem buchstäblichen Sinn des Ausdrucks haften bleiben dürfe. Bei der Anwendung der §§ 133, 157 BGB darf jedoch nicht streng auf ihren Wortlaut abgestellt werden.[736] § 133 BGB wird so gedeutet, dass der Wille des Erklärenden (nicht der innere Wille, sondern wie der Erklärende seine Verlautbarung subjektiv verstanden hat)[737] für die Auslegung maßgeblich sein soll und wird daher alleine – d.h. ohne die Hinzuziehung von § 157 BGB – nur bei der Auslegung von nicht empfangsbedürftigen Willenserklärungen gebraucht.[738] Demgegenüber spielt § 157 BGB entgegen seiner missglückten Formulierung nicht nur bei der Auslegung von Verträgen, sondern bei der Auslegung von sämtlichen empfangsbedürftigen Willenserklärungen eine Rolle.[739]

Haben beide Parteien die Erklärung übereinstimmend in einer bestimmten Art und Weise verstanden, so ist der tatsächliche Wille der Parteien entscheidend, wenn keine schutzwürdigen Interessen des Erklärungsempfängers entgegenstehen.[740] Insofern genießt also § 133 BGB Vorrang von der Anwendung von § 157 BGB. Daher hat auch der Wille der Parteien Vorrang, wenn sie übereinstimmend etwas anderes erklären, als sie nach dem objektiven Empfängerhorizont erklärt haben (falsa demonstratio non nocet).[741] Hat der Vertragsgegner der Willenserklärung allerdings eine andere als die von dem Erklärenden gewollte Bedeutung beigelegt, ist durch eine normative Auslegung der Willenserklärung ihr objektiver Sinngehalt zu ermitteln. Es kommt in diesem Fall darauf an, wie der Erklärungsempfänger die Erklärung unter Beachtung der verkehrs-

---

736 Staudinger/*Singer*, § 133 Rn. 3.

737 Staudinger/*Singer*, § 133 Rn. 11.

738 *Medicus*, BGB AT, Rn. 322.

739 *Medicus*, BGB AT, Rn. 321 f.

740 *Larenz/Wolf*, BGB AT, § 28 Rn. 19, 29 ff.; Staudinger/*Singer*, § 133 Rn. 6, 11 ff.; *Wieser*, JZ 1985, 407.

741 Staudinger/*Singer*, § 133 Rn. 6, 13.

erforderlichen Sorgfalt verstehen durfte. Entscheidend für die Auslegung ist dann der objektive Empfängerhorizont.[742]

b) Besonderheiten bei der Auslegung von AGB

Damit stellt sich im Anschluss die Frage, nach welchen Grundsätzen die Auslegung einer formularvertraglichen quotalen Haftungsbeschränkung vorzunehmen ist. Da die quotalen Haftungsbeschänkungen weder individualvertraglich vereinbart wurden, noch die Parteien sich hinsichtlich der Anrechnungsproblematik in dem Verständnis der Haftungsbeschränkungsklausel einig sind, muss ihr Inhalt und Umfang durch Auslegung ermittelt werden.[743] Die Unklarheitenregel des § 305c Abs. 2 BGB, nach der Zweifel bei der Auslegung zu Lasten des Verwenders gehen, ist demgegenüber erst dann anwendbar, wenn die Auslegung der AGB kein eindeutiges Resultat hervorbringt.[744]

Da auch AGB nur dann Bestandteil des Vertrags werden, wenn die Vertragsparteien sich über ihre Einbeziehung geeinigt haben, vgl. § 305 Abs. 2 BGB a.E., und damit auch hier empfangsbedürftige Willenserklärungen eine Rolle spielen, könnte sich im Fall einer formularvertraglichen Haftungsbeschränkung die Auslegung gemäß den §§ 133, 157 BGB nach dem objektiven Empfängerhorizont richten.

Während eine Mindermeinung auch individuelle Vertragsabschlussumstände berücksichtigen will,[745] nimmt die herrschende Meinung aber bei AGB eine allein an den Wertungen von § 157 BGB orientierte objektive Auslegung vor, die sich nicht nach den Umständen des Einzelfalles und den Vorstellungen der jeweiligen Vertragspartner richtet.[746] Die Ansicht der herrschenden Meinung erscheint deshalb sachgerecht, weil bei AGB die Besonderheit zu beachten ist, dass sie aufgrund ihrer Vorformulierung für eine Vielzahl von Verträgen für die Verwendung bei typischen Massengeschäften angelegt sind.[747] Außer-

---

742 *Larenz/Wolf*, BGB AT, § 28 Rn. 15; *Wieser*, JZ 1985, 407.

743 Vgl. *Larenz/Wolf*, BGB AT, § 43 Rn. 30.

744 *Larenz/Wolf*, BGB AT, § 43 Rn. 30.

745 *Brandner*, AcP 162 (1963), 237, 253 f.; *Emmerich*, JuS 1972, 361, 366; Wolf/Lindacher/Pfeiffer/*Lindacher*, § 305c Rn. 106; Staudinger/*Schlosser*, § 305c Rn. 130.

746 BGHZ 77, 116, 118 f.; BGH, NJW-RR 1990, 1525, 1526; MüKo/*Basedow*, BGB, § 305c Rn. 22 ff.; *Raiser*, S. 251 ff.; Erman/*Roloff*, § 305c Rn. 20; Ulmer/Brandner/Hensen/*Ulmer/Schäfer*, § 305c Rn. 67, 73 ff.

747 *Schmidt-Salzer*, JZ 1995, 223, 224.

dem kann die Vertragsgegenseite auf ihren Inhalt regelmäßig keinen Einfluss nehmen.[748] Die gewünschte Vereinheitlichung und Rationalisierung kann nur dann erreicht werden, wenn die AGB allen Vertragspartnern des Verwenders gegenüber einheitlich ausgelegt werden.[749] § 133 BGB spielt daher auch lediglich bei der Auslegung von Individualabreden eine Rolle, da nur hier der tatsächliche Wille der Vertragsparteien entscheidend ist.[750] Einer solchen objektiven Auslegung soll es nicht entgegenstehen, dass verschiedene Vertragspartner des Verwenders ein unterschiedliches Verständnis der AGB haben. Dies ist etwa der Fall, wenn in den AGB Fachausdrücke verwandt werden, deren Bedeutung nur von bestimmten Vertragspartnern des Verwenders in ihrer vollen Reichweite erfasst werden kann. Dann sind die AGB nach den Grundsätzen der objektiven Auslegung unterschiedlich auszulegen, je nachdem zu welchem Kundenkreis der Vertragspartner des Verwenders gehört.[751] Eine Auslegung soll nach herrschender Meinung nur ausnahmsweise dann nicht nach objektiven Gesichtspunkten erfolgen, wenn der Verwender und sein Vertragspartner sich in einem nicht mit dem objektiven Auslegungsergebnis identischen Verständnis vom Inhalt einer formularvertraglichen Regelung einig sind.[752]

In der Rechtsprechung besteht hinsichtlich des Grundsatzes der objektiven Auslegung ein jahrzehntelanger Konsens, wobei allerdings zu beachten ist, dass in dieser Zeit unterschiedliche Kriterien für die objektive Auslegung angesetzt worden sind. Das RG orientierte sich noch in erster Linie am Wortlaut der Bestimmungen[753] bzw. betonte die Vergleichbarkeit zur Gesetzesauslegung.[754] Demgegenüber richtet sich der BGH mittlerweile bei der Auslegung von formularvertraglichen Klauseln primär nach den Grundsätzen von § 157 BGB.[755] Dementsprechend geht er in ständiger Rechtsprechung davon aus, dass AGB nach ihrem objektiven Inhalt und typischen Sinn einheitlich so auszulegen sind, wie

---

748 Ulmer/Brandner/Hensen/*Ulmer/Schäfer*, § 305c Rn. 75.

749 *Larenz/Wolf*, BGB AT, § 43 Rn. 31.

750 OLG Hamburg, ZIP 1982, 1421, 1422.

751 Ulmer/Brandner/Hensen/*Ulmer/Schäfer*, § 305c Rn. 83.

752 BGH, NJW 1991, 1604, 1606; *Rüßmann*, BB 1987, 843, 845; Ulmer/Brandner/Hensen/*Ulmer/Schäfer*, § 305c Rn. 84; vgl. auch MüKo/*Basedow*, BGB, § 305c Rn. 26; Erman/*Roloff*, § 305c Rn. 20; *Roth*, WM 1991, 2125, 2126, die in diesem Fall eine nach § 305b BGB vorrangige Individualabrede annehmen.

753 RGZ 155, 26, 28.

754 RGZ 170, 233, 240 f.; RGZ 171, 43, 48; im Anschluss auch BGH, BB 1981, 452, 454 f.

755 Vgl. Ulmer/Brandner/Hensen/*Ulmer/Schäfer*, § 305c Rn. 76.

sie von verständigen und redlichen Vertragspartnern unter Abwägung der Interessen der normalerweise beteiligten Kreise verstanden werden.[756] Entscheidend sind nicht die Motive und Absichten des Verwenders,[757] sondern vielmehr das Verständnis eines durchschnittlichen Vertragspartners.[758] Dabei ist keine am Einzelfall orientierte, sondern eine typisierende Betrachtung vorzunehmen.[759] Liegen doch einmal Einzelfallumstände vor, die zu einem von der objektiven Auslegung abweichenden Ergebnis führen, wird diesen bereits hinreichend durch § 305b BGB Rechnung getragen, nach denen Individualabreden Vorrang vor den AGB zukommt.[760]

Als Kriterien im Rahmen der objektiven Auslegung zieht der BGH neben dem Wortlaut der formularvertraglichen Regelung auch ihren Sinn und Zweck[761] sowie ihre systematische Stellung[762] heran. Hinsichtlich der Orientierung der Auslegung am Wortlaut der formularvertraglichen Bestimmung stimmt die Literatur der Rechtsprechung einhellig zu.[763] Allerdings kritisiert ein Teil des Schrifttums, dass die Rechtsprechung mit der systematischen bzw. teleologischen Auslegung unter Umständen eine unklare oder unangemessene Bestimmung im Widerspruch zu den §§ 305c Abs. 2, 307 ff. BGB bestehen lasse.[764] Die Methode der systematischen Auslegung sei für die Gesetzesauslegung geschaffen worden und müsse daher bei der Auslegung von formularvertraglichen Klauseln unberücksichtigt bleiben. Denn im Allgemeinen stünden Willenserklärungen in keinem näheren Kontext zueinander bzw. der Vertrags-

---

756 BGHZ 77, 116, 118; BGHZ 102, 384, 389 f.; BGH, NJW 2001, 2165, 2166; BGH, VIZ 2003, 240, 241; BGH, NJW 2005, 1183, 1184; BGH, NZG 2010, 790, 791.

757 Soergel/*Hefermehl*, § 133 Rn. 31.

758 BGHZ 106, 42, 49; BGHZ 108, 52, 60; BGHZ 123, 83, 85; BGH, NJW-RR 1996, 856, 857; BGH, NJW-RR 1999, 1473; BGH, VIZ 2003, 240, 241; BGH, NJW 2008, 360, 363; *Larenz/Wolf*, BGB AT, § 43 Rn. 31.

759 BGHZ 60, 377, 380.

760 Ulmer/Brandner/Hensen/*Ulmer/Schäfer*, § 305c Rn. 75.

761 BGHZ 22, 109, 113; BGHZ 49, 84, 88; BGH, NJW 1993, 1381, 1382; BGH, NJW 1999, 1105, 1106.

762 BGH, NJW 1985, 623, 627; BGH, NJW 1991, 2559; BGH, NJW 1992, 1097, 1099; BGH, NJW 1992, 1236, 1237.

763 *Roth*, WM 1991, 2125, 2127; Staudinger/*Schlosser*, § 305c Rn. 126; *Schmidt-Salzer*, JZ 1995, 223, 224 f.; Ulmer/Brandner/Hensen/*Ulmer/Schäfer*, § 305c Rn. 80.

764 *Bunte*, NJW 1985, 600 f.; *Roth*, WM 1991, 2125, 2127 f.; *Rüßmann*, BB 1987, 843, 845; *Schlechtriem*, FS-Heinrich, S. 503, 509 f.; Ulmer/Brandner/Hensen/*Ulmer/Schäfer*, § 305c Rn. 81; mit Einschränkungen ferner *Dreher*, AcP 189, (1989), 342, 378 ff.

partner könne diesen nicht ohne Mühe erkennen.[765] Wenn sich der Klauselinhalt nicht allein schon dem Wortlaut der Klausel entnehmen lasse, führe außerdem eine teleologische Auslegung zumindest dann zu einem mit diesen Bestimmungen nicht in Einklang stehenden Ergebnis, wenn der mit der Regelung verfolgte Zweck nur der des Verwenders sei.[766] In diesem Fall stehe die Unklarheitenregel des § 305c Abs. 2 BGB einer teleologischen Bestimmung des Inhalts der betroffenen formularvertraglichen Klausel entgegen.[767] Ansonsten käme es nämlich zu einer gerade nicht gewünschten verwendergünstigen Interpretation der AGB.[768] Allein dann, wenn die Klausel mit gemeinsamen Zwecksetzungen der Parteien verbunden sei, könne im Rahmen der objektiven Auslegung auch auf diese gemeinschaftliche Zweckverfolgung zurückgegriffen werden.[769]

Der Kritik an der von der Rechtsprechung im Rahmen der objektiven Auslegung von AGB auch vorgenommenen Auslegung nach Sinn und Zweck der formularvertraglichen Regelung ist nicht zuzustimmen. Denn auch die Rechtsprechung wehrt die Gefahr eines einseitigen Abstellens auf die Verwenderinteressen ab, indem sie die Zwecke und Interessen der auf beiden Seiten Beteiligten beachtet.[770] Außerdem ist zu bedenken, dass die quotale Haftung eine seit Jahrzehnten praktizierte Beschränkung der persönlichen Gesellschafterhaftung darstellt.[771] In Altfällen, in denen die Anlegerhaftung durch eine Begrenzung der Vertretungsmacht auf eine dem Anteil eines Gesellschafters am Gesellschaftsvermögen entsprechende Quote beschränkt wurde, waren die Banken oftmals sogar bereit, die quotale Haftung ausdrücklich in die Darlehensverträge aufzunehmen.[772] Demnach ist davon auszugehen, dass auch die Banken mit

---

765 *Roth*, WM 1991, 2125, 2128.

766 *Roth*, WM 1991, 2125, 2127 f.; Ulmer/Brandner/Hensen/*Ulmer/Schäfer*, § 305c Rn. 81; vgl. auch *Dreher*, AcP 189 (1989), 342, 378 f.

767 *Rüßmann*, BB 1987, 843, 845.

768 Vgl. *Schlechtriem*, FS-Heinrichs, S. 503, 509 f.

769 *Rüßmann*, BB 1987, 843, 845.

770 BGHZ 84, 268, 272; BGH, NJW 1999, 1105, 1106; BGH, NZG 2010, 790, 791; dies gesteht auch *Roth*, WM 1991, 2125, 2128 ein.

771 Vgl. den Sachverhalt in BGHZ 134, 224, in dem die Gesellschaftsgründung und der Darlehensvertragsschluss bereits 1987 erfolgten.

772 Vgl. die den Urteilen des BGH in BGHZ 188, 233 und des KG in NZG 2009, 299 zugrunde liegenden Sachverhalte.

einer nur quotalen Haftung der Anleger einverstanden waren,[773] zumal ihnen bewusst sein musste, dass ansonsten das Konzept eines geschlossenen Immobilienfonds in der Rechtsform der GbR bald hinfällig wäre. Denn bei einer unbeschränkten persönlichen Gesellschafterhaftung hätte sich mit Sicherheit kaum ein Anleger an einem solchen Projekt beteiligt.[774]

Stellt man demnach bei der Auslegung der formularvertraglichen Haftungsbegrenzungsklauseln nicht nur einseitig auf die Interessen der Fondsgesellschaften als Verwenderinnen der AGB-Klauseln ab, sondern beachtet auch die Interessen der Gläubigerbanken, so können im Rahmen der Auslegung auch teleologische Überlegungen Berücksichtigung finden. Die in AGB enthaltenen quotalen Haftungsbeschränkungen sind mithin nach ihrem Wortlaut sowie ihrem objektiven Inhalt und typischen Sinn so auszulegen sind, wie sie von verständigen und redlichen Vertragspartnern unter Abwägung der Interessen der normalerweise beteiligten Kreise verstanden werden.[775]

c) Besonderheiten bei der Auslegung von Gesellschaftsverträgen einer Publikumspersonengesellschaft

In den jüngsten Urteilen des 2. Zivilsenats zur quotalen Haftung handelt es sich jedoch nicht um formularvertragliche Haftungsbeschränkungen. Vielmehr war in den Gesellschaftsverträgen nur Vertretungsmacht für solche Geschäfte erteilt worden, die eine quotale Beschränkung der persönlichen Gesellschafterhaftung entsprechend der Beteiligung der Gesellschafter am Gesellschaftsvermögen enthielten.[776] Darüber hinaus besteht in diesen Fällen die Besonderheit, dass die quotale Haftung der Gesellschafter in die Darlehensverträge aufgenommen worden war.[777]

Es stellt sich die Frage, welche Auslegungsgrundsätze für solche gesellschaftsvertraglichen Haftungsbeschränkungen gelten, auf die sich die Anleger zum Teil ja noch aufgrund Vertrauensschutzes berufen können. Diese Frage ist immer dann von Bedeutung, wenn die Quotenhaftung nicht zusätzlich in den Darlehensverträgen mit den Banken geregelt wurde. Der BGH verweist in sei-

---

773 Vgl. *Barchewitz*, MDR 2009, 1374, der sogar davon spricht, dass die quotale Haftung den Anlegern von den Banken „konzediert" worden sei.

774 *Barchewitz*, MDR 2009, 1374.

775 Vgl. Staudinger/*Schlosser*, § 305c Rn. 126; *Schmidt-Salzer*, JZ 1995, 223, 224 f.

776 Vgl. BGHZ 188, 233, 235; BGH, NZG 2011, 580; BGH, NZG 2011, 1023.

777 Vgl. BGHZ 188, 233, 235; BGH, NZG 2011, 580, 581, BGH, NZG 2011, 1023.

nem Urteil in *BGHZ 188, 233* vom 8.2.2011 bei der Auslegung der quotalen Haftungsbeschränkungen auf die „anerkannten Auslegungsgrundsätzen (§§ 133, 157 BGB)“.[778] Mit diesem Auslegungsmaßstab liegt er allerdings nur richtig, weil er sich bei der Auslegung auf die in den Darlehensverträgen zum Teil enthaltenen Aufstellungen der quotalen Haftungsbeträge der Anleger bezieht.[779] Damit ist fraglich, welche Auslegungsgrundsätze in den Fällen gelten, in denen die quotalen Haftungsbeschränkungen nicht zusätzlich in die Darlehensverträge aufgenommen wurden, sondern ausschließlich in den Gesellschaftsverträgen enthalten sind.

Auch die Auslegung einer gesellschaftsvertraglichen Regelung richtet sich zwar grundsätzlich nach den allgemeinen Auslegungsregeln für Verträge, §§ 133, 157 BGB.[780] Bei der Auslegung von Gesellschaftsverträgen einer Publikumspersonengesellschaft sind jedoch einige Besonderheiten zu beachten. Durch die Verträge soll eine Vielzahl von rein kapitalmäßig beteiligten Anlegern gewonnen werden, für die dann alle die gleichen Vertragskonditionen gelten. Diese Gesellschaftsverträge werden regelmäßig von den Fondsinitiatoren entworfen, so dass die beitretenden Anleger die Verträge akzeptieren müssen, wenn sie Gesellschafter werden wollen.[781] Daher gilt nach ständiger Rechtsprechung und allgemeiner Ansicht in der Literatur für Gesellschaftsverträge einer Publikumspersonengesellschaft ebenso wie bei AGB der Grundsatz der objektiven Auslegung.[782] Demzufolge sind diese Verträge nach dem objektiven Erklärungsbefund so auszulegen, wie sie sich für einen Außenstehenden darstellen. Nicht berücksichtigt werden dürfen dabei die Vorstellungen und der Wille der Gründungsgesellschafter, wenn sie in dem Gesellschaftsvertrag keine Verankerung gefunden haben.[783] Entscheidend kommt es damit auf die Auslegung des

---

778 BGHZ 188, 233, 243.

779 Vgl. BGHZ 188, 233, 242 f.; BGH, NZG 2011, 580, 581.

780 *Grunewald*, ZGR 1995, 68; Bamberger/Roth/*Schöne*, § 705 Rn. 70; Oetker/*Weitemeyer*, § 105 Rn. 59.

781 *Coing*, ZGR 1978, 659, 674; MüKo/*Ulmer*, BGB, § 705 Rn. 175.

782 BGH, NJW 1979, 2102; BGH, NZG 1999, 935, 936; BGH, NZG 2007, 382, 383; BGH, NZG 2011, 276, 277, 279; BGH, NZG 2011, 1023, 1027; *Coing*, ZGR 1978, 659, 674; Graf von Westphalen/Thüsing/*Furmans*, Immobilienfonds, Rn. 21; *Grunewald*, ZGR 1995, 68, 89; *Heilmann*, Das Grundeigentum 2010, 817; Baumbach/Hopt/Merkt/*Hopt*, Anhang nach § 177a, B. Publikumsgesellschaft (mit Prospekthaftung), Rn. 67; Bamberger/Roth/*Schöne*, § 705 Rn. 70; MüKo/*Ulmer*, BGB, § 705 Rn. 175.

783 BGH, NJW 1979, 2102; *Polzer*, in: Münchener Hdb. des Gesellschaftsrechts II, § 74 Rn. 12.

Wortlautes und der Zielsetzung der gesellschaftsvertraglichen Bestimmungen an.[784] Führt demnach die Wortlautauslegung nicht weiter, so ist auf den Telos der gesellschaftsvertraglichen Klausel abzustellen, der anhand des Gesellschaftszwecks und den zu fördernden Gesellschafterinteressen zu ermitteln ist.[785]

d) Auslegung der quotalen Haftungsbeschränkungen

Sowohl für die formularvertraglichen als auch für die gesellschaftsvertraglichen quotalen Haftungsbeschränkungen gilt der Grundsatz der objektiven Auslegung. Da dementsprechend Umstände des Einzelfalles grundsätzlich nicht berücksichtigt werden dürfen, kann die Auslegung im Folgenden generalisierend anhand der üblicherweise für eine anteilige Begrenzung der Gesellschafterhaftung verwendeten Formulierungen erfolgen.

aa) Auslegung nach dem Wortlaut

Zunächst stellt sich damit die Frage, ob sich aus dem Wortlaut der quotalen Haftungsbeschränkung eine Antwort auf die Frage der Anrechnung von Gesellschaftsleistungen und Verwertungserlösen ergibt. In den Gesellschaftsverträgen der Fondsgesellschaften bzw. in den Darlehensverträgen findet sich regelmäßig eine so oder ähnlich formulierte Klausel:[786]

Die Gesellschafter sind am Gesellschaftsvermögen in dem Verhältnis ihrer Kapitaleinlagen beteiligt. Sie haften für Verbindlichkeiten der Gesellschaft mit dem Gesellschaftsvermögen unbeschränkt, im Übrigen jedoch nicht als Gesamtschuldner, sondern nur quotal im Verhältnis ihrer Kapitaleinlagen zu dem [...] Gesellschaftskapital [...].

Wendet man sich dementsprechend zunächst dem Wortlaut der Haftungsbeschränkung zu, so kommt es darauf an, wie der Begriff der „Quote" zu definieren ist.[787]

---

784 MüKo/*Ulmer*, BGB, § 705 Rn. 175.

785 Graf von Westphalen/Thüsing/*Furmans*, Immobilienfonds, Rn. 21.

786 Vgl. BGHZ 188, 233, 234; KG, NZG 2009, 299, 300; OLG Frankfurt, ZIP 2009, 1619, 1620 f.; KG, NZG 2010, 1075; KG, NZG 2010, 1265; vgl. außerdem den Formulierungsvorschlag von *Stenzel/Beckmann*, BB 2011, 2507, 2509.

787 Vgl. *Barchewitz*, MDR 2009, 1374, 1375.

Barchewitz verweist darauf, dass unter einer Quote an einer Bemessungsgrundlage grundsätzlich kein fester Höchstbetrag verstanden werde; vielmehr stelle eine „Quote" oder ein „Anteil" das Verhältnis von zwei Werten dar, von denen einer schwankend und der andere unveränderlich sei.[788] Da die Kapitalbeteiligung des einzelnen Gesellschafters die beständige Größe darstelle, könne man nur den Schluss ziehen, dass die variable Größe die sich in ihrer Höhe verändernde Gesellschaftsschuld sei, womit der Wortlaut der Haftungsbegrenzungsvereinbarung eher für eine Anrechnung von Tilgungsleistungen der Gesellschaft auf die Haftungsquoten der einzelnen Gesellschafter spreche.[789]

Dieser Argumentation kann jedoch nicht gefolgt werden. Zunächst könnte man *Barchewitz* entgegnen, dass nicht nur die Gesellschaftsschuld variabel ist, sondern sich auch die Beteiligungsquoten der Gesellschafter infolge des Ausscheidens von Mitgesellschaftern gemäß § 738 Abs. 1 S. 1 BGB verändern können. Dagegen ist jedoch wiederum einzuwenden, dass – wie bereits herausgearbeitet – eine Vergrößerung der Beteiligung eines Gesellschafters infolge einer Anwachsung nicht auch automatisch zu einem Anstieg seiner Haftungsquote führt.[790]

Allerdings liegt der Argumentation von *Barchewitz* ein unzutreffendes Verständnis von dem Begriff der „Quote" zugrunde. In den gängigen Wörterbüchern zur deutschen Sprache wird die „Quote" als „Anteil, der bei Aufteilung eines Ganzen auf jemanden bzw. etwas entfällt" oder auch als eine „im Verhältnis zu einem Ganzen bestimmte Anzahl oder Menge" definiert.[791] Diese Begriffsbestimmungen gehen entgegen *Barchewitz* gerade nicht davon aus, dass einer der beiden im Verhältnis zueinander stehenden Werte variabel ist. Allein aus diesen Erläuterungen lässt sich zudem nicht entnehmen, welche Größe dem „Ganzen" zugrunde zu legen ist, nach dem sich dann der Anteil oder die bestimmte Anzahl bzw. Menge richtet. Daraus kann folglich nicht geschlossen werden, ob die Bemessungsgrundlage für die quotale Haftung der Anleger die ursprüngliche Darlehensverbindlichkeit oder die aufgrund von Leistungen aus dem Gesellschaftsvermögen reduzierte Gesellschaftsschuld darstellt.

---

788 *Barchewitz*, MDR 2009, 1374, 1375.

789 *Barchewitz*, MDR 2009, 1374, 1375 f.

790 Vgl. Kapitel 2, E. II.

791 Vgl. Brockhaus Wahrig, Deutsches Wörterbuch, Bd. 5; Meyers Grosses Universal-Lexikon, Bd. 18; Duden, Das große Wörterbuch der deutschen Sprache, Bd. 7.

Demnach kann auch dem Begriff der „quotalen Haftung“ bzw. der häufig anzutreffenden Formulierung, dass die Anleger beschränkt auf den ihrer Beteiligung an der Gesellschaft entsprechenden Anteil an der Darlehensverbindlichkeit haften, nicht entnommen werden, ob sich damit die Haftung des einzelnen Anlegers nach dem anfänglichen Darlehensnominalbetrag (nebst Zinsen und Kosten) oder nach der durch Tilgungsleistungen der Gesellschaft und Verwertungserlöse verminderten Darlehensverbindlichkeit bemisst.[792]

In einigen Fällen wurde in den mit der finanzierenden Bank geschlossenen Darlehensverträgen die Anwendbarkeit von § 366 Abs. 1 BGB analog ausgeschlossen.[793] Der BGH vertritt die Ansicht, dass die Formulierung die Auslegung dahingehend bestätige, dass Leistungen aus dem Vermögen der Gesellschaft nicht automatisch zu einer Verminderung der Haftungsbeträge der Gesellschafter führen sollen.[794] Dagegen könnte man einwenden, dass es schon früher heftige Kritik an *BGHZ 134, 224* gab und sich die dort herausgearbeiteten Grundsätze dogmatisch kaum vertreten lassen (s.o.). Andererseits wurde diese Formulierung gerade deshalb in die Darlehensverträge aufgenommen, um der Gesellschaft die Möglichkeit zur Abgabe von Tilgungsbestimmungen zu nehmen und so eine denkbare Anrechnung von Gesellschaftsleistungen auf die quotalen Haftungsbeträge der Gesellschafter auszuschließen. Die Intention dieser darlehensvertraglichen Regelung lag damit eindeutig darin, eine Verminderung der Quotenhaftung jedes einzelnen Gesellschafters zu verhindern. Soweit also eine solche darlehensvertragliche Bestimmung existiert, stellt sie ein Indiz dafür dar, dass die Parteien zumindest eine Verringerung der anteiligen Haftungsbeträge der Gesellschafter durch Tilgungsleistungen der Gesellschaft ausgeschlossen haben.

Für die Frage der Anrechnung von Verwertungserlösen führt der darlehensvertragliche Ausschluss der Anwendbarkeit von § 366 Abs. 1 BGB hingegen zu keinem Ergebnis. Denn diese Vorschrift findet nach überwiegender Ansicht keine Anwendung in der Zwangsvollstreckung.[795] Der Grund liegt im Sinn und Zweck von § 366 Abs. 1 BGB. Das Recht, eine Tilgungsbestimmung nach § 366

792 So im Ergebnis auch BGHZ 188, 233, 243.

793 Vgl. BGHZ 188, 233, 236; BGH, NZG 2011, 1352, 1353.

794 BGHZ 188, 233, 243.

795 BGH, NJW 1999, 1704; BGH, NJW 2008, 2842, 2843; Bamberger/Roth/*Dennhardt*, § 366 Rn. 4; *Gernhuber*, § 7 I 3b, S. 139 f.; Palandt/*Grüneberg*, § 366 Rn. 3; MüKo/*Wenzel*, BGB, § 366 Rn. 5; a.A. Staudinger/*Olzen*, § 366 Rn. 5.

Abs. 1 BGB zu treffen, soll den Schuldner begünstigen. Daher hat allein der Schuldner ein Tilgungsbestimmungsrecht nach § 366 Abs. 1 BGB, der freiwillig seine Pflichten erfüllt.[796] Denn es wäre kaum nachvollziehbar, wenn die mit der Befugnis zur Tilgungsbestimmung zusammenhängende Begünstigung des Schuldners auch dann eintreten würde, wenn er pflichtwidrig nicht zur Tilgung seiner Schuld beiträgt und daher gegen ihn die Zwangsvollstreckung eingeleitet werden muss.[797]

Teilweise wird in den Verträgen auch die Haftung der Gesellschafter mit der folgenden Formulierung quotal beschränkt:

„Soweit Gläubiger durch ein Grundpfandrecht gesichert sind, haftet zunächst das Grundstück – wie auch für öffentliche Lasten – insgesamt. Darüber hinaus haften die Gesellschafter nur quotal entsprechend ihrer Beteiligung.“[798]

Der 24. Senat des KG ist der Ansicht, dass mit dem Gebrauch des Begriffes „zunächst“ keine bestimmte Haftungsreihenfolge verbunden sei, sondern auf diese Weise lediglich die unterschiedlichen Sicherheiten aufgezählt würden.[799] Aber auch wenn aus der Bestimmung einen Vorrang der Grundstücksverwertung schließen würde, könne der Formulierung „darüber hinaus“ nicht entnommen werden, nach welchem Stand der Darlehensverbindlichkeit die quotalen Haftungsbeträge der Gesellschafter zu berechnen seien.[800]

Diese Ansicht teilt der BGH offenbar nicht uneingeschränkt. Denn er diskutiert die Frage der Vollstreckungsreihenfolge unter dem Problemkreis der Anrechenbarkeit, weil er davon ausgeht, dass aus dem Ergebnis einer vorrangigen Vollstreckung in das Gesellschaftsvermögen ein Argument für die Anrechenbarkeit von Vollstreckungserlösen gezogen werden könnte.[801]

---

796 BGH, Urteil vom 28.6.2000, Az. XII ZR 55/98 (juris); Prütting/Wegen/Weinreich/*Pfeiffer*, § 366 Rn. 1; KG, ZIP 2009, 1118, 1121.

797 BGH, NJW 1999, 1704.

798 Vgl. KG, NJOZ 2007, 4255, 4260; KG, ZIP 2009, 1118, 1120; OLG Brandenburg, NZG 2011, 233, 234; KG, Urteil vom 1.12.2010, Az. 24 U 185/09, Rz. 70 (juris).

799 KG, ZIP 2009, 1118, 1120; KG, Urteil vom 1.12.2010, Az. 24 U 185/09, Rz. 70 (juris); a.A. der 27. Senat des KG, NJOZ 2007, 4255, 4260 f.

800 KG, ZIP 2009, 1118, 1120; KG, Urteil vom 1.12.2010, Az. 24 U 185/09, Rz. 71 (juris).

801 BGHZ 188, 233, 245; BGH, NZG 2011, 580, 582; vgl. auch *Deutscher*, ZfIR 2011, 505, 508 f.; *Westermann*, NZG 2011, 1041, 1045.

Tatsächlich ist die Klausel nicht eindeutig. Man kann den Ausdruck „zunächst" sowohl temporal dahingehend verstehen, dass die Verwertung des Fondsgrundstücks vor einer persönlichen Inanspruchnahme der Gesellschafter erfolgen muss. Andererseits wäre aber auch ein Verständnis dahingehend möglich, dass die Klausel lediglich die verschiedenen Sicherheiten aufzählt, auf die die Bank zurückgreifen kann, wenn die Gesellschaft die Tilgung aussetzt. Allein aus der Formulierung der Verwertungsklausel ergeben sich mithin keine eindeutigen Hinweise in Bezug auf die Anrechnungsproblematik.[802]

Die Auslegung nach dem Wortlaut führt demnach zu keinem eindeutigen Ergebnis.

bb) Auslegung nach dem Zweck und den Parteiinteressen

Die Auslegung hat sich jedoch auch nach dem mit der quotalen Haftungsbeschränkung verfolgten Zweck und den Interessen der beteiligten Parteien zu richten. Maßgebend sind damit auf der einen Seite die Interessen der Banken, die den geschlossenen Immobilienfonds Kredite gewährt haben, und auf der anderen Seite die Interessen der Anlagegesellschafter, die oftmals einen Großteil ihre Ersparnisse in die Gesellschaftsbeteiligung investiert haben.[803]

Dabei ist insbesondere die bereits aufgeworfene Frage zu berücksichtigen, welcher Seite man das Risiko eines Ausfalls von Gesellschaftern auferlegen will. Folgt man der Ansicht, die von der Unveränderlichkeit der Haftungsbeträge ausgeht, bis die Gesellschaftsschuld unter eben diese ursprünglichen Haftungsbeträge sinkt, so tragen solvente Anleger in gewissem Umfang das Insolvenzrisiko ihrer Mitgesellschafter. Denn wenn die Inanspruchnahme eines oder mehrerer Anleger wegen Zahlungsunfähigkeit scheitert, wird die Bank auf die zahlungsfähigen Anleger zurückgreifen und diese in vollem Umfang ihrer Haftungsquote an der Ursprungsverbindlichkeit in Anspruch nehmen, auch wenn diese nicht mehr dem prozentualen Anteil des Anlegers am Gesellschaftsvermögen entspricht. Befürwortet man hingegen die Gegenansicht, nach der eine Verminderung der Gesellschaftsschuld auch zu einer Reduzierung der Haftungsbeträge führt, so trägt die kreditgebende Bank das Insolvenzrisiko. Da die Bank von jedem Anleger die Zahlung nur in dem Umfang seines Anteils an der aktuellen Darlehensverbindlichkeit verlangen kann, liegt das Risiko, dass ein oder mehrere Anleger zur Zahlung nicht imstande sind, bei ihr. In diesem Fall

802 Vgl. OLG Brandenburg, NZG 2011, 233, 234.

803 Vgl. *Hasenkamp*, S. 223.

kann sie nur darauf hoffen, dass der Erlös aus einer Verwertung des Fondsgrundstücks zur Tilgung der dann noch ausstehenden Restverbindlichkeit genügt.

Der BGH hat das Problem der Verteilung des Insolvenzrisikos zunächst in *BGHZ 134, 224* mit einer Analogie zu § 366 Abs. 2 BGB zu lösen versucht, so dass die Leistungen der Gesellschaft zunächst auf die quotalen Haftungsbeträge der Gesellschafter anzurechnen wären, die der Gläubigerbank die geringste Sicherheit bieten.[804] In seinen beiden Urteilen vom 8.2.2011 hat der BGH schließlich diese Grundsätze zur Anwendbarkeit von § 366 BGB aufgegeben.[805] Dem entspricht das bereits gefundene Ergebnis,[806] dass eine Anrechnung von Gesellschaftsleistungen und Verwertungserlösen auf die Haftungsquoten der Gesellschafter auf der Grundlage einer Analogie zu § 366 BGB ausscheidet.

Entscheidend ist damit allein das Ergebnis einer umfassenden Abwägung zwischen den Interessen der Banken und denen der Anleger.

(1) Die Interessen der Gesellschaftsgläubiger

Bei der Bewertung der Interessen der Gesellschaftsgläubiger könnte man zunächst anführen, dass die Banken sich darauf einstellen konnten, dass sich aufgrund einer Anrechnung die Haftungsbeträge der Gesellschafter verringern.[807] Dieses Argument kann jedoch nur dort eine Rolle spielen, wo die Banken noch von einer Analogie zu § 366 BGB bei der Anrechnungsfrage ausgingen und die Anwendbarkeit dieser Norm nicht im Darlehensvertrag ausgeschlossen wurde. Denn dann rechneten sie wohl regelmäßig mit einer Tilgungsbestimmung der Gesellschaft im Sinne des § 366 Abs. 1 BGB analog, nach der Leistungen der Gesellschaft verhältnismäßig auf die quotalen Haftungsbeträge der Gesellschafter anzurechnen waren. Wurde hingegen das Tilgungsbestimmungsrecht der Gesellschaft darlehensvertraglich ausgeschlossen,[808] so vertrauten die Banken darauf, dass sich jedenfalls durch Tilgungsleistungen der Gesellschaft die Haftungsbeträge der Gesellschafter nicht reduzierten.

---

804 BGHZ 134, 224, 229 f.
805 BGHZ 188, 233, 241 f.; BGH, NZG 2011, 580, 581.
806 Vgl. in diesem Kapitel unter B. V. 1.
807 KG, NZG 2009, 299, 300; KG, NZG 2010, 1265, 1266.
808 Vgl. BGHZ 188, 233, 236 und KG, ZIP 2009, 1118, 1121.

Der BGH und einige der Oberlandesgerichte halten die Interessen der darlehensgewährenden Banken gegenüber den Anlegerinteressen für höherwertig. In der Hauptsache verweisen sie dabei auf die Sicherungsfunktion der quotalen Gesellschafterhaftung.[809] Wenn der Darlehensgeber einer Beschränkung der grundsätzlich gesamtschuldnerischen Haftung der Gesellschafter auf den jeweiligen Anteil eines Gesellschafters an der Gesellschaftsverbindlichkeit zustimme, so könne man hieraus nicht ohne das Vorliegen von weiteren Anhaltspunkten schließen, dass sich auch die quotalen Haftungsbeträge der einzelnen Gesellschafter mit jeder Reduzierung der Gesellschaftsverbindlichkeit durch Leistungen aus dem Gesellschaftsvermögen verringern sollten.[810] Das Kapital einer GbR unterliege bekanntermaßen keinen Bindungen. Dementsprechend verfolge die persönliche Haftung der Gesellschafter gerade den Zweck, dem Gläubiger neben der Haftung der Gesellschaft eine weitere Sicherheit zu gewähren.[811] Nach dieser gesetzlichen Intention könne man grundsätzlich dem Gesellschaftsgläubiger nicht das Risiko aufbürden, dass eine für ihn zusätzlich bestellte dingliche Sicherung am Fondsgrundstück nicht zur vollständigen Tilgung der Gesellschaftsschuld ausreiche.[812] Durch die anteilige Beschränkung der Gesellschafterhaftung werde der einzelne Anleger bereits gegenüber der kreditgebenden Bank begünstigt, die sich zu einer Haftungsbegrenzung bereit erklärt habe.[813] Es sei deshalb nicht ersichtlich, weshalb er noch eine weitere Begünstigung in Form einer Anrechnung erhalten solle.[814] Lasse sich der Gesellschaftsgläubiger abweichend von der gesamtschuldnerischen Haftung gemäß § 128 S. 1 HGB analog auf eine quotale Beschränkung der Gesellschafterhaftung ein, könne hieraus nicht geschlossen werden, dass der Gläubiger sich auch mit einer Verringerung der Haftungsquoten aufgrund von Gesellschaftsleistungen und Verwertungserlösen einverstanden erklärt habe. Vielmehr folge aus dem Leitbild des § 128 S. 1 HGB, dass eine Anrechnung auf die Haftungsquoten der Gesellschafter einer eindeutigen Vereinbarung bedürfe.[815]

---

809 BGHZ 188, 233, 244; BGH, NZG 2011, 580, 581 f.; BGH, NZG 2011, 1352, 1355; KG, ZIP 2009, 1118, 1120.

810 BGHZ 188, 233, 244; BGH, NZG 2011, 580, 582.

811 BGHZ 188, 233, 244; BGH, NZG 2011, 580, 581 f.; BGH, NZG 2011, 1352, 1355; KG, ZIP 2009, 1118, 1120; OLG Köln, NZG 2010, 102; KG, NZG 2010, 1075, 1076

812 BGH, NZG 2011, 580, 582.

813 KG, NZG 2010, 1075, 1076.

814 Vgl. BGHZ 188, 233, 244.

815 BGHZ 188, 233, 244; BGH, NZG 2011, 1352, 1355; vgl auch BGH, NZG 2011, 580, 582.

Zunächst ist die Argumentation des BGH in methodischer Hinsicht zu kritisieren. Es trifft zwar zu, dass das Grundkonzept von § 128 S. 1 HGB analog eine unbeschränkte gesamtschuldnerische Haftung der Gesellschafter für die Gesellschaftsverbindlichkeiten vorsieht. Diese gesamtschuldnerische Haftung bildet in der Tat das Gegenstück zur fehlenden Kapitalaufbringung und Kapitalerhaltung in der GbR.[816]

Auf der anderen Seite kann § 128 S. 1 HGB analog durch eine (formularvertragliche) Vereinbarung mit dem Gesellschaftsgläubiger abbedungen werden.[817] Die Möglichkeit einer Beschränkung oder eines Ausschlusses der persönlichen Gesellschafterhaftung durch rechtsgeschäftliche Vereinbarung folgt allein aus dem Prinzip der Privatautonomie.[818] Dann ist es aber nur schwer nachvollziehbar, warum der BGH sich im Rahmen der Auslegung der privatautonom getroffenen quotalen Haftungsbeschränkungsvereinbarung auf ein angeblich aus § 128 S. 1 HGB analog abzuleitendes Prinzip beruft, aus dem folge, dass jedes über die Einigung auf eine Haftungshöchstgrenze hinausgehendes Auslegungsergebnis einer ausdrücklichen und eindeutigen Vereinbarung bedürfe. Warum sollte im Rahmen der Auslegung der von der dispositiven Regelung des § 128 S. 1 HGB analog abweichenden Vereinbarung wieder auf diese zurückgegriffen werden? Die Parteien wollten doch kraft ihrer Privatautonomie gerade von dieser Regel abweichen. Inwieweit sie eine abweichende Regelung getroffen haben, beurteilt sich aber allein nach den allgemeinen Auslegungsregeln. Ein Rückgriff auf einen aus § 128 S. 1 HGB analog folgenden Leitgedanken, demzufolge die Vereinbarung einer echten Teilschuld einer ausdrücklichen Vereinbarung bedürfe, ist dann im Rahmen der Auslegung verfehlt.

Außerdem kann man dem Hinweis auf die Sicherungsfunktion der Gesellschafterhaftung entgegen halten, dass die Bank sich, sofern sie nach ihrer Ansicht durch die anteilige persönliche Gesellschafterhaftung und die Grundschuld an dem Fondsgrundstück nicht hinreichend gesichert ist, weitere Sicherheiten, etwa in Form von Bürgschaften oder persönlichen Schuldanerkenntnis-

---

816 BGHZ 154, 370, 373; Oetker/*Boesche*, § 128 Rn. 2; Staub/*Habersack*, § 128 Rn. 1; Ebenroth/Boujong/Joost/Strohn/*Hillmann*, § 128 Rn. 1.

817 Staub/*Habersack*, § 128 Rn. 16; Ebenroth/Boujong/Joost/Strohn/*Hillmann*, § 128 Rn. 14; MüKo/*K. Schmidt*, HGB, § 128 Rn. 14.

818 *Gummert*, FS-Lüer, S. 201, 205.

sen, gewähren lassen kann.[819] Darüber hinaus ist die Bank, auch wenn sie sich vertraglich keine weiteren Sicherheiten bestellen lässt, durch das außerordentliche Kündigungsrecht nach § 490 Abs. 1 BGB gesichert. Danach kann sie den Darlehensvertrag fristlos kündigen und damit das Gesamtdarlehen fällig stellen, wenn sich nach Vertragsschluss die Vermögensverhältnisse der Fondsgesellschaft oder die Werthaltigkeit des Fondsgrundstücks wesentlich verschlechtern oder eine solche Verschlechterung einzutreten droht, und die Darlehensrückzahlung – auch nach der Verwertung des Fondsgrundstücks – gefährdet ist. Dies gilt vor Valutierung des Darlehens im Zweifel immer, nach seiner Valutierung hingegen nur im Regelfall. Für den Fall, dass die kreditgefährdenden Umstände schon bei Vertragsschluss vorlagen, die Bank jedoch hiervon erst später Kenntnis erlangt, kann sie sich vertraglich ein außerordentliches Kündigungsrecht einräumen lassen.[820] § 490 Abs. 1 BGB ermöglicht es der Bank, den Darlehensvertrag schon dann zu kündigen, wenn eine Verschlechterung der Vermögenslage der Fondsgesellschaft einzutreten droht. Sie muss nicht erst abwarten, bis die Gesellschaft insolvent ist, denn ansonsten würde der Zweck von § 490 Abs. 1 BGB, den Darlehensgeber vor einem Ausfall mit seinem Rückzahlungsanspruch aus § 488 Abs. 1 S. 2 BGB zu schützen, konterkariert.[821] Demnach können sich die Banken in der Regel vor weitgehenden Zahlungsausfällen bewahren, indem sie weitere Sicherheiten verlangen oder von ihrem außerordentlichen Kündigungsrecht Gebrauch machen.

Zur Untermauerung der Anrechnungslösung kann man jedoch nicht wie das KG als Argument anführen, dass grundsätzlich jeder das Risiko einer Insolvenz seines Vertragspartners selbst trage. Vertragspartnerinnen der Banken seien zwar zunächst die Fondsgesellschaften selbst. Die akzessorische Haftung nach § 128 S. 1 HGB analog ermögliche der Bank nur den weiteren Zugriff auf das Vermögen der Gesellschafter. Es sei nicht ersichtlich, warum bei dieser zusätzlichen Haftungsmasse das ursprünglich von der Bank zu tragende Insolvenzrisiko in anderer Art und Weise verteilt sein solle.[822] Dieser Argumentation ist zu widersprechen. Es trifft nicht zu, dass im Regelfall die Banken das Risiko eines

819 Vgl. Staub/*Habersack*, § 128 Rn. 82; MüKo/*K. Schmidt*, HGB, § 128 Rn. 95; *Harrer*, GesRZ 2008, 266, 271; *Lindacher*, FS-Hadding, S. 529; a.A. OLG Köln, NZG 2010, 102, 103, das darauf verweist, dass die Banken hierzu nicht immer die Möglichkeit haben werden.

820 MüKo/*Berger*, BGB, § 490 Rn. 3.

821 MüKo/*Berger*, BGB, § 490 Rn. 7.

822 KG, NZG 2009, 299, 300; KG, NZG 2010, 1265, 1266.

Ausfalls von Gesellschaftern zu tragen haben. Denn bei einer gesamtschuldnerischen Gesellschafterhaftung kann ja jeder Gesellschafter im Umfang der gesamten Gesellschaftsschuld in Anspruch genommen werden und muss im schlimmsten Fall für den Ausfall sämtlicher Mitgesellschafter einstehen.

Gegen eine Verlagerung des Ausfallrisikos auf die Gläubigerbanken könnte man hingegen einwenden, dass eine Bank, die den Anlagegesellschaftern schon eine quotale Begrenzung ihrer Haftung zugestanden hat, nicht auch noch das Risiko tragen sollte, dass einzelne Anleger zahlungsunfähig werden und es infolgedessen zu Deckungslücken kommt, wenn Zahlungen der Gesellschaft die Haftungsbeträge der anteilig haftenden Gesellschafter reduzieren.[823] Andererseits sind die Anleger außer Stande, die Zahlungsfähigkeit der anderen Anlagegesellschafter zu bewerten, bevor sie sich für die Investition entscheiden. Allein die Banken können die Bonität der einzelnen Gesellschafter beurteilen und mit der Werthaltigkeit der dinglichen Sicherheiten an den Fondsgrundstücken in Relation setzen. Die Einschätzung der Vertretbarkeit eines Kreditmanagements liegt damit ausschließlich in ihrer Hand.[824] Außerdem sind die Banken bereits in einer Vielzahl von Fällen bei der Gründung eines geschlossenen Immobilienfonds in nicht unerheblicher Weise eingebunden.[825]

Zu berücksichtigen ist zudem, dass dann, wenn das Darlehen kurz nach seiner Valutierung, z.B. gemäß § 490 Abs. 1 BGB aufgrund einer Verschlechterung der Vermögensverhältnisse der Gesellschaft oder einer Verschlechterung der Werthaltigkeit des Fondsgrundstücks oder gemäß § 314 BGB aufgrund eines Verzugs des Darlehensnehmers mit der Ratenrückzahlung, gekündigt worden wäre, das Insolvenzrisiko von einzelnen Anlegern auf jeden Fall bei der Bank gelegen hätte, da zu diesem Zeitpunkt noch keine Tilgungsleistungen erbracht worden wären.

Außerdem müsste die Bank dann, wenn das Ausfallrisiko einzelner Anleger zu Lasten der Übrigen ginge, unter Berücksichtigung der zusätzlich bestehenden dinglichen Sicherheiten praktisch kein Kreditrisiko tragen, was sich aber

---

823 Vgl. *Lehleiter/Hoppe*, BKR 2008, 323, 328, die davon ausgehen, dass die Bank erst dann die nicht gedeckte Differenz zu tragen hat, wenn der Ausfall einzelner Anleger so hoch ist, dass die Haftungsquoten der noch zahlungsfähigen Gesellschafter summenmäßig nicht genügen, um die Gesellschaftsverbindlichkeit vollständig zu tilgen.

824 *Heilmann*, Das Grundeigentum 2010, 817, 818; *Loddenkemper*, ZfIR 2006, 707, 712.

825 OLG Frankfurt, ZIP 2009, 1619, 1622.

oftmals nicht in den zwischen der Bank und der Gesellschaft vereinbarten Zinskonditionen widerspiegelt.[826]

(2) Die Interessen der Anleger

Neben den Gläubigerinteressen müssen auch die Interessen der Anlagegesellschafter berücksichtigt werden. Als Argument gegen eine Anrechnung könnte man hier zunächst anbringen, dass bei der Annahme einer Reduzierung der Haftungsquoten zahlungsunwillige bzw. -unfähige Gesellschafter besser stehen, indem sie im Gegensatz zu Gesellschaftern, die relativ früh auf die Verbindlichkeit zahlen, von Tilgungsleistungen der Gesellschaft bzw. Verwertungserlösen profitieren.[827] Dem kann man jedoch wiederum entgegenhalten, dass auch bei Ablehnung der Anrechnungslösung der Fall eintreten kann, dass nicht zahlungsbereite Gesellschafter günstiger als diejenigen stehen, die sofort auf die Gesellschaftsverbindlichkeit leisten. Denn jedenfalls wenn die Gesellschaftsverbindlichkeit unter den Haftungsbetrag eines Gesellschafters sinkt, der noch nicht zur Tilgung der Gesellschaftsverbindlichkeit beigetragen hat, verringert sich seine Haftungsquote.[828]

Andererseits kann für eine Anrechnung nicht vorgetragen werden, dass die Gesellschaft die Darlehensverbindlichkeit mit Erträgen tilgt, die ansonsten den Anlegern in Form von Ausschüttungen zugutekommen würden.[829] Denn die Gesellschaftsschuld bildet ja eine Verbindlichkeit auf der Passivseite, die erst einmal ausgeglichen werden muss, bevor eine Gewinnausschüttung an die Gesellschafter möglich ist.

Die Interessen der Anlagegesellschafter wurden bereits in *Kapitel 2* im Rahmen der Frage der Zulässigkeit einer Beschränkung der persönlichen Gesellschafterhaftung umfassend beschrieben und gewichtet. Die dargestellten Gesichtspunkte spielen auch bei der Frage nach der Bemessungsgrundlage für die quotale Haftung eine wesentliche Rolle.

Die Gesellschafter der Fonds-GbR haben regelmäßig weder Einfluss auf die Geschäftsführung, noch können sie die wirtschaftlichen Verhältnisse ihrer Mitgesellschafter einschätzen, da sie diese typischerweise noch nicht einmal ken-

---

826 *Loddenkemper*, ZfIR 2006, 707, 712.

827 *Lehleiter*, Das Grundeigentum 2010, 814, 816; vgl. auch OLG Köln, NZG 2010, 102.

828 KG, NZG 2010, 1265, 1266 f.

829 So aber KG, NZG 2010, 1265, 1266.

nen. Eine Belastung mit dem Ausfallrisiko seiner Mitgesellschafter im Umfang seiner vollen Haftungsquote an der Ausgangsverbindlichkeit müsste jeden Anleger dazu veranlassen, die Zahlungsfähigkeit der anderen Anleger zu prüfen. Denn das Ausmaß seiner Haftung wäre dann stets von der Höhe des vorhandenen Vermögens der anderen Anlagegesellschafter abhängig.[830] Im Unterschied zu der darlehensgewährenden Bank hat der einzelne Anleger jedoch keine Möglichkeit, vor seinem Beitritt zu dem Immobilienfonds die Solvenz seiner Mitgesellschafter zu überprüfen.[831]

Die Investitionen der Anleger in die geschlossenen Immobilienfonds beruhen auf der Erwartung, dass sie sowohl in den Genuss von Steuervorteilen kommen, als auch mit dauerhaften Erträgen rechnen können. Es war ihnen klar, dass der Erwerb des Fondsgrundstücks sowie der Bau und die Bewirtschaftung der Fondsimmobilie Millionen von Euro kosten würden. Sie hätten sich nie auf ein solches Projekt eingelassen, wenn sie gewusst hätten, dass ihnen bereits erfolgte Tilgungsleistungen der Gesellschaft und Erlöse aus einer Zwangsverwertung des Fondsgrundstücks noch nicht einmal in der Weise zugutekommen, dass sie gleichzeitig zu einer Reduzierung ihrer quotalen Haftungsanteile beitragen.[832] Eine Haftung für die fehlende Bonität ihrer Mitgesellschafter ist ihnen demzufolge kaum zumutbar.[833]

Auch wenn man sich die bisherige Behandlung der Haftung von Publikumspersonengesellschaftern in Erinnerung ruft, erscheint eine Auslegung dahingehend vertretbar, dass eine Anrechnung von Gesellschaftszahlungen und Verwertungserlösen stattfinden soll.[834] Denn die Gesellschafter verfolgen mit einer anteiligen Beschränkung ihrer Haftung auch im Außenverhältnis offenkundig einen Gleichlauf von Außen- und Innenhaftung. Dies entspricht außerdem dem Zweck der quotalen Haftungsbeschränkung, nämlich die Anleger im Vergleich zu normalen Personengesellschaftern besser zu stellen; sie sollen nur das im Außenverhältnis leisten müssen, was sie im Innenverhältnis sowieso schulden.[835]

---

830 Vgl. *Adams*, S. 49.

831 KG, NZG 2010, 1265, 1266; vgl. auch *Priester*, DStR 2011, 1278, 1281.

832 OLG Frankfurt, ZIP 2009, 1619, 1622.

833 *Loddenkemper*, ZfIR 2006, 707, 712 f.

834 Vgl. Anm. *Lutz*, GWR 2011, 318944.

835 KG, NZG 2009, 299, 301; KG, NZG 2010, 1265, 1266; *Heilmann*, Das Grundeigentum 2010, 817, 818; *Klimke*, WM 2010, 492, 493.

Demnach ist die quotale Begrenzung der Anlegerhaftung im Grundsatz dahingehend zu deuten, dass die finanzierenden Kreditinstitute das Risiko eines Ausfalls von Gesellschaftern tragen.[836]

cc) Zwischenergebnis

Die Auslegung der quotalen Haftungsbeschränkung nach ihrem Sinn und Zweck unter Berücksichtigung der beiderseitigen Interessenlage spricht für eine proportionale Minderung der Haftungsquoten im Fall einer Verringerung der Gesellschaftsschuld durch Leistungen aus dem Gesellschaftsvermögen. Dementsprechend sind Tilgungsleistungen der Gesellschaft und Erlöse aus einer Zwangsverwaltung bzw. Zwangsverwertung des Fondsgrundstücks auf die Haftungsquoten der Gesellschafter anzurechnen. In Bezug auf Zahlungen der Gesellschaft gelangt man hingegen dann zu einem anderen Ergebnis, wenn ein im Raum stehendes Tilgungsbestimmungsrecht der Gesellschaft aus § 366 Abs. 1 BGB analog darlehensvertraglich ausgeschlossen wurde. Denn obwohl eine derartige Analogie abzulehnen ist, verfolgt eine solche Bestimmung den Zweck, eine verhältnismäßige Anrechnung von Tilgungsleistungen der Gesellschaft auf die Haftungsquoten auszuschließen.

C. Ausfallhaftung der Anlagegesellschafter gemäß § 735 S. 2 BGB analog

Obwohl *Thürling* letztendlich auch annimmt, dass Leistungen aus dem Gesellschaftsvermögen den Anlagegesellschaftern anteilig zugutekommen, indem sie die Haftungsquoten der Anleger reduzieren, und demnach grundsätzlich der Gläubiger das Ausfallrisiko trägt, will er sich im Ergebnis hiermit nicht zufrieden geben.[837] Aus einem Vergleich mit der Rechtslage in der Partenreederei, der Wohnungseigentümergemeinschaft und der Ausfallhaftung von GmbH-Gesellschaftern gemäß § 24 S. 2 GmbHG lasse sich der allgemeine Rechtsgedanke der quotalen Haftung herleiten, dass das Privileg der quotalen Haftung im Außenverhältnis zum Gläubiger mit einer Ausfallhaftung der Anlagegesellschafter im Innenverhältnis verbunden sei.[838] Stützen will *Thürling* diese Aus-

836 Vgl. *Klimke*, WM 2010, 492, 494; *Priester*, DStR 2011, 1278, 1281.
837 *Thürling*, S. 125 ff.
838 *Thürling*, S. 132 ff.

fallhaftung auf eine entsprechende Anwendung von § 735 S. 2 BGB.[839] Hierbei handele es sich nicht um eine Nachschusspflicht im eigentlichen Sinne, sondern um eine Vergrößerung der potenziellen Haftung der Gesellschafter, so dass § 707 BGB einer Analogie zu § 735 S. 2 BGB nicht im Wege stehe.[840]

Eine planwidrige Regelungslücke ergebe sich daraus, dass der Gesetzgeber bei der Schaffung der GbR noch nicht von deren Rechtsfähigkeit ausgegangen sei und sich demzufolge auch nicht die Frage gestellt habe, was passiere, wenn sich bei einer quotalen Haftung aufgrund von Tilgungsleistungen der Gesellschaft die Haftungsquoten der Gesellschafter verringerten.[841] Außerdem müsse man auch von einer vergleichbaren Interessenlage ausgehen. Anerkennenswert sei allein das Interesse der Anlagegesellschafter, nicht über die von ihnen geschuldete Einlage hinaus in Anspruch genommen zu werden, so dass hinsichtlich des Umfangs der Haftung der Betrag der Einlage in voller Höhe ausgeschöpft werden könne.[842] Die quotale Haftung unterscheide sich sehr von dem gesetzlichen Leitbild der unbeschränkten Gesellschafterhaftung gemäß § 128 S. 1 HGB analog. Wenn sich dann schon die Haftungsquoten der Anleger durch Tilgungsleistungen der Gesellschaft verringerten, müsste aus Gläubigerschutzerwägungen auch ein Wiederanstieg dieser Haftungsbeträge möglich sein. Es folge gerade aus dem Grundsatz der quotalen Haftung, dass zumindest im Innenverhältnis das Ausfallrisiko bei den Gesellschaftern liege.[843] Die Ausfallhaftung eines Gesellschafters reiche allerdings maximal bis zu dem Betrag seiner ursprünglichen Haftungsquote zu Beginn des Darlehensverhältnisses zwischen der Gläubigerbank und der Gesellschaft.[844]

Der Lösungsansatz von *Thürling* ist abzulehnen. Ausgangspunkt seines Haftungsmodells bildet die Annahme einer institutionell beschränkten Haftung von Anlagegesellschaftern einer Fonds-GbR.[845] In Anlehnung an die Haftung der Partenreeder, der Wohnungseigentümer und die anteilige Haftung von GmbH-Gesellschaftern gemäß § 24 S. 2 GmbHG sei auch die Haftung der Anleger im *Innenverhältnis* als Teilschuld ausgestaltet. Hieraus ergebe sich, dass grundsätz-

---

839 *Thürling*, S. 151 ff.
840 *Thürling*, S. 153 ff.
841 *Thürling*, S. 156 f.
842 *Thürling*, S. 159.
843 *Thürling*, S. 159.
844 *Thürling*, S. 160 ff.
845 Vgl. *Thürling*, S. 39 ff.

lich der *Gläubiger* das Ausfallrisiko trage.[846] Hier findet sich schon die erste Unstimmigkeit. Denn wenn die Anleger nur im Innenverhältnis als Teilschuldner haften, so folgt allein daraus noch nicht, dass dies auch im Außenverhältnis gegenüber dem Gläubiger der Fall ist.[847]

Obwohl *Thürling* die Anrechnungsfrage und damit auch den Teilschuldcharakter der Anlegerhaftung im Außenverhältnis schließlich bejaht, hält er dieses Ergebnis aber aufgrund von überwiegenden Gläubigerinteressen an einer hinreichenden Haftungsmasse für unbillig.[848] Aus dem Rechtsgedanken der quotalen Haftung ergebe sich zwar, dass Tilgungsleistungen der Gesellschaft auf die Haftungsquoten der Gesellschafter anzurechnen seien. Ein Vergleich mit der Quotenhaftung in anderen Rechtsformen zeige jedoch, dass die zahlungsfähigen Gesellschafter den Ausfall ihrer Mitgesellschafter auffangen müssten.[849] Hier fragt man sich, warum *Thürling* – wenn er doch im Ergebnis dem Gläubiger nicht das Ausfallrisiko auferlegen will – nicht von vornherein die Anrechnungsfrage verneint und damit die umständliche Konstruktion eines Wiederanstiegs der Haftungsquoten aufgrund einer entsprechenden Anwendung von § 735 S. 2 BGB vermeidet.

Zwar ist es zutreffend, dass das Verbot von Nachschusspflichten in § 707 BGB die Ausfallhaftung gemäß § 735 S. 2 BGB nicht berührt.[850] Allein mit diesem Argument kann aber keine Ausfallhaftung in der werbenden GbR analog § 735 S. 2 BGB begründet werden. § 735 BGB statuiert allein eine Ausfallhaftung der Gesellschafter für den Sonderfall der Auseinandersetzung in einer abzuwickelnden GbR.[851] Zwar ist Sondervorschriften wie § 735 BGB nicht generell

---

846 *Thürling*, S. 43 ff., 73.

847 Darüber hinaus führt *Thürling* in die Ausfallproblematik mit dem aus Sicht der Verfasserin relativ abwegigen Fall ein, dass die in Anspruch genommenen Gesellschafter versehentlich statt an den Gläubiger an die Gesellschaft zahlen und diese daraufhin einen Teil der Verbindlichkeit mit dem von den Gesellschaftern erhaltenen Geld begleicht, *Thürling*, S. 127 f.

848 *Thürling*, S. 130 f.

849 *Thürling*, S. 132 ff., 151.

850 RGZ 166, 65, 68 f.; Soergel/*Hadding/Kießling*, § 735 Rn. 2; Bamberger/*Schöne*, § 735 Rn. 1; MüKo/*Ulmer/Schäfer*, BGB, § 735 Rn. 1.

851 *Armbrüster*, ZGR 2009, 1, 22; Staudinger/*Habermeier*, § 735 Rn. 1; Soergel/*Hadding/Kießling*, § 735 Rn. 2.

die Analogiefähigkeit abzusprechen,[852] sondern es ist im Rahmen der Feststellung der Analogievoraussetzungen stets zu untersuchen, ob der Normzweck eine Gleichbehandlung des geregelten mit dem ungeregelten Fall gebietet.[853] Die Voraussetzungen einer Analogie – eine planwidrige Regelungslücke und eine vergleichbare Interessenlage – sind jedoch nicht erfüllt.

Von einer Regelungslücke spricht man bei einer planwidrigen Unvollständigkeit des positiven Rechts gemessen am Maßstab der gesamten geltenden Rechtsordnung.[854] Es wurde bereits in *Kapitel 2* herausgearbeitet, dass die Haftung von Anlagegesellschaftern nicht aufgrund einer teleologischen Reduktion von § 128 S. 1 HGB analog institutionell beschränkt ist, sondern allein durch eine individualvertragliche Vereinbarung oder mittels AGB beschränkt werden kann. Ergibt dann die nachfolgende Auslegung der Haftungsbeschränkungsvereinbarung, dass unter Berücksichtigung der Anleger- und Gläubigerinteressen Tilgungsleistungen der Gesellschaft und Verwertungserlöse zu einem Absinken der quotalen Haftungsbeträge führen, so ist kein Raum für eine entsprechende Anwendung von § 735 S. 2 BGB. Denn wenn die Auslegung der Haftungsbeschränkungsvereinbarungen eine positive Antwort auf die Anrechnungsfrage gibt, steht damit automatisch fest, dass aufgrund der (formular-)vertraglichen Vereinbarungen das Insolvenzrisiko, das grundsätzlich wegen der gesamtschuldnerischen Gesellschafterhaftung gemäß § 128 S. 1 HGB analog bei den Gesellschaftern läge, durch die Vereinbarung der Quotenhaftung auf die Gesellschaftsgläubiger verlagert wurde. Die Frage einer Analogie zu § 735 S. 2 BGB könnte nur dann eine Rolle spielen, wenn bereits bei der dogmatischen Begründung der beschränkten Gesellschafterhaftung ein anderer Ausgangspunkt gewählt worden wäre. Allein bei der Annahme einer institutionellen Haftungsbeschränkung kann überhaupt hinterfragt werden, ob die Anleger – wenn sie schon nicht im Außenverhältnis für den Ausfall ihrer Mitgesellschafter einstehen müssen – dann wenigstens im Innenverhältnis zum Ausgleich der von den insolventen Gesellschaftern nicht zu erlangenden Haftungsquoten verpflichtet sind.

Der Gesetzgeber hat sich anders als im GmbH-Recht mit § 24 S. 2 GmbHG dafür entschieden, keine Ausfallhaftung unter den Gesellschaftern der wer-

---

852 Vgl. *Engisch*, S. 256 ff.; *Kramer*, S. 185 ff.; *Pawlowski*, Rn. 489a; *Würdinger*, AcP 206 (2006), 946, 955 ff., 967 f.

853 *Würdinger*, AcP 206 (2006), 946, 961, 975.

854 *Canaris*, Feststellung von Lücken, S. 39; *Kramer*, S. 162 f.

benden GbR zu statuieren. Dementsprechend ist gemäß § 707 BGB eine Beitragserhöhung bzw. Nachschussleistung in der werbenden GbR nur aufgrund einer Zustimmung jedes einzelnen Gesellschafters möglich.[855] Es ist allein zulässig, die zur Beitragserhöhung erforderliche Zustimmung bereits im Voraus im Gesellschaftsvertrag zu erklären, wenn Art und Ausmaß der späteren Belastung unzweifelhaft für jeden Gesellschafter erkennbar sind.[856] § 707 BGB ist Ausdruck des Individualschutzes des einzelnen Gesellschafters vor einer unvorhersehbaren finanziellen Belastung.[857] Dem würde ein Wiederanstieg der Haftungsquoten der Anlagegesellschafter im Fall eines Ausfalls ihrer Mitgesellschafter gemäß § 735 S. 2 BGB analog aber widersprechen.

Der Anwendungsbereich von § 735 BGB erfasst hingegen nicht die werbende, sondern allein die sich in Auflösung befindende Gesellschaft. Die Norm ist gerade dem Interesse der Gesellschafter daran geschuldet, dass sich ihre Risiken aus der unbeschränkten persönlichen Gesellschafterhaftung in der Auseinandersetzungsphase reduzieren.[858] Dieses Interesse kann bei den Anlagegesellschaftern aber nicht ausgemacht werden. Ihre Haftung ist bereits anteilig im Verhältnis ihrer Beteiligung an der Gesellschaft beschränkt. Die Analogie zu § 735 S. 2 BGB würde vielmehr gerade dazu führen, dass die Anlagegesellschafter nun im Innenverhältnis für den Ausfall ihrer Mitgesellschafter einstehen müssten. Eine entsprechende Anwendung von § 735 S. 2 BGB würde somit von einer Streuung der Haftungsrisiken in der Abwicklungsphase hin zur Begründung einer über den Inhalt der quotalen Haftung hinausgehenden Ausfallhaftung führen und damit dem Regelungsgehalt der Bestimmung zuwiderlaufen.

Schlussendlich trifft es entgegen *Thürling* nicht zu, dass es bei einem Anstieg der Haftungsquoten gemäß § 735 S. 2 BGB analog nicht darum gehe, dass die Gesellschafter über ihre ursprüngliche Einlage hinaus in Anspruch genommen werden.[859] Denn ihre Einlage haben sie ja bei ihrem Beitritt an die Gesell-

---

855 *Schäfer*, in: Gesellschaftsrecht in der Diskussion 2007, S. 137, 141; *Wertenbruch*, DStR 2007, 1680.

856 BGH, NZG 2005, 753; *Schäfer*, in: Gesellschaftsrecht in der Diskussion 2007, S. 137, 142, 144 f.; Bamberger/Roth/*Schöne*, § 707 Rn. 4; *Wertenbruch*, DStR 2007, 1680 f.; *Weisemann*, DZWIR 2007, 183, 187.

857 *Schäfer*, in: Gesellschaftsrecht in der Diskussion 2007, S. 137, 141, MüKo/*Ulmer/Schäfer*, BGB, § 707 Rn. 1.

858 Staudinger/*Habermeier*, § 735 Rn. 1.

859 Vgl. *Thürling*, S. 155.

schaft geleistet; jede Inanspruchnahme durch einen Gesellschaftsgläubiger bedeutet dann eine über diese Einlage hinausgehende finanzielle Belastung.

Eine Ausfallhaftung der Anlagegesellschafter aufgrund einer Analogie zu § 735 S. 2 BGB ist mithin abzulehnen. Sind die Haftungsquoten der Anleger demnach durch Gesellschaftsleistungen und Verwertungserlöse herabgesunken, ist ihr Wiederanstieg aufgrund eines Ausfalls von Anlegern ausgeschlossen. Eine nochmals eintretende Vergrößerung der Haftungsquoten erscheint dann allein in dem Fall einer nur prozentual beschränken Haftung möglich, wenn auch die Gesellschaftsverbindlichkeit, z.B. aufgrund von anfallenden Zinsen oder Kosten, wieder ansteigt.

D. Die summenmäßige Festlegung der Haftungsquoten und die Behandlung der von der Quotenhaftung nicht gedeckten Gesellschaftsschulden

I. Problemstellung

In der Praxis existieren nicht nur Fälle, in denen die quotalen Haftungsbeträge der Anleger durch Angabe ihrer Gesellschaftsbeteiligung in Prozent oder durch Angabe ihres Eigenkapitalanteils ausgewiesen wurden, sondern auch Fälle, in denen unmittelbar die anteilige Haftung eines Anlegers für eine bestimmte Verbindlichkeit errechnet und sodann betragsmäßig in den Verträgen festgesetzt wurde.

Es stellt sich daher die Frage, ob die bereits gefundenen Ergebnisse hinsichtlich der Anrechnungsproblematik auch auf letztere Fälle einer summenmäßigen Festsetzung der Haftungsquoten übertragen werden können.

Würde man auch hier zu dem Ergebnis gelangen, dass Tilgungsleistungen der Gesellschaft und Verwertungserlöse aus einer Zwangsvollstreckung in das Fondsgrundstück zu einer Reduzierung der summenmäßig festgelegten Haftungsbeträge der Gesellschafter führen, bestünde ein weiteres Problem in der Behandlung des Falls, dass der Darlehensstand die durch die summenmäßige Quotenhaftung gedeckte Gesellschaftsschuld übersteigt. Dann wäre nämlich fraglich, ob auch in diesem Fall die quotalen Haftungsbeträge der Gesellschafter nach und nach reduziert werden, bis nur noch ungesicherte Forderungen zurückbleiben.

II. Die Übertragbarkeit der Ergebnisse zur Untersuchung der Anrechnungsfrage

Es wurde bereits herausgearbeitet, dass Tilgungsleistungen der Gesellschaft und Verwertungserlöse auf die Haftungsquoten der Anlagegesellschafter anzurechnen sind. Fraglich ist, ob dieses Ergebnis auf die Fälle übertragbar ist, in denen die Haftung der Gesellschafter jeweils durch eine genaue Angabe der quotalen Haftungsbeträge summenmäßig festgelegt wurde. Denn eine summenmäßige Ausweisung der anteiligen Haftungsbeträge der Gesellschafter könnte auch bedeuten, dass sich die jeweiligen Haftungsquoten erst dann aufgrund von Gesellschaftsleistungen und Verwertungserlösen verringern sollen, wenn die Gesellschaftsverbindlichkeit einen Stand erreicht hat, welcher demjenigen der summenmäßigen Haftungsquote eines Anlegers entspricht.

Wie bereits ausgeführt, kommt eine Lösung der Anrechnungsproblematik über eine analoge Anwendung von § 366 BGB nicht in Betracht,[860] sondern muss durch Auslegung der vertraglichen Regelungen mit der Gläubigerbank erfolgen. Maßstab sind der Wortlaut der summenmäßigen quotalen Haftungsbeschränkung sowie der mit ihr verfolgte Zweck und die beiderseitige Interessenlage.[861]

1. Der Wortlaut

Die eindeutige Festlegung eines bestimmten Haftungshöchstbetrags könnte dafür sprechen, dass eine Reduzierung der Haftungsquote eines Gesellschafters erst dann erfolgen soll, wenn die noch offene Gesellschaftsverbindlichkeit unter diesen feststehenden Haftungsbetrag sinkt.[862] Allerdings wird in den Gesellschafts- bzw. Darlehensverträgen zumeist der Begriff der Quote verwendet. Gleichzeitig ergibt sich aus den Aufstellungen der einzelnen Haftungsbeträge,

860 Kapitel 3, B. V. 1.

861 Vgl. BGH, NJW 1999, 1105, 1106; MüKo/*Ulmer*, BGB, § 705 Rn. 175.

862 Vgl. *Klimke*, WM 2010, 492, 493.

dass diese jeweils nur die betragsmäßig ausgewiesene anteilige Haftung eines Anlegers an der ursprünglichen Darlehensverbindlichkeit darstellen.[863]

Auch aus der Tatsache, dass in den Darlehensverträgen bzw. Fondsprospekten regelmäßig festgelegt wurde, dass die Gesellschafter „als *Gesamtschuldner* haften, aber jeweils beschränkt auf die in der beigehefteten Aufstellung genannten Darlehensbeträge nebst Zinsen und Nebenleistungen",[864] kann nicht geschlossen werden, dass die Haftungshöchstbeträge sich solange nicht verändern, bis die Gesellschaftsschuld unter den Betrag einer einzelnen Haftungsquote gesunken ist.[865] Zwar kann unter den Gesellschaftern keine Gesamtschuld entstehen, wenn man die quotalen Haftungsbeträge der Anleger immer nach der noch ausstehenden Restschuld der Gesellschaft bemisst, da es in diesem Fall niemals zu sich überschneidenden Haftungsteilen kommen wird. Aber auch dann, wenn man eine Anrechnung von Gesellschaftsleistungen und Verwertungserlösen nicht zuließe, würde vor dem Beginn der Tilgung zwischen den Gesellschaftern keine Gesamtschuld existieren. Denn in diesem Fall würde die Summe der betragsmäßigen Haftungsquoten mit der Gesellschaftsverbindlichkeit übereinstimmen.[866] Daher ist *Klimke* darin zuzustimmen, dass in den oben dargestellten Formulierungen der Gesamtschuldbegriff nicht im technischen Sinne gebraucht wird, so dass man aus ihnen nicht auf eine vertragliche Vereinbarung gegen die Anrechnung von Gesellschaftsleistungen und Verwertungserlösen auf die summenmäßigen Haftungsquoten der Anleger schließen kann.[867] Die Auslegung des Wortlauts der summenmäßigen Haftungsbeschränkungen führt demnach nicht weiter.

2. Der verfolgte Zweck und die beiderseitigen Parteiinteressen

Da die Auslegung des Wortlautes der betragsmäßigen Haftungsbeschränkungen zu keinem eindeutigen Ergebnis führt, ist auf den mit diesen Haftungsbeschränkungen verfolgten Zweck unter Berücksichtigung der beiderseitigen Interessen einzugehen.

---

863 *Klimke*, WM 2010, 492, 493.

864 Vgl. BGHZ 188, 233, 235; KG, NZG 2009, 299; KG, ZIP 2009, 1118, 1119; KG, NZG 2010, 1265.

865 *Klimke*, WM 2010, 492, 494.

866 *Klimke*, WM 2010, 492, 494.

867 *Klimke*, WM 2010, 492, 494.

Man könnte argumentieren, dass sich die Anleger jedenfalls bei einer betragsmäßigen Festsetzung der Haftungsquoten hinreichend auf das sie treffende Risiko einstellen können.[868] Im Unterschied zu einer lediglich prozentualen Haftungsbeschränkung gibt die betragsmäßige Festlegung seines Haftungsanteils dem einzelnen Anleger die Sicherheit, maximal in Höhe des festgesetzten Betrags für jede Gesellschaftsverbindlichkeit in Anspruch genommen zu werden.[869] Dies ist bei einer rein prozentualen Festsetzung nicht der Fall. Da sich im Voraus nicht mit völliger Sicherheit sagen lässt, in welchem Umfang die Gesellschaft Kredite aufnehmen und Verbindlichkeiten eingehen muss, können sich die Gesellschafter nämlich im Fall einer rein prozentualen Begrenzung schlecht auf die sie insgesamt treffenden Risiken einstellen.

Andererseits ist zu beachten, dass die Anleger durch die mit den summenmäßigen Haftungsquoten verbundene Festlegung von Haftungshöchstbeträgen begünstigt werden sollten. Hinsichtlich der Anrechnungsfrage würde die summenmäßige Haftung dann aber eine Belastung der Gesellschafter in der Form zur Folge haben, dass eine Anrechnung von Gesellschaftsleistungen und Verwertungserlösen auch dann nicht infrage käme, wenn die Gesellschaftsschuld nicht höher wäre als die Summe aller festgesetzten Haftungsquoten.[870] Es wäre inkonsequent, wenn auf diese Weise aus der eigentlich intendierten Begünstigung der Anleger bei der Anrechnungsfrage eine Belastung würde.

Auch sonst stimmen die Interessen auf Banken- und Anlegerseite im Wesentlichen mit der bereits herausgearbeiteten Interessenlage[871] überein: Zwar kann auch hier argumentiert werden, dass die persönliche Gesellschafterhaftung der Sicherung der Gläubigerinteressen dient, indem sie die mit der unbegrenzten Entnahmefreiheit bei den Personengesellschaften verbundenen Risiken zum Teil wieder ausgleicht. Jedoch spricht nichts dagegen, dass die Banken sich auch im Fall von betragsmäßig festgesetzten Haftungsquoten weitere Sicherheiten geben lassen. Ferner haben sie die Möglichkeit zur außerordentlichen Kündigung, wenn die Gesellschaft ihren Zahlungsverpflichtungen nicht

868 KG, NZG 2010, 1075, 1076.
869 Vgl. Kapitel 2, E. I. 2.
870 Vgl. *Klimke*, WM 2010, 492, 493 f., der dieses Argument allerdings im Rahmen der Diskussion der Frage anbringt, ob eine Anrechnung auch dann erfolgen soll, wenn die Gesellschaftsverbindlichkeit über die von allen Haftungsbeträgen gedeckte Summe steigt.
871 Kapitel 3, B. V. 5. d) bb).

nachkommt oder sich ihre Vermögensverhältnisse wesentlich verschlechtern. Außerdem gibt es keine Gründe, warum die Banken bei summenmäßigen Haftungsquoten das Risiko eines Zahlungsausfalls von Anlegern nicht tragen sollten. Auch die Informationslage bei betragsmäßig festgesetzten Haftungsquoten ist mit der bei einer lediglich prozentualen Quotenhaftung identisch. Die Möglichkeiten der Anleger, Einblick in die Gesellschaftsinterna zu nehmen, sind regelmäßig beschränkt,[872] während die Banken vor der Darlehensvergabe eine umfassende Prüfung der Kreditwürdigkeit der Gesellschaft vornehmen. Zudem spiegelt sich das von den Banken zu tragende Kreditrisiko bereits in den von ihnen aufgestellten darlehensvertraglichen Bedingungen – vor allem in den Zinskonditionen – wieder. Demnach ergibt eine Abwägung der Anleger- und Gläubigerinteressen, dass auch im Fall von betragsmäßig festgelegten Haftungsanteilen Teilleistungen der Gesellschaft sowie Verwertungserlöse zu einer Verringerung den summenmäßigen Haftungsquoten der Anleger führen.

III. Die Behandlung der von der Quotenhaftung nicht gedeckten Gesellschaftsschulden

Allerdings kann die Darlehensschuld aufgrund von unbeglichenen Zinsen und Kosten über die ursprüngliche Darlehensverbindlichkeit hinauswachsen. In den meisten Fällen werden die Banken diesen Fall in ihren Darlehensverträgen berücksichtigt haben, indem sie bei der Festsetzung der quotalen Haftungsbeträge der Anleger darauf achten, auch eine Haftung für auflaufende Zinsen und Kosten vorzusehen.

Wurden aber die potenziell anfallenden Zinsen und Kosten nicht bei der Berechnung der Haftungsquoten der Gesellschafter berücksichtigt, kann es dazu kommen, dass wie in *BGHZ 134, 224* die Gesellschaftsschuld infolge von nicht beglichenen Zinsen und Kosten über den von den summenmäßigen Haf-

872 Wenn das Kontrollrecht der Gesellschafter gem. § 716 Abs. 1 BGB gesellschaftsvertraglich ausgeschlossen wurde, können sie es gem. § 716 Abs. 2 BGB allein dann geltend machen, wenn Grund zu der Annahme unredlicher Geschäftsführung besteht. Die Anlagegesellschafter können aber nach neuerer BGH-Rechtsprechung Auskunft über die Namen und Anschriften der anderen Gesellschafter verlangen, vgl. BGH, NZG 2010, 61; BGH, NZG 2011, 276.

tungsanteilen abgedeckten Darlehensnominalbetrag steigt.[873] In diesem Fall wäre die Bank für ihre Forderung gegenüber der Gesellschaft nicht mehr in vollem Umfang durch die summenmäßige Quotenhaftung der Anleger abgesichert.

Zur Veranschaulichung soll folgender Beispielsfall dienen: Der geschlossene Immobilienfonds X-GbR nimmt bei der B-Bank ein Darlehen in Höhe von 1.000.000 € auf. Jeder der insgesamt 20 Anleger ist an der Gesellschaft im Umfang von 5% beteiligt. Der Darlehensvertrag enthält eine quotale Haftungsbeschränkungsklausel, wonach die Gesellschafter nur beschränkt auf die in der beigefügten Aufstellung aufgeführten Teilbeträge am genannten Darlehensnominalbetrag gegenüber der Bank haften. Ein solcher Teilbetrag beläuft sich auf eine Höhe von 50.000 €.

Zwar hat die Gesellschaft nach einer gewissen Zeit bereits 20% ihrer Darlehensschuld getilgt, allerdings wächst ihre Verbindlichkeit aufgrund von unbeglichenen Zinsen und Kosten im Umfang von 400.000 € wieder auf 1.200.000 € an. Demzufolge übersteigt nun die Gesellschaftsschuld die Summe aller Haftungsbeträge der Gesellschafter um 200.000 €. Geht man nun davon aus, dass eine Anrechnung von Tilgungsleistungen und Verwertungserlösen auf die betragsmäßigen Haftungsquoten der Gesellschafter erst dann erfolgen kann, wenn die Gesellschaftsverbindlichkeit durch die Summe aller Haftungsbeträge gedeckt ist, kann eine Anrechnung erst wieder stattfinden, wenn die Gesellschaftsverbindlichkeit auf einen Stand von 1.000.000 € abgesunken ist.

Damit stellt sich die Frage, ob eine Reduzierung der Gesellschaftsverbindlichkeit durch Tilgungsleistungen der Gesellschaft und Verwertungserlöse auch dann zu einer Verringerung der quotalen Haftungsbeträge der Gesellschafter führt, wenn ein Teil der Gesellschaftsschuld nicht durch die summenmäßige Quotenhaftung gesichert ist.

---

873 Vgl. *Klimke*, WM 2010, 492, 493 f., der allerdings noch eine zweite Konstellation anspricht, wenn im äußersten Fall die Gesellschaftsverbindlichkeit über den Darlehensnominalbetrag einschließlich der Zinsen und Kosten steigt. Welche konkreten Fälle *Klimke* aber im Blick hat, wenn er von einem Anstieg der Gesellschaftsverbindlichkeit über die von der betragsmäßigen Summenhaftung gedeckte Gesellschaftsschuld ausgeht, der nicht Folge von angelaufenen Zinsen und Kosten ist, ist nicht klar.

1. Lösungsansätze

Wie in *BGHZ 134, 224*[874] will *Thürling* das Problem durch eine Analogie zu § 366 Abs. 2 BGB lösen.[875] Wenn Teile der Gesellschaftsverbindlichkeit nicht mehr durch die summenmäßige Quotenhaftung der Gesellschafter abgesichert seien, müssten gemäß § 366 Abs. 2 BGB analog Tilgungsleistungen der Gesellschaft zunächst auf die von der quotalen Haftung der Gesellschafter nicht gedeckten Teile der Gesellschaftsverbindlichkeit angerechnet werden.[876] Denn es entspreche dem Interesse der Gläubiger, dass die Verbindlichkeiten der Fondsgesellschaft ausnahmslos durch die Haftung der Anleger gedeckt seien.[877] Ferner seien auch die Initiatoren an einer solchen Anrechnung entsprechend § 366 Abs. 2 BGB für den Fall interessiert, dass ihre Haftung gegenüber den Gesellschaftsgläubigern nicht individualvertraglich begrenzt worden ist und sie daher für die von den Haftungsquoten der anderen Gesellschafter nicht gedeckten Gesellschaftsschulden gemäß § 128 S. 1 HGB analog unbeschränkt haften.[878] Diese Interessen hätten Vorrang vor den Interessen der Anlagegesellschafter an einer vorrangigen Verrechnung auf ihre betragsmäßigen Haftungsquoten.[879]

Dieser Lösungsweg entspricht der Situation bei einer Höchstbetragsbürgschaft.[880] Im Gegensatz zu einer Teilbürgschaft, die sich nur auf einen bestimmten Teil der Verbindlichkeit erstreckt, umfasst die Höchstbetragsbürgschaft die gesamte Hauptschuld, wenngleich die Haftung des Bürgen auch der Höhe nach auf einen vertraglich festgesetzten Höchstbetrag begrenzt ist.[881] Auch bei einer Höchstbetragsbürgschaft ist die Anrechnung von Teilzahlungen des Haupt-

---

874 BGHZ 134, 224, 228 ff.

875 *Thürling*, S. 102 ff.

876 *Thürling*, S. 102.

877 *Thürling*, S. 103.

878 *Thürling*, S. 103.

879 *Thürling*, S. 103 f.

880 Vgl. *K. Schmidt*, NJW 1997, 2201, 2205, der sich allerdings nicht dazu äußert, dass auch bei der Höchstbetragsbürgschaft die Lösung über eine entsprechende Anwendung von § 366 Abs. 2 BGB erfolgt.

881 MüKo/*Habersack*, BGB, § 765 Rn. 112, 127; Schimansky/Bunte/Lwowski/*Nobbe*, § 91 Rn. 249.

schuldners auf von der Bürgschaft nicht gesicherte Teile der Hauptschuld aufgrund einer entsprechenden Anwendung des § 366 Abs. 2 BGB anerkannt.[882]

Auch andere Literaturstimmen, die zu diesem Problem Stellung nehmen, lehnen eine Anrechnung ganz oder zum Teil ab, ohne sich dabei aber auf § 366 Abs. 2 BGB analog zu stützen. Es erscheine nicht vollkommen unwahrscheinlich, dass die noch offene Gesellschaftsverbindlichkeit auf einen über die Summe aller Haftungshöchstbeträge hinausgehenden Betrag anwachse.[883] Es entspreche nicht dem Sinn der summenmäßig begrenzten Quotenhaftung, wenn in diesem Fall die Gesellschafter aufgrund von Gesellschaftsleistungen nach und nach von ihrer Haftung befreit würden, während die Forderung der Gläubigerbank gegen die Gesellschaft aber noch in einem erheblichen Umfang bestehen könne.[884] Gesellschaftszahlungen hätten daher solange keinen Einfluss auf die summenmäßigen Haftungsquoten, wie die noch ausstehende Gesellschaftsschuld nicht der Summe aller Haftungsbeträge entspreche.[885]

2. Stellungnahme

Die Heranziehung von § 366 Abs. 2 BGB bei der Frage der Anrechnung von Gesellschaftsleistungen ist aus den bereits genannten Gründen[886] abzulehnen.

Zum einen kann die Gesellschaftsschuld nicht in mehrere Teile gespalten werden, für die jeweils ein Anleger einstehen müsste, weil auch bei der quotalen Haftung jeder Gesellschafter für jeden Teil der Gesellschaftsschuld haftet – allerdings mit der Besonderheit der Begrenzung auf die Haftungsquote.[887] Außerdem könnte ansonsten die Gesellschaft der Anrechnung von Gesellschaftsleistungen und Verwertungserlösen aufgrund einer entsprechenden Anwendung von § 366 Abs. 2 BGB auf von der Quotenhaftung nicht gesicherte Teile der Gesellschaftsverbindlichkeit zuvorkommen, indem sie gemäß § 366 Abs. 1 BGB analog eine Tilgungsbestimmung dahingehend trifft, dass eine Anrechnung

---

882 *Graf Lambsdorff/Skora*, Rn. 37; MüKo/*Habersack*, BGB, § 765 Rn. 112; BGH, WM 1965, 866, 867.

883 *Klimke*, WM 2010, 492, 494.

884 *K. Schmidt*, NJW 1997, 2201, 2205.

885 *Barchewitz*, MDR 2009, 1374, 1375; *Klimke*, WM 2010, 492, 494; *K. Schmidt*, NJW 1997, 2201, 2205.

886 Kapitel 3, B. V. 1.

887 *Loddenkemper*, ZfIR 2006, 707, 711; *K. Schmidt*, NJW 1997, 2201, 2203.

nur auf die von der Quotenhaftung gedeckten Teile der Gesellschaftsschuld erfolgen soll. Dem Lösungsweg von *Thürling* kann demnach nicht gefolgt werden.

Die Darlehensverträge enthalten regelmäßig lediglich die Formulierung, dass die Gesellschafter nur beschränkt in Höhe der in der beigehefteten Aufstellung aufgeführten Teilbeträge am genannten Darlehensbetrag haften.[888]

Aus dieser Formulierung der summenmäßigen quotalen Haftungsbeschränkungen lassen sich keine Rückschlüsse auf die Frage ziehen, ob eine Anrechnung von Gesellschaftsleistungen und Verwertungserlösen auf die betragsmäßigen Haftungsquoten auch dann erfolgen soll, wenn die Ansprüche der kreditgebenden Bank gegen die Gesellschaft einen Stand erreicht haben, der über die Summe aller betragsmäßig feststehenden Haftungsanteile hinausgeht.

Es erscheint jedoch nicht schlüssig, sich gerade in dieser Konstellation gegen eine Anrechnung zu entscheiden, da die Gläubigerbanken Kenntnis von der im Rahmen der Darlehensverhältnisse möglicherweise auftretenden Tatsache haben, dass die ausstehende Verbindlichkeit aufgrund von auflaufenden Zinsen und Kosten über den Betrag der Anfangsverbindlichkeit steigt. Denn in den in den letzten Jahren vom BGH und den Oberlandesgerichten entschiedenen Fällen haben die Banken die summenmäßigen Haftungsquoten der Anleger stets an den Darlehensbeträgen nebst Zinsen und Nebenleistungen bemessen.[889] Wenn sie nun trotz dieses denkbaren Falles nicht darauf achten, in ihren Darlehenskonditionen die summenmäßigen Haftungsquoten am Darlehensnominalbetrag inklusive der Zinsen und Kosten festzumachen, müssen sie auch das Risiko tragen, dass ein solcher Fall tatsächlich einmal eintritt.

IV. Zwischenergebnis

Auch im Fall einer summenmäßigen quotalen Haftung sind Leistungen der Gesellschaft und Verwertungserlöse auf die Haftungsquoten der Gesellschafter

---

888 Vgl. BGHZ 188, 233, 235; KG, NZG 2009, 299; KG, ZIP 2009, 1118, 1119; KG, NZG 2010, 1075; KG, NZG 2010, 2065; in diesen Fällen waren allerdings Zinsen und Kosten bei der Festlegung der betragsmäßigen Haftungsquoten der Anleger berücksichtigt worden.

889 Vgl. hierzu BGHZ 188, 233, 235; KG, NZG 2009, 299; KG, ZIP 2009, 1118, 1119; KG, NZG 2010, 1075; KG, NZG 2010, 1265.

anzurechnen. Dies gilt selbst dann, wenn durch auflaufende Zinsen und Kosten die noch nicht beglichene Gesellschaftsschuld über den Betrag der ursprünglichen Verbindlichkeit steigt, auf deren Grundlage die summenmäßigen Haftungsquoten der Gesellschafter festgesetzt wurden.

E. Die Auswirkungen von Gesellschafterleistungen bei einer quotalen Haftung der Anleger

Schlussendlich stellt sich die Frage, ob Leistungen einzelner Gesellschafter ebenfalls zu einer Reduzierung der Haftungsquoten der anderen Gesellschafter führen.

Die Gesellschafter haften dann zwar unabhängig von der Höhe ihrer ursprünglichen Haftungsquote nur noch maximal in Höhe der Restschuld der Gesellschaft.[890] Allerdings hat die Leistung eines Gesellschafters aufgrund des Teilschuldcharakters der quotalen Haftung keine Auswirkungen auf die Haftungsbeträge seiner Mitgesellschafter.[891] Der zahlende Anleger will in der Regel nur die Gesellschaftsschuld und seine eigene Haftungsquote mindern, nicht jedoch die der anderen Gesellschafter.[892] Haften die übrigen Anleger nach der Zahlung eines Gesellschafters weiterhin im Umfang ihrer ursprünglichen Haftungsquoten, so wird der erstrebte Gleichlauf von Innen- und Außerhaftung umgesetzt.[893] Zudem wird gewährleistet, dass die Summe der Haftungsbeträge der noch nicht in Anspruch genommenen Anleger nicht unter den Betrag der Restschuld der Gesellschaft sinkt.[894] Die Bank kann bei einer quotalen Haftung der Anleger nur dann in vollem Umfang befriedigt werden, wenn jeder Gesellschafter seinen Haftungsanteil in vollem Umfang leistet. Sieht man von einer mögli-

---

890 Vgl. Staub/*Habersack*, § 128 Rn. 21.

891 KG, NZG 2011, 102, 104; OLG München, Urteil vom 5.10.2010, Az. 20 U 1940/10, Rz. 54 (juris); *Barchewitz*, MDR 2007, 1176, 1177; *Deutscher*, ZfIR 2009, 631, 640; *Klimke*, WM 2010, 492, 494; *K. Schmidt*, NJW 1997, 2201, 2205; Anm. *Schulz*, WuB II E. § 128 HGB 1.11, 661; vgl. auch *Lehleiter/Hoppe*, BKR 2008, 323, 327; so im Ergebnis auch *Thürling*, S. 105 ff., mit einem aus der Sicht der Verfasserin übertriebenen und nicht immer nachvollziehbaren Begründungsaufwand.

892 *Westermann*, FS-Krämer, S. 373, 385 f.

893 *Barchewitz*, MDR 2007, 1176, 1177; *Klimke*, WM 2010, 492, 494.

894 *Klimke*, WM 2010, 492, 494; *Lehleiter/Hoppe*, BKR 2008, 323, 327.

chen Zwangsvollstreckung bzw. Leistungen der Gesellschaft einmal ab, können also nur die Leistungen der Gesellschafter in ihrer Gesamtheit eine gänzliche Befriedigung der Bank herbeiführen.[895] Die Gläubigerbank trägt nur das Ausfallrisiko im Fall einer unterbleibenden Zahlung eines Gesellschafters, nicht jedoch das Risiko in dem Fall, dass die Gesellschafter zu unterschiedlichen Zeitpunkten ihre Leistungen erbringen.[896] Andernfalls würde auch der Zweck der persönlichen Gesellschafterhaftung verfehlt, den Gläubigern für die Gesellschaftsschuld eine zusätzliche Sicherheit zu geben.[897] Die Leistung eines Gesellschafters auf die Gesellschaftsschuld führt demnach nicht zu einer Verringerung der Haftungsquoten der übrigen Gesellschafter.

F. Ergebnis zu Kapitel 3

Die Auslegung der quotalen Haftungsbeschränkungsvereinbarungen ergibt, dass eine Verminderung der Gesellschaftsverbindlichkeit durch Leistungen aus dem Gesellschaftsvermögen auch zu einer Absenkung der Haftungsquoten der Gesellschafter führen muss. Dies gilt sowohl bei einer nur prozentualen Beschränkung der Gesellschafterhaftung, als auch dann, wenn die Haftungsquoten der Anleger summenmäßig festgesetzt wurden. Etwas anderes gilt ausnahmsweise nur dann, wenn der Darlehensvertrag einen Ausschluss der entsprechenden Anwendbarkeit von § 366 Abs. 1 BGB enthält.

Damit haften die Anlagegesellschafter teilschuldnerisch für die Verbindlichkeiten der Fondsgesellschaft. Das Risiko einer Insolvenz ihrer Mitgesellschafter tragen demgemäß nicht die Anleger, sondern die kreditgebenden Banken.

Eine Anrechnung von Leistungen aus dem Gesellschaftsvermögen erfolgt selbst dann, wenn die Gesellschaftsschuld infolge von anlaufenden Zinsen und Kosten über die Summe aller betragsmäßigen Haftungsquoten angestiegen ist. Tilgungsleistungen eines Gesellschafters auf die Gesellschaftsschuld führen hingegen nicht zu einer Reduzierung der Haftungsbeträge ihrer Mitgesellschafter.

---

895 KG, NZG 2011, 102, 104.

896 KG, NZG 2011, 102, 104.

897 Anm. *Goette*, DStR 1997, 711, 712.

Kapitel 4 - Die Verwertungsreihenfolge bei einer möglichen Vollstreckung in das Fondsgrundstück und in das Privatvermögen der Gesellschafter

Zusätzlich zu der kraft Gesetzes bestehenden persönlichen Gesellschafterhaftung lassen sich die Gläubigerbanken regelmäßig zur Sicherung ihrer Darlehensrückzahlungsansprüche gegen die Fondsgesellschaften dingliche Sicherheiten an den Fondsgrundstücken einräumen. Hierbei handelt es sich in der Regel um Grundschulden.[898]

Dies hat zur Folge, dass eine kreditgebende Bank, die ihren Anspruch gegen die Gesellschaft nicht (in voller Höhe) durchsetzen kann, in das Fondsgrundstück vollstrecken und/oder die Anlagegesellschafter persönlich in Anspruch nehmen kann.

A. Die Auswirkungen der Verwertungsreihenfolge auf das Insolvenzrisiko

Wenn die Gläubigerbank als erstes in das Grundstück der Gesellschaft vollstreckt, reduziert sich zunächst die Gesellschaftsverbindlichkeit um den Betrag des Versteigerungserlöses abzüglich der Kosten der Zwangsvollstreckung. Anschließend kann die Bank die Anleger persönlich in Höhe ihrer jeweiligen Quote an der Restverbindlichkeit in Anspruch nehmen. Diese Vollstreckungsreihenfolge ist unproblematisch.[899]

Kompliziert wird es hingegen, wenn die Bank einige Anleger persönlich in Anspruch nimmt und erst dann auf das Fondsgrundstück zugreift. Denn in diesem Fall verlagert sie das Risiko eines insolvenzbedingten Ausfalls von einzelnen Gesellschaftern auf die noch zahlungsfähigen Gesellschafter.[900]

---

898 Vgl. BGHZ 188, 233, 235; BGH, NZG 2011, 580; BGH, NZG 2011, 1023.

899 Vgl. *Loddenkemper*, ZfIR 2006, 707, 714.

900 *Barchewitz*, MDR 2007, 1176, 1178; *Klimke*, WM 2010, 492, 497; *Loddenkemper*, ZfIR 2006, 707, 714; *Westermann*, FS-Krämer, S. 373, 390 f.; vgl. auch KG, NJOZ 2007, 4255, 4261.

Zur besseren Veranschaulichung soll folgender Beispielsfall dienen:[901] *Eine Fonds-GbR, an der 100 Gesellschafter zu gleichen Anteilen beteiligt sind, hat bei einem Kreditinstitut ein Darlehen über 18 Mio. € aufgenommen. Der Darlehensvertrag enthält eine quotale Beschränkung der Gesellschafterhaftung auf die Beteiligung am Gesellschaftsvermögen, so dass der Haftungsanteil jedes Gesellschafters zu Beginn 180.000 € zzgl. Zinsen und Kosten beträgt. Das Fondsgrundstück ist mit einer Grundschuld zugunsten der Bank über 18 Mio. € zzgl. Zinsen belastet. Als die Fonds-GbR das Darlehen nicht mehr bedienen kann, kündigt die Bank den Kredit und stellt ihn fällig. Die Fonds-GbR hat bisher 3 Mio. € auf den Darlehensrückzahlungsanspruch der Bank geleistet.*

Verwertet die Bank nun zuerst das Fondsgrundstück und beträgt der Erlös aus der Zwangsversteigerung 9 Mio. €, so beläuft sich die Restverbindlichkeit der Gesellschaft auf 6 Mio. €. Die Bank kann dann jeden Gesellschafter im Umfang von 60.000 € in Anspruch nehmen. Sind 20 Gesellschafter zahlungsunfähig, so hat die Bank einen insolvenzbedingten Ausfallschaden von 1,2 Mio. €.

Hält die Bank sich hingegen zuerst an die Gesellschafter, kann jeder von ihnen in Höhe von 150.000 € in Anspruch genommen werden. Sind 20 Gesellschafter zahlungsunfähig, so erlangt die Bank einen Erlös von 12 Mio. € (80 x 150.000 €). Aus der Zwangsversteigerung des Grundstücks, die einen Erlös von 9 Mio. € bringt, kann sich die Bank für die Restverbindlichkeit von 3 Mio. € ohne Probleme befriedigen.

Der nach der Zahlung der Verfahrenskosten und der Befriedigung des Gesellschaftsgläubigers verbleibende Überschuss aus der Zwangsverwertung des Fondsgrundstücks steht dann grundsätzlich der Gesellschaft zu,[902] wenn man zunächst die Frage eines Übergangs der Gläubigerforderung samt Nebenrechten im Wege der Legalzession auf die leistenden Gesellschafter außen vor lässt.

Der Vereinfachung halber soll hier von einem Abzug der Verfahrenskosten abgesehen werden, so dass nach Befriedigung des Gläubigers tatsächlich ein Überschuss von 6 Mio. € verbleibt. Dann könnte jeder der 80 Gesellschafter, die eine Leistung an den Gläubiger erbracht haben, nach den §§ 713, 670

901 Vgl. *Loddenkemper*, ZfIR 2006, 707, 708, 714.

902 Vgl. Böttcher/*Böttcher/Keller*, § 155 Rn. 5; Kindl/Meller-Hannich/Wolf/*Sievers*, § 109 Rn. 9.

BGB[903] von der Gesellschaft eine tatsächliche Erstattung in einem Umfang von 75.000 € erlangen. In diesem Fall hätte also jeder Gesellschafter 75.000 € (150.000 € - 75.000 €) – und damit 15.000 € mehr als bei vorheriger Vollstreckung in das Grundstück – auf die Restschuld der Gesellschaft geleistet. Die Bank hätte auf diese Weise geschickt das Ausfallrisiko auf die zahlungsfähigen Anleger verlagert.

B. Verpflichtung der Bank zur Einhaltung einer bestimmten Verwertungsreihenfolge

Lehnt man eine Ausfallhaftung der Gesellschafter in Höhe ihrer ursprünglichen Haftungsquote für ihre insolventen Mitgesellschafter ab, stellt sich die Frage, ob verhindert werden kann, dass sich im Fall einer Inanspruchnahme von Anlegern vor der Verwertung des Fondsgrundstücks das Risiko eines Ausfalls der anderen Anleger auf die in Anspruch genommenen Gesellschafter verlagert.

Die Bank könnte verpflichtet sein, die zu ihren Gunsten bestellte Grundschuld an dem Fondsgrundstück zuerst zu verwerten, bevor sie einzelne oder alle Anlagegesellschafter persönlich in Anspruch nimmt.

I. Das Wahlrecht der Banken bei der Verwertung von Sicherheiten

Das Gesetz sieht keine Rangordnung für verschiedene Sicherungsmittel vor.[904] Man kann vielmehr dem Übergang der Sicherheiten gemäß §§ 412, 401 BGB im Fall des gesetzlichen Forderungsübergangs entnehmen, dass das Gesetz nicht von einer bestimmten Verwertungsreihenfolge von Sicherungsrechten ausgeht,

---

903 § 713 BGB ist nach ganz herrschender Meinung auf alle Gesellschafter anwendbar, die mit Befugnis bestimmte Einzeltätigkeiten für die Gesellschaft vornehmen, Staub/*Schäfer*, § 110 Rn. 34; MüKo/*Ulmer/Schäfer*, BGB, § 713 Rn. 1; die Erstattungsansprüche des leistenden Gesellschafters gegen die Gesellschaft sowie gegen seine Mitgesellschafter werden ausführlich in Kapitel 5 behandelt.

904 Schimansky/Bunte/Lwowski/*Bunte*, § 22 Rn. 15; vgl zudem BGH, ZIP 2002, 1390, 1391; *Clemente*, BKR 2002, 975, 981.

sondern die Sicherheiten nach der Vorstellung des Gesetzgebers grundsätzlich im Verhältnis der Gleichstufigkeit zueinander stehen.[905] Seine Grenze findet das freie Wahlrecht des Gläubigers unter mehreren Sicherungsrechten allein in dem Verbot des Rechtsmissbrauchs.[906]

Das Wahlrecht des Gläubigers bei der Verwertungsreihenfolge hat in Nr. 17 Abs. 1 S. 1 AGB-Banken, die von allen privatrechtlich organisierten, vorwiegend dem Bundesverband deutscher Banken e.V. angehörenden Kreditinstituten verwendet werden,[907] seinen Niederschlag gefunden. Danach hat die Bank die Wahl, welche unter mehreren Sicherheiten sie (zuerst) verwertet.[908] Das Wahlrecht der Banken nach Nr. 17 Abs. 1 S. 1 AGB-Banken besteht nicht nur bei der Frage einer Verwertung von gleichartigen Sicherheiten, sondern auch dann, wenn es um die Verwertung von unterschiedlichen Sicherungsrechten geht.[909]

Bei der Verwertung und bei der Auswahl der zu verwertenden Sicherheiten muss die Bank gemäß § 17 Abs. 1 S. 2 AGB-Banken auf die berechtigten Belange des Kunden und eines dritten Sicherungsgebers, der für die Verbindlichkeiten des Kunden Sicherheiten bestellt hat, Rücksicht nehmen.[910] Die Antworten auf alle anderen Fragen rund um die Verwertung sowie abweichende (und damit unter Umständen vorrangige) Verwertungsregeln ergeben sich entweder aus den individuellen Parteivereinbarungen oder es ist auf die allgemeinen gesetz-

---

905 Schimansky/Bunte/Lwowski/*Bunte*, § 22 Rn. 15; vgl. auch Derleder/Knops/Bamberger/*Casper*, § 3 Rn. 101.

906 Schimansky/Bunte/Lwowski/*Bunte*, § 22 Rn. 15; Kümpel/Wittig/*Merz*, Rn. 6487; vgl. außerdem BGH, BB 1966, 179, 180.

907 Baumbach/Hopt/Merkt/*Hopt*, AGB-Banken, Einleitung Rn. 1; die gewerblichen und ländlichen Kreditgenossenschaften (Bundesverband der Deutschen Volksbanken und Raiffeisenbanken e.V.) verwenden beinahe ohne Änderungen die AGB-Banken: Baumbach/Hopt/Merkt/*Hopt*, AGB-Banken, Einleitung Rn. 4.

908 Demgegenüber räumen die AGB-Sparkassen den Banken lediglich in Nr. 21 Abs. 5 S. 2 ein Wahlrecht bei der Verwertung von mehreren Sicherheiten ein, das jedoch nur die in Nr. 21 Abs. 1 AGB-Sparkassen geregelten Pfandrechte und Zessionen erfasst. Da die Verwertung anderer Sicherheiten nicht in den AGB-Sparkassen geregelt wurde, richtet sich diese nach den Parteivereinbarungen bzw. – soweit vorhanden – nach den gesetzlichen Regelungen, vgl. *Bunte*, Rn. 599.

909 OLG München, WM 1988, 1846, 1848; *Bunte*, Rn. 398; *ders.*, in: Schimansky/Bunte/Lwowski, § 22 Rn. 15; Kümpel/Wittig/*Merz*, Rn. 6486

910 Vgl. Kümpel/Wittig/*Merz*, Rn. 6487 f.

lichen Bestimmungen zurückzugreifen.[911] Für die Verwertung einer Grundschuld gelten dann die §§ 1 ff. ZVG in Verbindung mit den §§ 1191 ff. BGB.

In *Kapitel 3* wurde im Rahmen der Auslegung der quotalen Haftungsbeschränkungen bereits festgestellt, dass sich einer Klausel, nach der im Fall einer grundpfandrechtlichen Sicherung „zunächst das Grundstück" haftet, nicht eindeutig ein Vorrang der Grundstücksverwertung entnehmen lässt.[912] Nur dann, wenn sich die Anleger in notariellen Urkunden der sofortigen Vollstreckung in ihr gesamtes Vermögen unterworfen haben, enthalten diese für gewöhnlich Regelungen, wonach die Bank die persönlichen Sicherheiten verwerten darf, ohne vorher die Zwangsvollstreckung in das Fondsgrundstück betreiben zu müssen.[913] In einigen Fällen haben außerdem die kreditgebende Bank und die Gesellschaft im Darlehensvertrag eine Vereinbarung über eine bestimmte Verwertungsreihenfolge getroffen.[914]

Fehlt es jedoch an einer solchen ausdrücklichen Vereinbarung, könnte man den quotalen Haftungsbeschränkungen bzw. sonstigen darlehensvertraglichen Bestimmungen im Wege der Auslegung eine von den Parteien gewollte Verwertungsreihenfolge entnehmen.[915] Berücksichtigt man den in *Kapitel 3* herausgearbeiteten Zweck der Quotenhaftung, die Gesellschafter vor dem Risiko einer Insolvenz ihrer Mitgesellschafter zu befreien, so ist zu beachten, dass die Bank mittels einer gut durchdachten Verwertungsreihenfolge dieses eigentlich von ihr zu tragende Risiko wieder auf die Gesellschafter verlagern könnte, wenn sie vor einer Verwertung des Fondsgrundstücks die zahlungsfähigen Gesellschafter in Anspruch nimmt.[916]

Auf der anderen Seite spricht gegen eine Auslegung im Sinne einer bestimmten Verwertungsreihenfolge, dass bei einer subsidiären persönlichen Inanspruchnahme der Anleger die Bank das Risiko tragen müsste, dass die Insolvenz eines Anlegers erst in dem Zeitraum zwischen der Darlehenskündigung und dem Ende der Zwangsverwertung eintritt. Eine Inanspruchnahme dieses Anlegers in Höhe seiner Haftungsquote wäre dann letztendlich erfolglos.[917] Zu-

---

911 Baumbach/Hopt/Merkt/*Hopt*, AGB-Banken, § 17 Rn. 1; *Schwintowski*, § 2 Rn. 133.

912 Kapitel 3, B. V. 5. d) aa).

913 *Loddenkemper*, ZfIR 2006, 707, 714.

914 Vgl. BGHZ 188, 233, 235 f.; BGH, NZG 2011, 1352, 1353.

915 Vgl. *Loddenkemper*, ZfIR 2006, 707, 714.

916 *Klimke*, WM 2010, 492, 497.

917 So auch *Klimke*, WM 2010, 492, 497.

dem kann man von den Banken wohl kaum erwarten, dass sie im Fall eines auch nur geringen Verzuges der Gesellschaft mit ihren Zahlungsverpflichtungen den Darlehensvertrag kündigen und sich im Wege der Zwangsvollstreckung oder Zwangsverwaltung aus dem Grundstück befriedigen. In diesem Fall müssten die Gesellschafter erst mit einer Inanspruchnahme durch die Gläubigerbank rechnen, wenn der Extremfall eintreten würde, dass die Gesellschaft überhaupt nicht mehr in der Lage wäre, ihre Verbindlichkeiten zu tilgen.[918] Die persönliche Gesellschafterhaftung wäre dann für die Banken letztendlich nur noch von Relevanz, wenn der äußerste Fall einer Insolvenz der Gesellschaft eintreten würde. Solange die Gesellschaft regelmäßig und kontinuierlich ihre Verbindlichkeiten tilgt, hätten die Gesellschafter eine Inanspruchnahme nicht zu befürchten. Der Grundgedanke der persönlichen Gesellschafterhaftung, nach dem die Gesellschaftsgläubiger neben dem Gesellschaftsvermögen auf eine weitere Haftungsmasse zugreifen können, ohne vorher erfolglos Befriedigung bei der Gesellschaft gesucht haben zu müssen,[919] würde damit letzten Endes vollkommend verfehlt.

Außerdem kann unter bestimmten Umständen eine vorrangige Verwertung des Fondsgrundstücks auch den Interessen der Anlagegesellschafter widersprechen Dies wird beispielsweise der Fall sein, wenn für die Zukunft eine Verbesserung der Verhältnisse auf dem Immobilienmarkt erwartet wird und daher zu einem späteren Zeitpunkt voraussichtlich höhere Verwertungserlöse zu erzielen sind.[920] Darüber hinaus ist zu beachten, dass es sowohl in der Investitionsphase als auch bei einem späteren Wegfall von Garantiemieten in der Regel schnell zu Rückständen bei der Bedienung der Darlehen kommen kann. Würde die Bank in diesem Fall tatsächlich sogleich die Zwangsvollstreckung in das Fondsgrundstück betreiben, müsste die Gesellschaft aufgelöst werden und der Gesellschaftszweck könnte nicht mehr verwirklicht werden.[921]

Im Wege der Auslegung kann der quotalen Haftungsbeschränkung demnach keine bestimmte Verwertungsreihenfolge entnommen werden. Es ist vielmehr weiterhin von einem Wahlrecht der Bank zwischen der persönlichen Inanspruchnahme der Anleger und der Zwangsverwertung des Fondsgrundstücks auszugehen.

---

918 KG, NJOZ 2007, 4255, 4261; OLG Brandenburg, NZG 2011, 233, 235.

919 Vgl. Staub/*Habersack*, § 128 Rn. 26.

920 *Barchewitz*, MDR 2007, 1176, 1178.

921 OlG Brandenburg, NZG 2011, 233, 235.

II. Einrede der sachlichen Vorausvollstreckung gemäß § 772 Abs. 2 S. 1 BGB analog

Allerdings könnte man überlegen, den Anlegern in analoger Anwendung von § 772 Abs. 2 S. 1 BGB die Einrede der sachlichen Vorausvollstreckung zu gewähren.[922] Wenn dem Gläubiger an einer beweglichen Sache des Hauptschuldners ein Pfandrecht zusteht, muss er gemäß § 772 Abs. 2 S. 1 BGB neben der unmittelbaren Inanspruchnahme des Hauptschuldners zunächst diese Sache verwerten, bevor er auf den Bürgen zurückgreifen kann.

Allerdings sind die Voraussetzungen einer Analogie, nämlich das Vorliegen einer planwidrigen Regelungslücke sowie einer vergleichbaren Interessenlage,[923] nicht erfüllt.

Zum einen hätte der Gesetzgeber längst die Möglichkeit gehabt, auch im Rahmen der Gesellschafterhaftung die Einrede der Vorausklage gegen die Gesellschaft sowie eine dem § 772 Abs. 2 S. 1 BGB vergleichbare Verwertungsreihenfolge zu normieren. In dieser Hinsicht ist er aber nicht tätig geworden, sondern hat sich vielmehr mit § 128 S. 1 HGB auch bei dem Bestehen von anderen Sicherheiten für eine primäre Haftung der Gesellschafter für die Gesellschaftsverbindlichkeiten entschieden.[924] Demnach kann jedenfalls nicht von der Planwidrigkeit der Regelungslücke ausgegangen werden.

Außerdem ist die Bürgenhaftung zwar dahingehend mit der persönlichen Gesellschafterhaftung vergleichbar, dass auch die Anlagegesellschafter nicht in einem Gesamtschuldverhältnis zur Gesellschaft stehen.[925] Andererseits gibt es für die persönliche Gesellschafterhaftung keine Einrede der Vorausklage oder eine dem § 771 BGB vergleichbare Norm.[926] Die Gesellschafter haften vielmehr primär neben der Gesellschaft.[927] Schon aus diesem Grund – Subsidiarität der Bürgenhaftung einerseits, akzessorische Primärhaftung der Gesellschafter an-

922 Diese Überlegung stellen auch *Bünz/Neubauer*, TranspR 1983, 85, 92 f. bei den Mitreedern einer Partenreederei an, lehnen sie jedoch im Ergebnis ab.

923 BGH, NZG 2010, 264, 266 m.w.N.

924 Vgl. Staub/*Habersack*, § 128 Rn. 26; MüKo/*K. Schmidt*, HGB, § 128 Rn. 20.

925 Vgl. BGHZ 47, 376, 378 f.; *Bünz/Neubauer*, TranspR 1983, 85, 92.

926 Vgl. Staub/*Habersack*, § 128 Rn. 26.

927 Ebenroth/Boujong/Joost/Strohn/*Hillmann*, § 128 Rn. 18, MüKo/*K. Schmidt*, HGB, § 128 Rn. 20.

dererseits – ist die Interessenlage bei der Inanspruchnahme eines Gesellschafters nicht mit der bei der Inanspruchnahme eines Bürgen vergleichbar.

Auch nimmt § 772 Abs. 2 S. 1 BGB ausdrücklich nur auf bewegliche Sachen Bezug. Der Gläubiger ist danach also nicht zur vorrangigen Verwertung von Grundstücken verpflichtet.[928] Dies entspricht der Funktion von § 772 Abs. 2 S. 1 BGB, der dem Gläubiger nur eine erfolgversprechende und schnelle Vollstreckung zumuten will.[929] Denn während der Gläubiger bei beweglichen Sachen noch relativ einfach auf die ihm verpfändete Sache zugreifen kann, würde eine vorrangige Haftung von Grundstücken die Bürgenhaftung weitgehend entwerten.[930]

III. Freie Verwertbarkeit als Verstoß gegen Treu und Glauben

Dem Wahlrecht der Banken bei der Verwertung könnten jedoch nach dem Grundsatz von Treu und Glauben gemäß § 242 BGB Grenzen gesetzt sein, wenn sich eine bestimmte Verwertungsreihenfolge als rechtsmissbräuchlich erweisen würde.

Der Grundsatz von Treu und Glauben ist nach allgemein anerkannter Ansicht entgegen dem Wortlaut von § 242 BGB ein für das gesamte Rechtsleben geltendes Prinzip.[931] Die Funktion von § 242 BGB besteht darin, dort korrigierend einzugreifen, wo die Rechtsausübung zu untragbaren Folgen führt.[932] Sinn und Zweck von § 242 BGB ist es daher unter anderem, die Rechte der Parteien in den Fällen zu beschränken, in denen ihre Ausübung missbräuchlich wäre.[933] Um einen derartigen Rechtsmissbrauch zu verhindern, wird der Partei unter Berufung auf § 242 BGB die Ausübung des betreffenden Rechts verwehrt.[934]

---

928 RGZ 92, 219, 220; OLG Hamm, WM 1984, 829, 832; *Graf Lambsdorff/Skora*, Rn. 271; MüKo/*Habersack*, BGB, § 772 Rn. 2; Staudinger/*Horn*, § 772 Rn. 2.

929 Vgl. Staudinger/*Horn*, § 772 Rn. 2.

930 RGZ 92, 219, 220.

931 Bamberger/Roth/*Sutschet*, § 242 Rn. 1, 2.

932 BGHZ 48, 396, 398.

933 MüKo/*Roth*, BGB, § 242 Rn. 176; Bamberger/Roth/*Sutschet*, § 242 Rn. 47.

934 Bamberger/Roth/*Sutschet*, § 242 Rn. 47, 52.

Zur Feststellung des Rechtsmissbrauchs ist eine Interessenabwägung vorzunehmen, die sämtliche Umstände des Einzelfalles berücksichtigt.[935]

Loddenkemper will aus der quotalen Gesellschafterhaftung ein Verbot der freien Verwertungsreihenfolge herleiten, da diese ja letztlich darüber entscheidet, wer den Ausfall der insolventen Gesellschafter trägt.[936] Wenn man sich der Ansicht anschließe, nach der die kreditgebende Bank den Ausfall von insolventen Gesellschaftern zu tragen habe, dann sei der Grundsatz der freien Verwertbarkeit nach Treu und Glauben einzuschränken.[937] Indem die freie Verwertungsreihenfolge das Insolvenzrisiko auf die Anleger verlagere, führe sie zu einem materiell unrichtigen Ergebnis und sei daher rechtsmissbräuchlich.[938]

Nimmt man jedoch an, dass in einer freien Verwertungsreihenfolge ein Verstoß gegen Treu und Glauben liegt, so hätte die persönliche Gesellschafterhaftung – wie oben bereits festgestellt – nur noch dann eine Bedeutung, wenn die Bank sich bereits aufgrund einer Zahlungsunfähigkeit der Gesellschaft zu einer Zwangsverwertung des Gesellschaftsgrundstücks entschieden hätte. Die Bank könnte dann nur noch im Extremfall auf die persönliche Gesellschafterhaftung zurückgreifen.[939] Der eigentliche Sinn und Zweck der persönlichen Gesellschafterhaftung, im Ausgleich zu der unbegrenzten Entnahmefreiheit in der Gesellschaft dem Gläubiger eine weitere Befriedigungsmöglichkeit aufzuzeigen, würde verfehlt.

In der freien Verwertbarkeit und damit in dem Wahlrecht der Banken zwischen einer primären Inanspruchnahme der teilschuldnerisch haftenden Fondsgesellschafter und einer Zwangsverwertung des Fondsgrundstücks ist demnach kein Verstoß gegen Treu und Glauben zu sehen.

---

935 Bamberger/Roth/*Sutschet*, § 242 Rn. 49.

936 So im Ergebnis *Loddenkemper*, ZfIR 2006, 707, 714.

937 *Loddenkemper*, ZfIR 2006, 707, 714.

938 *Loddenkemper*, ZfIR 2006, 707, 714; so auch *Westermann*, FS-Krämer, S. 373, 391, mit dem ausdrücklichen Hinweis, dass dies nur für den Einzelfall nach Abwägung aller beteiligten Interessen gelte; a.A. *Klimke*, WM 2010, 492, 497, der nur dann von einem Rechtsmissbrauch ausgeht, wenn die Zahlungsunfähigkeit eines Anlegers bei der Darlehenskündigung bereits absehbar ist und sich die Bank daher dem Ausfallrisiko gerade in Bezug auf den konkreten Anleger entzieht.

939 Vgl. zum Ganzen: KG, NJOZ 2007, 4255, 4261.

C. Der Übergang von dinglichen Sicherheiten

Gelangt man dementsprechend zu dem Ergebnis, dass die Wahlmöglichkeit der Banken, auf welche Sicherheit sie als erstes zurückgreifen, nicht gegen Treu und Glauben verstößt, stellt sich die Frage, ob die von der Gläubigerbank in Anspruch genommenen Anleger neben Aufwendungsersatzansprüchen gegen die Gesellschaft auch in den Genuss einer cessio legis kommen. Denn dies wäre für sie insofern von Vorteil, als dann gleichzeitig mit dem Anspruch der Gläubigerbank gegen die Gesellschaft gemäß den §§ 412, 401 BGB auch akzessorische Sicherheiten übergehen würden. Im Fall von nichtakzessorischen Sicherheiten hätten die Gesellschafter gegen die Bank einen Anspruch auf Zug um Zug-Übertragung dieser Sicherungsrechte, soweit sie nach § 401 BGB übergehen würden, wenn sie akzessorisch wären.[940] Dann könnten die Anleger bereits ihrer persönlichen anteiligen Inanspruchnahme die Zug um Zug-Einrede aus § 273 BGB auf Abtretung eines Teils der Grundschuld, der ihrer Leistung an den Gläubiger entspricht, entgegenhalten.[941] Ein weiterer Vorteil einer Legalzession läge darin, dass die leistenden Gesellschafter dann die Möglichkeit hätten, einen im Namen der Gläubigerbank gegen die Gesellschaft ergangenen Titel gemäß § 727 ZPO auf sich umschreiben zu lassen.[942]

Der Gesetzgeber hat keine ausdrückliche Regelung für den Fall getroffen, dass ein Gesellschafter die Gesellschaftsverbindlichkeit ganz oder teilweise tilgt, sondern den Gesellschafter für diesen Fall auf seinen allgemeinen Aufwendungsersatzanspruch gegen die Gesellschaft verwiesen.[943] Damit existiert auch keine Bestimmung, die ausdrücklich eine cessio legis der Gläubigerforderung zugunsten des leistenden Gesellschafters anordnet.[944] Aus diesem Grund ist bis heute umstritten, ob der Anspruch des befriedigten Gläubigers gegen die Gesellschaft im Wege der Legalzession auf den leistenden Gesellschafter übergeht.

---

940 Vgl. MüKo/*Habersack*, BGB, § 774 Rn. 10; Erman/*Herrmann*, § 774 Rn. 8; *Reinicke/Tiedtke*, Bürgschaftsrecht, Rn. 376, 381; Palandt/*Sprau*, § 774 Rn. 9.

941 *Klimke*, WM 2010, 492, 497.

942 *Faust*, FS-K. Schmidt, S. 357, 359; Anm. *Wertenbruch*, EWiR 2011, § 128 HGB 3/11, 749, 750.

943 Die Rückgriffsmöglichkeiten eines in Anspruch genommenen Gesellschafters werden später in Kapitel 5 ausführlich thematisiert.

944 *Preuß*, ZHR 160 (1996), 163, 170.

I. Die cessio legis zugunsten eines Gesellschafters

Bevor die Frage einer cessio legis zugunsten eines bereits aus der Gesellschaft ausgeschiedenen Gesellschafters erörtert wird, soll diese Frage für einen noch gesellschaftsangehörigen Gesellschafter untersucht werden.

1. Die Ansicht des BGH

Mit dem Hinweis darauf, dass es an der erforderlichen Gesamtschuld zwischen den Gesellschaftern und der Gesellschaft fehle, hat der BGH eine Legalzession zugunsten des noch gesellschaftsangehörigen Gesellschafters gemäß § 426 Abs. 2 BGB verneint. Auch eine Analogie zu dieser Vorschrift komme nicht in Betracht, da es an einer Regelungslücke fehle, denn § 110 HGB[945] regele den Gesellschafterregress abschließend.[946]

Diese Ansicht wurde vom 2. Zivilsenat jüngst für den Fall einer nicht-akzessorischen Sicherheit bestätigt.[947] Da zwischen der Gesellschaft und den Gesellschaftern kein Gesamtschuldverhältnis vorliege, habe ein Gesellschafter, der auf eine durch Grundschuld gesicherte Gesellschaftsverbindlichkeit zahle, keinen Zug-um-Zug zu erfüllenden Anspruch auf eine anteilige Abtretung der Sicherheit, die er dem Gläubiger einredeweise entgegenhalten könne. Auch eine Analogie zu § 774 Abs. 1 BGB komme mangels einer planwidrigen Regelungslücke nicht in Betracht; der Erstattungsanspruch des Gesellschafters sei abschließend in § 110 HGB geregelt.[948]

2. Die Befürworter einer Legalzession gemäß § 426 Abs. 2 BGB analog

Ein Teil des älteren Schrifttums geht im Gegensatz zum BGH von einer Legalzession entsprechend § 426 Abs. 2 BGB aus.[949]

---

945 Bei der GbR folgt ein entsprechender Aufwendungsersatzanspruch aus den §§ 713, 670 BGB.

946 BGHZ 39, 319, 323 f.

947 BGH, NZG 2011, 1023, 1028.

948 BGH, NZG 2011, 1023, 1028.

949 *Flume*, FS-Knur, S. 125, 131; *ders.*, Die Personengesellschaft, § 16 II 2a, S. 288, § 16 II 2b, S. 297; *Selb*, S. 118; so auch noch *K. Schmidt* , ZHR 137 (1974), 509, 516 ff.

Flume unterscheidet zwar streng zwischen der Gesellschaftsschuld und den akzessorischen Haftungsverbindlichkeiten der Gesellschafter. Gegen eine Charakterisierung des Verhältnisses von Gesellschaftsschuld und persönlicher Haftungsverbindlichkeit eines Gesellschafters als Gesamtschuld bestünden aber grundsätzlich keine Bedenken, wenn man den Besonderheiten der Akzessorietät der Gesellschafterhaftung bei der Anwendung der §§ 421 ff. BGB Rechnung trage.[950] Die wichtigsten rechtlichen Fragen seien bereits durch die Akzessorietät bestimmt, obwohl es im Verhältnis zwischen der Gesellschaftsschuld und den Haftungsverbindlichkeiten der Gesellschafter im Gegensatz zur Bürgschaft an einer abschließenden Regelung fehle. Nur die Legalzession nach § 426 Abs. 2 BGB könne man nicht aus dem Akzessorietätsgrundsatz herleiten, so dass die Heranziehung der Gesamtschuldregeln allein für diesen Fall eine Rolle spiele.[951]

Auch *K. Schmidt* befürwortet in einem Aufsatz aus dem Jahr 1974 noch eine Legalzession der Gläubigerforderung aufgrund einer Analogie zu § 426 Abs. 2 BGB.[952] Die Anwendbarkeit von § 426 Abs. 2 BGB analog könne weder mit dem Argument verneint werden, dass der Erstattungsanspruch aus § 110 HGB eine abschließende Regelung treffe, noch damit, dass zwischen Gesellschafts- und Gesellschafterschuld kein Gesamtschuldverhältnis bestehe.[953] Auch führe die Annahme einer cessio legis nicht dazu, dass der in Anspruch genommene Gesellschafter nun nach § 128 HGB in Verbindung mit der übergegangenen Gläubigerforderung gegen seine Mitgesellschafter vorgehen könne. Die Haftung der Mitgesellschafter sei vielmehr nach den allgemeinen Regeln nur subsidiär und pro rata.[954] Ein Übergang von Sicherungsrechten wie Bürgschaften oder von der Gesellschaft bestellten Pfandrechten gemäß den §§ 412, 401 BGB sei nach dem Sicherungszweck ausgeschlossen.[955]

3. Die Gegner einer Legalzession

Der (noch) überwiegende Teil des neueren Schrifttums schließt sich hingegen unter Verweis auf die fehlende Gesamtschuld der Ansicht des BGH an und ver-

---

950 *Flume*, FS-Knur, S. 125, 130; *ders.*, Die Personengesellschaft, § 16 II 2a, S. 287.
951 *Flume*, FS-Knur, S. 125, 131 f.; *ders.*, Die Personengesellschaft, § 16 II 2a, S. 288.
952 *K. Schmidt*, ZHR 137 (1974), 509, 516 ff.
953 *K. Schmidt*, ZHR 137 (1974), 509, 518.
954 *K. Schmidt*, ZHR 137 (1974), 509, 518 f.
955 *K. Schmidt*, ZHR 137 (1974), 509, 519 f.

neint damit eine cessio legis gemäß § 426 Abs. 2 BGB.[956] Auf die Frage einer entsprechenden Anwendbarkeit von § 774 Abs. 1 BGB geht diese Ansicht, wenn überhaupt, nur sehr pauschal und verallgemeinernd ein. Die Voraussetzungen für eine Analogie zu § 774 Abs. 1 BGB lägen nicht vor.[957] Zudem stimme sie wohl auch nicht mit dem gesetzgeberischen Willen überein.[958] Der Rückgriff sei allein nach gesellschaftsrechtlichen Vorgaben zu beurteilen; hier liege mit § 110 HGB aber lediglich ein einfacher Erstattungsanspruch vor.[959]

4. Die Befürworter einer Legalzession gemäß § 774 Abs. 1 BGB analog

Demgegenüber vertreten aber auch viele Autoren mittlerweile die Ansicht, dass die Forderung des Gesellschaftsgläubigers gegen die Gesellschaft gemäß § 774 Abs. 1 S. 1 BGB analog auf den zahlenden Gesellschafter übergehe.[960] Diese Ansicht wurde maßgebend von *K. Schmidt* bereits seit der 1. Auflage sei-

---

956 *Ensthaler*, § 128 Rn. 17; Röhricht/Graf von Westphalen/*von Gerkan/Haas*, § 128 Rn. 10; Ebenroth/Boujong/Joost/Strohn/*Hillmann*, § 128 Rn. 30; Baumbach/Hopt/Merkt/*Hopt*, § 128 Rn. 20, 25; *Hueck*, § 21 II 7, S. 321; *Hüffer*, § 19 Rn. 18; *Michalski*, § 128 Rn. 16; *Thürling*, S. 176; *Neubauer*, in: Münchener Hdb. des Gesellschaftsrechts I, 1. Auflage, § 62 Rn. 32, schließt sich zwar dieser Ansicht an, weist jedoch auch auf die sich hiernach ergebenden unbefriedigenden Ergebnisse hin; vgl. außerdem *Harrer*, GesRZ 2008, 266, 267 f. der die Frage einer cessio legis generell ablehnt.

957 Ebenroth/Boujong/Joost/Strohn/*Hillmann*, § 128 Rn. 30; Anm. *Wertenbruch*, EWIR 2011, § 128 HGB 3/11, 749, 750.

958 Röhricht/Graf von Westphalen/*von Gerkan/Haas*, § 128 Rn. 10.

959 Ebenroth/Boujong/Joost/Strohn/*Hillmann*, § 128 Rn. 30; Anm. *Wertenbruch*, EWiR 2011, § 128 HGB 3/11, 749, 750.

960 Oetker/*Boesche*, § 128 Rn. 35; *Grunewald*, 1.B. Rn. 48; *Habersack*, AcP 198 (1998), 152, 159 ff., 166 f.; *ders.*, in: Staub, § 128 Rn. 43; *Hadding*, FS-Fleck, S. 71, 80; *Klimke*, WM 2010, 492, 497 f.; *Kubis*, S. 116 ff.; *Loddenkemper*, ZfIR 2006, 707, 716 f.; *Neubauer/Herchen*, in: Münchener Hdb. des Gesellschaftsrechts I, § 69 Rn. 6; Koller/Roth/Morck/*Koller*, §§ 128, 129 Rn. 8; Anm. *Reiff*, LMK 2011, 324593; Schlegelberger/*K. Schmidt*, § 128 Rn. 31; *ders.*, Gesellschaftsrecht, § 49 V 1, S. 1435 f.; *ders.*, in: MüKo, HGB, § 128 Rn. 31; *ders.*, JuS 2011, 1124, 1125; MüKo/*Ulmer/Schäfer*, BGB, § 714 Rn. 54; *Wiedemann*, WM 1992, Sonderbeilage 7, S. 36; außerdem *ders.* nun für eine Analogie sowohl zu § 426 Abs. 2 BGB als auch zu § 774 Abs. 1 S. 1 BGB in: Gesellschaftsrecht II, S. 236; vgl. auch aus dem jüngeren Schrifttum *Faust*, FS-K. Schmidt, S. 357, 359 f., der ausdrücklich eine Gesamtanalogie zu den §§ 774 Abs. 1 S. 1, 1143 Abs. 1 S. 1, 1225 S. 1 BGB befürwortet.

ner Abhandlung zum Gesellschaftsrecht und seinem Schüler *Kubis* geprägt[961] und später von *Habersack*[962] ausgebaut. Den §§ 774, 1143, 1225 BGB sei der allgemeine Grundsatz zu entnehmen, dass der aufgrund seiner akzessorischen Haftung Leistende die Gläubigerforderung erwerbe.[963]

Bei Erlass des HGB habe man in der Gesamthandsgesellschaft noch ein reines Vermögensordnungsprinzip gesehen. Mittlerweile gehe die ganz herrschende Meinung jedoch davon aus, dass die Personengesellschaften rechtsfähig und damit auch selbst Träger des Gesellschaftsvermögens seien. Daraus folge zugleich die Differenzierung zwischen der Schuld der Gesellschaft und der der Gesellschafter.[964] Allein mit der auf eine Analogie zu § 774 Abs. 1 S. 1 BGB gestützten Legalzession lasse sich erklären, was mit der Gesellschaftsverbindlichkeit geschehe, wenn ein Gesellschafter von dem Gesellschaftsgläubiger in Anspruch genommen worden sei. Ähnlich einem Bürgen leiste der Gesellschafter zugleich auf seine eigene Schuld. Die Gesellschaftsschuld erlösche daher durch die Leistung nicht, sondern gehe, da ihr Verbleib bei dem Gläubiger nicht gewollt sei, auf den Gesellschafter über.[965] Weder in der Insolvenz der Gesellschaft noch in der eines Mitgesellschafters seien die Gläubiger durch die Zulassung einer Legalzession ungerechtfertigt benachteiligt.[966] Außerdem sei auch eine Beeinträchtigung von berechtigten Interessen anderer Sicherungsgeber zu verneinen.[967]

Ferner liege eine planwidrige Regelungslücke vor. Da schon die Entwicklung von der früher angenommenen Subjektidentität zwischen den Gesellschaftern und dem Verband hin zur Annahme der Rechtsfähigkeit der Gesellschaft und zur akzessorischen Gesellschafterhaftung nicht planmäßig war, könne hinter den (fehlenden) möglichen Rückgriffsoptionen ebenfalls kein gesetzgeberischer Plan liegen.[968]

---

961 Vgl. *K. Schmidt*, Gesellschaftsrecht, 1. Auflage, § 49 V, S. 1062 ff., § 51 III 2 b, S. 1110 ff.; *Kubis* , S. 53 ff.

962 Vgl. *Habersack*, AcP 198 (1998), 152, 159 ff.; *ders.*, in: Staub, § 128 Rn. 43 f.

963 *Habersack*, AcP 198 (1998), 152, 169; *ders.*, in: Staub, § 128 Rn. 43; *Loddenkemper*, ZfIR 2006, 707, 716; vgl. auch Oetker/*Boesche*, § 128 Rn. 35; Anm. *Reiff*, LMK 2011, 324593.

964 *Habersack*, AcP 198 (1998), 152, 160 f.

965 *Habersack*, AcP 198 (1998), 152, 161; *ders.*, in: Staub, § 128 Rn. 43.

966 *Kubis*, S. 94 ff.

967 *Kubis*, S. 105 f.

968 *Loddenkemper*, ZfIR 2006, 707, 716.

5. Stellungnahme

In der Tat ist es zutreffend, dass man den Übergang der Gläubigerforderung mangels einer Gesamtschuld zwischen Gesellschaft und Gesellschaftern nicht mit § 426 Abs. 2 BGB begründen kann. Denn aufgrund der akzessorischen Verbindung der Haftungsverbindlichkeiten der Gesellschafter zu der Gesellschaftsschuld fehlt es an der für eine Gesamtschuld notwendigen Gleichstufigkeit der Verbindlichkeiten.[969]

Wie bereits ausführlich in *Kapitel 1* dargestellt, trifft es auch zu, dass der Gesetzgeber bei Schaffung der §§ 128 f. HGB die Gesamthandsgesellschaft allein als Vermögensordnungsprinzip verstanden hat. Eine Trennung zwischen der Gesellschaftsschuld und der Haftung der Gesellschafter fand nicht statt. Die OHG wurde damals als eine bloße Fiktion gesehen; Träger des Gesellschaftsvermögens waren ja nach dieser Auffassung allein die Gesellschafter.[970] Man ging davon aus, dass § 128 HGB allein dazu diene, den Gläubigern neben dem Gesamthandsvermögen auch das persönliche Vermögen der Gesellschafter als Haftungsmasse zur Verfügung zu stellen.[971]

Heute hingegen findet eine strikte Trennung zwischen der Gesellschaftsschuld und der akzessorischen Gesellschafterverbindlichkeit statt.[972] Mit der Anerkennung der Rechtsfähigkeit der Personengesellschaften geht man davon aus, dass diese Gesellschaften – wenngleich nicht juristische Personen – Rechtsfähigkeit besitzen und damit selbst Träger des Gesellschaftsvermögens sind.[973] Demnach ist die Gesellschaft ein von den Gesellschaftern zu unterscheidendes Rechtssubjekt, so dass die Gesellschaftsschulden und die Haftung der Gesellschafter mit ihrem Privatvermögen auch unterschiedliche Verbindlichkeiten darstellen.[974] Folglich ist den Vertretern einer Analogie zu § 774 Abs. 1 S. 1 BGB zuzustimmen, wenn sie davon ausgehen, dass nur die Legalzes-

---

969 BGHZ 47, 376, 378 ff.; MüKo/*Bydlinski*, BGB, § 421 Rn. 41; Staub/*Habersack*, § 128 Rn. 20.

970 *K. Schmidt*, Gesellschaftsrecht, § 46 II 1, S. 1362 f.

971 *Habersack*, AcP 198 (1998), 152, 160.

972 *Flume*, Die Personengesellschaft, § 16 II 1, S. 283 ff.; Staub/*Habersack*, § 128 Rn. 2; Schlegelberger/*K. Schmidt*, § 128 Rn. 1; *ders.*, Gesellschaftsrecht, § 49 II 2, S. 1414 f.; *ders.*, in: MüKo, HGB, § 128 Rn. 1, 3.

973 Vgl. Ebenroth/Boujong/Joost/*Strohn*, § 124 Rn. 1; MüKo/*Ulmer*, BGB, § 705 Rn. 10.

974 Staub/*Habersack*, § 128 Rn. 2; Schlegelberger/*K. Schmidt*, § 128 Rn. 1; *ders.*, in: MüKo, HGB, § 128 Rn. 1.

sion erklären könne, was mit der Gesellschaftsschuld nach der Zahlung eines Gesellschafters passiere.

Allein der Unterschied in der Begründung der Bürgenhaftung durch Rechtsgeschäft einerseits[975] und der akzessorischen Gesellschafterhaftung durch gesetzliche Anordnung andererseits,[976] spricht nicht gegen eine analoge Anwendung von § 774 Abs. 1 BGB.

Auch das Argument, dass die Erstattungsansprüche aus § 110 HGB und aus §§ 773, 670 BGB den Gesellschafterregress abschließend regeln, ist nicht stichhaltig. Denn auch dem leistenden Bürgen steht neben dem Anspruch aus der gemäß § 774 Abs. 1 S. 1 BGB übergegangenen Gläubigerforderung zumeist ein Anspruch aus dem Innenverhältnis zum Hauptschuldner aus §§ 675, 670 BGB zu.[977] Es ist kein Grund ersichtlich, warum bei der Leistung eines Bürgen die Verbindlichkeit des Hauptschuldners im Wege der cessio legis auf den Bürgen übergeht, während im Fall der Leistung eines Gesellschafters die Gesellschaftsschuld erlöschen soll.

Im Ergebnis kann man also davon ausgehen, dass der Gesellschafter einem Bürgen vergleichbar auch auf seine eigene Verbindlichkeit leistet, so dass die Gesellschaftsschuld nicht erlischt, sondern der zahlende Gesellschafter sie im Wege der Legalzession erwirbt.[978] Gemäß § 774 Abs. 1 S. 1 BGB analog geht demnach die Gläubigerforderung in dem Umfang auf den leistenden Gesellschafter über, in dem er den Gesellschaftsgläubiger befriedigt.

II. Die cessio legis zugunsten eines bereits ausgeschiedenen Gesellschafters

Es stellt sich die Frage, ob die vorgenannten Grundsätze zu den Rückgriffsmöglichkeiten eines den Gesellschaftsgläubiger befriedigenden Gesellschafters auch für einen Gesellschafter gelten, der zu einem Zeitpunkt in Anspruch ge-

---

975 Vgl. *Larenz/Canaris*, Schuldrecht II/2, § 60 I 3 a, S. 2; Bamberger/Roth/*Rohe*, § 765 Rn. 3.

976 Vgl. Schlegelberger/*K. Schmidt*, § 128 Rn. 2; *ders.*, in: MüKo, HGB, § 128 Rn. 2.

977 *Graf Lambsdorff/Skora*, Rn. 279; MüKo/*Habersack*, BGB, § 774 Rn. 1; Bamberger/Roth/*Rohe*, § 765 Rn. 13.

978 Vgl. *Habersack*, AcP 198 (1998), 152, 161.

nommen wird, in dem er bereits aus der Gesellschaft ausgeschieden ist. Im Wege der Nachhaftung gemäß § 160 Abs. 1 HGB (in Verbindung mit § 736 Abs. 2 BGB) kann ein Gesellschafter für vor seinem Ausscheiden begründete Verbindlichkeiten in Anspruch genommen werden, die innerhalb von fünf Jahren nach seinem Ausscheiden fällig werden.

Zunächst ist bereits umstritten, ob und aufgrund welcher Rechtsgrundlage dem ausgeschiedenen Gesellschafter aus dem Innenverhältnis ein Ausgleichsanspruch gegen die Gesellschaft zusteht. Da es an dieser Stelle aber vor allem darum geht, ob der ausgeschiedene Gesellschafter bei Begleichung der Gesellschaftsschuld gleichzeitig mit der Gläubigerforderung gemäß den §§ 412, 401 BGB hierfür bestellte Sicherungsrechte erwirbt, wird die Frage nach aus dem Innenverhältnis zur Gesellschaft resultierenden Ausgleichsansprüchen des ausgeschiedenen Gesellschafters erst in *Kapitel 5* behandelt. Hier soll lediglich die in Rechtsprechung und Schrifttum strittige Frage geklärt werden, ob und aufgrund welcher Bestimmung auch der ausgeschiedene Gesellschafter anstelle oder neben einem internen Ausgleichsanspruch in den Genuss einer Legalzession kommt.

1. Die Ansicht des BGH

Der BGH hat in *BGHZ 39, 319* sowie im Anschluss daran in *BGHZ 93, 246* eine cessio legis zugunsten des nach seinem Ausscheiden in Anspruch genommenen Gesellschafters gemäß § 426 Abs. 2 BGB analog bejaht.[979] Zwar bestehe zwischen der Gesellschaft und dem ausgeschiedenen Gesellschafter kein Gesamtschuldverhältnis. Über die Anwendbarkeit der §§ 422 ff. BGB sei aber jeweils unter Berücksichtigung der Interessen der Beteiligten im Einzelfall zu entscheiden. Der aus der Gesellschaft ausgeschiedene Gesellschafter könne seinen Erstattungsanspruch nicht auf § 110 HGB stützen. Denn zur Erfüllung der Voraussetzungen des § 110 HGB sei zum einen erforderlich, dass ein noch der Gesellschaft angehörender Gesellschafter die Aufwendung mache. Zum anderen unterliege der bereits ausgeschiedene Gesellschafter keinen gesellschaftsrechtlichen Bindungen mehr, so dass auch aus diesem Grund die Anwendbarkeit von § 110 HGB scheitere. Da folglich im Unterschied zur Situation beim noch gesellschaftsangehörigen Gesellschafter keine (abschließende) Regelung des Gesellschafterregresses in § 110 HGB zur Verfügung stehe, könne von einer Rege-

979 BGHZ 39, 319, 324 f.; BGHZ 93, 246, 247.

lungslücke ausgegangen werden. Diese sei auch planwidrig. Daher sei es vertretbar, dem ausgeschiedenen Gesellschafter die Legalzession nach § 426 Abs. 2 BGB analog zugutekommen zu lassen.[980]

2. Die Befürworter der BGH-Ansicht im Schrifttum

Ein Teil der Literatur schließt sich dieser Auffassung des BGH an und nimmt eine cessio legis zugunsten des ausgeschiedenen Gesellschafters analog § 426 Abs. 2 BGB an.[981] Da der ausgeschiedene Gesellschafter nicht mehr in das Gesellschaftsverhältnis eingebunden sei und folglich seinen Erstattungsanspruch in vollem Umfang geltend machen könne, sei es konsequent, ihn wie einen in Anspruch genommenen Gesamtschuldner in den Genuss der Legalzession gemäß § 426 Abs. 2 BGB kommen zu lassen.[982]

3. Die Befürworter einer Legalzession gemäß § 774 Abs. 1 BGB analog

Der Teil des Schrifttums, der bereits eine cessio legis analog § 774 Abs. 1 S. 1 BGB zugunsten des gesellschaftsangehörigen Gesellschafters bejaht hat, spricht sich für eine cessio legis auf dieser Grundlage auch zugunsten des nach seinem Ausscheiden aus der Gesellschaft in Anspruch genommenen Gesellschafters aus.[983] Auch wenn man einen Freistellungs- bzw. Regressanspruch des ausgeschiedenen Gesellschafters aus eigenem Recht gegen die Gesellschaft befürworte, stünde dies einer cessio legis analog § 774 Abs. 1 S. 1 BGB nicht entge-

---

980 BGHZ 39, 319, 324 f.

981 *Büscher/Klusmann*, ZIP 1992, 11, 17; Ebenroth/Boujong/Joost/Strohn/*Hillmann*, § 128 Rn. 31; Baumbach/Hopt/Merkt/*Hopt*, § 128 Rn. 25; *Reinhard/Schultz*, Rn. 130; Soergel/*Wolf*, 12. Auflage, § 426 Rn. 11, 48; vgl. zudem *Kornblum*, S. 192, der jedoch zwischen Gesellschaft und Gesellschaftern ein Gesamtschuldverhältnis bejaht; vgl. auch *Kühne*, ZHR 133, (1970), 149, 182, der in Fn. 92 aber darauf hinweist, dass auch eine entsprechende Anwendung von § 774 BGB möglich erscheint, aufgrund der Inhaltsgleichheit mit § 426 Abs. 2 BGB sei die genaue Einordnung der Haftung jedoch nahezu bedeutungslos.

982 Ebenroth/Boujong/Joost/Strohn/*Hillmann*, § 128 Rn. 31.

983 *Habersack*, AcP 198 (1998), 152, 164 f.; *ders.*, in: Staub, § 128 Rn. 46; *Kubis*, S. 125 ff.; Schlegelberger/*K. Schmidt*, § 128 Rn. 62; *ders.*, Gesellschaftsrecht, § 51 III 2b, S. 1506; *ders.*, in: MüKo, HGB, § 128 Rn. 61, für den ausgeschiedenen Gesellschafter nun auch *Preuß*, ZHR 160 (1996), 163, 173 f.

gen, da auch in anderen Konstellationen ein Nebeneinander von Ansprüchen aus eigenem Recht und übergegangenen Ansprüchen anerkannt sei.[984] Die Legalzession ergebe sich aus einer Analogie zu § 774 Abs. 1 S. 1 BGB und nicht zu § 426 Abs. 2 BGB, da das Ausscheiden des Gesellschafters keinen Einfluss auf die Akzessorietät der Gesellschafterhaftung habe.[985] Haftungsrechtlich sei der ausgeschiedene Gesellschafter mithin wie ein noch der Gesellschaft angehörender Gesellschafter zu behandeln. Entscheidend für die Frage des Rückgriffs sei daher der Zeitpunkt der Entstehung der Gesellschaftsverbindlichkeit und nicht der Zeitpunkt der Geltendmachung, auf den allein der BGH seine Argumentation stütze.[986] Andererseits wird zum Teil aber auch argumentiert, dass für den bereits ausgeschiedenen Gesellschafter die Verbindlichkeit der Gesellschaft aus einem wirtschaftlichen Blickwinkel eine fremde Schuld sei, da er nicht mehr am Gesellschaftsvermögen beteiligt sei und keine Möglichkeit der Einflussnahme mehr habe. Er sei nach seinem Ausscheiden ähnlich einem Bürgen ein Außenstehender.[987]

4. Stellungnahme

Das entscheidende Argument für einen Übergang der Gläubigerforderung aufgrund einer entsprechenden Anwendung von § 774 Abs. 1 S. 1 BGB auf den bereits ausgeschiedenen Gesellschafter ist, dass auf diese Weise ein Gleichlauf zwischen den Rückgriffsmöglichkeiten des noch gesellschaftsangehörigen Gesellschafters und denen des ausgeschiedenen Gesellschafters erzeugt wird.

Ein gesellschaftsangehöriger und ein bereits ausgeschiedener Gesellschafter sind hinsichtlich der Frage der cessio legis gleich zu behandeln. Der aus einer Gesellschaft austretende Gesellschafter haftet für die während seiner Gesellschaftsangehörigkeit begründeten Gesellschaftsverbindlichkeiten grundsätzlich gemäß § 128 S. 1 HGB analog unbeschränkt. § 160 HGB stellt hierzu lediglich in zeitlicher Hinsicht eine Enthaftungsregel auf.[988] Der Grund für die Gleichbehandlung der beiden Fälle liegt also darin, dass der ausgeschiedene

984 *K. Schmidt*, Gesellschaftsrecht, § 51 III 2 b, S. 1506.

985 *Habersack*, AcP 198 (1998), 152, 165; *ders.*, in: Staub, § 128 Rn. 46; *Kubis*, S. 126.

986 *Kubis*, S. 126 f.

987 *Preuß*, ZHR 160 (1996), 163, 174.

988 Oetker/*Boesche*, § 128 Rn. 1; Staub/*Habersack*, § 128 Rn. 1; MüKo/*K. Schmidt*, HGB, § 160 Rn. 1.

Gesellschafter im Zeitpunkt der Entstehung der Gesellschaftsschuld Gesellschafter war und daher nach § 128 S. 1 HGB analog für diese Schuld aufkommen musste.[989] Daran kann auch sein späteres Ausscheiden aus der Gesellschaft nichts ändern. Aufgrund der – ungeachtet des Ausscheidens eines Gesellschafters – fortbestehenden Akzessorietät seiner Haftung scheidet also eine entsprechende Anwendung von § 426 Abs. 2 BGB auf den nach seinem Ausscheiden in Anspruch genommenen Gesellschafter ebenso aus, wie auf den noch gesellschaftsangehörigen Gesellschafter. Somit ist ein Forderungsübergang nach § 774 Abs. 1 S. 1 BGB analog vorzugswürdig.

III. Die Konsequenzen aus der Analogie zu § 774 Abs. 1 BGB

Gelangt man folglich zu dem Ergebnis, dass die Forderung des Gesellschaftsgläubigers gegen die Gesellschaft gemäß § 774 Abs. 1 S. 1 BGB analog sowohl auf den noch gesellschaftsangehörigen, als auch auf den bereits ausgeschiedenen leistenden Gesellschafter übergeht, stellt sich die Folgefrage, welche Auswirkungen dieser Forderungsübergang hat.

1. Übergang der Haftungsforderungen gegen die anderen Gesellschafter

Zunächst könnte mit dem gesetzlichen Übergang der Forderung gegen die Gesellschaft gemäß § 774 Abs. 1 S. 1 BGB auch ein Übergang der akzessorischen Haftungsforderungen gegen die einzelnen Gesellschafter nach §§ 412, 401 BGB verbunden sein.

a) Der vorhandene Meinungsstand

Während diese Problematik die Rechtsprechung offenbar noch nicht beschäftigt hat, können in der Literatur[990] unterschiedliche Meinungen ausgemacht werden. Ein Teil spricht sich für einen Übergang der Gläubigerforderungen ge-

---

989 *Kubis*, S. 126.

990 Die meisten der folgenden Autoren untersuchen den Übergang der Haftungsforderungen gegen die anderen Gesellschafter bei der OHG, allerdings sind die Argumente aufgrund der nun angeglichenen Haftungsverfassung der GbR an die der OHG auch bei der GbR von Bedeutung.

gen die anderen Gesellschafter aus § 128 S. 1 HGB (analog) auf der Grundlage von § 426 Abs. 2 BGB aus.[991] Demgegenüber befürworten andere Vertreter des Schrifttums einen gesetzlichen Übergang der Haftungsverbindlichkeiten der Gesellschafter analog §§ 774 Abs. 1 S. 1, 412, 401 BGB.[992]

Hadding und *Häuser* haben sich der Problematik eingehender gewidmet.[993] Zunächst sprechen sie nur die Frage eines Übergangs der Haftungsverbindlichkeiten gegen die anderen Gesellschafter auf der Grundlage von § 426 Abs. 2 S. 1 BGB an und verneinen sie. § 426 Abs. 2 BGB regele nur den Forderungsübergang im Rahmen eines Gesamtschuldverhältnisses. Als potenziell übergehende Forderungen kämen also allein die gegen die anderen Gesellschafter und nicht die gegen die Gesellschaft in Betracht. Da sich jedoch die Haftungsforderungen des Gesellschaftsgläubigers gegen die Gesellschafter in ihrem Fortbestand nach der Forderung gegen die Gesellschaft richteten, diese aber mit der Leistung des in Anspruch genommenen Gesellschafters erlösche, könnten die hierzu akzessorischen Haftungsforderungen gegen die Gesellschafter ebenfalls keinen Bestand haben.[994]

Wenn man einen Übergang der Sicherheiten und Vorzugsrechte nach den §§ 412, 401 BGB und damit auch einen Übergang der Haftungsverbindlichkeiten der Gesellschafter erreichen wolle, sei dies demnach nur aufgrund einer Analogie zu § 774 Abs. 1 S. 1 BGB möglich, da hier die Gesellschaftsschuld nicht erlösche, sondern auf den leistenden Gesellschafter übergehe.[995] Im Ergebnis befürworten also auch *Hadding* und *Häuser* zugunsten des leistenden Gesell-

---

991 *Faust*, FS-K. Schmidt, S. 357, 360; *Grunewald*, 1.B. Rn. 48; Baumbach/Hopt/Merkt/*Hopt*, § 128 Rn. 27; *Kornblum*, S. 192; MüKo/*K. Schmidt*, HGB, § 128 Rn. 34; nicht eindeutig Röhricht/Graf von Westphalen/*von Gerkan/Haas*, § 128 Rn. 11; Schlegelberger/*K. Schmidt*, § 128 Rn. 34; a.A. *K. Schmidt*, Gesellschaftsrecht, § 49 V 1, S. 1436, wo er im Widerspruch zu seiner MüKo-Kommentierung einen Übergang der Haftungsansprüche des befriedigten Gläubigers gegen die anderen Gesellschafter verneint, da sich die Gesellschafter gem. § 774 Abs. 2 BGB analog als Gesamtschuldner ausgleichen würden; für einen Regress allein gem. § 426 Abs. 1 S. 1 BGB: Heymann/*Emmerich*, § 110 Rn. 15.

992 *Habersack*, AcP 198 (1998), 152, 162; *ders.*, in: Staub, § 128 Rn. 48; Koller/Roth/Morck/*Koller*, § 128 Rn. 10.

993 *Hadding*, FS-Fleck, S. 71, 80; *Hadding/Häuser*, WM 1988, 1385, 1390 f.

994 So argumentierend für den Fall des bereits ausgeschiedenen Gesellschafters: *Hadding*, FS-Fleck, S. 71, 80; *Hadding/Häuser*, WM 1988, 1385, 1390 f.

995 *Hadding*, FS-Fleck, S. 71, 80; *Hadding/Häuser*, WM 1988, 1585, 1591.

schafters einen Übergang der Haftungsverbindlichkeiten gegen die anderen Gesellschafter auf der Grundlage von §§ 774 Abs. 1 S. 1, 412, 401 BGB analog.

b) Stellungnahme

Wenn man einen Übergang der Gläubigerforderung auf den leistenden Gesellschafter mit einer Analogie zu § 774 Abs. 1 S. 1 BGB begründet, so ist es nur konsequent für den Normalfall einer gesamtschuldnerischen Haftung der Gesellschafter untereinander auch einen Übergang der Haftungsforderungen des Gläubigers gegen die anderen Gesellschafter gemäß § 774 Abs. 1 S. 1 BGB in Verbindung mit den §§ 412, 401 BGB zu bejahen.[996]

Bei einer gesamtschuldnerischen Haftung der Gesellschafter ist dann jedoch § 774 Abs. 2 BGB analog zu beachten. Die Gläubigerforderungen gegen die anderen Gesellschafter gehen abweichend von den §§ 412, 401 BGB nur entsprechend der Verlustbeteiligung im Innenverhältnis auf den leistenden Gesellschafter über.[997] Im Gegensatz zur Gesellschaft, bei der der leistende Gesellschafter aufgrund der übergegangenen Gläubigerforderung in vollem Umfang Regress nehmen kann, ist demnach gemäß §§ 774 Abs. 1 S. 1, Abs. 2, 412, 401 BGB analog nur eine Inanspruchnahme der Mitgesellschafter in dem Umfang möglich, in dem der leistende Gesellschafter auch von ihnen nach § 426 Abs. 1 S. 1 BGB Ausgleich verlangen kann.[998]

c) Der Einwand der Subsidiarität der Ausgleichsverpflichtung

Dann stellt sich aber das Folgeproblem, ob sich die anderen Gesellschafter im Fall einer Inanspruchnahme aus der auf den leistenden Gesellschafter übergegangenen Forderung des Gläubigers auf die Subsidiarität ihrer Ausgleichsverpflichtung gemäß § 426 Abs. 1 S. 1 BGB berufen können. Der Subsidiaritätseinwand, nach dem die Gesellschafter zunächst die Gesellschaft erfolglos in Anspruch genommen haben müssen,[999] resultiert in der Regel aus dem mitgliedschaftlichen Rechtsverhältnis.[1000] Die §§ 412, 404 BGB ermöglichen es dem

996 *Habersack*, AcP 198 (1998), 152, 162; *ders.*, in: Staub, § 128 Rn. 48.

997 Vgl. MüKo/*Habersack*, BGB, § 774 Rn. 22; Staudinger/*Horn*, § 774 Rn. 43; *Thürling*, S. 179.

998 *Habersack*, AcP 198 (1998), 152, 163; vgl. auch Erman/*Heermann*, § 774 Rn. 14; Staudinger/*Horn*, § 774 Rn. 43; Bamberger/Roth/*Rohe*, § 774 Rn. 16.

999 Zu den Einzelheiten s. BGHZ 37, 299, 303; Ebenroth/Boujong/Joost/Strohn/*Hillmann*, § 128 Rn. 33; MüKo/*K. Schmidt*, HGB, § 128 Rn. 34.

1000 Staub/*Habersack*, § 128 Rn. 26, 49.

Schuldner lediglich, eine zunächst dem Gläubiger gegenüber bestehende Einwendung demjenigen gegenüber geltend zu machen, der die Gläubigerforderung kraft Gesetzes erwirbt.[1001] Der Subsidiaritätseinwand bestand jedoch nie gegenüber dem Gläubiger und kann daher auch nicht gemäß §§ 412, 404 BGB dem Ausgleich verlangenden Gesellschafter entgegengehalten werden. Daher ist die Lösung in § 774 Abs. 1 S. 3 BGB analog zu suchen. Zwar ergibt sich aus dieser Norm zunächst nur, dass die Gesellschaft Einwendungen aus dem Innenverhältnis zu dem regressnehmenden Gesellschafter auch einem Rückgriff aus der übergegangenen Gläubigerforderung entgegenhalten kann.[1002] Ist demnach im Innenverhältnis der leistende Gesellschafter allein zur Tragung der Gesellschaftsverbindlichkeit verpflichtet, so ist ein Rückgriff gegen die Gesellschaft nicht möglich.

Die Wertungen von § 774 Abs. 1 S. 3 BGB analog müssen dann aber auch für den Rückgriff der Gesellschafter untereinander gelten. Ansonsten würde der aus dem mitgliedschaftlichen Verhältnis folgende Subsidiaritätsgrundsatz durch die Befürwortung der Legalzession unterlaufen. Ebenso wie für das Verhältnis zwischen leistendem Gesellschafter und der Gesellschaft muss § 774 Abs. 1 S. 3 BGB daher auch im Verhältnis der Gesellschafter untereinander berücksichtigt werden.[1003] Die anderen Gesellschafter können sich also gegenüber dem Regress nehmenden Gesellschafter auf den Subsidiaritätseinwand berufen.

2. Der Vorrang des Gläubigerinteresses gemäß § 774 Abs. 1 S. 2 BGB analog

a) Der Regelungsgehalt von § 774 Abs. 1 S. 2 BGB (analog) beim Bürgen- und Gesellschafterregress

Gemäß § 774 Abs. 1 S. 2 BGB kann der Übergang der Forderung gegen den Hauptschuldner nicht zum Nachteil des Gläubigers geltend gemacht werden. Der Sinn und Zweck dieser Regelung liegt darin, die Rechtsposition des Gläubigers vor Beeinträchtigungen infolge des Forderungsübergangs zu schützen; ei-

---

1001 *Habersack*, AcP 198 (1998), 152, 163 f.

1002 Vgl. *Habersack*, AcP 198 (1998), 152, 161; *ders.*, in: MüKo, BGB, § 774 Rn. 15; Staudinger/*Horn*, § 774 Rn. 40; Bamberger/Roth/*Rohe*, § 774 Rn. 9.

1003 *Habersack*, AcP 198 (1998), 152, 164.

nen allgemeinen Schutz vor Nachteilen bietet § 774 Abs. 1 S. 2 BGB hingegen nicht.[1004]

§ 774 Abs. 1 S. 2 BGB spielt also immer dann eine Rolle, wenn der Bürge die Forderung des Gläubigers nicht in vollem Umfang erfüllt und es daraufhin zu einer Teilung der Forderung und der Nebenrechte kommt. Dann gebührt den noch vorhandenen Gläubigerrechten der Vorrang vor den auf den Bürgen übergegangenen Rechten.[1005] Der Erlös aus der Verwertung eines Grundpfandrechtes ist demnach primär zur vollständigen Befriedigung des Gläubigers bestimmt.[1006] Umstritten ist die Anwendbarkeit von § 774 Abs. 1 S. 2 BGB dann, wenn sich die mit der Hauptforderung übergehenden Sicherungsrechte noch auf weitere Forderungen des Gläubigers gegen den Hauptschuldner erstrecken.[1007] Einigkeit besteht aber zumindest darin, dass § 774 Abs. 1 S. 2 BGB dann nicht herangezogen werden kann, wenn das Verhältnis zu Gläubigerrechten in Frage steht, die keinen Zusammenhang zu der Verbindlichkeit des Hauptschuldners und den Sicherungsrechten aufweisen.[1008]

Wird der Bürge nur Mitinhaber eines akzessorischen Nebenrechts, so ist seine Berechtigung gegenüber der des Gläubigers nachrangig.[1009] Bei einem nicht-akzessorischen Nebenrecht wie z.B. einer Grundschuld, muss der Gläubiger dem Bürgen eine Mitberechtigung in dem Umfang übertragen, in dem er kein Sicherungsinteresse mehr hat.[1010] Will der Bürge also das nach §§ 412, 401 BGB auf ihn übergegangene akzessorische Sicherungsrecht oder das analog

---

1004 RGZ 82, 133, 136; BGHZ 110, 41, 45; MüKo/*Habersack*, BGB, § 774 Rn. 11; *Reinicke/Tiedtke*, Bürgschaftsrecht, Rn. 380.

1005 Prütting/Wegen/Weinreich/*Brödermann*, § 774 Rn. 20; MüKo/*Habersack*, BGB, § 774 Rn. 11; Erman/*Herrmann*, § 774 Rn. 13; Bamberger/Roth/*Rohe*, § 774 Rn. 11.

1006 *Reinicke/Tiedtke*, Bürgschaftsrecht, Rn. 382.

1007 Gegen die Anwendbarkeit: RGZ 76, 195, 198; RGZ 136, 40, 42 ff.; Erman/*Herrmann*, § 774 Rn. 13; Staudinger/*Horn*, § 774 Rn. 26; *Reinicke/Tiedtke*, Bürgschaftsrecht, Rn. 392 ff.; für eine Anwendbarkeit: BGHZ 110, 41, 46; Prütting/Wegen/Weinreich/*Brödermann*, § 774 Rn. 20; MüKo/*Habersack*, BGB, § 774 Rn. 12; Bamberger/Roth/*Rohe*, § 774 Rn. 11; Palandt/*Sprau*, § 774 Rn. 12.

1008 Beispielsweise tritt ein übergegangenes Grundpfandrecht nicht gegenüber anderen Grundpfandrechten des Gläubigers zurück: BGHZ 110, 41, 45 f.; MüKo/*Habersack*, BGB, § 774 Rn. 12; Erman/*Herrmann*, § 774 Rn. 13; Staudinger/*Horn*, § 774 Rn. 26; *Reinicke/Tiedtke*, Bürgschaftsrecht, Rn. 384.

1009 BGHZ 110, 41, 46; vgl. auch OLG Celle, NJW 1968, 1139 .

1010 Prütting/Wegen/Weinreich/*Brödermann*, § 774 Rn. 21; MüKo/*Habersack*, BGB, § 774 Rn. 11.

§ 401 BGB auf ihn übertragene Sicherungsrecht verwerten, so geht es bei einer nur teilweisen Tilgung der Hauptverbindlichkeit dem Sicherungsrecht des Gläubigers nach.[1011]

Wenn ein Anlagegesellschafter im Umfang seiner Haftungsquote an den Gesellschaftsgläubiger leistet, kann er also aufgrund von § 774 Abs. 1 S. 2 BGB analog die Übertragung eines Teils der Sicherungsgrundschuld verlangen, der dem Teil der Grundschuld der Gläubigerbank im Rang nachsteht.[1012] Die Teilübertragung einer Grundschuld ist ohne Weiteres zulässig.[1013] Für ihre Übertragung gilt § 1154 BGB entsprechend; die Norm findet also nur in Bezug auf die Übertragung des dinglichen Rechts Anwendung.[1014] Wenn der Gläubiger die Abtretung eines Teils der Grundschuld verweigert und anschließend eine Zwangsverwertung stattfindet, steht dem leistenden Gesellschafter ein dem Rang und Umfang seines Grundschuldteils entsprechender Anteil an dem Verwertungserlös zu.[1015]

Die Nachrangigkeit des an den leistenden Anleger übertragenen Teils der Grundschuld stellt sich für ihn als Problem dar. Denn wenn die Grundschuld zumindest so hoch ist wie die Restschuld der Fonds-GbR und der Erlös aus der Verwertung des Grundstücks nicht höher als die nach der persönlichen Inanspruchnahme von Anlegern noch bestehende Restschuld, dann ist der Anspruch aus § 774 Abs. 1 S. 1 BGB analog in Verbindung mit § 401 BGB analog auf Abtretung eines Teils der Grundschuld wirtschaftlich für den Anleger wertlos.[1016] Nach der Zwangsverwertung bedarf es dann nämlich des gesamten Verwertungserlöses, um die Restschuld der Gesellschaft gegenüber dem Gesellschaftsgläubiger zu tilgen. Für die bereits zuvor in Anspruch genommenen Anleger bleibt hingegen nichts übrig.

1011 Erman/*Herrmann*, § 774 Rn. 13.

1012 *Klimke*, WM 2010, 492, 498; vgl. auch MüKo/*Habersack*, BGB, § 774 Rn. 11.

1013 BGH, NJW 1983, 568; OLG Düsseldorf, NJW-RR 1991, 685; Schimansky/Bunte/Lwowski/*Epp*, § 94 Rn. 151; Bamberger/Roth/*Rohe*, § 1192 Rn. 33.

1014 *Baur/Stürner*, § 44 Rn. 13; MüKo/*Eickmann*, BGB, § 1154 Rn. 44; Soergel/*Konzen*, § 1154 Rn. 1; Erman/*Wenzel*, § 1154 Rn. 12.

1015 BGHZ 110, 41, 44.

1016 *Klimke*, WM 2010, 492, 498.

b) Anspruch des leistenden Gesellschafters auf Einräumung einer gleichrangigen Grundschuldsäule

Zur Lösung dieses Problems wird von *Barchewitz* und im Anschluss daran von *Klimke* vorgeschlagen, den Anlegern einen Anspruch auf Einräumung einer gleichrangigen Grundschuldsäule zu gewähren. Teile man die Grundschuld in gleichrangige Säulen ein, decke jede der Säulen jeweils die Haftungsquote eines Anlegers ab. Sobald der Anleger die durch die Grundschuld gesicherte Gesellschaftsverbindlichkeit im Umfang seiner Haftungsquote abgetragen habe, stehe ihm ein Anspruch auf Übertragung seiner Grundschuldsäule zu, die zu den bei der Bank verbliebenen Grundschuldsäulen gleichrangig sei. Der Grundschuldteil, der der Gesellschaft aufgrund eigener Leistungen gebühre, sei hingegen gegenüber den Grundschuldsäulen der Bank und denen der Anleger nachrangig.[1017] Wenn die Grundschuld vollständig in der Hand der Gläubigerbank bleibe, weil der in Anspruch genommene Gesellschafter seinen Anspruch auf anteilige Übertragung nicht geltend mache, ergebe die Auslegung der quotalen Haftungsbegrenzung, dass dem Anleger ein Anspruch auf anteilige Erstattung des Erlöses aus der Zwangsverwertung zustehe.[1018]

c) Stellungnahme

Wenn man von der Gleichrangigkeit der an die leistenden Anleger übertragenen Grundschuldteile zu der noch beim Gläubiger verbliebenen Teilgrundschuld ausgeht, sind im Fall einer Zwangsverwaltung oder Zwangsversteigerung die Überschüsse bzw. der Verwertungserlös zwischen den in Anspruch genommenen Anlegern und dem Gläubiger nach dem Verhältnis ihrer Teilgrundschulden zu verteilen. Wenn die Erlöse dann nicht die noch ausstehende Gläubigerforderung und die Forderungen der Anleger aus übergegangenem Recht decken, müsste der Gläubiger, obwohl er ja ursprünglich durch die Grundschuld gesichert war, noch weitere Anleger in Anspruch nehmen, um für seine Forderung vollständig befriedigt zu werden. Das Risiko eines Ausfalls dieser Gesellschafter läge dann bei ihm. Die Bestimmung des § 774 Abs. 1 S. 2 BGB, die, wie bereits festgestellt, den Gläubiger gerade vor einer Beeinträchtigung seiner Rechtsstellung durch die Legalzession schützen will, würde dann leerlaufen.

1017 *Barchewitz*, MDR 2007, 1176, 1179; *Klimke*, WM 2010, 492, 498; ablehnend *Thürling*, S. 172 f., 174.

1018 *Klimke*, WM 2010, 492, 499; *Loddenkemper*, ZfIR 2006, 707, 717.

Für die Ansicht von *Barchewitz* und *Klimke* spricht auf der anderen Seite, dass sie eine konsequente Lösung für die ansonsten eintretende Rückverlagerung des Risikos einer Insolvenz von Anlegern auf ihre leistenden Mitgesellschafter bietet. Denn geht man von einer Nachrangigkeit der Teilgrundschulden der leistenden Anleger entsprechend § 774 Abs. 1 S. 2 BGB aus und reicht der Erlös aus der Zwangsverwertung allein zur Befriedigung des Gläubigers, so gehen die vor der Verwertung in Anspruch genommenen Anleger leer aus, wenn ihre Rückgriffsansprüche wertlos sind.

Dogmatisch kann man die Annahme einer Gleichrangigkeit der auf die leistenden Anleger übertragenen Teilgrundschulden und der beim Gläubiger noch verbliebenen Grundschuld auf eine ergänzende Auslegung der Haftungsbeschränkungsklauseln stützen.[1019] Da § 774 Abs. 1 S. 2 BGB abdingbar ist,[1020] sind die quotalen Haftungsbeschränkungen dahingehend zu verstehen, dass neben einer Anrechnung von Gesellschaftsleistungen und Verwertungserlösen und der damit verbundenen Verlagerung des Ausfallrisikos auf die Gläubigerbanken auch § 774 Abs. 1 S. 2 BGB abbedungen wurde. Mit der Annahme einer solchen Abbedingung ist der Vorteil verbunden, dass das endgültige Einstehenmüssen der Anleger nicht mehr vollkommen davon abhängig ist, ob sie vor oder nach einer Verwertung des Fondsgrundstücks in Anspruch genommen werden.[1021] Die Anlagegesellschafter tragen dann lediglich noch das Risiko, dass der Erlös nicht zur vollständigen Befriedigung ihrer Regressansprüche gegen die Gesellschaft sowie der Restforderung des Gläubigers reicht.

Außerdem wird im Vergleich zu der Annahme einer strikten Verwertungsreihenfolge die darlehensgewährende Bank nicht mit dem Risiko belastet, dass ein oder mehrere Anleger erst in dem Zeitraum zwischen der Verwertung und ihrer nachfolgenden persönlichen Inanspruchnahme zahlungsunfähig werden. Die Bank trägt vielmehr nur das Risiko einer Insolvenz der Anleger von Anfang an bzw. bis zur gerichtlichen Durchsetzung der Zahlungsforderungen.[1022]

1019 Vgl. *Klimke*, WM 2010, 492, 498.

1020 Staudinger/*Horn*, § 774 Rn. 24, 32; Palandt/*Sprau*, § 774 Rn. 5.

1021 Vgl. *Klimke*, WM 2010, 492, 498.

1022 *Klimke*, WM 2010, 492, 498.

D. Ergebnis zu Kapitel 4

Die Gläubigerbanken haben die Wahl, ob sie als erstes einzelne oder alle Anlagegesellschafter in Anspruch nehmen oder ob sie zunächst die Zwangsvollstreckung in das Fondsgrundstück betreiben. Entscheiden sich die Kreditinstitute für eine vorrangige Inanspruchnahme einzelner zahlungskräftiger Anleger, verlagern sie das Risiko eines Ausfalls der noch nicht in Anspruch genommenen Gesellschafter auf diejenigen, die bereits gezahlt haben. Dennoch ergibt sich hieraus weder eine Einschränkung des Wahlrechtes der Banken bei der Auswahl unter den Sicherheiten aufgrund einer Analogie zu § 772 Abs. 2 S. 1 BGB noch unter den Gesichtspunkt von Treu und Glauben.

Der leistende Gesellschafter erwirbt im Wege der Legalzession gemäß § 774 Abs. 1 S. 1 BGB analog – auch wenn er zum Zeitpunkt seiner Inanspruchnahme bereits aus der Gesellschaft ausgeschieden ist – die Gläubigerforderung in dem Umfang, in dem er von der Gesellschaft Erstattung verlangen kann. Gemäß § 401 BGB analog wäre der Gläubiger dann zu einer Übertragung eines der Leistung entsprechenden Teils der an dem Fondsgrundstück bestehenden Grundschuld verpflichtet.

Allerdings könnte dann eigentlich der Übergang eines Teils der Gläubigerforderung sowie der Grundschuld gemäß § 774 Abs. 1 S. 2 BGB analog nicht zum Nachteil des Gläubigers geltend gemacht werden. Dementsprechend müsste der Gläubiger dem Anleger nur einen Teil der Grundschuld übertragen, der seiner eigenen Teilgrundschuld im Rang nachgeht. In vielen Fällen würde dies allerdings dazu führen, dass nach der Befriedigung des Gesellschaftsgläubigers nichts von dem Verwertungserlös übrig bleibt. Der in Anspruch genommene Gesellschafter wäre endgültig mit dem Risiko eines Ausfalls seiner Mitgesellschafter belastet.

Die Haftungsbeschränkungsvereinbarungen sind daher ergänzend dahin auszulegen, dass der Gläubiger dem leistenden Gesellschafter einen gleichrangigen Teil der Grundschuld übertragen muss. Dann ist der Verwertungserlös zwischen dem Gläubiger und dem in Anspruch genommenen Gesellschafter nach dem Verhältnis ihrer Teilgrundschulden zu verteilen.

Kapitel 5 - Die Rückgriffs- und Freistellungsansprüche der quotal in Anspruch genommenen Gesellschafter

Wenn ein Anleger für eine Gesellschaftsverbindlichkeit nach Maßgabe seiner quotalen Haftung in Anspruch genommen wird, stellt sich die Frage, ob er von der Gesellschaft oder seinen Mitgesellschaftern Freistellung verlangen oder im Fall einer bereits erfolgten Zahlung Rückgriff nehmen kann. Für den Fall einer gesamtschuldnerischen Haftung der Gesellschafter gibt es in Einzelfragen zwar noch Kontroversen hinsichtlich der bestehenden Freistellungs- und Rückgriffsansprüche, allerdings haben sich hierzu inzwischen verschiedene relativ gefestigte Meinungen herausgebildet. Demgegenüber geht nur ein vergleichsweise geringer Teil der Literatur und Rechtsprechung auf die Frage ein, ob und wenn ja, nach welchen Rechtsnormen ein quotal haftender Gesellschafter von der Gesellschaft bzw. den Gesellschaftern Freistellung verlangen und nach seiner Inanspruchnahme Regress nehmen kann.

In diesem Kapitel soll deshalb der Frage nachgegangen werden, ob auch einem quotal haftenden Gesellschafter Freistellungs- bzw. Regressansprüche zustehen und auf welche Bestimmungen sich solche Ansprüche stützen lassen.

Der weitaus größere Teil der Rechtsprechung und des Schrifttums beschäftigt sich mit den Rückgriffs- und Freistellungsansprüchen von OHG- und KG-Gesellschaftern. In *Kapitel 2* wurde zwar die Zulässigkeit einer quotalen Beschränkung der Haftung von OHG-Gesellschaftern abgelehnt, allerdings laufen die Rückgriffs- und Freistellungsansprüche im Grundsatz bei der GbR parallel zu denen bei einer Personenhandelsgesellschaft, so dass im Rahmen der nachfolgenden Untersuchung auch die Literatur und die Rechtsprechung zu diesen Gesellschaften herangezogen werden können.

Zunächst wird der Meinungsstand zu den Freistellungs- und Rückgriffsansprüchen des leistenden Gesellschafters im Normalfall einer gesamtschuldnerischen Haftung der Gesellschafter für die Gesellschaftsverbindlichkeiten dargestellt. Sodann sind die Besonderheiten zu berücksichtigen, die sich im Hinblick auf die anteilige Begrenzung der Gesellschafterhaftung ergeben.

A. Rückgriff und Freistellung im Fall einer gesamtschuldnerischen Gesellschafterhaftung

I. Die Ansprüche gegen die Gesellschaft

Den Hintergrund von Rückgriffs- und Freistellungsansprüchen eines Gesellschafters gegen die Gesellschaft bildet der Gedanke, dass die Gesellschaft als eigenständiges Rechtssubjekt Verbindlichkeiten eingegangen und damit auch Vertragspartnerin geworden ist. Die Gesellschafter sind hingegen nach der nunmehr vorherrschenden Akzessorietätslehre nicht selbst Parteien des Vertragsverhältnisses mit dem Gläubiger. Ihre Haftung für die Gesellschaftsverbindlichkeiten ist vielmehr von akzessorischer Natur. Im Verhältnis der Gesellschafter zu der Gesellschaft ist es damit immer noch die Aufgabe der Gesellschaft, ihre Verbindlichkeiten selbst zu erfüllen.[1023]

1. Rückgriffsansprüche

Leistet ein Gesellschafter auf die Gesellschaftsverbindlichkeit, so kann er im Fall einer GbR gemäß §§ 713, 670 BGB[1024] bzw. im Fall einer OHG gemäß § 110 HGB[1025] bei der Gesellschaft Rückgriff nehmen. § 713 BGB erklärt die §§ 664 ff. BGB zwar nur auf geschäftsführende Gesellschafter für anwendbar, allerdings erstreckt sich sein Anwendungsbereich nach ganz herrschender Meinung auf alle Gesellschafter, die mit Befugnis bestimmte Einzeltätigkeiten für die Gesellschaft vornehmen.[1026] Gegen den Ersatzanspruch könnte man zwar einwenden, dass der Gesellschafter durch die Befriedigung des Gesellschaftsgläubigers kein freiwilliges Vermögensopfer und damit auch keine Aufwendung getätigt habe.

1023 Staub/*Habersack*, § 128 Rn. 41; *Wagner*, ZfIR 2009, 728, 732; vgl. auch *Habersack*, AcP 198 (1998), 152, 154.

1024 Soergel/*Hadding/Kießling*, § 713 Rn. 10, § 714 Rn. 36; Bamberger/Roth/*Schöne*, § 714 Rn. 30; Palandt/*Sprau*, § 713 Rn. 10; MüKo/*Ulmer/Schäfer*, BGB, § 713 Rn. 15, § 714 Rn. 54.

1025 Baumbach/Hopt/Merkt/*Hopt*, § 110 Rn. 10; Staub/*Schäfer*, § 110 Rn. 16, 33.

1026 Staub/*Schäfer*, § 110 Rn. 34; MüKo/*Ulmer/Schäfer*, BGB, § 713 Rn. 1; außerdem Soergel/*Hadding/Kießling*, § 714 Rn. 36 und Fn. 157: Rückgriff nach §§ 713, 670 BGB analog bei nicht geschäftsführenden Gesellschaftern.

Allerdings ist man sich darüber einig, dass zur Beurteilung der Freiwilligkeit nicht das Verhältnis zwischen dem Gesellschafter und dem Gesellschaftsgläubiger entscheidend ist, sondern es auf das Verhältnis des Gesellschafters zu der Gesellschaft ankommt. In dieser Beziehung aber ist der Gesellschafter nicht zur Leistung auf die Gesellschaftsverbindlichkeit verpflichtet.[1027]

In *Kapitel 4* wurde bereits dargelegt, dass der leistende Gesellschafter neben den Ausgleichsansprüchen gemäß §§ 713, 670 BGB bzw. gemäß § 110 HGB aufgrund der gemäß § 774 Abs. 1 S. 1 BGB analog auf ihn übergegangene Gläubigerforderung bei der Gesellschaft Regress nehmen kann.

2. Freistellungsansprüche

Bevor der in Anspruch genommene Gesellschafter an den Gesellschaftsgläubiger leistet, kann er von der Gesellschaft die Freistellung von der Inanspruchnahme durch den Gesellschaftsgläubiger verlangen. Dieser Freistellungsanspruch gegen die Gesellschaft folgt je nach der Gesellschaftsform entweder aus §§ 713, 670 oder aus § 110 HGB jeweils in Verbindung mit § 257 BGB.[1028] Aufgrund ihrer mitgliedschaftlichen Treuepflicht können sie den Anspruch aber grundsätzlich erst im Fall einer drohenden Inanspruchnahme durch den Gesellschaftsgläubiger geltend machen.[1029] Es kommt dabei nicht darauf an, ob die Inanspruchnahme überhaupt begründet ist, so dass der leistende Gesellschafter auch dann Freistellung verlangen kann, wenn die Gesellschaftsschuld gar nicht existiert.[1030]

1027 *Faust*, FS-K. Schmidt, S. 357, 359; Röhricht/Graf von Westphalen/*von Gerkan/Haas*, § 110 Rn. 7; Ebenroth/Boujong/Joost/Strohn/*Goette*, § 110 Rn. 10, 12; Koller/Roth/Morck/*Koller*, § 110 Rn. 3.

1028 Röhricht/Graf von Westphalen/*von Gerkan/Haas*, § 110 Rn. 16; Ebenroth/Boujong/Joost/Strohn/*Hillmann*, § 128 Rn. 36; MüKo/*K. Schmidt*, HGB, § 128 Rn. 35; MüKo/*Ulmer/Schäfer*, BGB, § 714 Rn. 55; Oetker/*Weitemeyer*, § 110 Rn. 19.

1029 Staub/*Habersack*, § 128 Rn. 41; Ebenroth/Boujong/Joost/Strohn/*Hillmann*, § 128 Rn. 36; MüKo/*Ulmer/Schäfer*, BGB, § 714 Rn. 55; teils abweichend MüKo/*K. Schmidt*, HGB, § 128 Rn. 35, der bei einer drohenden Inanspruchnahme erst das Rechtsschutzinteresse bejahen will.

1030 Staub/*Habersack*, § 128 Rn. 41; *Wagner*, WM 2010, 1684, 1686.

II. Die Ansprüche gegen die Gesellschafter

1. Rückgriffsansprüche

Eine früher vertretene Ansicht lehnte unter Berufung auf § 707 BGB Rückgriffsansprüche eines durch den Gesellschaftsgläubiger in Anspruch genommenen Gesellschafters gegen die übrigen Gesellschafter ab.[1031] Bei einer gesamtschuldnerischen Haftung der Gesellschafter ist man sich heute allerdings weitgehend darin einig, dass als Folge der unmittelbaren Außenhaftung aller Gesellschafter der in Anspruch genommene Gesellschafter Ausgleichsansprüche aus § 426 Abs. 1 S. 1 BGB gegen die übrigen Gesellschafter geltend machen kann.[1032] Hierin liegt dann keine gemäß § 707 BGB unzulässige Verpflichtung zur Leistung von Nachschüssen.[1033] Aufgrund der Treuepflicht der Gesellschafter untereinander kann der leistende Gesellschafter seine Mitgesellschafter nur subsidiär in Anspruch nehmen.[1034] Ein Titel gegen die Gesellschaft oder ein erfolgloser Vollstreckungsversuch ist nicht zwingend erforderlich; vielmehr genügt es, wenn der Gesellschaft keine hinreichenden Mittel zur Verfügung stehen, um dem Ausgleichsverlangen des Gesellschafters nachzukommen.[1035] Nach überwiegender Ansicht haften die Mitgesellschafter wie auch sonst beim

---

1031 RGZ 80, 268, 272 f.; Anm. *Zunft*, NJW 1962, 2148 f.

1032 *Drygala*, FS-Raiser, S. 63, 66 f.; *Ensthaler*, § 128 Rn. 18; *Faust*, FS-K. Schmidt, S. 357, 360; *Flume*, Die Personengesellschaft, § 16 II 2c, S. 298; Röhricht/Graf von Westphalen/*von Gerkan/Haas*, § 128 Rn. 11; *Gummert*, in Münchener Hdb. des Gesellschaftsrechts I, § 18 Rn. 115; Soergel/*Hadding/Kießling*, § 713 Rn. 10; Ebenroth/Boujong/Joost/Strohn/*Hillmann*, § 128 Rn. 32; *Koller*, FS-Georgiades, S. 671, 675, 684; *ders.*, in: Koller/Roth/Morck, § 128 Rn. 10; Schlegelberger/*Martens*, § 110 Rn. 7; *Prediger*, BB 1970, 868, 869; MüKo/*K. Schmidt*, HGB, § 128 Rn. 18; *Walch*, S. 114; krit. hinsichtlich der Differenzierung zwischen der Tilgung einer Gesellschaftsverbindlichkeit und sonstigen Aufwendungen: *Wiedemann*, Gesellschaftsrecht I, § 5 III 2 a, S. 271; *ders.*, Gesellschaftsrecht II, § 3 III 3 d cc, S. 237 f.

1033 Soergel/*Hadding/Kießling*, § 713 Rn. 10; *Hueck*, § 18 III 2, S. 267 f.; *Schäfer*, in: Gesellschaftsrecht in der Diskussion 2007, S. 137, 143 f.; *Walch*, S. 114.

1034 BGHZ 37, 299, 303; BGHZ 103, 72, 76; *Drygala*, FS-Raiser, S. 63, 67; *Ensthaler*, § 128 Rn. 18; *Faust*, FS-K. Schmidt, S. 357, 360; *Grunewald*, 1.B. Rn. 48; *Gummert*, in: Münchener Hdb. des Gesellschaftsrechts I, § 18 Rn. 116; Soergel/*Hadding/Kießling*, § 713 Rn. 10; *Hueck*, § 18 III 2, S. 268; *Koller*, FS-Georgiades, S. 671, 685; Schlegelberger/*Martens*, § 128 Rn. 7.

1035 MüKo/*K. Schmidt*, HGB, § 128 Rn. 34.

Gesamtschuldnerregress dem in Anspruch genommenen Gesellschafter nur anteilig entsprechend ihrer Verlustbeteiligung unter Abzug des Verlustanteils, der auf den Rückgriff nehmenden Gesellschafter entfällt.[1036]

Wie bereits in *Kapitel 4* festgestellt, erwirbt der leistende Gesellschafter außerdem gemäß §§ 774 Abs. 1 S. 1, 412, 404 BGB analog die Forderungen des Gesellschaftsgläubigers gegen die anderen Gesellschafter.

Ob der vom Gesellschaftsgläubiger in Anspruch genommene Gesellschafter darüber hinaus über § 128 S. 1 HGB analog seinen Regressanspruch gegen die Gesellschaft auch gegenüber den anderen Gesellschaftern geltend machen kann, ist äußerst fragwürdig. Grundsätzlich haften die Gesellschafter nicht nach § 128 S. 1 HGB (analog) für die aus den §§ 713, 670 BGB bzw. aus § 110 HGB folgenden Rückgriffsansprüche eines Gesellschafters gegen die Gesellschaft.[1037] Denn bei diesen Ansprüchen handelt es sich um Sozialverbindlichkeiten, die auf dem Gesellschaftsverhältnis beruhen. Eine Haftung der Gesellschafter für solche Verbindlichkeiten würde dem Gedanken von § 707 BGB widersprechen, wonach die Gesellschafter nicht zur Leistung von Nachschüssen verpflichtet sind.[1038] Etwas anderes soll nach teilweise vertretener Ansicht aber dann gelten, wenn ein Gesellschafter für eine Gesellschaftsverbindlichkeit aufgrund von § 128 S. 1 HGB (analog) in Anspruch genommen wurde. Dann könne der Gesell-

---

1036 Heymann/*Emmerich*, § 110 Rn. 15; *Ensthaler*, § 128 Rn. 18; *Faust*, FS-K. Schmidt, S. 357, 360; Röhricht/Graf von Westphalen/*van Gerkan/Haas*, § 128 Rn. 11; *Grunewald*, 1.B. Rn. 48; Staub/*Habersack*, § 128 Rn. 49; Soergel/*Hadding/Kießling*, § 713 Rn. 10; Ebenroth/Boujong/Joost/Strohn/*Hillmann*, § 128 Rn. 32; Baumbach/Hopt/Merkt/*Hopt*, § 128 Rn. 27; *Hueck*, § 18 III 2, S. 268; Koller/Roth/Morck/*Koller*, § 128 Rn. 10; Schlegelberger/*Martens*, § 128 Rn. 7; *Prediger*, BB 1970, 868, 869; *K. Schmidt*, Gesellschaftsrecht, § 49 V 2, S. 1437; *ders.*, in: MüKo, HGB, § 128 Rn. 34; a.A. (gesamtschuldnerische Haftung für den Rückgriffsanspruch) *Flume*, Die Personengesellschaft, § 16 II 2c, S. 298; kritisch auch noch *Koller*, FS-Georgiades, S. 671, 685 ff.

1037 Ebenroth/Boujong/Joost/Strohn/*Hillmann*, § 128 Rn. 11; Staub/*Habersack*, § 128 Rn. 12; MüKo/*Ulmer/Schäfer*, BGB, § 713 Rn. 15.

1038 BGHZ 37, 299, 301 f.; Ebenroth/Boujong/Joost/Strohn/*Hillmann*, § 128 Rn. 11; Staub/*Habersack*, § 128 Rn. 12; MüKo/*Ulmer/Schäfer*, BGB, § 713 Rn. 15; *K. Schmidt*, Gesellschaftsrecht, § 47 II 4 d, S. 1380.

schafter nach §§ 110, 128 S. 1 HGB[1039] auf seine Mitgesellschafter zurückgreifen, wenn ihm eine Befriedigung bei der Gesellschaft nicht möglich sei.[1040]

2. Freistellungsansprüche

Aufgrund des zwischen den Gesellschaftern bestehenden Gesamtschuldverhältnisses kann der in Anspruch genommene Gesellschafter vor seiner Leistung an den Gesellschaftsgläubiger die anderen Gesellschafter nach § 426 Abs. 1 S. 1 BGB auf Freistellung in Anspruch nehmen.[1041] Allerdings ist auch dieser Anspruch nur subsidiär, d.h., dass dem Gesellschafter eine Inanspruchnahme drohen muss und eine Geltendmachung der Freistellung gegenüber der Gesellschaft gescheitert ist.[1042] Die Haftung der Mitgesellschafter auf Freistellung besteht damit nur dann, wenn die ernsthafte Möglichkeit der Inanspruchnahme des Gesellschafters durch einen Gesellschaftsgläubiger besteht.[1043] Der in Anspruch genommene Gesellschafter kann auch hier von den einzelnen Mitgesellschaftern Freistellung nur pro rata in Höhe ihrer gesellschaftsvertraglichen Verlustbeteiligung verlangen.[1044] Nach der Befriedigung des Gesellschaftsgläubi-

1039 Für die GbR wird die Frage, ob ein Gesellschafter auf der Grundlage von §§ 713, 670 BGB, 128 HGB analog bei den Mitgesellschaftern Rückgriff nehmen kann, – soweit ersichtlich – nicht thematisiert.

1040 Oetker/*Boesche*, § 128 Rn. 19; Staub/*Habersack*, § 128 Rn. 12; Ebenroth/Boujong/Joost/Strohn/*Hillmann*, § 128 Rn. 12; Baumbach/Hopt/Merkt/*Hopt*, § 128 Rn. 22; ausdrücklich a.A. BGH, NJW-RR 2002, 455 f.; *Drygala*, FS-Raiser, S. 63, 66; *Prediger*, BB 1970, 868, 869; *K. Schmidt*, Gesellschaftsrecht § 49 V 2, S. 1437; die in diesem Fall nur Ausgleichsansprüche gegenüber den Mitgesellschaftern aus § 426 BGB zulassen; widersprüchlich Röhricht/Graf von Westphalen/*von Gerkan/Haas*, § 110 Rn. 4 und § 128 Rn. 11.

1041 BGH, NJW 1986, 978, 979; BGHZ 114, 138, 142; BGH, ZIP 2007, 2313, 2314 f.; Röhricht/Graf von Westphalen/*van Gerkan/Haas*, § 128 Rn. 12; *Gummert*, in: Münchener Hdb. des Gesellschaftsrechts I, § 18 Rn. 116; Staub/*Habersack*, § 128 Rn. 47; Ebenroth/Boujong/Joost/Strohn/*Hillmann*, § 128 Rn. 37.

1042 Staub/*Habersack*, § 128 Rn. 47; Ebenroth/Boujong/Joost/Strohn/*Hillmann*, § 128 Rn. 37; MüKo/*K. Schmidt*, HGB, § 128 Rn. 36.

1043 BGH, ZIP 2007, 2313, 2314; Röhricht/Graf von Westphalen/*von Gerkan/Haas*, § 128 Rn. 12; Staub/*Habersack*, § 128 Rn. 47; Ebenroth/Boujong/Joost/Strohn/*Hillmann*, § 128 Rn. 37; Schlegelberger/*K. Schmidt*, § 128 Rn. 36; *ders.*, in: MüKo, HGB, § 128 Rn. 36.

1044 Staub/*Habersack*, § 128 Rn. 47, 49; Ebenroth/Boujong/Joost/Strohn/*Hillmann*, § 128 Rn. 37; vgl. auch MüKo/*Ulmer/Schäfer*, BGB, § 714 Rn. 56.

gers wandelt sich der Befreiungsanspruch des Gesellschafters gegen seine Mitgesellschafter dann in einen Erstattungsanspruch um.[1045]

III. Die Ansprüche des ausgeschiedenen Gesellschafters

Das Ausscheiden eines Gesellschafters aus der Gesellschaft hat grundsätzlich keine Auswirkungen auf seine persönliche Gesellschafterhaftung gemäß § 128 S. 1 HGB analog für alle Verbindlichkeiten der Gesellschaft, die bis zu seinem Austritt begründet wurden.[1046] Sein Haftungsstatus ändert sich allein für die Zukunft, da es dann an der Voraussetzung der Gesellschafterstellung für § 128 S. 1 HGB analog fehlt.[1047] § 736 Abs. 2 BGB in Verbindung mit § 160 Abs. 1 HGB räumen dem ausgeschiedenen Gesellschafter nur die Möglichkeit einer zeitlichen Begrenzung seiner Nachhaftung ein.

1. Ansprüche gegen die Gesellschaft

a) Rückgriffsansprüche

Wenn ein ausgeschiedener Gesellschafter dem Zahlungsverlangen des Gesellschaftsgläubigers nachkommt und ihn befriedigt, stellt sich die Frage, auf Grund welcher Regelung er bei der Gesellschaft Regress nehmen kann. Denn es existiert keine ausdrückliche Bestimmung, die einen Rückgriffsanspruch des ausgeschiedenen Gesellschafters gegen die Gesellschaft vorsieht.

aa) Die verschiedenen Ansichten in Rechtsprechung und Literatur

Der BGH hat bereits einige Male zu den Rückgriffsmöglichkeiten des ausgeschiedenen Gesellschafters gegen die Gesellschaft Stellung genommen, in diesen Entscheidungen jedoch keine klare Linie vertreten. In *BGHZ 27, 51* stellte er fest, dass ein ausgeschiedener Gesellschafter, der von der Gesellschaft von seiner Haftung freigestellt wurde, nach seiner Leistung an den Gesellschaftsgläubiger von der Gesellschaft Erstattung verlangen kann.[1048] Eine Grundlage für den Erstattungsanspruch hat der BGH in diesem Urteil nicht genannt. Danach

---

1045 *Gummert*, in: Münchener Hdb. des Gesellschaftsrechts I, § 18 Rn. 116.
1046 Soergel/*Hadding/Kießling*, § 738 Rn. 15.
1047 MüKo/*K. Schmidt*, HGB, § 128 Rn. 40.
1048 BGHZ 27, 51, 57.

folgte die Entscheidung vom 9.5.1963, in der der BGH einen Anspruch eines ausgeschiedenen Kommanditisten aus § 110 HGB ablehnte und gleichzeitig einen Anspruch des Gesellschafters aus einer entsprechenden Anwendung von § 426 Abs. 2 BGB befürwortete.[1049] In einem Urteil aus dem Jahr 1977 stütze der BGH den Erstattungsanspruch schließlich auf § 670 BGB.[1050]

Auch das Schrifttum ist hinsichtlich der Frage der Rückgriffsansprüche des ausgeschiedenen Gesellschafters gegen die Gesellschaft gespalten. Ein nicht unerheblicher Teil der Literatur vertritt die Ansicht, dass dem ausgeschiedenen Gesellschafter gegen die Gesellschaft ein Rückgriffsanspruch aus § 738 Abs. 1 S. 2 Var. 2 BGB (in Verbindung mit § 105 Abs. 3 HGB) zustehe.[1051] Zur Begründung führt diese Ansicht an, dass sich der Freistellungsanspruch des Gesellschafters aus § 738 Abs. 1 S. 2 Var. 2 BGB nach einer Inanspruchnahme durch den Gesellschaftsgläubiger in einem Erstattungsanspruch fortsetze.[1052] Die Freistellungsverpflichtung der Gesellschaft sei dahingehend auszulegen, dass nach erfolgter Zahlung durch den ausgeschiedenen Gesellschafter die Gesellschaft ihm den geleisteten Betrag erstatten müsse.[1053] Der Anspruch aus § 738 Abs. 1 S. 2 Var. 2 BGB stelle eine Fortsetzung des Erstattungsanspruchs gegen die Gesellschaft nach Ausscheiden des Gesellschafters dar.[1054]

Einige Stimmen im Schrifttum wollen darüber hinaus den Erstattungsanspruch des Gesellschafters als Alternative zu § 738 BGB auch auf eine Analogie zu den §§ 713, 670 BGB[1055] stützen. Dies habe den Vorteil, dass dann die Haf-

---

1049 BGHZ 39, 319, 324 f.

1050 BGH, WM 1978, 114, 115.

1051 Oetker/*Boesche*, § 128 Rn. 39; Staub/*Habersack*, § 128 Rn. 45; *Hadding*, FS-Stimpel, S. 139, 154 f.; *ders.*, FS-Fleck, S. 71, 81; *Hadding/Häuser*, WM 1988, 1585, 1589; *Kornblum*, S. 192; *Kühne*, ZHR 133 (1970), 149, 182; Schlegelberger/*K. Schmidt*, § 128 Rn. 62; *ders.*, Gesellschaftsrecht, § 51 III 2 b, S. 1506 f.; *ders.*, in: MüKo, HGB, § 128 Rn. 61; *Schumann*, JZ 1958, 427; vgl. auch Röhricht/Graf von Westphalen/*van Gerkan/Haas*, § 128 Rn. 31.

1052 Staub/*Habersack*, § 128 Rn. 45; *Hadding/Häuser*, WM 1988, 1585, 1589; *Kühne*, ZHR 133 (1970), 149, 182; *K. Schmidt*, Gesellschaftsrecht, § 51 III 2 b, S. 1506 f.; *Schumann*, JZ 1958, 427.

1053 *Hadding/Häuser*, WM 1988, 1585, 1589.

1054 MüKo/*K. Schmidt*, HGB, § 128 Rn. 61.

1055 *Hadding/Häuser*, WM 1988, 1585, 1589; Soergel/*Hadding/Kießling*, § 738 Rn. 16; für eine Analogie zu § 110 HGB bei der OHG: *Hadding*, FS-Stimpel, S. 139, 155 f.; *ders.*, FS-Fleck, S. 71, 81; *Kubis*, S. 126 f.; *Preuß*, ZHR 160 (1996), 163, 165; vgl. auch schon zuvor *Schumann*, JZ 1958, 427.

tung des ausgeschiedenen Gesellschafters parallel zu der des gesellschaftsangehörigen Gesellschafters verlaufe.[1056] Darüber hinaus könne dem Gesellschafter auch ein Anspruch auf Schadensersatz aufgrund einer zu vertretenden Nichterfüllung der Freistellungsverpflichtung zugebilligt werden und außerdem der Erstattungsanspruch auch auf die Leistungskondiktion gemäß § 812 Abs. 1 S. 1 Alt. 1 BGB gestützt werden, da die Verbindlichkeit der Gesellschaft durch die Zahlung des Gesellschafters erlösche und die Gesellschaft durch die Befreiung von ihrer Freistellungsverpflichtung bereichert werde.[1057]

Eine weitere Ansicht will den Erstattungsanspruch des ausgeschiedenen Gesellschafters auf § 670 BGB gegebenenfalls in Verbindung mit den §§ 677, 683 BGB stützen.[1058] Gegenüber der Gesellschaft sei der nach seinem Ausscheiden in Anspruch genommene Gesellschafter gerade nicht mehr zur Haftung für die Gesellschaftsverbindlichkeiten verpflichtet. Mangels einer vertraglichen Bindung müsse der Rückgriff daher über die Vorschriften der berechtigten GoA erfolgen.[1059] Eine Analogie zu § 110 HGB komme gerade deshalb nicht in Frage, weil diese Bestimmung nur insoweit eine spezielle Regelung zu § 670 BGB enthalte, als dass auch ihre Voraussetzungen erfüllt seien. Mangels bestehender Mitgliedschaft sei dies aber gerade nicht der Fall.[1060]

bb) Stellungnahme

Der ausgeschiedene Gesellschafter, der eine Gesellschaftsverbindlichkeit beglichen hat, kann mangels noch vorhandener Mitgliedschaft nicht nach den §§ 713, 670 BGB bei der Gesellschaft Rückgriff nehmen.[1061] Der Grund für die Haftung des ausgeschiedenen Gesellschafters gegenüber dem Gesellschaftsgläubiger ist zwar die Tatsache, dass er im Zeitpunkt der Begründung der Gesellschaftsverbindlichkeit Gesellschafter war und damit gemäß § 128 S. 1 HGB

1056 So argumentierend für einen ausgeschiedenen Personenhandelsgesellschafter: *Hadding*, FS-Stimpel, S. 139, 156; *Preuß*, ZHR 160 (1996), 163, 165; vgl. auch *Kubis*, S. 126.

1057 *Hadding*, FS-Stimpel, S. 139, 155; *ders.*, JuS 1978, 23, 27; *Hadding/Häuser*, WM 1988, 1585, 1589.

1058 Vgl. *Büscher/Klusmann*, ZIP 1992, 11, 17; Heymann/*Emmerich*, § 110 Rn. 16; Ebenroth/Boujong/Joost/Strohn/*Hillmann*, § 128 Rn. 31; Baumbach/Hopt/Merkt/*Hopt*, § 110 Rn. 2, § 128 Rn. 25.

1059 *Büscher/Klusmann*, ZIP 1992, 11, 17.

1060 *Büscher/Klusmann*, ZIP 1992, 11, 17.

1061 Vgl. BGHZ 39, 319, 324; BGH, WM 1978, 114, 115; Oetker/*Boesche*, § 128 Rn. 39; MüKo/*K. Schmidt*, HGB, § 128 Rn. 61.

analog für die Gesellschaftsschuld einstehen muss. Allerdings ist der Gesellschafter ab dem Zeitpunkt seines Ausscheidens gesellschaftsvertraglich nicht mehr gebunden; das gesellschaftsrechtliche Innenverhältnis, aus dem allein der Anspruch nach §§ 713, 670 BGB (bzw. § 110 HGB) resultiert, besteht nicht mehr fort.[1062] Außerdem kann der Rückgriffanspruch gegen die Gesellschaft auch nicht auf die §§ 677, 683, 670 BGB gestützt werden. Denn das Argument, dass der Gesellschafter aufgrund seines Ausscheidens gegenüber der Gesellschaft nicht mehr zur Befriedigung des Gläubigers verpflichtet ist, geht fehl. Im Verhältnis zu seiner Gesellschaft ist ein Gesellschafter grundsätzlich nie zur Tragung der Gesellschaftsverbindlichkeiten verpflichtet, es sei denn, dass etwas anderes vereinbart wurde.[1063] Ansonsten müsste auch ein noch gesellschaftsangehöriger Gesellschafter nach den Vorschriften der berechtigten GoA Rückgriff nehmen können, dem steht jedoch die Spezialregelung des § 713 BGB[1064] entgegen, der bereits auf § 670 BGB verweist. Die Annahme eines Schadensersatzanspruches gegen die Gesellschaft wegen der Nichterfüllung der Freistellungsverpflichtung erscheint schon deshalb zweifelhaft, weil hierfür die Gesellschaft die nicht erfolgte Freistellung zu vertreten haben müsste, was nicht immer der Fall sein wird.

Wenn der ausgeschiedene Gesellschafter gemäß § 738 Abs. 1 S. 2 Var. 2 BGB bei der Gesellschaft die Befreiung von allen Verbindlichkeiten verlangen kann und er das Leistungsverlangen des Gesellschaftsgläubigers befriedigt, kann dies nicht zu einem vollständigen Wegfall der Verpflichtung der Gesellschaft führen. Dann muss § 738 Abs. 1 S. 2 Var. 2 BGB dahingehend verstanden werden, dass nun die Gesellschaft dem ausgeschiedenen Gesellschafter zur Erstattung verpflichtet ist.

b) Freistellungsansprüche

Wie bereits angesprochen kann der ausgeschiedene Gesellschafter vor der Leistung an den Gesellschaftsgläubiger gemäß § 738 Abs. 1 S. 2 Var. 2 BGB Freistellung von der Gesellschaft verlangen.[1065] Ob auch das Ausscheiden durch Anteilsübertragung von § 738 Abs. 1 S. 2 Var. 2 BGB erfasst wird, ist umstrit-

1062 MüKo/*K. Schmidt*, HGB, § 128 Rn. 61.

1063 *Habersack*, AcP 198 (1998), 152, 154; *ders.*, in: Staub, § 128 Rn. 41.

1064 Vgl. MüKo/*Seiler*, BGB, Vor § 677 Rn. 19.

1065 Oetker/*Boesche*, § 128 Rn. 43; Röhricht/Graf von Westphalen/*von Gerkan/Haas*, § 128 Rn. 31; Staub/*Habersack*, § 128 Rn. 42; Soergel/*Hadding/Kießling*, § 738 Rn. 15.

ten.[1066] Entgegen seinem Wortlaut richtet sich dieser Freistellungsanspruch nicht gegen die Gesellschafter, sondern allein gegen die Gesellschaft.[1067] Denn der Wortlaut ist dahingehend zu verstehen, dass die Gesellschafter in ihrer gesamthänderischen Verbundenheit und damit die Gesellschaft die Anspruchsgegnerin ist.[1068] Für das Freistellungsverlangen des ausgeschiedenen Gesellschafters ist es nicht entscheidend, ob ihm eine Inanspruchnahme durch die Gesellschaftsgläubiger droht, da er im Gegensatz zu einem in der Gesellschaft verbliebenen Gesellschafter nicht mehr der mitgliedschaftlichen Treuepflicht unterliegt, die es den Gesellschaftern gebietet, erst bei drohender Inanspruchnahme durch den Gesellschaftsgläubiger von der Gesellschaft Freistellung zu verlangen.[1069]

2. Ansprüche gegen die Gesellschafter

a) Rückgriffsansprüche

Hinsichtlich der Regressansprüche des ausgeschiedenen Gesellschafters gegen seine Mitgesellschafter besteht Unklarheit über die einschlägige Rechtsgrundlage sowie über die Modalitäten der Ausgleichspflicht der in der Gesellschaft verbliebenen Gesellschafter. Einige Stimmen in der Literatur sprechen sich dafür aus, dass der ausgeschiedene Gesellschafter von seinen ehemaligen Mitgesellschaftern aus dem Erstattungsanspruch gegen die Gesellschaft in Verbindung mit § 128 HGB Ausgleich verlangen könne.[1070] Jedenfalls kann der ausgeschiedene Gesellschafter aber mit der überwiegenden Ansicht gemäß § 426

1066 Für ein weites Verständnis des Ausscheidens im haftungsrechtlichen Sinn: Staub/*Habersack*, § 128 Rn. 56; Ebenroth/Boujong/Joost/Strohn/*Hillmann*, § 128 Rn. 43; MüKo/*K. Schmidt*, HGB, § 128 Rn. 42 ff.; a.A. Soergel/*Hadding/Kießling*, § 738 Rn. 19; Bamberger/Roth/*Schöne*, § 738 Rn. 11; MüKo/*Ulmer/Schäfer*, BGB, § 738 Rn. 79.

1067 Oetker/*Boesche*, § 128 Rn. 43; Staub/*Habersack*, § 128 Rn. 42; *Hadding*, FS-Stimpel, S. 139, 154; Soergel/*Hadding/Kießling*, § 738 Rn. 15; Schlegelberger/*K. Schmidt*, § 128 Rn. 61, 63; *ders.*, in: MüKo, HGB, § 128 Rn. 60, 62; MüKo/*Ulmer/Schäfer*, BGB, § 738 Rn. 77; a.A. Ebenroth/Boujong/Joost/Strohn/*Hillmann*, § 128 Rn. 38.

1068 *Hadding*, FS-Stimpel, S. 139, 154.

1069 Staub/*Habersack*, § 128 Rn. 41 f.

1070 *Faust*, FS-K. Schmidt, S. 357, 362; *Kubis*, S. 128 f.; MüKo/*K. Schmidt*, HGB, § 128 Rn. 62.

Abs. 1 S. 1 BGB Rückgriff bei seinen ehemaligen Mitgesellschaftern nehmen.[1071] Denn wie bereits oben festgestellt, ändert sich mit dem Ausscheiden nichts an der gesamtschuldnerischen Haftung der Gesellschafter aus § 128 S. 1 HGB analog.[1072]

Umstritten sind außerdem die Modalitäten der Ausgleichsverpflichtung der anderen Gesellschafter. Größtenteils wird angenommen, dass auch der Erstattungsanspruch des ausgeschiedenen Gesellschafters gegen seine ehemaligen Mitgesellschafter subsidiär ist.[1073] Auch hinsichtlich der Frage des Umfangs der Ausgleichsverpflichtung besteht Uneinigkeit. Obwohl Gesamtschuldner grundsätzlich untereinander nur teilschuldnerisch haften, geht die herrschende Meinung von einer gesamtschuldnerischen Haftung der Gesellschafter für die Rückgriffsansprüche des ausgeschiedenen Gesellschafters aus. Danach kann der Ausgeschiedene von einem noch gesellschaftsangehörigen Gesellschafter Erstattung in vollem Umfang verlangen; der Ausgleich nach Verlustanteilen müsse dann unter den verbliebenen Gesellschaftern erfolgen.[1074]

Eine gesamtschuldnerische Haftung der verbliebenen Gesellschafter für den Rückgriffsanspruch des ausgeschiedenen Gesellschafters erscheint sinnvoll, weil der Ausgeschiedene grundsätzlich gemäß § 738 Abs. 1 S. 2 BGB in vollem

---

1071 Röhricht/Graf von Westphalen/*van Gerkan/Haas*, § 128 Rn. 33; *Hadding*, FS-Stimpel, S. 139, 148; *Hadding/Häuser*, WM 1988, 1585, 1590; Baumbach/Hopt/Merkt/*Hopt*, § 128 Rn. 36; *Kubis*, S. 130; vgl. auch *K. Schmidt*, Gesellschaftsrecht, § 51 III 2 b, S. 1507; *ders.*, in: MüKo, HGB, § 128 Rn. 62.

1072 *Hadding/Häuser*, WM 1988, 1585, 1590.

1073 Staub/*Habersack*, § 128 Rn. 50; *Hadding*, FS-Stimpel, S. 139, 160 f.; *Hadding/Häuser*, WM 1988, 1585, 1590; Ebenroth/Boujong/Joost/Strohn/*Hillmann*, § 128 Rn. 34; MüKo/*K. Schmidt*, HGB, § 128 Rn. 62; *Wiedemann*, WM 1992, Sonderbeilage 7, S. 37; vgl. auch neuerdings Soergel/*Hadding/Kießling*, § 738 Rn. 16, die Rückgriffsansprüche gegen Mitgesellschafter nur bei „unzulänglichem Gesellschaftsvermögen" zulassen wollen.

1074 Röhricht/Graf von Westphalen/*von Gerkan/Haas*, § 128 Rn. 33; *Hadding/Häuser*, WM 1988, 1585, 1590; *Kornblum*, S. 193; MüKo/*K. Schmidt*, HGB, § 128 Rn. 62; a.A. (Ausgleich nur in Höhe des Verlustanteils des jeweils in Anspruch genommenen Gesellschafters) Staub/*Habersack*, § 128 Rn. 50; *Wiedemann*, WM 1992, Sonderbeilage 7, S. 37.

Umfang entlastet werden muss und dann die anderen Gesellschafter ihm gegenüber eine Haftungseinheit bilden.[1075]

Außerdem stellt sich die Frage, ob der nach seinem Ausscheiden in Anspruch genommene Gesellschafter die Forderungen des Gesellschaftsgläubigers gegen die anderen Gesellschafter erwirbt.[1076] Dies ist auf der Grundlage der §§ 774 Abs. 1 S. 1, 412, 401 BGB analog zu bejahen. Allerdings gehen die Gläubigerforderungen gegen die anderen Gesellschafter nur nach Maßgabe von § 774 Abs. 2 BGB analog entsprechend der internen Verlustbeteiligung auf den ausgeschiedenen Gesellschafter über.

b) Freistellungsansprüche

Wie bereits dargelegt besteht der Freistellungsanspruch des ausgeschiedenen Gesellschafters gemäß § 738 Abs. 1 S. 2 Var. 2 BGB entgegen seinem Wortlaut nicht gegenüber den noch in der Gesellschaft verbliebenen Gesellschaftern, sondern nur gegenüber der Gesellschaft.[1077] Trotzdem kann der ausgeschiedene Gesellschafter auch von seinen ehemaligen Mitgesellschaftern Freistellung verlangen. Im Normalfall einer gesamtschuldnerischen Haftung der Gesellschafter untereinander besteht auch nach dem Ausscheiden eines Gesellschafters zwischen ihm und den in der Gesellschaft verbliebenen Gesellschaftern ein Gesamtschuldverhältnis.[1078] Denn § 736 Abs. 2 BGB stellt ja lediglich eine Enthaftungsregelung dar, die die zeitlich unbeschränkte Haftung eines Gesellschafters für die während seiner Mitgliedschaft begründeten Gesellschaftsverbindlichkeiten nach § 128 S. 1 HGB analog zeitlich eingrenzt.[1079] Damit ändert sich an der für diese Verbindlichkeiten bestehenden gesamtschuldnerischen Haftung auch dann nichts, wenn ein Gesellschafter später aus der Gesellschaft ausscheidet.

Bevor ein in Anspruch genommener Gesamtschuldner den Gläubiger befriedigt, kann er aus § 426 Abs. 1 S. 1 BGB einen Freistellungsanspruch gegen

---

1075 *Hadding*, FS-Stimpel, S. 139, 161. Ebenroth/Boujong/Joost/Strohn/*Hillmann*, § 128 Rn. 34; MüKo/*K. Schmidt*, HGB, § 128 Rn. 62.

1076 Vgl. Kapitel 4, C. III. 1.

1077 Vgl. Kapitel 5, A. III. 1 b).

1078 *Büscher/Klusmann*, ZIP 1992, 11, 17; Staub/*Habersack*, § 128 Rn. 50; *Hadding/Häuser*, WM 1988, 1585, 1590.

1079 MüKo/*K. Schmidt*, HGB, § 160 Rn. 1.

die übrigen Gesamtschuldner herleiten.[1080] Dann muss dies aber auch für den ausgeschiedenen Gesellschafter gelten, der mit den übrigen Gesellschaftern gesamtschuldnerisch für die vor seinem Ausscheiden begründeten Verbindlichkeiten haftet.

Zum Teil wird auch ein Freistellungsanspruch des ausgeschiedenen Gesellschafters gegen die anderen Gesellschafter aus § 738 Abs. 1 S. 2 Var. 2 BGB befürwortet, der allerdings durch die gesellschaftliche Treuepflicht dahingehend eingeschränkt sei, dass der Ausgeschiedene erst dann Freistellung von den früheren Mitgesellschaftern verlangen könne, wenn die Inanspruchnahme der Gesellschaft auf Freistellung erfolglos verlaufen sei und die Gesellschaftsschuld, für die er nun in Anspruch genommen werde, bei der Berechnung seines Abfindungsanspruchs berücksichtigt wurde.[1081]

IV. Der Rückgriff bei einem bereits ausgeschiedenen Gesellschafter

Ein Gesellschafter, der einen Gesellschaftsgläubiger befriedigt hat, kann auch bei einem bereits ausgeschiedenen Gesellschafter Regress nehmen, wenn dessen Verlustanteil nicht schon nach den §§ 738, 739 BGB bei der Berechnung seines Abfindungsanspruchs berücksichtigt wurde.[1082]

B. Rückgriff und Freistellung im Fall einer quotalen Gesellschafterhaftung

Im folgenden Abschnitt soll untersucht werden, welche Auswirkungen die nur teilschuldnerische Haftung im Verhältnis zu einer gesamtschuldnerischen Haf-

---

1080 RGZ 92, 143, 151; BGH, NJW 1958, 497; BGH, NJW-RR 2008, 256, 257; MüKo/*Bydlinski*, BGB, § 426 Rn. 70; *Gerhardt*, S. 5.

1081 Ebenroth/Boujong/Joost/Strohn/*Hillmann*, § 128 Rn. 37 f.

1082 BGH, NJW 1981, 1095, 1096; Oetker/*Boesche*, § 128 Rn. 38; Staub/*Habersack*, § 128 Rn. 51; Ebenroth/Boujong/Joost/Strohn/*Hillmann*, § 128 Rn. 35; *K. Schmidt*, Gesellschaftsrecht, § 51 III 2 c, S. 1507 f.; *ders.*, in: MüKo, HGB, § 128 Rn. 34.

tung der Gesellschafter auf ihre Rückgriffs- und Freistellungsansprüche gegen die Gesellschaft und gegen die Mitgesellschafter hat.

I. Die Ansprüche gegen die Gesellschaft

1. Rückgriffsansprüche

Im Verhältnis der Anlagegesellschafter zu der Fondsgesellschaft ist diese weiterhin primär zur Tilgung ihrer Verbindlichkeiten verpflichtet.[1083] Daher ändert die quotale Haftungsbeschränkung nichts an den gegenüber der Gesellschaft bestehenden Rückgriffsansprüchen.[1084] Die von der Gläubigerbank in Anspruch genommenen Anleger können demnach gemäß §§ 713, 670 BGB bei der Gesellschaft Erstattung verlangen. Außerdem können sie aufgrund der analog § 774 Abs. 1 S. 1 BGB auf sie übergegangenen Gläubigerforderung bei der Gesellschaft Regress nehmen.

2. Freistellungsansprüche

Die quotal beschränkte Haftung des Anlegers ändert auch nichts an dem Freistellungsanspruch des Anlagegesellschafters gegenüber der Gesellschaft vor Leistung an die Bank. Wird der Anleger demnach im Umfang seiner vollen Haftungsquote in Anspruch genommen, kann er von der Gesellschaft in demselben Umfang Freistellung verlangen.

II. Die Ansprüche gegen die Gesellschafter

Ein Regress bzw. eine vorgelagerte Freistellung auf der Grundlage von § 426 BGB scheiden bei einer teilschuldnerischen Haftung der Anlagegesellschafter aus, da sich aus dieser Norm ja lediglich Rückgriffsansprüche für den Fall einer gesamtschuldnerischen Haftung mehrerer Schuldner ergeben. Für eine quotale

---

1083 Staub/*Habersack*, § 128 Rn. 41; *Wagner*, ZfIR 2009, 728, 732.

1084 *Wagner*, ZfIR 2009, 728, 732.

Gesellschafterhaftung fehlt es aber an einer dem § 426 BGB vergleichbaren Regelung von Ausgleichsansprüchen.[1085]

1. Die gesetzlichen Fälle der teilschuldnerischen Haftung

Es gibt jedoch zwei gesetzlich verankerte Fälle einer Teilschuld, die Haftung der Mitreeder einer Partenreederei gemäß § 507 HGB und die Haftung der Mitglieder einer Wohnungseigentümergemeinschaft gemäß § 10 Abs. 8 S. 1 WEG.[1086]

Die Quotenhaftung der Anlagegesellschafter stellt zwar keinen gesetzlichen Fall einer teilschuldnerischen Haftung dar, trotzdem kann man zur Klärung der näheren Ausgestaltung der Freistellungs- und Rückgriffsoptionen eine Parallele zu diesen im HGB und im WEG normierten Fällen der teilschuldnerischen Haftung mehrerer Schuldner ziehen.[1087] So wird hinsichtlich der Haftung der Mitreeder einer Partenreederei gemäß § 507 HGB auf den handelsrechtlichen Modelcharakter dieses Haftungskonzepts verwiesen. Gerade im Fall einer quotalen Beschränkung der Gesellschafterhaftung bestünden zwischen der Haftung der Mitreeder und der quotalen Haftung der Gesellschafter vergleichbare Haftungs-, Abwicklungs- und Regressinteressen.[1088]

Im Folgenden werden daher die Haftung der Mitreeder für die Verbindlichkeiten der Partenreederei gemäß § 507 HGB und die Haftung der Wohnungseigentümer im Außenverhältnis gemäß § 10 Abs. 8 S. 1 WEG beschrieben, bevor auf die Frage eingegangen wird, ob eine Übertragung der hier bestehenden Abwicklungs- und Rückgriffskonzepte auf die quotale Anlegerhaftung möglich erscheint.

Der Blick auf die bei der Partenreederei und der Wohnungseigentümergemeinschaft bestehenden Ansprüche des Leistenden gegen seine Mitreeder

---

1085 Vgl. *Thürling*, S. 181.

1086 Auch GmbH-Gesellschafter haften gem. § 24 S. 2 GmbHG anteilig, wenn der gem. § 24 S. 1 GmbHG geschuldete Betrag von einem Gesellschafter nicht erlangt werden kann. Im Unterschied zu den Mitreedern und den Wohnungseigentümern sind sie jedoch nicht mit den Anlagegesellschaftern vergleichbar, weil die GmbH eine stärkere Personenbezogenheit aufweist und ihre Gesellschafter grundsätzlich selbst unternehmerisch tätig werden, so im Ergebnis auch *Thürling*, S. 181 f.

1087 Vgl. *K. Schmidt*, NJW 1997, 2201, 2204 f.; *Loddenkemper*, ZfIR 2006, 707, 710 f.; *Schäfer*, NZG 2010, 241, 242.

1088 *K. Schmidt*, NJW 1997, 2201, 2205.

bzw. gegen die anderen Wohnungseigentümer hat allerdings unter der Prämisse zu erfolgen, dass die Literatur zu diesem Themenkomplex nicht allzu umfangreich ist und sich oft nur knappe Anmerkungen zu den Rückgriffs- und Freistellungsansprüchen der Mitreeder bzw. Wohnungseigentümer untereinander finden.

a) Die Haftung der Mitreeder für Verbindlichkeiten der Partenreederei gemäß § 507 HGB

Eine Partenreederei besteht nach dem Wortlaut von § 489 Abs. 1 HGB dann, wenn von mehreren Personen ein ihnen gemeinschaftlich zustehendes Schiff zum Erwerb durch die Seefahrt für gemeinschaftliche Rechnung verwendet wird. Voraussetzungen sind also das Bestehen eines Reedereivertrages zwischen zwei oder mehreren Personen, das Miteigentum der Partenreeder an dem für die Seefahrt bestimmten Schiff sowie die Verwendung dieses Schiffes für gemeinschaftliche Rechnung.[1089] Die Partenreederei entstand aus der Not heraus, dass ein Einzelner zumeist kaum den Erwerb eines Seeschiffes sowie die oftmals mit großen Risiken verbundenen Unternehmungen finanzieren konnte. Daher schloss man sich zu mehreren zusammen, um das Risiko, das eine Seefahrt mit sich brachte, zu streuen.[1090] Früher sah die überwiegende Ansicht das gemeinschaftliche Eigentum der Mitreeder am Schiff als Bruchteilseigentum an.[1091] Mittlerweile hat sich aber die Ansicht durchgesetzt, dass die Partenreederei eine Gesamthandsgesellschaft darstellt und sie – ohne juristische Person zu sein – als solche auch Rechtsfähigkeit besitzt.[1092] Demnach steht das Schiff als Teil des Gesellschaftsvermögens auch im Eigentum der Gesellschaft.[1093]

1089 *Bünz/Neubauer*, TranspR 1983, 85, 86; *Herber*, S. 137.

1090 *Ruhwedel*, DZWIR 1996, 393 f.

1091 *Abraham*, § 13 III 1; Schaps/*Abraham*, § 489 Rn. 4; *Puttfarken*, Rn. 538; Schlegelberger/*Liesecke*, § 489 Rn. 1; vgl. auch *Ruhwedel*, DZWIR 1996, 393.

1092 *Bote/Weipert*, in: Münchener Hdb. des Gesellschaftsrechts I, § 91 Rn. 1, 3; *Herber*, S. 142; *Ruhwedel*, S. 339 f.; *K. Schmidt*, Die Partenreederei, § 2 I 2 b, S. 11 f.; § 2 II 1 b, S. 14 f.; a.A. offenbar *Bünz/Neubauer*, TranspR 1983, 85, 93, die davon ausgehen, dass ein Partenreeder über die gesamthänderische Verbundenheit mit seinen Mitreedern quasi Träger des Geschäfts selbst sei.

1093 BGHZ 114, 138, 143; vgl. auch *Bote/Weipert*, in: Münchener Hdb. des Gesellschaftsrechts I, § 91 Rn. 3.

Die Reederei haftet für ihre Verbindlichkeiten grundsätzlich unbeschränkt mit ihrem gesamten Vermögen. Unter bestimmten Umständen kann sie ihre Haftung allerdings nach Maßgabe der §§ 486 ff. HGB einschränken.[1094] Die anteilige Haftung der Mitreeder nach dem Verhältnis der Größe ihrer Schiffsparten für die Verbindlichkeiten der Partenreederei regelt hingegen § 507 HGB. Früher hielt man überwiegend die Quotenhaftung der Mitreeder neben der Reederei für eine gesamtschuldnerische,[1095] heute nimmt die absolut herrschende Meinung hingegen eine akzessorische Haftung an.[1096] Die Mitreeder haben daher die Möglichkeit genauso wie die Gesellschafter einer OHG oder einer GbR, § 129 Abs. 1 HGB analog, alle Einwendungen zu erheben, die auch der Reederei zustehen. Zudem können die Mitreeder ein Leistungsverweigerungsrecht geltend machen (§ 129 Abs. 2 und Abs. 3 HGB analog), wenn der Reederei ein Anfechtungsrecht zusteht oder sie aufrechnen kann.[1097] Allerdings kann sich jeder Mitreeder nur pro rata auf die Einrede der Aufrechenbarkeit berufen, falls die Forderung des Gläubigers gegen die Reederei größer sein sollte, als die Forderung der Reederei gegen den Gläubiger.[1098] Darüber hinaus kann der Mitreeder auch seine persönlichen Einwendungen gegen den Gläubiger geltend machen.[1099] Ferner handelt es sich bei der Haftung der Mitreeder um eine primäre Haftung, so dass der Gläubiger nicht zuerst die Reederei in Anspruch nehmen muss, bevor er sich an einen Mitreeder hält.[1100] Jeder Mitreeder kann von den Haftungsbeschränkungsmöglichkeiten der §§ 486 ff. HGB Gebrauch machen, da die Mitreeder nicht in einem größeren Umfang haften als die Reederei.[1101]

Die Haftung der Mitreeder ist abweichend von der grundsätzlich gesamtschuldnerischen Haftung der Gesellschafter von OHG und GbR von vornherein

---

1094 *Bote/Weipert*, in: Münchener Hdb. des Gesellschaftsrechts I, § 91 Rn. 5; vgl. auch *Ruhwedel*, S. 340 ff.

1095 *Prüssmann/Rabe*, 2. Auflage, § 507 Anm. A; *Ruhwedel*, S. 345, 353.

1096 *Bote/Weipert*, in: Münchener Hdb. des Gesellschaftsrechts I, § 91 Rn. 11 ff.; *Bünz/Neubauer*, TranspR 1983, 85, 92; *Rabe*, § 507 Rn. 2; *K. Schmidt*, Die Partenreederei, § 6 I 1, S. 69 ff.

1097 *Bote/Weipert*, in: Münchener Hdb. des Gesellschaftsrechts I, § 91 Rn. 12; *Bünz/Neubauer*, TranspR 1983, 85, 92; *Rabe*, § 507 Rn. 2; *Ruhwedel*, S. 348; *K. Schmidt*, Die Partenreederei, § 6 I 1, S. 69; a.A. Schaps/*Abraham*, § 507 Rn. 5.

1098 *K. Schmidt*, Die Partenreederei, § 6 I 1, S. 71.

1099 *Bünz/Neubauer*, TranspR 1983, 85, 92.

1100 Schaps/*Abraham*, § 507 Rn. 4; *K. Schmidt*, Die Partenreederei, § 6 I 1, S. 69.

1101 *Rabe*, § 507 Rn. 5; *Ruhwedel*, S. 351.

gesetzlich als teilschuldnerische Haftung ausgestaltet.[1102] Die Mitreeder haften den Reedereigläubigern immer nur in dem Umfang, der ihrer Schiffspart im Verhältnis zu allen Schiffsparten entspricht.[1103] Sie haften also beschränkt auf die Höhe ihres Anteils an der Reederei mit ihrem gesamten persönlichen Vermögen.[1104] Damit unterfällt auch die Schiffspart des einzelnen Mitreeders seiner Haftung. Sofern der Reedereigläubiger einen Titel gegen den Mitreeder erstreitet, kann sie nach § 858 ZPO gepfändet werden.[1105]

Während die Gesellschafter einer Personenhandelsgesellschaft nach herrschender Meinung grundsätzlich nur auf Erfüllung haften, wenn nicht das schutzwürdiges Interesse an der Freihaltung ihrer Privatsphäre etwas anderes gebietet,[1106] schuldet ein Mitreeder aufgrund des Teilschuldcharakters seiner Haftung immer nur einen anteiligen Ersatz des Erfüllungsinteresses.[1107] Hinsichtlich der Vollstreckung entspricht die Rechtslage bei der Partenreederei der bei der OHG. In das Privatvermögen eines Mitreeders kann der Gläubiger der Partenreederei nicht aufgrund eines Titels gegen die Partenreederei vollstrecken; vielmehr ist wie bei der OHG ein Titel gegen den einzelnen Mitreeder erforderlich, § 129 Abs. 4 HGB analog.[1108]

Eine Leistung der Partenreederei befreit sie zunächst in entsprechender Höhe von ihrer eigenen Verbindlichkeit. Zugleich wird aber auch die pro rata-Haftung jedes Mitreeders reduziert.[1109] Hat der Reedereigläubiger nicht die Reederei, sondern einzelne oder alle Mitreeder in Anspruch genommen, stellt

---

1102 *Herber*, S. 143.

1103 *Bote/Weipert*, in: Münchener Hdb. des Gesellschaftsrechts I, § 91 Rn. 13; *Ruhwedel*, S. 343.

1104 *Bote/Weipert*, in: Münchener Hdb. des Gesellschaftsrechts I, § 91 Rn. 14; *Bünz/Neubauer*, TranspR 1983, 85, 93; *Herber*, S. 140; *Ruhwedel*, S. 343; Schlegelberger/*Liesecke*, § 507 Rn. 1.

1105 *Bünz/Neubauer*, TranspR 1983, 85, 93.

1106 Röhricht/Graf von Westphalen/*von Gerkan/Haas*, § 128 Rn. 6; Ebenroth/Boujong/Joost/Strohn/*Hillmann*, § 128 Rn. 22.

1107 *Bote/Weipert*, in: Münchener Hdb. des Gesellschaftsrechts I, § 91 Rn. 13; *Rabe*, § 507 Rn. 1; *Ruhwedel*, S. 346 f.; nicht eindeutig Schaps/*Abraham*, § 489 Rn. 21, der davon ausgeht, dass die pro-rata-Haftung der Mitreeder nur bei einer Geldschuld der Reederei realisierbar ist. Hingegen könnten unteilbare Verbindlichkeiten nur von der Reederei selbst erbracht werden.

1108 *Bote/Weipert*, in: Münchener Hdb. des Gesellschaftsrechts I, § 91 Rn. 14.

1109 *Bote/Weipert*, in: Münchener Hdb. des Gesellschaftsrechts I, § 91 Rn. 13; *K. Schmidt*, NJW 1997, 2201, 2205.

sich die Frage, ob die Mitreeder bei der Reederei bzw. den anderen Rückgriff nehmen können.

Die Zahlung eines Mitreeders befreit ihn selbst. Aufgrund der Leistung hat er einen Regressanspruch aus §§ 713, 670 BGB, § 110 HGB analog gegen die Partenreederei.[1110] Bevor er an den Gläubiger der Reederei leistet, steht dem in Anspruch genommenen Mitreeder ein entsprechender Freistellungsanspruch gegen die Reederei zu.[1111] Diese Ansprüche gegen die Partenreederei werden dem zahlenden Mitreeder aus wirtschaftlicher Sicht aber nicht immer nützen. Wenn die Reederei nicht über hinreichende finanzielle Reserven verfügt, um den Anspruch zu erfüllen, werden die Mitreeder Nachschüsse leisten müssen. Bei der Bestimmung der Höhe der Nachschüsse wird auch der Erstattungsanspruch des Mitreeders berücksichtigt. Dann kann die Reederei dem Rückgriffsanspruch des Mitreeders die Einrede aus § 242 BGB entgegenhalten, dass der Mitreeder noch zur Nachschusszahlung verpflichtet ist.[1112]

Die Leistung eines Mitreeders führt hingegen nicht zur Befreiung der anderen Mitreeder. Dafür hat der leistende Mitreeder nach ganz herrschender Meinung regelmäßig auch keinen Regressanspruch gegen seine Mitreeder für die (teilweise) Tilgung der Gesellschaftsverbindlichkeit.[1113] Denn es existiert keine Vorschrift, aus der sich ein solcher Anspruch ergibt. Da zwischen den Mitreedern keine Gesamtschuld, sondern eine Teilschuld besteht, folgt aus dem Innenverhältnis zwischen den Mitreedern, dass der zahlende Mitreeder, der die Reedereiverbindlichkeit nur in dem seiner Part entsprechenden Umfang tilgt, nur seine eigene Pflicht erfüllt.[1114]

1110 *Bote/Weipert*, in: Münchener Hdb. des Gesellschaftsrechts I, § 91 Rn. 16; *Bünz/Neubauer*, TranspR 1983, 85, 90; *Rabe*, § 507 Rn. 4; *K. Schmidt*, Die Partenreederei, § 6 I 2, S. 71; *ders.*, Gesellschaftsrecht, § 65 IV 2, S. 1899, § 49 V 1, S. 1435; zum Teil abweichend *Ruhwedel*, S. 352 f., der darüber hinaus auch einen Anspruch aus § 426 Abs. 2 BGB gegen die Reederei annimmt.

1111 Vgl. die Befürworter eines entsprechenden Erstattungsanspruchs gegen die Reederei in Fn. 1110.

1112 Zum Ganzen: *Bote/Weipert*, in: Münchener Hdb. des Gesellschaftsrechts I, § 91 Rn. 16.

1113 *Bote/Weipert*, in: Münchener Hdb. des Gesellschaftsrechts I, § 91 Rn. 17; *Rabe*, § 507 Rn. 4; *K. Schmidt*, Die Partenreederei, § 6 I 1, S. 71; a.A. *Ruhwedel*, S. 353.

1114 *Bote/Weipert*, in: Münchener Hdb. des Gesellschaftsrechts I, § 91 Rn. 18.

Selbst in dem Fall, dass man den Übergang der Forderung des Reedereigläubigers auf eine Analogie zu § 774 Abs. 1 S. 1 BGB stützt,[1115] würde dies dem leistenden Mitreeder nicht viel nützen, da § 774 Abs. 2 BGB ihm nicht uneingeschränkt die Befriedigungsmöglichkeiten des ursprünglichen Gläubigers zuweist, sondern auf das Innenverhältnis zwischen den Mitreedern verweist.[1116]

Damit ist im Ergebnis die Haftung der Partenreeder mit der von Teilbürgen vergleichbar. Im Verhältnis zueinander sind sie Teilschuldner und können grundsätzlich keinen Regress bei ihren Mitreedern nehmen. Im Verhältnis zur Partenreederei hafteten sie hingegen akzessorisch mit der Möglichkeit eines vollständigen Regresses bei der Gesellschaft.[1117]

Trotz des Teilschuldcharakters geht *Ruhwedel* jedoch hinsichtlich der Frage von Ausgleichsansprüchen eines Mitreeders gegen die anderen Mitreeder davon aus, dass die Mitreeder eine Haftungsgemeinschaft darstellen. Es dürfe nicht bei dem für die nicht in Anspruch genommenen Mitreeder vorteilhaften Ergebnis bleiben, dass der Reedereigläubiger einen bestimmten Mitreeder in Anspruch nehmen könnte, ohne dass diesem dann Rückgriffsansprüche gegen seine Mitreeder zustünden. Nach § 507 Abs. 1 HGB würden auch alle übrigen Mitreeder für den Erstattungsanspruch des leistenden Mitreeders gegen die Reederei haften. Der regressnehmende Mitreeder müsse sich lediglich von seinem Erstattungsanspruch einen der Größe seiner Schiffspart entsprechenden Anteil abziehen lassen.[1118]

Auch *K. Schmidt* will von dem Grundsatz, dass ein in Anspruch genommener Mitreeder keinen Ausgleich bei den anderen Mitreedern nehmen kann, dann eine Ausnahme machen, wenn lediglich ein Mitreeder allein im Umfang seiner Haftungsquote in Anspruch genommen wurde.[1119] In diesem Fall sei es unbillig, wenn ein Mitreeder allein, wenn auch nur in Höhe seines internen Verlustanteils, mit seinem persönlichen Vermögen für die Reedereiverbindlichkeit einstehen müsse. Dies entspreche dann der Situation eines Mitbürgen, der in Höhe seiner im Innenverhältnis bestehenden Haftungsquote in Anspruch ge-

1115 Vgl. *K. Schmidt*, Gesellschaftsrecht, § 49 V 1, S. 1436; *ders.*, NJW 1997, 2201, 2204 f.
1116 *Bote/Weipert*, in: Münchener Hdb. des Gesellschaftsrechts I, § 91 Rn. 17.
1117 *K. Schmidt*, Die Partenreederei, § 6 I 2, S. 71; *ders.*, NJW 1997, 2201, 2204.
1118 *Ruhwedel*, S. 353.
1119 *K. Schmidt*, Die Partenreederei, § 6 I 2, S. 71 f.; *ders.*, NJW 1997, 2201, 2205.

nommen wurde, während die anderen Mitbürgen nichts leisten mussten.[1120] Zwar schieden als Rechtsgrundlage Ansprüche aus § 426 BGB aus, jedoch könne man einen entsprechenden Rückgriffsanspruch in einem solchen Fall aus dem gesellschaftlichen Innenverhältnis herleiten.[1121]

b) Die Haftung der Wohnungseigentümer für Verbindlichkeiten im Außenverhältnis gemäß § 10 Abs. 8 WEG

Mit dem Inkrafttreten der WEG-Novelle am 1.1.2007 waren wesentliche Änderungen des Rechts des Wohnungseigentums verbunden. Unter anderem wurde in § 10 Abs. 8 WEG eine Regelung zur Haftung der Wohnungseigentümer für die Verbindlichkeiten der Wohnungseigentümergemeinschaft aufgenommen. Anlass für diese Regelung war das Urteil des BGH vom 2.6.2005,[1122] in dem er die Teilrechtsfähigkeit der Wohnungseigentümergemeinschaft anerkannte. Damit konnten nun nicht mehr wie vorher die einzelnen Wohnungseigentümer unmittelbar als Gesamtschuldner in Anspruch genommen werden.[1123] Nach Ansicht des BGH war nun vielmehr eine Inanspruchnahme der Wohnungseigentümergemeinschaft selbst möglich; eine gesamtschuldnerische Haftung der Wohnungseigentümer gegenüber den Gläubigern kam hingegen nur dann in Frage, wenn diese sich neben der Gemeinschaft selbst verpflichtet hatten.[1124] Die Gläubiger mussten also nach dem Haftungsmodell des BGH gegen den Verband selbst vorgehen und hatten lediglich die Möglichkeit sich die internen Ansprüche der Wohnungseigentümergemeinschaft gegen die einzelnen Eigentümer pfänden und überweisen zu lassen.[1125] Die nun mögliche Inanspruchnahme der Wohnungseigentümergemeinschaft selbst stellte für die Gläubiger in gewissem Maße einen Vorteil dar. Denn aufgrund der Undurchsichtigkeit des Innenverhältnisses zwischen den Wohnungseigentümern hatten sie zuvor oft keine Befriedigung finden können.[1126]

Der Gesetzgeber entschloss sich allerdings entgegen der vom BGH in *BGHZ 163, 154* herausgearbeiteten Grundsätze zur Haftungsverfassung der Wohnungseigentümergemeinschaft mit § 10 Abs. 8 S. 1 WEG für eine anteilige

1120 *K. Schmidt*, Die Partenreederei, § 6 I 2, S. 72.
1121 *K. Schmidt*, Die Partenreederei, § 6 I 2, S. 72.
1122 BGHZ 163, 154.
1123 Vgl. *Briesemeister*, NZM 2007, 225; Timme/*Dötsch*, § 10 Rn. 536.
1124 BGHZ 163, 154, 172 ff.
1125 Vgl. BGHZ 163, 154, 174 ff.
1126 *Derleder/Fauser*, ZWE 2007, 2.

Haftung der Wohnungseigentümer für die Verbindlichkeiten der Gemeinschaft gegenüber den Gemeinschaftsgläubigern.[1127] Danach haftet jeder Wohnungseigentümer für Verbindlichkeiten des Verbandes, die während seiner Zugehörigkeit entstanden oder fällig geworden sind, nach dem Verhältnis seines Miteigentumsanteils an dem gemeinschaftlichen Eigentum. Auch die Haftung des Wohnungseigentümers gegenüber der Gemeinschaft für eine nicht ordnungsgemäße Verwaltung ist nach § 10 Abs. 8 S. 4 WEG eine nur anteilige Haftung.[1128] Damit hat der Gesetzgeber sich gegen eine gesamtschuldnerische Haftung der Wohnungseigentümer für die Gemeinschaftsverbindlichkeiten nach dem Vorbild von § 128 S. 1 HGB entschieden. Denn die Verbindung der Wohnungseigentümer beruht allein darauf, dass sie in einer Wohnungsanlage zusammenleben. Die Wohnungseigentümer haben sich ihre Mitwohnungseigentümer nicht ausgesucht und wollen daher auch nur ein ihrem Miteigentumsanteil entsprechendes Haftungsrisiko tragen.[1129]

Abgesehen davon, dass die Haftung der Wohnungseigentümer untereinander nur eine Teilschuld und keine Gesamtschuld begründet, weist sie alle Merkmale auf, die auch die Haftung von Personengesellschaftern nach § 128 S. 1 HGB auszeichnet. Die Wohnungseigentümer haften persönlich, akzessorisch und nicht subsidiär.[1130] Der Gläubiger kann also grundsätzlich wählen, ob er zuerst die Gemeinschaft oder zuerst die Wohnungseigentümer in Anspruch nimmt. Weitgehend Einigkeit besteht auch in der Frage, dass die Wohnungseigentümer nur die betreffende Geldsumme schulden, wenn sie von einem Verbandsgläubiger in Anspruch genommen werden; eine Inanspruchnahme auf ein Tun oder Unterlassen in natura ist nicht möglich.[1131] Dies macht allein schon mit Blick auf die nur teilschuldnerische Haftung der Wohnungseigentümer Sinn. Eine Ausnahme wird man nur dann machen können, wenn einem Eigentümer die Leistungserbringung zumutbar ist oder der Anspruch leerzulaufen droht.[1132]

Der einzelne Miteigentümer kann sich gegen die Inanspruchnahme durch einen Gläubiger der Gemeinschaft zunächst dadurch wehren, dass er sich auf

---

1127 *Bärmann/Pick*, § 10 Rn. 46 f.; *Briesemeister*, NZM 2007, 225; *Derleder/Fauser*, ZWE 2007, 2, 3.

1128 Vgl. *Bärmann/Pick*, § 10 Rn. 51.

1129 *Derleder/Fauser*, ZWE 2007, 2.

1130 *Bärmann/Pick*, § 10 Rn. 47; Timme/*Dötsch*, § 10 Rn. 537.

1131 Riecke/Schmidt/*Elzer*, § 10 Rn. 478; Timme/*Dötsch*, § 10 Rn. 542.

1132 Timme/*Dötsch*, § 10 Rn. 542.

seine persönlichen Einwendungen und Einreden beruft. Darüber hinaus kann der Eigentümer gemäß § 10 Abs. 8 S. 2 WEG alle Einwendungen und Einreden des Verbandes geltend machen. Steht der Wohnungseigentümergemeinschaft ein Aufrechnungs- oder Anfechtungsrecht zu, kann der Eigentümer hieraus ebenfalls eine Einrede nach § 10 Abs. 8 S. 3 WEG in Verbindung mit § 770 BGB herleiten. Nach § 10 Abs. 8 S. 2 WEG ist eine Geltendmachung von Einwendungen und Einreden aus dem Innenverhältnis gegenüber dem Gläubiger ausgeschlossen.[1133]

Im Hinblick auf die Frage der Anrechnung von Tilgungsleistungen ist man sich darin einig, dass Tilgungsleistungen der Wohnungseigentümergemeinschaft die Haftung der einzelnen Wohnungseigentümer anteilig reduzieren. Hat sich die Verbindlichkeit der Gemeinschaft verringert, so kann der Gläubiger demnach einzelne Wohnungseigentümer nicht in Höhe ihres Anteils an der ursprünglichen Verbindlichkeit in Anspruch nehmen, sondern nur in Höhe ihres Anteils an der Restverbindlichkeit.[1134] Hierfür spricht auch die Gesetzesbegründung zu § 10 Abs. 8 WEG n.F., nach der der jeweilige Vertragspartner, also das Kreditinstitut, seine Rechte leichter wahrnehmen kann, als das einzelne Mitglied der Wohnungseigentümergemeinschaft.[1135] Der Gesetzgeber wollte demnach offensichtlich den Wohnungseigentümern nicht das Insolvenzrisiko ihrer Mitwohnungseigentümer auferlegen.[1136]

Hat ein Wohnungseigentümer bereits an den Gläubiger der Gemeinschaft geleistet, ist umstritten, auf welche Rechtsgrundlage er seinen Erstattungsanspruch gegen die Gemeinschaft stützen kann. Dabei wird neben einer entsprechenden Anwendung von § 110 HGB,[1137] der Rückgriffsanspruch zum Teil auf die §§ 677, 683 BGB oder §§ 812 ff. BGB gestützt,[1138] oder auch die §§ 16 Abs. 2, 21 Abs. 2 WEG genannt.[1139] Jedenfalls besteht aber Einvernehmen da-

---

1133 Vgl. zum Ganzen: Timme/*Dötsch*, § 10 Rn. 555 ff.; Jennißen/Grziwotz/*Jennißen*, § 10 Rn. 104.

1134 Palandt/*Bassenge*, § 10 WEG Rn. 36a; Timme/*Dötsch*, § 10 Rn. 553; Riecke/Schmid/*Elzer*, § 10 Rn. 492; Bärmann/*Klein*, § 10 Rn. 334.

1135 BT-Drucks. 16/887, S. 65.

1136 *Barchewitz*, MDR 2009, 1374, 1377.

1137 *Derleder/Fauser*, ZWE 2007, 2, 7; Timme/*Dötsch*, § 10 Rn. 593; *Fauser*, S. 284; Bärmann/*Klein*, § 10 Rn. 336.

1138 Riecke/Schmid/*Elzer*, § 16 Rn. 7.

1139 Vgl. für den Zeitraum vor Anerkennung der Rechtsfähigkeit der Wohnungseigentümergemeinschaft: BayObLGZ 1986, 322, 325 f.

rin, dass auch dem gemäß § 10 Abs. 8 S. 1 WEG nur anteilig haftenden Wohnungseigentümer gegenüber der Gemeinschaft ein Erstattungsanspruch zusteht.[1140]

Der Wohnungseigentümer kann vor seiner Inanspruchnahme aufgrund seines Erstattungsanspruchs in Verbindung mit § 257 BGB Freistellung von der Wohnungseigentümergemeinschaft verlangen.[1141] Der Freistellungsanspruch gegen die Gemeinschaft setzt allerdings voraus, dass der Wohnungseigentümer seine Beiträge gezahlt hat, er aufgrund der Hauptschuld nicht zum Nachschuss verpflichtet ist und der Wohnungseigentümer die Gemeinschaft erfolglos über seine Inanspruchnahme durch den Gläubiger informiert hat, so dass er die Leistung an den Gläubiger für erforderlich halten durfte.[1142]

Tilgungsleistungen eines Wohnungseigentümers führen zwar zum teilweisen Erlöschen der Verbindlichkeit der Wohnungseigentümergemeinschaft sowie seiner eigenen Außenverbindlichkeit. Aufgrund des teilschuldnerischen Charakters der Haftung hat aber die Zahlung eines Wohnungseigentümers keine Auswirkungen auf die Haftungsanteile der anderen Wohnungseigentümer.[1143] Mangels eines Gesamtschuldverhältnisses zwischen den Wohnungseigentümern bestehen damit auch keine Freistellungs- und Rückgriffsansprüche gegen die anderen Wohnungseigentümer aufgrund von § 426 Abs. 1 S. 1 und Abs. 2 BGB.[1144] Da keine andere Rechtsgrundlage existiert, sondern vielmehr ein Gleichlauf von Innen- und Außenhaftung erzeugt werden soll, hat ein Wohnungseigentümer somit grundsätzlich überhaupt keine Freistellungs- und Rückgriffsansprüche gegen die anderen Wohnungseigentümer.[1145]

Teilweise werden dem leistenden Wohnungseigentümer aber dann Rückgriffsansprüche gegen die anderen eingeräumt, wenn ein Regress bei der Woh-

---

1140 Vgl. *Briesemeister*, NZM 2007, 225, 227; Timme/*Dötsch*, § 10 Rn. 593.

1141 KG, ZWE 2010, 89; Timme/*Dötsch*, § 10 Rn. 594; Riecke/Schmid/*Elzer*, § 16 Rn. 7; Bärmann/*Klein*, § 10 Rn. 336.

1142 Bärmann/*Klein*, § 10 Rn. 336; vgl. zu den Einzelheiten außerdem *Derleder/Fauser*, ZWE 2007, 2, 7; *Fauser*, S. 283.

1143 Timme/*Dötsch*, § 10 Rn. 554; Jennißen/Grziwotz/*Jennißen*, § 10 Rn. 100; Bärmann/*Klein*, § 10 Rn. 335, a.A. Ricke/Schmid/*Elzer*, § 10 Rn. 492.

1144 *Fauser*, S. 283 f.; Bärmann/*Klein*, § 10 Rn. 338.

1145 OLG Köln, NZM 1999, 972; Timme/*Dötsch*, § 10 Rn. 599; Riecke/Schmid/*Elzer*, § 16 Rn. 8; *Fauser*, S. 283 f.; Bärmann/*Klein*, § 10 Rn. 338.

nungseigentümergemeinschaft nicht möglich ist.[1146] Die Entstehung des Rückgriffsanspruchs gegen die anderen Wohnungseigentümer setze dann voraus, dass ein Wohnungseigentümer eine Leistung an den Gläubiger erbracht habe, die Restforderung aus dem Vermögen der Gemeinschaft getilgt werde, aber ein Rückgriff bei der Gemeinschaft fehlschlage.[1147] Dann könne der vom Gläubiger in Anspruch genommene Wohnungseigentümer in dem Umfang Erstattung verlangen, in dem die Leistung seine anteilige Verpflichtung im Innenverhältnis übersteige.[1148]

Vergleichbar sei die Konstellation, in der ein Wohnungseigentümer den Gläubiger im Umfang seiner anteiligen Haftung befriedige. Werde nun die Gemeinschaftsschuld zu einem weiteren Teil von der Wohnungseigentümergemeinschaft selbst getilgt, verringere sich die anteilige Haftung der anderen Wohnungseigentümer gegenüber dem Gläubiger. Wenn der Rückgriff bei der Gemeinschaft dann erfolglos verlaufe, könne der Wohnungseigentümer, der als erster auf die Gemeinschaftsverbindlichkeit gezahlt habe, anteilig Ausgleich von den anderen Wohnungseigentümern verlangen.[1149] Teilweise wird zusätzlich verlangt, dass der Wohnungseigentümer, der den Gläubiger befriedigt hat, aus dem Vermögen der Gemeinschaft langfristig keine Befriedigung mehr erwarten dürfe.[1150]

Die Rechtsgrundlage für diese ausnahmsweise bestehenden Erstattungsansprüche gegen die anderen Wohnungseigentümer ist dann aber nicht § 426 Abs. 1 S. 1 bzw. Abs. 2 BGB.[1151] Vielmehr kann dann der in Anspruch genommene Wohnungseigentümer seinen Ausgleichsanspruch auf § 16 Abs. 2 WEG[1152] bzw. auf § 10 Abs. 8 S. 1 WEG[1153] stützen.

1146 So Bärmann/*Becker*, § 16 Rn. 22; Timme/*Dötsch*, § 10 Rn. 600; Riecke/Schmidt/*Elzer*, § 16 Rn. 9; *Fauser*, S. 284 f.; *Häublein*, ZWE 2008, 410, 414 f.

1147 *Fauser*, S. 284.

1148 *Fauser*, S. 284, Fn. 948.

1149 *Fauser*, S. 284 f.

1150 Bärmann/*Becker*, § 16 Rn. 22; Riecke/Schmid/*Elzer*, § 16 Rn. 9.

1151 Vgl. OLG Düsseldorf, NZM 1999, 176; OLG Düsseldorf, NZM 2006, 382, 383.

1152 BGHZ 104, 197, 202 f.; Bärmann/*Becker*, § 16 Rn. 22, vgl. auch OLG Düsseldorf, NZM 1999, 176, 177; OLG Düsseldorf, NZM 2006, 664.

1153 Riecke/Schmidt/*Elzer*, § 16 Rn. 9; *Häublein*, ZWE 2008, 410, 415.

2. Übertragung der Haftungsprinzipien auf die quotale Gesellschafterhaftung

In dem vorhergehenden Abschnitt wurde herausgearbeitet, dass bei den gesetzlichen Fällen der teilschuldnerischen Haftung für Verbindlichkeiten im Außenverhältnis bestimmte Besonderheiten hinsichtlich der Frage nach Rückgriffs- und Freistellungsansprüchen der Gesellschafter bzw. Mitglieder untereinander zu beachten sind. Diesen Besonderheiten ist dann aber auch im Fall einer rechtsgeschäftlich begründeten teilschuldnerischen Haftung, wie der quotalen Haftung der Anlagegesellschafter, Rechnung zu tragen.

a) Die Ansprüche des (gesellschaftsangehörigen) Gesellschafters

aa) Rückgriffsansprüche

Da bei einer quotal beschränkten Haftung zwischen den Anlagegesellschaftern kein Gesamtschuldverhältnis besteht, scheiden Rückgriffsansprüche der Anleger untereinander gemäß § 426 Abs. 1. S. 1 und Abs. 2 BGB aus.[1154] Es existiert auch keine gesetzliche Regelung, die im Verhältnis der Teilschuldner eine Ausgleichverpflichtung vorsehen würde.[1155]

Man könnte jedoch die hinsichtlich der Rückgriffsoptionen der Mitreeder und der Wohnungseigentümer anerkannten Ausnahmen auch bei den nur teilschuldnerisch haftenden Gesellschaftern einer Fonds-GbR anerkennen. Erstattungsansprüche der Mitreeder und der Wohnungseigentümer untereinander werden – wie bereits dargestellt[1156] – ausnahmsweise dann zugelassen, wenn ein Mitreeder bzw. ein Wohnungseigentümer allein auf die Verbindlichkeit der Gesellschaft bzw. die des Verbandes gezahlt hat oder wenn er den Gesell-

---

1154 Vgl. *Rabe*, § 507 Rn. 4; *K. Schmidt*, NJW 1997, 2201, 2205; Bärmann/*Klein*, § 10 Rn. 338; a.A. *Wagner*, ZfIR 2009, 728, 732; *ders.*, WM 2010, 1684, 1686 und *Walch*, S. 115, der zwar auch der Anrechnungslösung folgt (S. 103 f.), dann anscheinend aber nicht erkennt, dass die quotale Haftungsbeschränkung auch Wirkung im Außenverhältnis entfaltet und der quotalen Haftung infolgedessen nur Bedeutung bei der Berechnung der Verlustbeteiligung der einzelnen Gesellschafter beimisst; a.A. außerdem BGH, NZG 2011, 580, 583 unter der Prämisse, dass Gesellschaftsleistungen und Verwertungserlöse solange nicht auf die Haftungsquoten der Gesellschafter anzurechnen sind, bis die Gesellschaftsschuld unter den Haftungsbetrag eines Gesellschafters sinkt.

1155 Vgl. Staudinger/*Noack*, § 420 Rn. 56, der allerdings nur den Fall anspricht, in dem ein Teilschuldner über seine Quote hinaus an den Gläubiger geleistet hat.

1156 Vgl. Kapitel 5, B. II. 1. a) und b).

schafts- oder Verbandsgläubiger teilweise befriedigt, bevor sich die Haftungsquoten der anderen Gesellschafter oder Wohnungseigentümer aufgrund von Tilgungsleistungen der Gesellschaft oder des Verbandes verringern.

Gegen solche Ausgleichsansprüche unter den anteilig Haftenden könnte man zwar einwenden, dass sie dem Teilschuldcharakter der Quotenhaftung zuwiderlaufen.[1157] Die Gesellschafter können untereinander immer nur Ausgleich nehmen, wenn die Leistung eines den Gläubiger befriedigenden Gesellschafters seinen Verlustanteil im Innenverhältnis gemessen an der gesamten Verbindlichkeit überschreitet.[1158] Bei einer teilschuldnerischen Haftung entspricht aber regelmäßig der Verlustanteil im Innenverhältnis dem im Außenverhältnis.[1159] Konsequentermaßen ist dann eigentlich auch ein Ausgleich unter mehreren Teilschuldnern nicht möglich.

Andererseits wäre es einem Anlagegesellschafter wohl schwer zu erklären, dass er als zuerst in Anspruch Genommener für die Forderung des Gläubigers im Umfang seiner vollen Haftungsquote einstehen muss, die bei einer hohen Gesamtverbindlichkeit einen erheblichen Betrag ausmachen kann, während die restlichen Gesellschafter nach der Tilgung eines großen Teils der Verbindlichkeit durch die Gesellschaft nur noch mit jeweils sehr niedrigen Haftungsquoten für die Restschuld aufkommen müssen. Hätte der zuerst in Anspruch genommene Gesellschafter in diesem Fall keine Ausgleichsansprüche gegen die anderen Anleger, stünde er gerade deswegen schlechter als seine Mitgesellschafter, weil er seinen Verpflichtungen unverzüglich nachgekommen ist.[1160] Ein solches Ergebnis würde zudem nicht zu einer Verbesserung der Zahlungsmoral unter den Gesellschaftern beitragen, da es vorteilhaft wäre, möglichst erst dann an den Gläubiger zu leisten, wenn die Gesellschaft bereits selbst einen großen Teil ihrer Verbindlichkeit beglichen hat.[1161]

Daher muss man dem leistenden Anleger dann Ausgleichsansprüche gegen seine Mitgesellschafter einräumen, wenn er durch seine Zahlung einen Teil der Gesellschaftsschuld getilgt hat, bevor die Haftungsquoten seiner Mitgesellschafter aufgrund von Gesellschaftsleistungen oder einer Anrechnung von

---

1157 Vgl. *Bote/Weipert*, in: Münchener Hdb. des Gesellschaftsrechts I, § 91 Rn. 18; *Rabe*, § 507 Rn. 4.

1158 *Wiedemann*, Gesellschaftsrecht I, § 5 III 3, S. 276.

1159 Vgl. *Bünz/Neubauer*, TranspR 1983, 85, 91.

1160 Vgl. OLG Köln, NZG 2010, 102.

1161 Vgl. KG, NZG 2010, 1265, 1266.

Verwertungserlösen im Vergleich zu seiner eigenen Haftungsquote abgesunken sind bzw. die Gesellschaftsschuld vollständig erloschen ist, und ein Rückgriff bei der Gesellschaft auf lange Sicht aussichtslos erscheint.[1162] Einen solchen Ausgleichsanspruch wird man aber weder aus GoA noch aus § 812 Abs. 1 S. 1 BGB herleiten können. Für die §§ 677, 683, 670 BGB fehlt es am Fremdgeschäftsführungswillen, da die Tilgung seiner Quote neben der Gesellschaft ausschließlich dem leistenden Gesellschafter selbst zugutekommt und nicht zu einem Absinken der Haftungsquoten seiner Mitgesellschafter führt.[1163] Auch ein Bereicherungsanspruch scheidet aus, da die Haftungsquoten der anderen Gesellschafter erst aufgrund der Tilgungsleistung der Gesellschaft absinken und nicht bereits mit der zunächst erfolgten Zahlung eines Gesellschafters.[1164] Allerdings wird man den Ausgleichsanspruch des leistenden Gesellschafters dann aus dem gesellschaftsrechtlichen Innenverhältnis ableiten können.[1165]

Hinsichtlich der Modalitäten des Ausgleichsanspruches gilt das zu den Ansprüchen unter gesamtschuldnerisch haftenden Gesellschaftern Gesagte entsprechend. Der Anspruch ist subsidiär, d.h. er kann erst dann gegenüber den anderen Gesellschaftern geltend gemacht werden, wenn ein Rückgriff bei der Gesellschaft völlig aussichtslos erscheint. Die anderen Gesellschafter haften für den Ausgleichsanspruch, von dem zunächst der Verlustanteil des Rückgriff verlangenden Gesellschafters abzuziehen ist, anteilig.

Wie bereits festgestellt, erwirbt der in Anspruch genommene Anleger außerdem die Gläubigerforderung gemäß § 774 Abs. 1 S. 1 BGB analog.[1166] Damit verbunden wäre eigentlich auch ein Übergang der anteiligen Haftungsverbindlichkeiten der quotal haftenden Gesellschafter gemäß §§ 412, 401 BGB. Aller-

---

1162 Im Ergebnis ebenso *Thürling*, S. 182, 188 f., der sich jedoch hinsichtlich des Bestehens von Ausgleichsansprüchen der Gesellschafter untereinander unter anderem auf das Urteil des BGH in NZG 2011, 580, 583 beruft (Fn. 972), dabei aber offenbar verkennt, dass der BGH die Anrechnungslösung ablehnt. Danach würde sich das Verhältnis unter den Gesellschaftern mit fortschreitender Tilgung der Gesellschaftsverbindlichkeit immer mehr zu einem gesamtschuldnerischen entwickeln, so dass dann auch Ausgleichsansprüche aus § 426 BGB in Betracht kämen.

1163 *Thürling*, S. 183.

1164 A.A. hingegen *Thürling*, S. 184 ff., der einen Anspruch aus § 812 Abs. 1 S. 1 Alt. 1 BGB annimmt.

1165 Vgl. *K. Schmidt*, Die Partenreederei, § 6 I 2, S. 72.

1166 So im Fall des zahlenden Mitreeders bei der Partenreederei: *K. Schmidt*, Die Partenreederei, § 6 I 2, S. 71; *ders.*, NJW 1997, 2201, 2205.

dings können dem in Anspruch genommenen Anleger aus der im Wege der cessio legis erworbenen Forderung samt Nebenrechten nicht weitergehende Zugriffsmöglichkeiten erwachsen, als sich aus dem Innenverhältnis der Anleger zueinander ergeben.

Im Innenverhältnis haftet jeder Anleger nur anteilig entsprechend seiner Gesellschaftsbeteiligung für die Gesellschaftsschuld. Ein Rückgriff nach § 426 Abs. 1 S. 1, Abs. 2 BGB ist aufgrund der nur teilschuldnerischen Haftung grundsätzlich nicht möglich. Dieses Haftungskonzept darf nicht dadurch ausgehebelt werden, dass man dem leistenden Anleger aufgrund der auf ihn übergegangenen quotalen Haftungsforderungen des Gläubigers einen Regress bei den anderen Gesellschaftern zubilligt.

Zur Begründung kann zwar nicht § 774 Abs. 2 BGB analog angeführt werden, da diese Vorschrift auf § 426 BGB verweist und damit ersichtlich nur bei Bestehen eines Gesamtschuldverhältnisses unter den Gesellschaftern anwendbar ist. Wenn aber schon bei einer gesamtschuldnerischen Haftung die Gläubigerforderungen gegen die anderen Gesellschafter nur insoweit auf den leistenden Gesellschafter übergehen, als sie auch im Innenverhältnis zur Tragung der Verbindlichkeit verpflichtet sind, muss ein Übergang dieser Haftungsverbindlichkeiten bei einer nur teilschuldnerischen Haftung der Anleger gänzlich ausgeschlossen sein. Dieses Ergebnis kann auf den allgemeinen Vorrang von Individualabreden gestützt werden. Die Vereinbarung der nur teilschuldnerischen Haftung im Innenverhältnis schließt eine Inanspruchnahme der anderen Anleger aus den gemäß §§ 774 Abs. 1 S. 1, 412, 404 BGB analog auf den leistenden Anleger übergegangenen quotalen Haftungsverbindlichkeiten aus.

Etwas anderes kann ausnahmsweise nur dann gelten, wenn der leistende Anleger aus dem zuvor behandelten Anspruch aus dem gesellschaftsrechtlichen Innenverhältnis Ausgleich von den anderen Gesellschaftern verlangen kann.

Wurde demnach entweder die Gesellschaftsschuld durch Leistungen aus dem Gesellschaftsvermögen vollständig getilgt, nachdem ein Anleger im Umfang seiner vollen Haftungsquote auf die Gesellschaftsverbindlichkeit gezahlt hat, oder sind die Haftungsquoten der anderen Gesellschafter nach der Zahlung eines Anlegers aufgrund der Anrechnung von Erlösen aus einer Zwangsvollstreckung in das Fondsgrundstück in erheblichem Umfang vermindert worden, steht dem leistenden Anleger zum einen ein Ausgleichsanspruch aus dem gesellschaftsrechtlichen Innenverhältnis zu. Zum anderen kann er gemäß §§ 774 Abs. 1 S. 1, 412, 404 BGB analog aus den auf ihn übergegangenen quotalen Haftungsverbindlichkeiten der anderen Anleger in dem Umfang Regress verlangen, in dem er auch aufgrund des aus dem gesellschaftsrechtlichen Innenverhältnisses folgenden Anspruchs Rückgriff bei den anderen Gesellschaftern nehmen kann.

bb) Freistellungsansprüche

Da sich die Anleger bei einer quotalen Haftung nicht als Gesamtschuldner, sondern vielmehr als Teilschuldner gegenüberstehen, scheidet dann auch die Herleitung eines Freistellungsanspruchs gegen die Mitgesellschafter aus § 426 Abs. 1 S. 1 BGB aus. Ist die Haftung der Gesellschafter demnach quotal begrenzt, so kann ein Gesellschafter von seinen Mitgesellschaftern aufgrund des Teilschuldcharakters keine Freistellung verlangen.[1167]

b) Die Ansprüche des ausgeschiedenen Gesellschafters

Schließlich ist auf die Besonderheiten der quotal beschränkten Haftung des bereits ausgeschiedenen Anlagegesellschafters einzugehen.

Auch bei einer nur quotalen Haftung steht dem ausgeschiedenen Anleger der Freistellungsanspruch gegen die Gesellschaft aus § 738 Abs. 1 S. 2 Var. 2 BGB zu. Denn – wie bereits festgestellt – ändert die quotale Haftungsbeschränkung nichts daran, dass im Verhältnis der Gesellschaft und des (ausgeschiedenen) Gesellschafters allein die Gesellschaft zur Tragung ihrer Verbindlichkeiten verpflichtet ist. Dieser Freistellungsanspruch wandelt sich nach der Leistung des ausgeschiedenen Anlegers an den Gesellschaftsgläubiger in einen Erstattungsanspruch um.

Anderes gilt hingegen für die Ansprüche des quotal haftenden, ausgeschiedenen Gesellschafters gegen seine ehemaligen Mitgesellschafter. Im Gegensatz zu einem Gesellschafter, der mit seinen ehemaligen Mitgesellschaftern gesamtschuldnerisch für die Gesellschaftsverbindlichkeiten haftet, kann auch ein quotal haftender, ausgeschiedener Gesellschafter keine Ausgleichsansprüche aus § 426 Abs. 1 S. 1 und Abs. 2 BGB herleiten.

1167 Vgl. *Bünz/Neubauer*, TranspR 1983, 85, 91; *Rabe*, § 507 Rn. 4; *K. Schmidt*, NJW 1997, 2201, 2205; Bärmann/*Klein*, § 10 Rn. 338; a.A. *Wagner*, ZfIR 2009, 728, 732; *ders.*, WM 2010, 1684, 1686, der offenbar verkennt, dass ein Anspruch aus § 426 Abs. 1 S. 1 BGB ausscheidet.

Allerdings könnten die für einen quotal haftenden, noch in der Gesellschaft verbliebenen Gesellschafter anerkannten Ausnahmen hinsichtlich der Möglichkeit eines Rückgriffs bei den anderen Gesellschaftern auch bei einem bereits ausgeschiedenen Gesellschafter greifen. Denn ein quotal in Anspruch genommener Anleger kann dann aus dem gesellschaftsrechtlichen Innenverhältnisses Ausgleichsansprüche gegen seine Mitgesellschafter herleiten, wenn er im Umfang seiner Haftungsquote allein auf die Gesellschaftsschuld gezahlt hat, bevor diese durch Leistungen aus dem Gesellschaftsvermögen vollständig getilgt wurde oder wenn ein Anleger im Umfang seiner vollen Haftungsquote in Anspruch genommen wurde, bevor die Haftungsquoten der anderen Gesellschafter in erheblichem Umfang aufgrund von Zahlungen aus dem Gesellschaftsvermögen herabgesunken sind.

Der Ausgeschiedene ist zum Zeitpunkt seiner Inanspruchnahme allerdings nicht mehr Gesellschafter. Mit seinem Ausscheiden sind grundsätzlich die aus dem Gesellschaftsverhältnis folgenden Rechte und Pflichten weggefallen.[1168] Daher können auch die aus dem gesellschaftsrechtlichen Innenverhältnis hergeleiteten Ausgleichsansprüche gegen die anderen Anlagegesellschafter einem bei seiner Inanspruchnahme bereits ausgeschiedenen Gesellschafter nicht zustehen.

Auch aus § 738 Abs. 1 S. 2 BGB ergibt sich nichts anderes. Zwar folgt aus dieser Bestimmung, dass ein ausscheidender Gesellschafter vollständig entlastet werden soll, sofern die Voraussetzungen von § 739 BGB nicht vorliegen.[1169] Allerdings meint § 738 Abs. 1 S. 2 BGB – wie bereits dargestellt – die Gesellschafter in ihrer gesamthänderischen Verbundenheit und gilt damit nur gegenüber der Gesellschaft selbst.[1170] Wurde demnach ein bereits ausgeschiedener Gesellschafter im Umfang seiner vollen Haftungsquote gemessen an der ursprünglichen Verbindlichkeit von dem Gesellschaftsgläubiger in Anspruch genommen, bevor die Haftungsquoten seiner ehemaligen Mitgesellschafter in erheblichem Umfang aufgrund einer weiteren Tilgung der Gesellschaftsschuld durch Leistungen aus dem Gesellschaftsvermögen abgesunken sind, kann er sich allein nach § 738 Abs. 1 S. 2 BGB an die Gesellschaft halten. Rückgriffsansprüche aus dem gesellschaftsrechtlichen Innenverhältnis gegen die noch in der Gesellschaft verbliebenen Gesellschafter scheiden hingegen aus.

1168 Soergel/*Hadding/Kießling*, § 738 Rn. 6; MüKo/*Ulmer/Schäfer*, BGB, § 738 Rn. 6.

1169 MüKo/*K. Schmidt*, HGB, § 128 Rn. 62.

1170 Vgl. Kapitel 5, A. III.1 b).

c) *Rückgriff bei einem ausgeschiedenen quotal haftenden Gesellschafter*

Während ein Rückgriff gegenüber einem bereits ausgeschiedenen gesamtschuldnerisch haftenden Gesellschafter möglich ist, wenn seine Verlustbeteiligung noch nicht im Rahmen seines Abfindungsanspruches berücksichtigt wurde, erscheint dies bei einer quotalen Haftung ausgeschlossen. Denn das Ausscheiden aus der Gesellschaft ändert nichts daran, dass die Gesellschafter nur anteilig für die Gesellschaftsschulden aufkommen müssen und demnach nur teilschuldnerisch haften. In diesem Fall ist – wie bereits festgestellt – ein Rückgriff der Teilschulder untereinander grundsätzlich ausgeschlossen.

Ein bereits ausgeschiedener Anlagegesellschafter kann auch nicht aus einem ausnahmsweise aus dem gesellschaftsrechtlichen Innenverhältnis folgenden Rückgriffsanspruch von einem Anleger, der den Gläubiger im Umfang seiner Haftungsquote befriedigt hat, in Anspruch genommen werden. Denn mit seinem Ausscheiden ist der Anlagegesellschafter grundsätzlich nicht mehr aus dem Gesellschaftsverhältnis verpflichtet,[1171] so dass ein hieraus abgeleiteter Ausgleichsanspruch gegen ihn nicht in Frage kommt.

Der Rückgriff bei einem ausgeschiedenen Gesellschafter ist demnach im Fall einer quotalen Gesellschafterhaftung nicht möglich.

C. Ergebnis zu Kapitel 5

Die quotale Beschränkung der Gesellschafterhaftung hat keine Auswirkungen auf die gegenüber der Gesellschaft bestehenden Rückgriffs- und Freistellungsansprüche der Anleger, wenn sie von einem Gesellschaftsgläubiger in Anspruch genommen werden.

Anderes gilt hingegen für die Rückgriffs- und Freistellungsansprüche gegenüber ihren Mitgesellschaftern. Die quotale Haftungsbeschränkung führt dazu, dass die Anleger im Verhältnis zueinander nur teilschuldnerisch für die Gesellschaftsverbindlichkeiten haften. Werden sie von einem Gesellschaftsgläubiger im Umfang ihrer jeweiligen Haftungsquote in Anspruch genommen, haben sie infolgedessen grundsätzlich keine Rückgriffs- bzw. Freistellungsansprüche gegen ihre Mitgesellschafter.

1171 Vgl. Soergel/*Hadding/Kießling*, § 738 Rn. 6; MüKo/*Ulmer/Schäfer*, BGB, § 738 Rn. 6.

Ausnahmsweise ist der Regress des leistenden Anlegers gegen seine Mitgesellschafter aber dann zuzulassen, wenn ein Gesellschafter in vollem Umfang seiner Haftungsquote auf die Gesellschaftsverbindlichkeit gezahlt hat und anschließend die Restschuld durch Leistungen aus dem Gesellschaftsvermögen vollständig beglichen wird, oder wenn der Anleger mit seiner vollen Haftungsquote einstehen musste, bevor die quotalen Haftungsbeträge der anderen Gesellschafter durch Gesellschaftsleistungen und Verwertungserlöse abgesunken sind. Dann kann der zuerst in Anspruch genommene Gesellschafter, nachdem er erfolglos versucht hat, die Gesellschaft in Anspruch zu nehmen, aus dem gesellschaftsrechtlichen Innenverhältnis von den anderen Gesellschaftern Ausgleich verlangen. Dies gilt allerdings nicht für einen nach seinem Ausscheiden von einem Gesellschaftsgläubiger in Anspruch genommenen Gesellschafter. Diesem bleibt lediglich der Rückgriff bei der Gesellschaft.

Ein Anleger, der gegenüber dem Gläubiger im Umfang seiner Haftungsquote die Gesellschaftsverbindlichkeit getilgt hat, kann nicht bei einem bereits aus der Gesellschaft ausgeschiedenen Gesellschafter Regress nehmen. Auch in diesem Fall ergibt sich kein Rückgriffsanspruch aus dem gesellschaftsrechtlichen Innenverhältnis.

Ausblick und Ergebnis

Während der BGH früher unter der Prämisse der Doppelverpflichtungslehre weitgehende Möglichkeiten einer Beschränkung der persönlichen Gesellschafterhaftung zuließ, werden diese Gestaltungsmöglichkeiten mit der Hinwendung zur Akzessorietätstheorie größtenteils beschnitten und damit die Gläubigerinteressen stärker in den Vordergrund gerückt. Dieser Tendenz entsprechen die Entscheidungen des BGH aus dem Jahr 2011, in denen er zwar weiterhin eine quotale Beschränkung der Haftung der Anlagegesellschafter eines in der Gesellschaftsform der GbR konstituierten geschlossenen Immobilienfonds für zulässig erklärt, die quotalen Haftungsanteile der Anleger aber so lange an der ursprünglichen Gesellschaftsverbindlichkeit bemessen will, bis die Restschuld der Gesellschaft unter die jeweilige Haftungsquote eines Gesellschafters gesunken ist.

Das Ergebnis dieser Arbeit stimmt zwar nur in Randbereichen mit der BGH-Ansicht überein, etwa was die Frage der Zulässigkeit einer formularvertraglichen Beschränkung der Haftung von Gesellschaftern einer Fonds-GbR angeht. In der Praxis wird sich allerdings die Vertragsgestaltung nach den vom BGH herausgearbeiteten Grundsätzen richten müssen. Ob sich die Banken vor allem bei den nun anstehenden Krediten zur Sanierung der Fondsgesellschaften auf eine ausdrückliche Regelung der Anrechnungswirkung einlassen werden, erscheint zweifelhaft. Der geschlossene Immobilienfonds in der Rechtsform der GbR wird jedoch in der Zukunft nur dann überleben können, wenn die Banken sich mit Regelungen in den Darlehensverträgen – sei es individualvertraglicher oder formularvertraglicher – Art einverstanden erklären, die unzweifelhaft bestimmen, dass Gesellschaftsleistungen und Verwertungserlöse auf die Haftungsquoten der Gesellschafter anzurechnen sind. Ansonsten ist davon auszugehen, dass den Anlegern das Risiko zu groß ist, eventuell für mehrere Kredite der Gesellschaft im Umfang ihrer vollen Haftungsquote einstehen zu müssen. In welchem Ausmaß dies zu einer vermehrten Wahl der Gesellschaftsform der KG für einen geschlossenen Immobilienfonds führen wird, bleibt abzuwarten.

Insbesondere solche Anleger, die für die Darlehensverbindlichkeiten der Fondsgesellschaften aus bereits geschlossenen Verträgen haften, müssen sich mit der jüngsten Rechtsprechung des BGH zur quotalen Haftung abfinden. Denn in den Fällen der vor dem 8.2.2011 von den Gesellschaften aufgenommenen Darlehen, über die bisher die Gerichte noch nicht entschieden haben, wird man in der Praxis aufgrund der hohen Anforderungen, die der BGH für das

Vorliegen einer Anrechnungswirkung aufgestellt hat, kaum zu der Annahme gelangen, dass Leistungen aus dem Gesellschaftsvermögen zu einer Verringerung der Haftungsquoten der Anlagegesellschafter führen.

Die Untersuchung der Problematik einer quotalen Beschränkung der Gesellschafterhaftung hat zu folgenden Ergebnissen geführt:

Nach der Anerkennung der Rechtsfähigkeit der Außen-GbR und der akzessorischen Haftung von BGB-Gesellschaftern haften diese Gesellschafter grundsätzlich gemäß § 128 S. 1 HGB analog als Gesamtschuldner für sämtliche Gesellschaftsverbindlichkeiten.

Allerdings haben sie verschiedene Möglichkeiten ihre Haftung zu beschränken. Zunächst können sie individuell mit jedem Gesellschaftsgläubiger einen Ausschluss oder eine Beschränkung ihrer Haftung vereinbaren. Weitere Haftungsbeschränkungsmöglichkeiten sind jedoch nur bei atypischen Erscheinungsformen der Außen-GbR anzuerkennen, wie bei den Anlagegesellschaftern einer Publikums-GbR, deren Mitverwaltungsrechte weitgehend eingeschränkt sind und die sich rein kapitalmäßig an der Gesellschaft beteiligen. Die früher unter dem Einfluss der Doppelverpflichtungslehre weitgehend zugelassene Möglichkeit einer Beschränkung der Gesellschafterhaftung durch die Beschränkung der Vertretungsmacht der Gesellschaftsorgane ist unter der Geltung der Akzessorietätstheorie nicht mehr zuzulassen. Eine rein gesellschaftsvertragliche Haftungsbeschränkung scheidet aufgrund von § 128 S. 2 HGB analog aus. Auch die Annahme von konkludenten Haftungsbeschränkungsvereinbarungen sollte nur äußerst restriktiv gehandhabt werden. Eine Haftungsbeschränkung „kraft Individualpublizität“ aufgrund einer Analogie zu § 176 HGB kommt nicht in Frage, da ansonsten die Wertungen des § 105 Abs. 2 HGB umgangen würden. Auch eine teleologische Reduktion von § 128 S. 1 HGB analog bei atypischen Erscheinungsformen der Außen-GbR und das in diesem Zusammenhang vielfach befürwortete Kommanditistenmodell, nach dem die Anlagegesellschafter mit den auf ihre Einlage beschränkt haftenden Kommanditisten vergleichbar haften, ist abzulehnen. Vielmehr ist neben der individualvertraglichen Haftungsbeschränkung in einer Fonds-GbR allein eine formularvertragliche Haftungsbeschränkung möglich. Während eine solche Haftungsbegrenzung mittels AGB in einer normalen GbR an § 307 Abs. 2 Nr. 1 BGB scheitern würde, da sie mit dem wesentlichen Grundgedanken von § 128 S. 1 HGB analog unvereinbar wäre, hält sie in der Fonds-GbR der Inhaltskontrolle stand. Denn aufgrund der atypischen Struktur dieser Gesellschaft besteht ein erhöhtes Bedürfnis nach einer Begrenzung der ansonsten unbeschränkten Haftung der Anlagegesellschafter mit ihrem gesamten Vermögen. Entgegen einiger Stimmen in der Literatur bedarf es zur Vereinbarung der Haftungsbegrenzung – sei es individualvertraglich oder mittels AGB – keiner rechtsgeschäftlichen Bevollmächtigung der Gesellschaftsorgane durch die Anlagegesellschafter. Denn die Haftungsbeschränkungsvereinbarung stellt keinen Erlass und damit keine unzulässige Verfügung zugunsten Dritter dar, sondern die Regelung des § 128 S. 1 HGB analog wird allein so modifiziert, dass die Haftungsverbindlichkeiten der Gesellschafter zukünftig nur in einem beschränkten Umfang zur Entstehung gelangen.

Bei einem als OHG organisierten geschlossenen Immobilienfonds ist eine formularvertragliche Beschränkung der Gesellschafterhaftung auf den Anteil eines Gesellschafters am Gesellschaftsvermögen unzulässig, da bei dieser Gesellschaftsform das Bedürfnis nach einer nur beschränkten Anlegerhaftung durch den Wechsel zur Rechtsform der KG befriedigt werden kann.

Wird die Haftung der Anlagegesellschafter einer Fonds-GbR anteilig beschränkt, ist zwischen zwei Formen der quotalen Haftungsbeschränkung zu unterscheiden: der prozentualen und der summenmäßigen Beschränkung der Gesellschafterhaftung auf die Quote. Der Unterschied zwischen diesen beiden Möglichkeiten einer Ausgestaltung der Haftungsbeschränkung besteht vor allem darin, dass die Anleger bei einer nur prozentualen Beschränkung ihrer Haftung auch dann im Umfang ihrer Quote einstehen müssen, wenn die aktuelle Darlehensschuld die Ausgangsverbindlichkeit der Gesellschaft übersteigt, während bei einer summenmäßigen Festsetzung der Haftungsanteile eine solche Vergrößerung des anfänglichen Haftungsbetrags nicht möglich ist. Die Anleger sind demgemäß im Fall einer betragsmäßigen Begrenzung ihrer Haftung besser gestellt als bei einer nur prozentualen Ausweisung ihrer Haftungsquoten.

Sowohl im Fall einer nur prozentualen Feststellung der Haftungsquoten als auch bei einer summenmäßigen Festsetzung des Haftungsanteils jedes Gesellschafters sind die Haftungsquoten stets an dem durch Tilgungsleistungen der Gesellschaft und Verwertungserlöse gesunkenen aktuellen Stand der Gesellschaftsverbindlichkeit zu bemessen. Die Anrechnungswirkung von Gesellschaftsleistungen und Verwertungserlösen folgt allerdings nicht aus einer Analogie zu § 366 BGB oder aus der Akzessorietät der Haftungsverbindlichkeiten der Gesellschafter zu der Gesellschaftsschuld. Vielmehr ergibt die Auslegung der in den Gesellschaftsverträgen und den Darlehensverträgen enthaltenen quotalen Haftungsbeschränkungsregelungen, dass die quotale Haftung im Sinne einer echten Teilschuld zu verstehen ist. Leistungen aus dem Gesellschaftsvermögen führen auch dann zu einer Verringerung der Haftungsquoten, wenn diese summenmäßig festgelegt sind und die Gesellschaftsverbindlichkeit einen Stand erreicht, der über die Summe aller betragsmäßigen Haftungsquoten hinausgeht.

Leistungen einzelner Gesellschafter reduzieren hingegen neben der Gesellschaftsschuld nur ihre eigenen Haftungsquoten.

Aus dem Teilschuldcharakter der quotalen Haftung folgt, dass die Gesellschaftsgläubiger das Risiko einer Insolvenz von Anlegern tragen müssen. Demzufolge ist auch eine Haftung der Anleger für den Ausfall ihrer Mitgesellschafter im Innenverhältnis entsprechend § 735 S. 2 BGB abzulehnen.

Die Gläubiger können wählen, ob sie als erstes einzelne oder alle Gesellschafter persönlich in Anspruch nehmen oder die Zwangsvollstreckung in das Fondsgrundstück betreiben wollen. Obwohl sich bei einer vorrangigen Inanspruchnahme einzelner Anleger das Risiko eines Ausfalls der anderen Gesellschafter auf diese Anleger verlagert, können die Anlagegesellschafter nicht die Einrede der sachlichen Vorausvollstreckung analog § 772 Abs. 2 S. 1 BGB erheben. Das Wahlrecht der Banken, beim Bestehen von mehreren Sicherheiten die Verwertungsreihenfolge zu bestimmen, verstößt außerdem nicht gegen Treu und Glauben.

Befriedigt ein Gesellschafter den Gläubiger im Umfang seiner Haftungsquote an der aktuellen Verbindlichkeit, so geht die Gläubigerforderung gemäß § 774 Abs. 1 S. 1 BGB analog in entsprechendem Umfang auf den Gesellschafter über. Der Gläubiger wäre dann gemäß den §§ 401, 412 BGB analog verpflichtet, dem leistenden Gesellschafter einen seiner Leistung entsprechenden Teil der Grundschuld zu übertragen. Der Übergang eines Teils der Gläubigerforderung mitsamt den Nebenrechten könnte dann eigentlich gemäß § 774 Abs. 1 S. 2 BGB analog nicht zum Nachteil des Gläubigers geltend gemacht werden, so dass der Gesellschaftsgläubiger dem leistenden Gesellschafter nur einen seinem Teil der Grundschuld nachrangigen Grundschuldteil übertragen müsste. Allerdings würde diese Nachrangigkeit in den meisten Fällen dazu führen, dass der Verwertungserlös nach der Befriedigung des Gesellschaftsgläubigers aufgebraucht ist und damit letztendlich die in Anspruch genommenen Anleger mit dem Risiko einer Insolvenz ihrer Mitgesellschafter belastet sind. Eine ergänzende Auslegung der Haftungsbeschränkungsvereinbarungen ergibt daher, dass die auf die leistenden Anleger übertragenen Teilgrundschulden den gleichen Rang wie die noch beim Gläubiger verbliebene Teilgrundschuld haben.

Schlussendlich wirkt sich die quotale Beschränkung der Gesellschafterhaftung auch auf die Rückgriffs- und Freistellungsansprüche eines von dem Gesellschaftsgläubiger in Anspruch genommenen Gesellschafters aus. Während sich jedoch an den Freistellungs- und Rückgriffsansprüchen der Anlagegesellschafter gegenüber der Gesellschaft im Vergleich zu der Situation bei einer gesamtschuldnerischen Gesellschafterhaftung nichts ändert, weil – sofern keine anderweitige Vereinbarung mit den Gesellschaftern vorliegt – allein die Gesellschaft zur Begleichung ihrer Verbindlichkeiten verpflichtet ist, sieht es hinsichtlich der Rückgriffs- und Freistellungsansprüche gegenüber den Mitgesellschaftern anders aus. Da die quotal beschränkte Haftung der Anleger bewirkt, dass sie nur als Teilschuldner für die Gesellschaftsverbindlichkeiten haften, bestehen ähnlich wie bei der Partenreederei und der Wohnungseigentümergemeinschaft keine Ansprüche der Anleger untereinander. Von diesem Grundsatz ist allerdings dann eine Ausnahme zu machen, wenn ein Anlagegesellschafter im Umfang seiner Haftungsquote von einem Gesellschaftsgläubiger in Anspruch genommen wurde und im Anschluss daran die noch ausstehende Gesellschaftsverbindlichkeit durch Leistungen aus dem Gesellschaftsvermögen vollständig getilgt wurde oder wenn ein Gesellschafter im Umfang seiner vollen Haftungsquote für die Gesellschaftsschuld einstehen musste und danach die Haftungsquoten der anderen Anlagegesellschafter abgesunken sind. In diesen Fällen folgt aus dem gesellschaftsrechtlichen Innenverhältnis, dass der im Umfang seiner vollen Haftungsquote an der ursprünglichen Gesellschaftsschuld in Anspruch genommene Anleger von den anderen Anlagegesellschaftern anteiligen Ausgleich verlangen kann, wenn ein Rückgriff bei der Gesellschaft auf lange Sicht ausscheidet. Dies gilt jedoch nicht für den Rückgriff eines zum Zeitpunkt seiner Inanspruchnahme bereits aus der Gesellschaft ausgeschiedenen Gesellschafters bzw. den Rückgriff eines quotal haftenden Anlegers bei einem bereits ausgeschiedenen Gesellschafter. Denn mit dem Ausscheiden aus der Gesellschaft kann ein Gesellschafter im Grundsatz keine Rechte mehr aus dem gesellschaftsrechtlichen Verhältnis herleiten; außerdem unterliegt er grundsätzlich auch keinen Verpflichtungen mehr aus diesem Verhältnis.

Literaturverzeichnis

Abraham, Hans Jürgen, Das Seerecht, 4. Auflage, Berlin 1974, zit. *Abraham*

Adams, Michael, Eigentum, Kontrolle und Beschränkte Haftung, Baden-Baden 1991, zit. *Adams*

Aderhold, Lutz, Das Schuldmodell der BGB-Gesellschaft, Bonn, 1981, zit. *Aderhold*

Altmeppen, Holger, Anmerkung zu BGH, Urteil vom 27.9.1999 – II ZR 371/98, ZIP 1999, S. 1758-1760

Armbrüster, Christian, Die Schranken der „unbeschränkten" persönlichen Gesellschafterhaftung in der BGB-Gesellschaft, ZGR 2005, S. 34-62

Armbrüster, Christian, Nachschusspflicht im Personengesellschaftsrecht, ZGR 2009, S. 1-30

Arnim, von, Christoph, Wirksamkeit quotaler Haftungsbeschränkungen, Das Grundeigentum 2005, S. 1409-1410

Assmann, Heinz-Dieter (Hrsg.)/ Schütze, Rolf A. (Hrsg.), Handbuch des Kapitalanlagerechts, 3. Auflage, München 2007, zit. Assmann/Schütze/*Bearbeiter*

Avenarius, Martin, Die Anrechnung von Teilleistungen auf mehrere Forderungen bei Fehlen einer Tilgungsbestimmung, AcP 203 (2003), S. 511-538

Bärmann, Johannes (Begr.), Wohnungseigentumsgesetz, 11. Auflage, München 2010, zit. Bärmann/*Bearbeiter*

Bärmann, Johannes (Begr.)/ Pick, Eckhart, Wohnungseigentumsgesetz, 19. Auflage, München 2010, zit. *Bärmann/Pick*

Bamberger, Heinz Georg (Hrsg.)/Roth, Herbert (Hrsg.), Beck`scher Online-Kommentar, BGB, 22. Edition, Stand 1.2.2012, München, zit. Bamberger/Roth/*Bearbeiter*

Barchewitz, Wolfgang, Notleidender geschlossener Immobilienfonds: Anlegerhaftung und Verbleib der Grundschuld, MDR 2007, S. 1176-1179

Barchewitz, Wolfgang, Notleidender geschlossener Immobilienfonds: Inhalt und Umfang der quotalen Gesellschafterhaftung, MDR 2009, S. 1374-1377

Bartlsperger, Stephan/ Boutonnet, Beatrix/ Loipfinger, Stefan/ Nickl, Hannes/ Nickl, Ludwig/ Richter, Uli, Geschlossene Immobilienfonds, 5. Auflage, Stuttgart 2007, zit. *Bartlsperger*, Geschlossene Immobilienfonds

Baumann, Horst, Rechtsnatur und Haftungsverfassung der Gesellschaft bürgerlichen Rechts im Spannungsfeld zwischen Grundrechtsgewährleistung und Zivilrechtsdogmatik, JZ 2001, S. 895-905

Baumbach, Adolf (Begr.)/ Hopt, Klaus J. (Hrsg.)/ Merkt, Hanno (Hrsg.), Handelsgesetzbuch, 34. Auflage, München 2010, zit. Baumbach/Hopt/Merkt/*Bearbeiter*

Baur, Fitz (Begr.)/ Baur, Jürgen F./ Stürner, Rolf, Sachenrecht, 18. Auflage, München 2009, zit. *Baur/Stürner*

Bayer, Walter, Der Vertrag zugunsten Dritter, Tübingen 1995, zit. *Bayer*

Bayer, Walter, Anmerkung zu LG Gera, Urteil vom 30.8.2002 – 2 O 558/02, EWiR 2003, § 705 BGB 5/03, S. 405 f.

Becker-Eberhard, Ekkehard, Die Forderungsgebundenheit der Sicherungsrechte, Bielefeld 1993, zit. *Becker-Eberhard*

Beuthien, Volker, Was hat die „rechtsfähige Personengesellschaft" Neues gebracht?, NZG 2011, S. 481-488

Beuthien, Volker, Warum eigentlich keine GbR mbH? – Zum Haftungssystem der nichteingetragenen Vereinigungen, WM 2012, S. 1-10

Birk, Dieter, Steuerrecht, 13. Auflage, Heidelberg 2010, zit. *Birk*

Blaurock, Uwe, Haftungsfreizeichnung zugunsten Dritter, ZHR 146 (1982), S. 238-258

Blaurock, Uwe, Einfluß im Unternehmen und die gesellschaftsrechtliche Haftungsstruktur, in: Festschrift für Walter Stimpel zum 68. Geburtstag am 29. November 1985, hrsg. von Marcus Lutter, Hans-Joachim Mertens und Peter Ulmer, Berlin 1985, S. 553-569, zit. *Blaurock*, FS-Stimpel

Blenske, Holger, Die Haftung der Gesellschafter einer GbR mbH, NJW 2000, S. 3170-3174

Böttcher, Roland, ZVG, Gesetz über die Zwangsversteigerung- und Zwangsverwaltung, 5. Auflage, München 2010, zit. Böttcher/*Bearbeiter*

Bork, Reinhard, Allgemeiner Teil des Bürgerlichen Gesetzbuchs, 3. Auflage, Tübingen 2011, zit. *Bork*

Boujong, Karlheinz (Hrsg.)/ Ebenroth, Thomas (Hrsg.)/ Joost, Detlev (Hrsg.), Handelsgesetzbuch, Band 1, §§ 1-342a, München 2001, zit. Ebenroth/Boujong/Joost/*Bearbeiter*, 1. Auflage

Boujong, Karlheinz (Begr.)/ Ebenroth, Thomas (Begr.)/ Joost, Detlev (Begr., Hrsg.)/ Strohn, Lutz (Hrsg.), Handelsgesetzbuch, Band 1, §§ 1-342e, 2. Auflage, München 2008, zit. Ebenroth/Boujong/Joost/Strohn/*Bearbeiter*

Brandner, Hans Erich, Die Umstände des einzelnen Falles bei der Auslegung und Beurteilung von allgemeinen Geschäftsbedingungen, AcP 162 (1963), S. 237-264

Briesemeister, Lothar, Das Haftungssystem der Wohnungseigentümergemeinschaft nach der WEG-Reform, NZM 2007, S. 225-231

Bruns, Alexander, Haftungsbeschränkung und Mindesthaftung, Tübingen 2003, zit. *Bruns*

Buchner, Herbert, Zur rechtlichen Struktur der Personengesellschaften, AcP 169 (1969), S. 483-512

Bülow, Peter, Subsidiarität und Akzessorietät bei § 129 HGB, in: Festschrift für Peter Kreutz zum 70. Geburtstag, hrsg. von Günther Hönn, Hartmut Oetker und Thomas Raab, Köln 2010, S. 549-556, zit. *Bülow*, FS-Kreutz

Bünz, Vincent/ Neubauer, Jost, Die Haftung des Mitreeders einer Partenreederei, TranspR 1983, S. 85-94

Büscher, Dirk/ Klusmann, Martin, Forthaftung und Regreß ausgeschiedener Personengesellschafter, ZIP 1992, S. 11-18

Bunte, Hermann-Josef, Das Urteil des BGH zur Gestaltung von Automobilvertragshändlerverträgen, NJW 1985, S. 600-602

Bunte, Hermann-Josef, AGB-Banken und Sonderbedingungen mit AGB-Sparkassen und AGB-Postbank, Kommentar, 3. Auflage, München 2011, zit. *Bunte*

Canaris, Claus-Wilhelm, Die Vertrauenshaftung im Deutschen Privatrecht, München 1971, zit. *Canaris*, Vertrauenshaftung

Canaris, Claus-Wilhelm, Die Feststellung von Lücken im Gesetz, 2. Auflage, Berlin 1983, zit. *Canaris*, Feststellung von Lücken

Canaris, Claus-Wilhelm, Die Übertragung des Regelungsmodells der §§ 125-130 HGB auf die Gesellschaft bürgerlichen Rechts als unzulässige Rechtsfortbildung contra legem, ZGR 2004, S. 69-125

Canaris, Claus-Wilhelm (Hrsg.)/ Habersack, Mathias (Hrsg.)/ Schäfer, Carsten (Hrsg.), Staub Handelsgesetzbuch, Großkommentar, Erster Band, 5. Auflage, Berlin 2009, zit. Staub/*Bearbeiter*

Canaris, Claus-Wilhelm (Hrsg.)/ Habersack, Mathias (Hrsg.)/ Schäfer, Carsten (Hrsg.), Staub Handelsgesetzbuch Großkommentar, Dritter Band, 5. Auflage, Berlin 2009, zit. Staub/*Bearbeiter*

Casper, Matthias, Anmerkung zu BGH, Urteil vom 21.1.2002 – II ZR 2/00, JZ 2002, S. 1112-1114

Clauss, Annika/ Fleckner, Andreas M., Die Kommanditgesellschaft in der Gründung – Systematischer Überblick auf Grundlage der neuen Rechtsprechung zur GbR über die Haftung der Gründungsgesellschafter der KG, die Besonderheiten bei der Schein-KG und der GmbH & Co. KG sowie Einordnung des § 176 Abs. 1 HGB -, WM 2003, S. 1790-1800

Clemente, Clemens, Neuere Entwicklungen im Recht der Grundschulden, BKR 2002, S. 975-982

Coing, Helmut, Zur Auslegung der Verträge von Personengesellschaften, ZGR 1978, S. 659-677

Daumke, Michael, Grundriss des deutschen Steuerrechts, 6. Auflage, Berlin 2010, zit. *Daumke*

Dauner-Lieb, Barbara, Unternehmen in Sondervermögen, Tübingen 1998, zit. *Dauner-Lieb*

Dauner-Lieb, Barbara, Die BGB-Gesellschaft mit beschränkter Haftung – Phantom oder zulässige Spielart der GbR?, DStR 1998, S. 2014-2020

Dauner-Lieb, Barbara, Die BGB-Gesellschaft im System der Personengesellschaften, in: Die Reform des Handelsstandes und der Personengesellschaften: Fachtagung der Bayer-Stiftung für Deutsches und Internationales Arbeits- und Wirtschaftsrecht am 30. Oktober 1998, München 1999, S. 95-117, zit. *Dauner-Lieb*, in: Die Reform des Handelsstandes und der Personengesellschaften

Dauner-Lieb, Barbara, Das Ende der BGB-Gesellschaft mit beschränkter Haftung – was nun?, DStR 1999, S. 1992-1998

Dauner-Lieb, Barbara, Die Kommanditistenhaftung vor Eintragung (§ 176 Abs. 1 HGB), in: Festschrift für Marcus Lutter zum 70. Geburtstag, hrsg. von Uwe H. Schneider, Peter Hommelhoff, Karsten Schmidt, Wolfram Timm, Barbara Grunewald und Tim Drygala, Köln 2000, S. 835-849, zit. *Dauner-Lieb*, FS-Lutter

Dauner-Lieb, Barbara, Ein neues Fundament für die BGB-Gesellschaft, DStR 2001, S. 356-361

Dauner, Lieb, Barbara, Das „Weiße Roß" – Urteil des BGH vom 29.1.2001 zur BGB-Gesellschaft - Rechtsdogmatische Konsequenzen-, in: Gesellschaftsrecht in der Diskussion 2001, hrsg. von der Gesellschaftsrechtlichen Vereinigung, Köln 2002, S. 117-137, zit. *Dauner-Lieb*, in: Gesellschaftsrecht in der Diskussion 2001

Derleder, Peter, Die Aufgabe der monistischen Struktur der Gesellschaft bürgerlichen Rechts durch Verleihung der Rechtsfähigkeit, BB 2001, S. 2485-2493

Derleder, Peter/ Fauser, Florian N., Die Haftungsverfassung der Wohnungseigentümergemeinschaft nach neuem Recht, ZWE 2007, S. 2-14

Derleder, Peter (Hrsg.)/ Knops, Kai-Oliver (Hrsg.)/ Bamberger, Heinz Georg (Hrsg.), Handbuch zum deutschen und europäischen Bankrecht, 2. Auflage, Berlin 2009, zit. Derleder/Knops/Bamberger/*Bearbeiter*

Deutscher, Jörg, Abschirmung der mittelbaren Gesellschafter geschlossener Immobilienfonds vor Haftungsgefahren – Neueste Entwicklungen in der Rechtsprechung, ZfIR 2009, S. 631-640

Deutscher, Jörg, Gegenwind aus Karlsruhe – Anleger geschlossener Immobilienfonds im Visier des BGH, ZfIR 2011, S. 505-514

Dilcher, Gerhard, Zu Begriff und Funktion der Gesamtschuld, JZ 1967, S. 110-116

Dreher, Meinrad, Die Auslegung von Rechtsbegriffen in Allgemeinen Geschäftsbedingungen, AcP 189 (1989), S. 342-385

Drosdowski, Günther (Hrsg.), Meyers Grosses Universal-Lexikon, Band 18, Deutsches Wörterbuch, O-Z, Mannheim 1986, zit. Meyers Grosses Universal-Lexikon, Bd. 18

Drygala, Tim, Gesellschafterregress im Personengesellschaftskonzern, in: Festschrift für Thomas Raiser zum 70. Geburtstag am 20. Februar 2005, hrsg. von Reinhard Damm, Peter W. Heermann und Rüdiger Veil, Berlin 2005, S. 63-80, zit. *Drygala*, FS-Raiser

Ebbing, Frank/ Grüner, M., „Aus" für Venture Capital GbR?- Neue aufsichts- und haftungsrechtliche Probleme für Anlagegesellschaften in der Rechtsform einer GbR, NZG 2000, S. 347-352

Ehmann, Horst, Die Gesamtschuld, Versuch einer begrifflichen Erfassung in drei Typen, Berlin 1972, zit. *Ehmann*

Eigner, Michael, Die Beschränkung der persönlichen Gesellschafterhaftung bei Gesellschaft bürgerlichen Rechts und Partnerschaft, Köln 2004, zit. *Eigner*

Eisele, Fridolin, Correalität und Solidarität, AcP 77 (1891), S. 374-481

Emmerich, Volker, Die Problematik der Allgemeinen Geschäftsbedingungen, JuS 1972, S. 361-369

Emmerich, Volker/ Gerhardt, Walter/ Grunsky, Wolfgang/ Huhn, Diether/ Schmidt, Eike/ Tempel, Otto/ Wolf, Manfred, Grundlagen des Vertrags- und Schuldrechts, München 1974, *Autor*, in: Grundlagen des Vertrags- und Schuldrechts

Engisch, Karl, Einführung in das juristische Denken, 11. Auflage, Stuttgart 2010, zit. *Engisch*

Enneccerus, Ludwig, Lehrbuch des Bürgerlichen Rechts, Recht der Schuldverhältnisse und Register, 6.-8. Auflage, Marburg 1912, zit. *Enneccerus*, Lehrbuch des Bürgerlichen Rechts

Enneccerus, Ludwig/ Lehmann, Heinrich, Recht der Schuldverhältnisse, 15. Bearbeitung, Tübingen 1958, zit. *Enneccerus/Lehmann*

Ensthaler, Jürgen (Hrsg.), Gemeinschaftskommentar zum Handelsgesetzbuch mit UN-Kaufrecht, 7. Auflage, Neuwied 2007, zit. *Ensthaler*

Escher-Weingart, Christina, Anmerkung zu BGH, Urteile vom 8.2.2011, II ZR 243/09 und II ZR 263/09, WuB I G 5. – 5.11, S. 509-510

Esser, Josef, Schuldrecht Band II Besonderer Teil, 4. Auflage, Karlsruhe 1971, zit. *Esser*, Schuldrecht II

Esser, Josef/ Schmidt, Eike, Schuldrecht Band I Allgemeiner Teil, Teilband 2, 8. Auflage, Heidelberg 2000, zit. *Esser/Schmidt*, Schuldrecht I/2

Eucken, Walter, Grundsätze der Wirtschaftspolitik, 3. Auflage, Tübingen 1960, zit. *Eucken*

Fabricius, Fritz, Zur Haftung der BGB-Gesellschaft für unerlaubte Handlungen aus der Geschäftsführung von Gesellschaftern, in: Aktuelle Fragen aus modernem Recht und Rechtsgeschichte, Gedächtnisschrift für Rudolf Schmidt, hrsg. von Erwin Seidl, Berlin 1966, S. 171-197, zit. *Fabricius*, GS-Schmidt

Falk, Bernd, Immobilien-Handbuch, Stuttgart 1985, zit. *Falk*

Fauser, Florian N., Die Haftungsverfassung der Wohnungseigentümergemeinschaft nach dem neuen WEG, Berlin 2007, zit. *Fauser*

Faust, Florian, Der Regress gegen Mitgesellschafter bei Personenhandelsgesellschaften, in: Festschrift für Karsten Schmidt zum 70. Geburtstag, hrsg. von Georg Bitter, Marcus Lutter, Hans-Joachim Priester, Wolfgang Schön und Peter Ulmer, Köln 2009, S. 357-373, zit. *Faust*, FS-K. Schmidt

Fleischmann, Hans Gunnar, BFH-Entscheidung zur Anwendung des § 15a EStG auf BGB-Gesellschaften, DSTR 1993, S. 907-908

Flume, Werner, Gesellschaft und Gesamthand, ZHR 136 (1972), S. 177-207

Flume, Werner, Gesellschaftsschuld und Haftungsverbindlichkeit des Gesellschafters bei der OHG, in: Festschrift für Alexander Knur, hrsg. von Werner Flume und Richard Hamm, München 1972, S. 125-143, zit. *Flume*, FS-Knur

Flume, Werner, Allgemeiner Teil des Bürgerlichen Rechts, Erster Band, Die Personengesellschaft, Berlin 1977, zit. *Flume*, Die Personengesellschaft

Frangenberg, Gunter, Haftungsbeschränkung bei der unternehmerisch tätigen Gesellschaft bürgerlichen Rechts und Haftungskonzentration bei der Partnerschaftsgesellschaft, Bonn 1996, zit. *Frangenberg*

Gerhardt, Walter, Der Befreiungsanspruch, Göttingen 1966, zit. *Gerhardt*

Gernhuber, Joachim, Gläubiger, Schuldner und Dritte, JZ 1962, S. 553-558

Gernhuber, Joachim, Die Erfüllung und ihre Surrogate, 2. Auflage, Tübingen 1994, zit. *Gernhuber*

Geßler, Ernst/ Hefermehl, Wolfgang/ Hildebrandt, Wolfgang/ Schröder, Georg, Schlegelberger Handelsgesetzbuch, Band I, 5. Auflage, München 1973, zit. Schlegelberger/*Bearbeiter*

Geßler, Ernst/ Hefermehl, Wolfgang/ Hildebrandt, Wolfgang/ Schröder, Georg/ Martens, Klaus-Peter/ Schmidt, Karsten, Schlegelberger Handelsgesetzbuch, Band III/2. Halbband, 5. Auflage, München 1986, zit. Schlegelberger/*Bearbeiter*

Geßler, Ernst/ Hefermehl, Wolfgang/ Hildebrandt, Wolfgang/ Schröder, Georg/ Martens, Klaus-Peter/ Schmidt, Karsten, Schlegelberger Handelsgesetzbuch, Band III/1. Halbband, 5. Auflage, München 1992, zit. Schlegelberger/*Bearbeiter*

Gierke, Otto, Deutsches Privatrecht, Erster Band, Allgemeiner Teil und Personenrecht, Leipzig 1985, zit. *Gierke*

Goette, Wulf, Gesamtschuldbegriff und Regreßproblem, Bonn 1974, zit. *Goette*

Goette, Wulf, Anmerkung zu BGH, Urteil vom 16.12.1996, II ZR 242/95, DStR 1997, S. 711-712

Graf Lambsdorff, Hans Georg/ Skora, Bernd, Handbuch des Bürgschaftsrechts, München 1994, zit. *Graf Lambsdorff/Skora*

Graf von Westphalen, Friedrich, Anwaltliche Haftungsbeschränkung im Widerstreit mit der Verbraucherschutzrichtlinie, ZIP 1995, S. 546-550

Graf von Westphalen, Friedrich (Hrsg.)/ Thüsing, Gregor (Hrsg.), Vertragsrecht und AGB-Klauselwerke, 30. Ergänzungslieferung, München 2012, zit. Graf von Westphalen/Thüsing/*Bearbeiter*

Grobe, Tony, Die Haftungsbeschränkung für die geschlossene Immobilienfonds-GbR – eine Kritik, WM 2011 S. 2078-2085

Grunewald, Barbara, Die Auslegung von Gesellschaftsverträgen und Satzungen, ZGR 1995, S. 68-92

Grunewald, Barbara, Gesellschaftsrecht, 7. Auflage, Tübingen 2008, zit. *Grunewald*

Gummert, Hans, Haftung und Haftungsbeschränkung bei der BGB-Außengesellschaft, Bonn 1991, zit. *Gummert*

Gummert, Hans, Zur Zulässigkeit einseitiger Haftungsbeschränkung auf das Vermögen der BGB-Außengesellschaft, ZIP 1993, S. 1063-1067

Gummert, Hans, Gilt das Akzessorietätsprinzip uneingeschränkt für alle BGB-Außengesellschaften?, Ein Beitrag zur Haftung der Gesellschafter der Publikums-BGB-Gesellschaft und der Idealgesellschaft, in: Festschrift für Hans-Jochem Lüer zum 70. Geburtstag, hrsg. von Wilhelm Moll, München 2008, S. 201-220, zit. *Gummert*, FS-Lüer

Gummert, Hans (Hrsg.)/ Weipert, Lutz (Hrsg.), Münchener Handbuch des Gesellschaftsrechts, Band 1, 3. Auflage, München 2009, zit. *Bearbeiter*, in: Münchener Hdb. des Gesellschaftsrechts I

Gummert, Hans (Hrsg.)/ Weipert, Lutz (Hrsg.), Münchener Handbuch des Gesellschaftsrechts, Band 2, 3. Auflage, München 2009, zit. *Bearbeiter*, in: Münchener Hdb. des Gesellschaftsrechts II

Habersack, Mathias, Die Haftungsverfassung der Gesellschaft bürgerlichen Rechts – Doppelverpflichtung und Akzessorietät, JuS 1993, S. 1-8

Habersack, Mathias, Die Akzessorietät – Strukturprinzip der europäischen Zivilrechte und eines künftigen europäischen Grundpfandrechts, JZ 1997, S. 857-865

Habersack, Mathias, Der Regress bei akzessorischer Haftung, AcP 198 (1998), S. 152-170

Habersack, Matthias, Die Reform des Rechts der Personenhandelsgesellschaften, in: Die Reform des Handelsstandes und der Personengesellschaften: Fachtagung der Bayer-Stiftung für Deutsches und Internationales Arbeits- und Wirtschaftsrecht am 30. Oktober 1998, München 1999, S. 73-94, zit. *Habersack*, in: Die Reform des Handelsstandes und der Personengesellschaften

Hadding, Walther, Die Handelsrechtsklausur, JuS 1978, S. 23-28

Hadding, Walther, Zum Rückgriff des ausgeschiedenen haftenden Gesellschafters einer OHG oder KG, in: Festschrift für Walter Stimpel zum 68. Geburtstag am 29. November 1985, hrsg. von Marcus Lutter, Hans-Joachim Mertens und Peter Ulmer, Berlin 1985, S. 139-163, zit. *Hadding*, FS-Stimpel

Hadding, Walther, Rückgriff des haftenden Treuhandkommanditisten, in: Festschrift für Hans-Joachim Fleck zum 70. Geburtstag am 30. Januar 1988, hrsg. von Reinhard Goerdeler, Peter Hommelhoff, Marcus Lutter und Herbert Wiedemann, Berlin 1988, S. 71-87, zit. *Hadding*, FS-Fleck

Hadding, Walther, Haftungsbeschränkung in der unternehmerisch tätigen Gesellschaft bürgerlichen Rechts, in: Festschrift für Fritz Rittner zum 70. Geburtstag, hrsg. von Manfred Löwisch, Christian Schmidt-Leithoff und Burkhard Schmiedel, München 1991, S. 133-146, zit. *Hadding*, FS-Rittner

Hadding, Walther, Zur Rechtsfähigkeit und Parteifähigkeit der (Außen)Gesellschaft bürgerlichen Rechts sowie zur Haftung ihrer Gesellschafter für Gesellschaftsverbindlichkeiten, ZGR 2001, S. 712-743

Hadding, Walther/ Häuser, Franz, Zum Rückgriff des haftenden Gesellschafters einer Gesellschaft des bürgerlichen Rechts, WM 1988, S. 1585-1592

Häublein, Martin, Erstattungsansprüche des Wohnungseigentümers für Maßnahmen gem. § 21 Abs. 2 WEG, ZWE 2008, S. 410-416

Harrer, Friedrich, Rückerstattungs- und Ausgleichsprobleme im Recht der Personengesellschaften, GesRZ 2008, S. 266-273

Hasenkamp, Annabel, Die Haftungsbeschränkungen bei der Gesellschaft bürgerlichen Rechts, Baden-Baden 2003, zit. *Hasenkamp*

Hasenkamp, Annabel, Die formularvertragliche Haftungsbeschränkung bei der Gesellschaft bürgerlichen Rechts, BB 2004, S. 230-237

Hasselbach, Kai, Die Gesellschaft bürgerlichen Rechts mit beschränkter Haftung, MDR 1998, S. 1200-1204

Heck, Philipp, Grundriß des Schuldrechts, Tübingen 1929, zit. *Heck*

Heckelmann, Dieter, Die GbRmbH als (neue) Gesellschaftsform, in: Festschrift für Karlheinz Quack zum 65. Geburtstag am 3. Januar 1991, hrsg. von Harm Peter Westermann und Wolfgang Rosener, Berlin 1991, S. 243-257, zit. *Heckelmann*, FS-Quack

Heermann, Peter W., Haftungsbeschränkungen in der BGB-Außengesellschaft, BB 1994, S. 2421-2433

Heidel, Thomas (Hrsg.)/ Schall, Alexander (Hrsg.), Handelsgesetzbuch, Handkommentar, Baden-Baden 2011, zit. Heidel/Schall/*Bearbeiter*

Heil, Hans-Jürgen, Die Gesellschaft bürgerlichen Rechts mit beschränkter Haftung im Lichte des Handelsrechtsreformgesetzes und des AGB-Gesetzes, MittRhNotK 1998, S. 348-358

Heil, Hans-Jürgen, Parteifähigkeit der GbR - Der Durchbruch der Gruppenlehre?, NZG 2001, S. 300-305

Heilmann, Karin, Die quotale Haftungsbeschränkung des Gesellschafters – eine Stellungnahme aus dem Blickwinkel eines Kapitalanlegers, Das Grundeigentum 2010, S. 817-819

Heinrichs, Helmut, Die Entwicklung des Rechts der Allgemeinen Geschäftsbedingungen im Jahre 1996, NJW 1997, S. 1407-1420

Helm, Johann Georg, Der arbeitsrechtliche Freistellungsanspruch bei schadensgeneigter Arbeit und seine Auswirkungen auf die beschränkte Unternehmerhaftung, insbesondere im Verkehrsrecht, AcP 160 (1961), S. 134-155

Henssler, Martin, Anmerkung zu BGH, Urteil vom 25.6.1992 – I ZR 120/90, JZ 1993, S. 155-158

Henssler, Martin, Die Haftung der Partnerschaft und ihrer Gesellschafter, in: Festschrift für Ralf Vieregge zum 70. Geburtstag am 6. November 1995, hrsg. von Jürgen F. Baur, Rainer Jacobs, Manfred Lieb und Peter-Christian Müller-Graff, Berlin 1995, S. 361-379, zit. *Henssler*, FS-Vieregge

Herber, Rolf, Seehandelsrecht, Berlin 1999, zit. *Herber*

Heuermann, Bernd (Hrsg.)/ Brandis, Peter (Hrsg.), Blümich, EStG, KStG, GewStG, Kommentar, 112. Ergänzungslieferung, Stand September 2011, München, zit. Blümich/*Bearbeiter*

Hillenkamp, Ulrich, Zur Lehre von der unechten Gesamtschuld, Hamburg 1966, zit. *Hillenkamp*

Hofmann, Paul, Unbeschränkte Kommanditistenhaftung und gesetzliche Wertung, NJW 1969, S. 577-582

Hommelhoff, Peter, Wider das Akzessorietätsdogma in der Gesellschaft bürgerlichen Rechts, ZIP 1998, S. 8-16

Horn, Norbert (Hrsg.), Heymann Handelsgesetzbuch Kommentar, Band 2, §§ 105-237, 2. Auflage, Berlin 1996, zit. Heymann/*Bearbeiter*

Horst, von der, Ulrich, Grundlagen und Umfang der Haftung des Steuerberaters und Möglichkeiten der Haftungsbeschränkung, DStR 1995, S. 2027-2031

Huber, Ulrich, Vermögensanteil, Kapitalanteil und Gesellschaftsanteil an Personalgesellschaften des Handelsrechts, Heidelberg 1970, zit. *Huber*

Hueck, Alfred, Das Recht der offenen Handelsgesellschaft, 4. Auflage, Berlin 1971, zit. *Hueck*

Hueck, Götz, Drei Fragen zur Gesamthandsgesellschaft, in: Festschrift für Wolfgang Zöllner zum 70. Geburtstag, hrsg. von Manfred Lieb, Ulrich Noack und Harm Peter Westermann, Köln 1998, S. 275-294, zit. *Hueck*, FS-Zöllner

Hüffer, Uwe, Entwicklungslinien im Gesellschafts-, Unternehmens- und Wettbewerbsrecht, ZHR 144 (1980), S. 518-532

Hüffer, Uwe, 100 Bände BGHZ: Personengesellschaftsrecht, ZHR 151 (1987), S. 396-421

Hüffer, Uwe, Gesellschaftsrecht, 4. Auflage, München 1996, zit. *Hüffer*, 4. Auflage

Hüffer, Uwe, Gesellschaftsrecht, 7. Auflage, München 2007, zit. *Hüffer*

Hügel, Stefan, Beck`scher Online-Kommentar, Grundbuchordnung, 13. Edition, Stand 1.9.2011, München, zit. Hügel/*Bearbeiter*

Huep, Tobias, Die Haftungsbeschränkung zugunsten der Gesellschafter einer BGB-Gesellschaft, NZG 2000, S. 285-295

Immenga, Ulrich, Die personalistische Kapitalgesellschaft, Bad Homburg 1970, zit. *Immenga*

Jacobs, Jörn, Unbeschränkte Haftung der Kommanditisten vor Eintragung für gesetzliche Gesellschaftsverbindlichkeiten, DB 2005, S. 2227-2235

Jacobs, Jörn, Die institutionelle Haftungsbeschränkung bei atypischen Erscheinungsformen der Außen-GbR, Köln 2007, zit. *Jacobs*

Jaschke, Martin, Gesamthand und Grundbuchrecht, Köln 1991, zit. *Jaschke*

Jauernig, Othmar, Zivilprozeßrecht, 26. Auflage, München 2000, zit. *Jauernig*, 26. Auflage

Jennißen, Georg, Wohnungseigentumsgesetz, Köln 2008, zit. Jennißen/*Bearbeiter*

Jürgens, Horst, Teilschuld – Gesamtschuld – Kumulation, Baden-Baden 1988, zit. *Jürgens*

Kazele, Norbert, Die Gesellschafterhaftung und die Grenzen ihres Ausschlusses, INF 2000, S. 83-88

Kellermann, Alfred, Zur Anwendung körperschaftsrechtlicher Grundsätze und Vorschriften auf die Publikums-Kommanditgesellschaft, in: Festschrift für Walter Stimpel zum 68. Geburtstag am 29. November 1985, hrsg. von Marcus Lutter, Hans-Joachim Mertens und Peter Ulmer, Berlin 1985, S. 295-306, zit. *Kellermann*, FS-Stimpel

Kind, Sebastian/ Schmidt-Modrow, Martina, Prospekthaftung bei Berlin-Fonds – Anschlussförderung und quotale Haftung in der Prospektdarstellung, NZG 2010, S. 249-252

Kindl, Johann, Abschied von der Doppelverpflichtungstheorie bei der BGB-Gesellschaft, WM 2000, S. 697-704

Kindl, Johann/ Meller-Hannich, Caroline/ Wolf, Hans-Joachim, Gesamtes Recht der Zwangsvollstreckung, Baden-Baden 2010, zit. Kindl/Meller-Hannich/Wolf/*Bearbeiter*

Kindler, Albrecht, Der offene und geschlossene Immobilienfonds im Vergleich zum German Real Estate Investment Trust (G-REIT), Göttingen 2009, zit. *Kindler*

King, Rudolf C., Real Estate Investment Trusts, Offene und Geschlossene Deutsche Immobilienfonds, München 1999, zit. *King*

Kirberger, Wolfgang, Die BGB-Gesellschaft auf dem Weg zur Rechtspersönlichkeit – Eine Zwischenbetrachtung -, in: Brücken für die Rechtsvergleichung, Festschrift für Hans G. Leser zum 70. Geburtstag, hrsg. von Olaf Werner, Peter Häberle, Zentaro Kitagawa und Ingo Saenger, Tübingen 1998, S. 219-246, zit. *Kirberger,* FS-Leser

Kirchhof, Paul (Hrsg.), Einkommensteuergesetz, 10. Auflage, Köln 2011, zit. Kirchhof/*Bearbeiter*

Klimke, Dominik, Die quotale Haftung der Gesellschafter geschlossener Immobilienfonds für Gesellschaftsdarlehen, WM 2010, S. 492-499

Kögel, Steffen, Unternehmerische BGB-Gesellschaft: Möglichkeiten und Risiken der Haftungsbeschränkung bei Verträgen, DB 1995, S. 2201-2207

Koller, Ingo, Aufwendungsersatz und Drittgläubigerforderung bei Personenhandelsgesellschaften, in: Festschrift für Apostolos Georgiades zum 70. Geburtstag, hrsg. von Michael Stathopoulos, Kostas Beys, Philippos Doris, Ioannis Karakostas, Bern 2006, S. 671-688, zit. Koller, FS-Georgiades

Koller, Ingo/ Roth, Wulf-Henning/ Morck, Winfried, Handelsgesetzbuch, 7. Auflage, München 2011, zit. Koller/Roth/Morck/*Bearbeiter*

Kornblum, Udo, Die Haftung der Gesellschafter für Verbindlichkeiten von Personengesellschaften, Frankfurt am Main 1972, zit. *Kornblum*

Kornblum, Udo, Rechtstatsachen zur GmbH aus Württemberg und aus den neuen Bundesländern, GmbHR 1994, S. 505-524

Kornblum, Udo/ Hampf, Thorsten/ Naß, Nicole, Neue württembergische Rechtstatsachen zum Unternehmens- und Gesellschaftsrecht, GmbHR 2000, S. 1240-1251

Kramer, Ernst A., Juristische Methodenlehre, München 2005, zit. *Kramer*

Krieger, Albrecht, Empfiehlt sich eine gesetzliche Regelung der Publikums-KG?, in: Festschrift für Walter Stimpel zum 68. Geburtstag am 29. November 1985, hrsg. von Marcus Lutter, Hans-Joachim Mertens und Peter Ulmer, Berlin 1985, S. 307-333, zit. *Krieger*, FS-Stimpel

Kubis, Dietmar, Der Regreß des Personenhandelsgesellschafters aus materiellrechtlicher und verfahrensrechtlicher Sicht, Hamburg 1988, zit. *Kubis*

Kübler, Friedrich, Haftungstrennung und Gläubigerschutz im Recht der Kapitalgesellschaften, in: Festschrift für Theodor Heinsius zum 65. Geburtstag am 25. September 1991, hrsg. von Friedrich Kübler, Hans-Joachim Mertens und Winfried Werner, Berlin 1991, S. 397-424, zit. *Kübler*, FS-Heinsius

Kübler, Friedrich, Gesellschaftsrecht, 5. Auflage, Heidelberg 1998, zit. *Kübler*

Kühne, Gunther, Gläubigersicherung und Gesellschafterschutz im Rahmen der §§ 128, 129 HGB, ZHR 133 (1970), S. 149-194

Kümmel, Dorothea, Haftungsausschluss zugunsten Dritter?, Marburg 1968, zit. *Kümmel*

Kümpel, Siegfried (Begr.)/ Wittig, Arne (Hrsg.), Bank- und Kapitalmarktrecht, 4. Auflage, Köln 2011, zit. Kümpel/Wittig/*Bearbeiter*

Kunkel, Carsten, Anmerkung zu BGH, Urteil vom 19.7.2011, II ZR 300/08, BB 2011, S. 2387-2388

Lang, Volker/ Fraenkel, Hans Christian, Die Gesellschaft bürgerlichen Rechts. Eine Betrachtung zum Stand der Rechtsprechung unter besonderer Berücksichtigung der Sichtweise der Kreditwirtschaft, WM 2002, S. 260-271

Larenz, Karl, Lehrbuch des Schuldrechts, Zweiter Band, Besonderer Teil, 12. Auflage, München 1981, zit. *Larenz*, Schuldrecht II, 12. Auflage

Larenz, Karl, Lehrbuch des Schuldrechts, Zweiter Band, Besonderer Teil, 1. Halbband, 13. Auflage, München 1986, zit. *Larenz*, Schuldrecht II/1

Larenz, Karl, Lehrbuch des Schuldrechts, Erster Band, Allgemeiner Teil, 14. Auflage, München 1987, zit. *Larenz*, Schuldrecht I

Larenz, Karl/ Canaris, Claus-Wilhelm, Lehrbuch des Schuldrechts, Zweiter Band, Besonderer Teil, 2. Halbband, 13. Auflage, München 1994, zit. *Larenz/Canaris*, Schuldrecht II/2

Larenz, Karl/ Wolf, Manfred, Allgemeiner Teil des bürgerlichen Rechts, 9. Auflage, München 2004, zit. *Larenz/Wolf*, BGB AT

Lehleiter, Gunther, „Haften", Das Grundeigentum 2010, S. 814-816

Lehleiter, Gunther/ Hoppe, Christian, Anlegerhaftung bei Objektfinanzierungen in geschlossenen Immobilienfonds, WM 2005, S. 2213-2218

Lehleiter, Gunther/ Hoppe, Christian, Der Umfang der akzessorischen Gesellschafterhaftung in Fällen quotaler Haftungsbegrenzung, BKR 2008, S. 323-329

Lettl, Tobias, Akzessorietät contra Sicherungszweck – Rechtsfragen bei der Gestaltung von Bürgschaftserklärungen, WM 2000, S. 1316-1326

Limbach, Jutta, Die empirischen Normaltypen der Gesellschaft mit beschränkter Haftung und ihr Verhältnis zum Postulat von Herrschaft und Haftung, Berlin 1966, zit. *Limbach*

Lindacher, Walter F., Kommanditisten als Sicherungsgeber - Regreß nach erfolgter Inanspruchnahme -, in: Festschrift für Walther Hadding zum 70. Geburtstag am 8. Mai 2004, hrsg. von Franz Häuser, Horst Hammen, Joachim Hennrichs, Anja Steinbeck, Ulf R. Siebel und Reinhard Welter, Berlin 2004, S. 529-537, zit. *Lindacher*, FS-Hadding

Loddenkemper, Florian, Die „quotale Haftung" von Gesellschaftern geschlossener Immobilienfonds in der Rechtsform der GbR, ZfIR 2006, S. 707-718

Lüdemann, Peter, Verluste bei beschränkter Haftung, Eine steuer- und verfassungsrechtliche Studie am Beispiel des § 15a EStG, Berlin 1998, zit. *Lüdemann*

Lüdicke, Jochen/ Arndt, Jan-Holger, Geschlossene Fonds, 5. Auflage, München 2009, zit. Lüdicke/Arndt/*Autor*

Lüke, Wolfgang, Prozeßführung bei Streitigkeiten im Innenverhältnis der BGB-Gesellschaft, ZGR 1994, S. 266-290

Lutz, Carsten, Vereinbarung von Haftungsbeschränkungen bei Fonds-GbRs: Praxisfolgen aus den Urteilen des BGH zur quotalen Haftung, GWR 2011, 318944

Medicus, Dieter, Durchblick: Die Akzessorietät im Zivilrecht, JuS 1971, S. 497-504

Medicus, Dieter, Allgemeiner Teil des BGB, 10. Auflage, Heidelberg 2010, zit. *Medicus*, BGB AT

Medicus, Dieter/ Lorenz, Stephan, Schuldrecht I, Allgemeiner Teil, 18. Auflage, München 2008, zit. *Medicus/Lorenz*, Schuldrecht I

Medicus, Dieter/ Petersen, Jens, Bürgerliches Recht, 22. Auflage, Köln 2009, zit. *Medicus/Petersen*, Bürgerliches Recht

Meyer, Justus, Haftungsbeschränkung im Recht der Handelsgesellschaften, Berlin 2000, zit. *Meyer*

Meyer, Justus, Die GmbH und andere Handelsgesellschaften im Spiegel empirischer Forschung, GmbHR 2002, S. 177-189

Michalski, Lutz, OHG-Recht, Kommentar zum Recht der offenen Handelsgesellschaften, Köln 2000, zit. *Michalski*

Mootz, Christoph, Risikoanalyse geschlossener Immobilienfonds, Saarbrücken 2007, zit. *Mootz*

Mülbert, Peter O., Die rechtsfähige Personengesellschaft, AcP 199 (1999), S. 38-103

Müller, Ferdinand, Anmerkung zu BGH, Urteile vom 8.2.2011, II ZR 243/09 und II ZR 263/09, NWB 2011, S. 2217-2219

Müller, Klaus/ Müller, Karl-Dieter, Anmerkung zu BGH, Urteil vom 16.12.1996, II ZR 242/95, WuB II J. § 714 BGB 1.97, S. 889-890

Müller, Welf (Hrsg.)/ Hoffmann, Wolf-Dieter (Hrsg.), Beck`sches Handbuch der Personengesellschaften, 3. Auflage, München 2009, zit. Beck PersGes-Hdb./*Autor*

Müller-Erzbach, Rudolf, Deutsches Handelsrecht, 2./3. Auflage, Tübingen 1928, zit. *Müller-Erzbach*, Handelsrecht

Müller-Erzbach, Rudolf, Das private Recht der Mitgliedschaft als Prüfstein eines kausalen Rechtsdenkens, Weimar 1948, zit. *Müller-Erzbach*

Müller-Erzbach, Rudolf, Das Erfassen des Rechts aus den Elementen des Zusammenlebens, veranschaulicht am Gesellschaftsrecht, AcP 154 (1955), S. 299-343

Müther, Peter-Hendrik, Die BGB-Gesellschaft im Zivilprozeß, MDR 1998, S. 625-629

Mugdan, Benno (Hrsg.), Die gesammelten Materialien zum Bürgerlichen Gesetzbuch für das Deutsche Reich, Recht der Schuldverhältnisse (Nachdruck), Goldbach 2005, zit. *Mugdan*, Band 2

Musielak, Hans-Joachim (Hrsg.), Kommentar zur Zivilprozessordnung mit Gerichtsverfassungsgesetz, 8. Auflage, München 2011, zit. Musielak/*Bearbeiter*

Nagel, Riever, Begründung und Beschränkung der Gesellschafterhaftung bei der BGB-Gesellschaft – Zugleich eine Besprechung von BGH, Urt. v. 27.9.1999, II ZR 371/98, DStR 2000, S. 2091-2098

Nagel, Riever, Gibt es eine OHG mbH?, NZG 2001, S. 202-209

Nicknig, Paul-Georg, Die Haftung der Mitglieder einer BGB-Gesellschaft für Gesellschaftsschulden, Köln 1972, zit. *Nicknig*

Nitschke, Manfred, Die körperschaftlich strukturierte Personengesellschaft, Bielefeld 1970, zit. *Nitschke*

Oetker, Hartmut (Hrsg.), Kommentar zum Handelsgesetzbuch (HGB), 2. Auflage, München 2011, zit. Oetker/*Bearbeiter*

Otto, Peter, Stellung der Bank bei der Finanzierung von Immobilienanlagen, Berlin 1988, zit. *Otto*

Palandt, Otto (Begr.), Bürgerliches Gesetzbuch, 71. Auflage, München 2012, zit. Palandt/*Bearbeiter*

Paulick, Heinz, Die eingetragene Genossenschaft als Beispiel gesetzlicher Typenbeschränkung, Tübingen 1954, zit. *Paulick*

Pawlowski, Hans-Martin, Methodenlehre für Juristen, 3. Auflage, Heidelberg 1999, zit. *Pawlowski*

Peifer, Karl-Nikolaus, Der BGH und die GbR mbH – Rückschlag oder Fortschritt auf dem Weg zum Verständnis der Gesamthand?, NZG 2001, S. 193-202

Peres, Holger, Abschied von der Doppelverpflichtungslehre und persönliche Haftung der Gesellschafter freiberuflicher Sozietäten bürgerlichen Rechts, DStR 2000, S. 639-645

Petersen, Jens/ Rothenfußer, Christoph, Privatautonomie und Verkehrsschutz bei der GbR mbH, GmbHR 2000, S. 757-764

Petersen, Jens/ Rothenfußer, Christoph, Die GbR mbH im System des Gesellschafts- und Steuerrechts, GmbHR 2000, S. 801-811

Pöggeler, Wolfgang, Die Akzessorietät im Zivilrecht: Irrtümer und Wahrheiten, JA 2001, S. 65-70

Prediger, Bernhard, Der Gesamtschuldnerausgleich unter den Gesellschaftern einer Offenen Handelsgesellschaft während des Bestehens der Gesellschaft, BB 1970, S. 868-869

Preuß, Nicola, Regreßansprüche des ausgeschiedenen Gesellschafters einer Personenhandelsgesellschaft gegen die Gesellschaft, ZHR 160 (1996), S. 163-179

Priester, Hans-Joachim, Unbeschränkte Kommanditistenhaftung bei Firmenänderung, BB 1980, S. 911-916

Priester, Hans-Joachim, Quotenhaftung bei der Publikums-GbR, DStR 2011, S. 1278-1283

Prüssmann, Heinz/ Rabe, Dieter, Seehandelsrecht, 2. Auflage, München 1983, zit. *Prüssmann/Rabe*

Prütting, Hanns (Hrsg.)/ Wegen, Gerhard (Hrsg.)/ Weinreich, Gerd (Hrsg.), BGB Kommentar, 6. Auflage, Köln 2011, zit. Prütting/Wegen/Weinreich/*Bearbeiter*

Puttfarken, Hans-Jürgen, Seehandelsrecht, Heidelberg 1997, zit. *Puttfarken*

Rabe, Dieter, Seehandelsrecht, 4. Auflage, München 2000, zit. *Rabe*

Raiser, Ludwig, Das Recht der allgemeinen Geschäftsbedingungen, 2. Auflage, Bad Homburg 1961, zit. *Raiser*

Raiser, Thomas, Die Haftungsbeschränkung ist kein Wesensmerkmal der juristischen Person, in: Festschrift für Marcus Lutter zum 70. Geburtstag, hrsg. von Uwe H. Schneider, Peter Hommelhoff, Karsten Schmidt, Wolfram Timm, Barbara Grunewald und Tim Drygala, Köln 2000, S. 637-650, zit. *Raiser*, FS-Lutter

Rebmann, Kurt (Hrsg.)/ Säcker, Franz Jürgen (Hrsg.)/ Rixecker, Roland (Hrsg.), Münchener Kommentar zum Bürgerlichen Gesetzbuch, Band 5, 3. Auflage, München 1997, zit. MüKo/*Bearbeiter*, BGB, 3. Auflage

Reichel, Hans, Die Schuldmitübernahme, München 1909, zit. *Reichel*

Reiff, Peter, Die Haftungsverfassungen nichtrechtsfähiger unternehmenstragender Verbände, Tübingen 1996, zit. *Reiff*

Reiff, Peter, Die neuen berufsrechtlichen Bestimmungen über Haftungsbeschränkungen durch AGB, AnwBl. 1997, S. 3-15

Reiff, Peter, Wider die unternehmenstragende Gesellschaft bürgerlichen Rechts ohne Gesellschafterhaftung, ZIP 1999, S. 517-528

Reiff, Peter, Die Beschränkung der persönlichen Gesellschafterhaftung in der GbR nach der Akzessorietätstheorie, ZIP 1999, S. 1329-1338

Reiff, Peter, Die Haftungsverfassung der GbR nach dem Urteil des BGH vom 27.9.1999 (II ZR 371/98), NZG 2000, S. 281-285

Reiff, Peter, Die unbeschränkte Gesellschafterhaftung in der (Außen-)Gesellschaft bürgerlichen Rechts und ihre Ausnahmen, ZGR 2003, S. 550-576

Reiff, Peter, Anmerkung zu BGH, Urteil vom 19.7.2011 – II ZR 300/08, LMK 2011, 324593

Reinhard, Rudolf/ Schultz, Dietrich, Gesellschaftsrecht, 2. Auflage, Tübingen 1981, zit. *Reinhard/Schultz*

Reinicke, Dietrich/ Tiedtke, Klaus, Bürgschaftsrecht, 3. Auflage, Köln 2008, zit. *Reinicke/Tiedtke*, Bürgschaftsrecht

Reinicke, Dietrich/ Tiedtke, Klaus, Gesamtschuld und Schuldsicherung durch Bürgschaft, Hypothek, Grundschuld, Pfandrecht an beweglichen Sachen und Rechten, 2. Auflage, Neuwied 1988, zit. *Reinicke/Tiedtke*

Reuter, Dieter, Persönliche Haftung für Schulden des nichtrechtsfähigen Idealvereins, NZG 2004, S. 217-220

Riecke, Olaf (Hrsg.)/ Schmid, Michael J. (Hrsg.), Fachanwaltskommentar Wohnungseigentumsrecht, 3. Auflage, Köln 2010, zit. Riecke/Schmid/*Bearbeiter*

Riegger, Bodo (Hrsg.)/ Weipert, Lutz (Hrsg.), Münchener Handbuch des Gesellschaftsrechts, Band 1, München 1995, zit. *Bearbeiter*, in: Münchener Hdb. des Gesellschaftsrechts I, 1. Auflage

Röhricht, Volker (Hrsg.)/ Graf von Westphalen, Friedrich (Hrsg.), Handelsgesetzbuch, 3. Auflage, Köln 2008, zit. Röhricht/Graf von Westphalen/*Bearbeiter*

Rosenberg, Leo (Begr.)/ Schwab, Karl Heinz/ Gottwald, Peter, Zivilprozessrecht, 15. Auflage, München 1993, zit. *Rosenberg/Schwab/Gottwald*, 15. Auflage

Roth, Herbert, Funktion und Anwendungsbereich der Unklarheitenregel des § 5 AGBG, Teil II, WM 1991, S. 2125-2135

Rüßmann, Helmut, Die „ergänzende Auslegung“ Allgemeiner Geschäftsbedingungen, BB 1987, S. 843-848

Ruhwedel, Edgar, Die Partenreederei, Bielefeld 1973, zit. *Ruhwedel*

Ruhwedel, Edgar, Buchbesprechung zu K. Schmidt, Die Partenreederei als Handelsgesellschaft, DZWIR 1996, S. 393-395

Säcker, Franz Jürgen (Hrsg.)/ Rixecker, Roland (Hrsg.), Münchener Kommentar zum Bürgerlichen Gesetzbuch, Band 1, 6. Auflage, München 2012, zit. MüKo/*Bearbeiter*, BGB

Säcker, Franz Jürgen (Hrsg.)/ Rixecker, Roland (Hrsg.), Münchener Kommentar zum Bürgerlichen Gesetzbuch, Band 2, 5. Auflage, München 2007, zit. MüKo/*Bearbeiter*, BGB

Säcker, Franz Jürgen (Hrsg.)/ Rixecker, Roland (Hrsg.), Münchener Kommentar zum Bürgerlichen Gesetzbuch, Band 3, 6. Auflage, München 2012, zit. MüKo/*Bearbeiter*, BGB

Säcker, Franz Jürgen (Hrsg.)/ Rixecker, Roland (Hrsg.), Münchener Kommentar zum Bürgerlichen Gesetzbuch, Band 4, 5. Auflage, München 2009, zit. MüKo/*Bearbeiter*, BGB

Säcker, Franz Jürgen (Hrsg.)/ Rixecker, Roland (Hrsg.), Münchener Kommentar zum Bürgerlichen Gesetzbuch, Band 5, 5. Auflage, München 2009, zit. MüKo/*Bearbeiter*, BGB

Säcker, Franz Jürgen (Hrsg.)/ Rixecker, Roland (Hrsg.), Münchener Kommentar zum Bürgerlichen Gesetzbuch, Band 6, 5. Auflage, München 2009, zit. MüKo/*Bearbeiter*, BGB

Saller, Rudolf, Rechtliche Grundlagen der BGB-Gesellschaft im Hinblick auf die Möglichkeiten einer Haftungsbegrenzung, DStR 1995, S. 183-188

Savigny, Friedrich Carl von, Das Obligationenrecht als Theil des heutigen Römischen Rechts, Erster Band, Berlin 1851, zit. *Savigny*, Obligationenrecht I

Schäfer, Carsten, Offene Fragen der Haftung des BGB-Gesellschafters, ZIP 2003, S. 1225-1234

Schäfer, Carsten, Nachschusspflichten bei Personengesellschaften, in: Gesellschaftsrecht in der Diskussion 2007, hrsg. von der Gesellschaftsrechtlichen Vereinigung, Köln 2008, S. 137-152, zit. *Schäfer*, in: Gesellschaftsrecht in der Diskussion 2007

Schäfer, Carsten, Zur beschränkten Gesellschafterhaftung in der Publikums-GbR, in: Entwicklungslinien im Bank- und Kapitalmarktrecht, Festschrift für Gerd Nobbe, hrsg. von Mathias Habersack, Hans-Ulrich Joeres und Achim Krämer, Köln 2009, S. 909-926, zit. *Schäfer*, FS-Nobbe

Schäfer, Carsten, Quotenhaftung in der Publikums-GbR?, NZG 2010, S. 241-245

Schaps, Georg (Begr.)/ Abraham, Hans Jürgen, Das Seerecht in der Bundesrepublik Deutschland, Seehandelsrecht Erster Teil, Berlin 1978, zit. Schaps/*Abraham*

Schimansky, Herbert, Tilgungsbestimmung – quo vadis?, in: Festschrift für Klaus J. Hopt zum 70. Geburtstag am 24. August 2010, Unternehmen, Markt und Verantwortung, hrsg. von Stefan Grundmann, Brigitte Haar, Hanno Merkt, Peter O. Mülbert, Marina Wellenhofer sowie Harald Baum, Jan von Hein, Thomas von Hippel, Katharina Pistor, Markus Roth und Heike Schweitzer, Berlin 2010, S. 217-230, zit. *Schimansky*, FS-Hopt

Schimansky, Herbert (Hrsg.)/ Bunte, Hermann-Josef (Hrsg.)/ Lwowski, Hans-Jürgen (Hrsg.), Bankrechts-Handbuch, Band I, 4. Auflage, München 2011, zit. Schimansky/Bunte/Lwowski/*Bearbeiter*

Schimansky, Herbert (Hrsg.)/ Bunte, Hermann-Josef (Hrsg.)/ Lwowski, Hans-Jürgen (Hrsg.), Bankrechts-Handbuch, Band II, 4. Auflage, München 2011, zit. Schimansky/Bunte/Lwowski/*Bearbeiter*

Schlechtriem, Peter, Die sogenannte Unklarheitenregel des § 5 AGBG, in: Recht im Spannungsfeld von Theorie und Praxis, Festschrift für Helmut Heinrichs zum 70. Geburtstag, hrsg. von Andreas Heldrich, Peter Schlechtriem und Eike Schmidt, München 1998, S. 503-510, zit. *Schlechtriem*, FS-Heinrichs

Schlegelberger, Franz/ Liesecke, Rudolf, Seehandelsrecht, 2. Auflage, Berlin 1964, zit. *Schlegelberger/Liesecke*

Schleicher, Bettina, Persönliche Haftung der BGB-Gesellschafter von geschlossenen Immobilienfonds im Außenverhältnis, ZfIR 2002, S. 430-434

Schmidt, Karsten, Zur Stellung der OHG im System der Handelsgesellschaften, Bonn 1972, zit. *K. Schmidt*, Zur Stellung der OHG

Schmidt, Karsten, Haftungsprobleme der „bürgerlich-rechtlichen Kommanditgesellschaft“ (I), DB 1973, S. 653-657

Schmidt, Karsten, Wechselverband und Gesellschafterhaftung bei Personengesellschaften des Handelsrechts, ZHR 137 (1974), S. 509-526

Schmidt, Karsten, Gesellschaftsrecht, Köln 1986, zit. *K. Schmidt*, Gesellschaftsrecht, 1. Auflage

Schmidt, Karsten, Gesellschaftsrecht, 2. Auflage, Köln 1991, zit. *K. Schmidt*, Gesellschaftsrecht, 2. Auflage

Schmidt, Karsten, Die Partenreederei als Handelsgesellschaft, Köln 1995, zit. *K. Schmidt*, Die Partenreederei

Schmidt, Karsten, Gesellschaftsrecht, 3. Auflage, Köln 1997, zit. *K. Schmidt*, Gesellschaftsrecht, 3. Auflage

Schmidt, Karsten, Anmerkung zu BGH, Urteil vom 16.12.1996 – II ZR 242/95, JuS 1997, S. 752-753

Schmidt, Karsten, Quotenhaftung von BGB-Gesellschaftern, NJW 1997, S. 2201-2206

Schmidt, Karsten, HGB-Reform und gesellschaftsrechtliche Gestaltungspraxis, DB 1998, S. 61-65

Schmidt, Karsten, Das Handelsrechtsreformgesetz, NJW 1998, S. 2161-2169

Schmidt, Karsten, Die BGB-Außengesellschaft: rechts- und parteifähig, NJW 2001, S. 993-1003

Schmidt, Karsten, Gesellschaftsrecht, 4. Auflage, Köln 2002, zit. *K. Schmidt,* Gesellschaftsrecht

Schmidt, Karsten, Fünf Jahre „neues Handelsrecht", JZ 2003, S. 585-597

Schmidt, Karsten, Plädoyer für die freiberufliche (GmbH & Co.-)Kommanditgesellschaft, DB 2009, S. 271-274

Schmidt, Karsten, Personengesellschaften als Formkaufleute – Betrachtung und 14 Thesen für ein praxisgerechtes Verständnis des § 105 Abs. 2 HGB –, in: Festschrift für Peter Kreutz zum 70. Geburtstag, hrsg. von Günther Hönn, Hartmut Oetker und Thomas Raab, Köln 2010, S. 837-854, zit. *K. Schmidt*, FS-Kreutz

Schmidt, Karsten, Zur Verjährung der Verlustausgleichshaftung von Personengesellschaftern nach §§ 735, 739 BGB, DB 2010, S. 2093-2096

Schmidt, Karsten (Hrsg.), Münchener Kommentar zum Handelsgesetzbuch, Band 2, 3. Auflage, München 2011, zit. MüKo/*Bearbeiter*, HGB

Schmidt, Karsten, Echte und unechte Quotenhaftung von Personengesellschaftern, NJW 2011, S. 2001-2007

Schmidt, Karsten, Gesellschaftsrecht: Persönliche Haftung bei Grundstücksfonds, Anmerkung zu BGH, Urteil vom 19.7.2011 - II ZR 300/08, JuS 2011, S. 1124-1125

Schmidt, Ludwig (Begr.)/ Drenseck, Walter (Hrsg.), Einkommensteuergesetz Kommentar, 30. Auflage, München 2011, zit. Schmidt/Drenseck/*Bearbeiter*

Schmidt-Salzer, Joachim, Recht der AGB und der mißbräuchlichen Klauseln: Grundfragen, JZ 1995, S. 223-231

Schmitt, Ralph, Die Rechtstellung der Kleingewerbetreibenden nach dem Handelsrechtsreformgesetz, München 2003, zit. *Schmitt*

Schmoeckel, Mathias/ Rückert, Joachim/ Zimmermann, Reinhard, Historisch-kritischer Kommentar zum BGB, Band II, Schuldrecht Allgemeiner Teil, §§ 241-432, Tübingen 2007, zit. HKK/*Bearbeiter*

Schodder, Thomas F. W., Kurzkommentar zu BGH, Urteil vom 8.2.2011 – II ZR 243/09, EWiR 2011, § 128 HGB 2/11, S. 425-426

Schön, Wolfgang, Die vermögensverwaltende Personenhandelsgesellschaft – Ein Kind der HGB-Reform, DB 1998, S. 1169-1177

Schöpflin, Martin, Der nichtrechtsfähige Verein, Köln 2003, zit. *Schöpflin*

Scholze-Stubenrecht, Werner (Projektleiter), Duden, Das große Wörterbuch der deutschen Sprache in zehn Bänden, Band 7: Pekt-Schi, 3. Auflage, 1999, zit. Duden, Das große Wörterbuch der deutschen Sprache, Bd. 7

Schüller, Alfred, Unternehmenshaftung, Wirtschaftsrechnung und Wettbewerbsordnung, Zum Verhältnis von Marktfreiheit und Eigenverantwortlichkeit, in: Markt und Wettbewerb, Festschrift für Ernst Heuß zum 65. Geburtstag, hrsg. von Manfred Bochert, Ulrich Fehl und Peter Oberender, Stuttgart 1987, zit. *Schüller*, FS-Heuß

Schünemann, Wolfgang B., Grundprobleme der Gesamthandsgesellschaft unter besonderer Berücksichtigung des Vollstreckungsrechts, Bielefeld 1975, zit. *Schünemann*

Schürnbrand, Jan, Der Schuldbeitritt zwischen Gesamtschuld und Akzessorietät, Berlin 2003, zit. *Schürnbrand*

Schulz, Dietmar, Anmerkung zu KG, Urteil vom 22.12.2010, 26 U 232/09, WuB II E. § 128 HGB 1.11, S. 661-662

Schulze-Osterloh, Joachim, Die Verwaltung eigenen Vermögens als Handelsgewerbe, in: Festschrift zum 65. Geburtstag von Horst Baumann, hrsg. vom Verein zur Förderung der Versicherungswissenschaft an den drei Berliner Universitäten, Karlsruhe 1999, S. 325-333, zit. *Schulze-Osterloh*, FS-Baumann

Schumann, Hans, Zur konkursrechtlichen Stellung des zahlenden und rückgriffsberechtigten Kommanditisten, JZ 1958, S. 427-431

Schwintowski, Hans-Peter, Bankrecht, 3. Auflage, Köln 2011, zit. *Schwintowski*

Selb, Walter, Mehrheiten von Gläubigern und Schuldnern, Tübingen 1984, zit. *Selb*

Siems, Mathias, Der personelle Anwendungsbereich des Handelsrechts nach dem Handelsrechtsreformgesetz, München 1999, zit. *Siems*

Siems, Mathias, Die Vermögensverwaltung im HGB - Gewerbebegriff und Vermögensverwaltungsgesellschaften, NZG 2001, S. 738-742

Soergel, Hans Theodor (Begr.)/ Siebert, Wolfgang (Hrsg.), Bürgerliches Gesetzbuch mit Einführungsgesetz und Nebengesetzen, Band 3 (§§ 611-853), 10. Auflage, Stuttgart 1969, zit. Soergel/*Bearbeiter*, 10. Auflage

Soergel, Hans Theodor (Begr.)/ Siebert, Wolfgang (Hrsg.), Bürgerliches Gesetzbuch mit Einführungsgesetz und Nebengesetzen, Band 4 (§§ 705-853), 11. Auflage, Stuttgart 1985, zit. Soergel/*Bearbeiter*, 11. Auflage

Soergel, Hans Theodor (Begr.)/ Siebert, Wolfgang (Hrsg.), Bürgerliches Gesetzbuch mit Einführungsgesetz und Nebengesetzen, Band 2, Schuldrecht I (§§ 241-432), 12. Auflage, Stuttgart 1990, zit. Soergel/*Bearbeiter*, 12. Auflage

Soergel, Hans Theodor (Begr.)/ Siebert, Wolfgang (Hrsg.), Bürgerliches Gesetzbuch mit Einführungsgesetz und Nebengesetzen, Band 2, Allgemeiner Teil 2, §§ 104-240, 13. Auflage, Stuttgart 1999, zit. Soergel/*Bearbeiter*

Soergel, Hans Theodor (Begr.)/ Siebert, Wolfgang (Hrsg.), Bürgerliches Gesetzbuch mit Einführungsgesetz und Nebengesetzen, Band 5/3, Schuldrecht 3/3, §§ 328-432, 13. Auflage, Stuttgart 2010, zit. Soergel/*Bearbeiter*

Soergel, Hans Theodor (Begr.)/ Siebert, Wolfgang (Hrsg.), Bürgerliches Gesetzbuch mit Einführungsgesetz und Nebengesetzen, Band 11/1, Schuldrecht 9/1, §§ 705-758, 13. Auflage, Stuttgart 2011, zit. Soergel/*Bearbeiter*

Soergel, Hans Theodor (Begr.)/ Siebert, Wolfgang (Hrsg.), Baur, Jürgen F. (Hrsg.), Bürgerliches Gesetzbuch mit Einführungsgesetz und Nebengesetzen, Band 16, Sachenrecht 3, §§ 1018-1296, 13. Auflage, Stuttgart 2001, zit. Soergel/*Bearbeiter*

Staake, Marco, Anmerkung zu den Urteilen des BGH vom 8.2.2011 – II ZR 243/09 und II ZR 263/09, LMK 2011, 318841

Stamm, Jürgen, Regreßfiguren im Zivilrecht, Berlin 2000, zit. *Stamm*

Staub, Hermann (Begr.), Handelsgesetzbuch, Großkommentar, Zweiter Band, 2. Halbband, §§ 145-177, §§ 335-342, 3. Auflage, Berlin 1970, zit. Staub/*Bearbeiter*, 3. Auflage

Staudinger, Julius von (Begr.), Kommentar zum Bürgerlichen Gesetzbuch mit Einführungsgesetz und Nebengesetzen, Zweites Buch, Recht der Schuldverhältnisse, §§ 652-740, 12. Auflage, Berlin 1991, zit. Staudinger/*Bearbeiter*, 12. Auflage

Staudinger, Julius von (Begr.), Kommentar zum Bürgerlichen Gesetzbuch mit Einführungsgesetz und Nebengesetzen, Zweites Buch, Recht der Schuldverhältnisse, §§ 765-778, Berlin, Dreizehnte Bearbeitung 1997, zit. Staudinger/*Bearbeiter*

Staudinger, Julius von (Begr.), Kommentar zum Bürgerlichen Gesetzbuch mit Einführungsgesetz und Nebengesetzen, Buch 2, Recht der Schuldverhältnisse, §§ 705-740, Berlin, Dreizehnte Bearbeitung 2003, zit. Staudinger/*Bearbeiter*

Staudinger, Julius von (Begr.), Kommentar zum Bürgerlichen Gesetzbuch mit Einführungsgesetz und Nebengesetzen, Buch 1, Allgemeiner Teil, §§ 90-133; §§ 1-54, 63 BeurkG, Berlin Neubearbeitung 2004, zit. Staudinger/*Bearbeiter*

Staudinger, Julius von (Begr.), Kommentar zum Bürgerlichen Gesetzbuch mit Einführungsgesetz und Nebengesetzen, Buch 2, Recht der Schuldverhältnisse, §§ 305-310, UKlaG, Berlin, Neubearbeitung 2006, zit. Staudinger/*Bearbeiter*

Staudinger, Julius von (Begr.), Kommentar zum Bürgerlichen Gesetzbuch mit Einführungsgesetz und Nebengesetzen, Buch 2, Recht der Schuldverhältnisse, §§ 255-304, Berlin, Neubearbeitung 2009, zit. Staudinger/*Bearbeiter*

Staudinger, Julius von (Begr.), Kommentar zum Bürgerlichen Gesetzbuch mit Einführungsgesetz und Nebengesetzen, Buch 2, Recht der Schuldverhältnisse, §§ 488-490, 607-609, Berlin, Neubearbeitung 2011, zit. Staudinger/*Bearbeiter*

Stenzel, Igor/ Beckmann, Kati, Haftung von Anlegern als Gesellschafter einer GbR, BB 2011, S. 2507-2514

Tebben, Joachim, Der Treuhandkommanditist, in: Gesellschaftsrecht in der Diskussion 2010, hrsg. von der Gesellschaftsrechtlichen Vereinigung, Köln 2011, S. 161-179, zit. *Tebben*, in: Gesellschaftsrecht in der Diskussion 2010

Thürling, Martin, Die quotale Haftung in der Publikums-GbR, Aachen 2012, zit. *Thürling*

Tielsch, Elfriede, Beschränkte Haftung, Freiburg 1935, zit. *Tielsch*

Timm, Wolfram, Die Rechtsfähigkeit der Gesellschaft bürgerlichen Rechts und ihre Haftungsverfassung, NJW 1995, S. 3209-3218

Timme, Michael (Hrsg.), Beck`scher Online-Kommentar, WEG, 11. Edition, Stand 1.1.2012, München, zit. Timme/*Bearbeiter*

Tipke, Klaus (Begr.), Lang, Joachim (Hrsg.), Steuerrecht, 20. Auflage, Köln 2010, zit. Tipke/Lang/*Bearbeiter*

Ulmer, Peter, Hundert Jahre Personengesellschaftsrecht: Rechtsfortbildung bei OHG und KG, ZHR 161 (1997), S. 102-132

Ulmer, Peter, Die Gesamthandsgesellschaft – ein noch immer unbekanntes Wesen?, AcP 198 (1998), S. 113-151

Ulmer, Peter, Gesellschafterhaftung in der Gesellschaft bürgerlichen Rechts: Durchbruch der Akzessorietätstheorie?, ZIP 1999, S. 554-565

Ulmer, Peter, Unbeschränkte Gesellschafterhaftung in der Gesellschaft bürgerlichen Rechts, ZGR 2000, S. 339-349

Ulmer, Peter, Die höchstrichterlich „enträtselte" Gesellschaft bürgerlichen Rechts, ZIP 2001, S. 585-599

Ulmer, Peter, Die Haftungsverfassung der BGB-Gesellschaft, ZIP 2003, S. 1113-1122

Ulmer, Peter, Zur Anlegerhaftung in geschlossenen (Alt-)Immobilienfonds, ZIP 2005, S. 1341-1346

Ulmer, Peter/ Hensen, Horst-Diether/ Christensen, Guido/ Fuchs, Andreas/ Schmidt, Harry, AGB-Recht, 11. Auflage, Köln 2011, zit. Ulmer/Brandner/Hensen/*Bearbeiter*

Voigt, Daniel, Freier Zugang zu Anlegerdaten?, NZG 2011, S. 256-258

Vorwerk, Volkert/ Wolf, Christian, Beck`scher Online-Kommentar, ZPO, 3. Edition, Stand 1.1.2012, München, zit. Vorwerk/Wolf/*Bearbeiter*

Wälzholz, Eckhard, Die haftungsbeschränkte private Gesellschaft bürgerlichen Rechts – Phoenix aus der Asche?, MittBayNot 2003, S. 35-39

Wagner, Jens, Neue Haftungsrisiken für Kommanditisten einer kleingewerblichen KG vor Eintragung, NJW 2001, S. 1110-1112

Wagner, Klaus-R., Krisenmanagement bei notleidenden geschlossenen Immobilienfonds, NZG 1998, S. 289-299

Wagner, Klaus-R., Umsetzung von Krisenmanagement bei notleidenden geschlossenen Immobilienfonds, NZG 1999, S. 868-875

Wagner, Klaus-R., Not leidende geschlossene GbR-Immobilienfonds: Gesellschaftsrechtliche Folgen für ausgeschiedene und verbliebene Anleger, ZfIR 2005, S. 605-622

Wagner, Klaus-R., Quotale Haftung bei geschlossenen GbR-Fonds und Innenausgleich, ZfIR 2009, S. 728-733

Wagner, Klaus-R., Neuere gesellschaftsrechtliche Entwicklungen in Rechtsprechung und Fachschrifttum zu notleidenden geschlossenen Immobilienfonds, WM 2010, S. 1684-1690

Wagner, Klaus-R., Update 2010 gesellschaftsrechtlicher Entwicklungen in Rechtsprechung und Fachschrifttum zu notleidenden geschlossenen Fonds, NZG 2011, S. 489-494

Wagner, Klaus-R./ Loritz, Karl-Georg, Berlin-Fonds: Verfassungsrechtliche Fragen der unbeschränkten persönlichen Anlagerhaftung infolge der Rechtsprechungsänderung des BGH, WM 2009, S. 2149-2156

Wahrig, Gerhard (Begr.)/ Krämer, Hildegard (Hrsg.)/ Zimmermann, Harald (Hrsg.), Brockhaus Wahrig Deutsches Wörterbuch in sechs Bänden, Fünfter Band, P-STD, Wiesbaden/Stuttgart 1983, zit. Brockhaus Wahrig, Deutsches Wörterbuch, Bd. 5

Walch, Mathias, Die Sanierung der Immobilienfondsgesellschaft, Köln 2006, zit. *Walch*

Weber, Ralph, Die Gesellschaft bürgerlichen Rechts – Begriff, Voraussetzungen, JuS 2000, S. 313-320

Weckler, Birgit, Anmerkung zu BGH, Urteil vom 19.7.2011- II ZR 300/08, NZI 2011, S. 870-871

Weisemann, Ulrich, Rechtsscheinhaftung und faktische Gesellschaft bei Immobilienfonds/GbR, Anregungen zu einer konsequenteren Rechtsprechung des BGH, DZWIR 2007, S. 183-187

Weitnauer, Hermann, Personenmehrheit auf der Gläubiger- und Schuldnerseite, in: Festschrift für Fritz Hauß zum 70. Geburtstag, hrsg. von Ernst von Caemmerer, Robert Fischer, Karl Nüßgens und Reimer Schmidt, Karlsruhe 1978, S. 373-393, zit. *Weitnauer*, FS-Hauß

Wellensiek, Jobst, Anwaltshaftung und Risikomanagement, in: Festschrift für Hans Erich Brandner zum 70. Geburtstag, hrsg. von Gerd Pfeiffer, Joachim Kummer, Silke Scheuch, Köln 1996, S. 727-752, zit. *Wellensiek*, FS-Brandner

Wernecke, Frauke, Die Gesamtschuld- ihre Befreiung von irrationalen Merkmalen und ihre Rückführung in die Gesetzessystematik, Berlin 1990, zit. *Wernecke*

Wertenbruch, Johannes, Begründung von Nachschusspflichten in der Personengesellschaft, DStR 2007, S. 1680-1684

Wertenbruch, Johannes, Anmerkung zu BGH, Urteil vom 19.7.2011 – II ZR 300/08, EWIR 2011, § 128 HGB 3/11, S. 749-750

Westermann, Harm Peter (Hrsg.), Erman Bürgerliches Gesetzbuch, Band I, 12. Auflage, Köln 2008, zit. Erman/*Bearbeiter*, 12. Auflage

Westermann, Harm Peter, Neues zur Risikolage der Anleger in geschlossenen Immobilienfonds, in: Festschrift für Achim Krämer zum 70. Geburtstag am 19. September 2009, hrsg. von Uwe Blaurock, Joachim Bornkamm und Christian Kirchberg, Berlin 2009, S. 373-396, zit. Westermann, FS-Krämer

Westermann, Harm Peter, Der EuGH zur (fehlerhaften) Beteiligung an einem geschlossenen Immobilienfonds, DZWIR 2010, S. 265-269

Westermann, Harm Peter, Die Sanierung geschlossener Immobilienfonds, NZG 2010, S. 321-328

Westermann, Harm Peter, Die Enttäuschung um die quotale Haftung des BGB-Gesellschafters, NZG 2011, S. 1041-1047

Westermann, Harm Peter (Hrsg.)/ Grunewald, Barbara (Hrsg.)/ Maier-Reimer, Georg (Hrsg.), Erman Bürgerliches Gesetzbuch, Band I, 13. Auflage, Köln 2011, zit. Erman/*Bearbeiter*

Westermann, Harm Peter (Hrsg.)/ Grunewald, Barbara (Hrsg.)/ Maier-Reimer, Georg (Hrsg.), Erman Bürgerliches Gesetzbuch, Band II, 13. Auflage, Köln 2011, zit. Erman/*Bearbeiter*

Wiedemann, Herbert, Juristische Person und Gesamthand als Sondervermögen, WM 1975, Sonderbeilage Nr. 4, S. 1-44

Wiedemann, Herbert, Gesellschaftsrecht, Band I, Grundlagen, München 1980, zit. *Wiedemann*, Gesellschaftsrecht I

Wiedemann, Herbert, Rechte und Pflichten des Personengesellschafters, WM 1992, Sonderbeilage Nr. 7, S. 1-54

Wiedemann, Herbert, Rechtsverhältnisse der BGB-Gesellschaften zu Dritten, WM 1994, Sonderbeilage Nr. 4, S. 1-19

Wiedemann, Herbert, Anmerkung zu BGH, Urteil vom. 29.1.2001, II ZR 331/00, JZ 2001, S. 661-664

Wiedemann, Herbert, Gesellschaftsrecht, Band II, München 2004, zit. *Wiedemann*, Gesellschaftsrecht II

Wieland, Karl, Handelsrecht, Erster Band, Das kaufmännische Unternehmen und die Handelsgesellschaften, München und Leipzig 1921, zit. *Wieland*

Wieling, Hans, Empfängerhorizont: Auslegung der Zweckbestimmung und Eigentumserwerb, JZ 1977, S. 291-296

Wieser, Eberhard, Empirische und normative Auslegung, JZ 1985, S. 407-410

Windbichler, Christine, Gesellschaftsrecht, 22. Auflage, München 2009, zit. *Windbichler*

Wössner, Jörg, Akzessorische Gesellschafterhaftung und „Vielgestaltigkeit" der Gesellschaft bürgerlichen Rechts – ein Widerspruch?, ZIP 2003, S. 1235-1240

Wolf Ingo, Vertragliche Haftungsbeschränkungen der Gesellschafter bürgerlichen Rechts gegenüber gesellschaftsexternen Gläubigern, Baden-Baden 1990, zit. *Wolf*

Wolf, Manfred (Hrsg.)/ Lindacher, Walter F. (Hrsg.)/ Pfeiffer, Thomas (Hrsg.), AGB-Recht, Kommentar, 5. Auflage, München 2009, zit. Wolf/Lindacher/Pfeiffer/*Bearbeiter*

Wolf, Martin, Ausbau des Gläubigerschutzes statt Totalverbots der „GbR mit beschränkter Haftung", WM 2000, S. 704-712

Würdinger, Hans, Gesellschaften, 1. Teil: Recht der Personengesellschaften, Hamburg 1937, zit. *Würdinger*, Gesellschaften I

Würdinger, Marcus, Die Analogiefähigkeit von Normen, Eine methodologische Untersuchung über Ausnahmevorschriften und deklaratorische Normen, AcP 206 (2006), S. 946-979

Zöllner, Wolfgang, Rechtssubjektivität von Personengesellschaften?, in: Festschrift für Joachim Gernhuber zum 70. Geburtstag, hrsg. von Hermann Lange, Knut Wolfgang Nörr und Harm Peter Westermann, Tübingen 1993, S. 563-578, zit. *Zöllner*, FS-Gernhuber

Zöllner, Wolfgang, Rechtsfähigkeit der BGB-Gesellschaft – ein Sachverstands- oder Kommunikationsproblem, in: Festschrift für Alfons Kraft zum 70. Geburtstag, hrsg. von Günther Hönn, Horst Konzen und Peter Kreutz, Neuwied 1998, S. 701-718, zit. *Zöllner*, FS-Kraft

Zunft, Fritz, Anmerkung zu BGH, Urteil vom 2.7.1962 - II ZR 204/60, NJW 1962, S. 2148-2149

Abkürzungsverzeichnis

a.A.	andere Ansicht
Abs.	Absatz
AcP	Archiv für civilistische Praxis
ADHGB	Allgemeines Deutsches Handelsgesetzbuch vom 31.5.1861
a.E.	am Ende
AG	Aktiengesellschaft (Singular/Plural)
AGB	Allgemeine Geschäftsbedingungen
AGBG	Gesetz über Allgemeine Geschäftsbedingungen vom 9.12.1976, außer Kraft getreten am 1.1.2002
Alt.	Alternative
Anh.	Anhang
Anm.	Anmerkung
AnwBl.	Anwaltsblatt
AO	Abgabenordnung vom 16.3.1976
Art.	Artikel
BayObLG	Bayerisches Oberlandesgericht
BayObLGZ	Entscheidungen des Bayerischen Obersten Landesgerichts in Zivilsachen
BB	Betriebs-Berater

Bd.	Band
Begr.	Begründer
BFH	Bundesfinanzhof
BGB	Bürgerliches Gesetzbuch vom 18.8.1896
BGBl	Bundesgesetzblatt
BGH	Bundesgerichtshof
BGHZ	Entscheidungen des Bundesgerichtshofs in Zivilsachen
BKR	Zeitschrift für Bank- und Kapitalmarktrecht
BRAO	Bundesrechtsanwaltsordnung vom 1.8.1959
BStBl.	Bundessteuerblatt
BT-Drucks.	Bundestag-Drucksache
BVerwG	Bundesverwaltungsgericht
bzw.	beziehungsweise
ca.	circa
DB	Der Betrieb
ders.	derselbe
d.h.	das heißt
dies.	dieselbe
DM	Deutsche Mark
DStR	Deutsches Steuerrecht

DZWIR	Deutsche Zeitschrift für Wirtschafts- und Insolvenzrecht
ebd.	ebendort
EStG	Einkommensteuergesetz vom 16.10.1934
EWiR	Entscheidungen zum Wirtschaftsrecht
EWiV-VO	Verordnung (EWG) Nr. 2137/85 des Rates vom 25. Juli 1985 über die Schaffung einer Europäischen wirtschaftlichen Interessenvereinigung (EWIV)
f., ff.	folgende (Singular/Plural)
Fn.	Fußnote (Singular/Plural)
FS	Festschrift
GbR	Gesellschaft bürgerlichen Rechts (Singular/Plural)
GbR mbH	Gesellschaft bürgerlichen Rechts mit beschränkter Haftung
GesRZ	Der Gesellschafter
GmbH	Gesellschaft mit beschränkter Haftung (Singular/Plural)
GmbHG	Gesetz betreffend die Gesellschaften mit beschränkter Haftung vom 20.4.1892
GmbHR	GmbH-Rundschau
GoA	Geschäftsführung ohne Auftrag
GS	Gedächtnisschrift
GWR	Gesellschafts- und Wirtschaftsrecht

Hdb.	Handbuch
HGB	Handelsgesetzbuch vom 10.5.1897
h.M.	herrschende Meinung
Hrsg.	Herausgeber(in)
hrsg.	herausgegeben
HS.	Halbsatz
INF	Die Information über Steuer und Wirtschaft
InsO	Insolvenzordnung vom 5.10.1994
InvG	Investmentgesetz vom 15.12.2003
JuS	Juristische Schulung
JZ	JuristenZeitung
KG	Kammergericht, Kommanditgesellschaft (Singular/Plural)
krit.	kritisch
LG	Landgericht (Singular/Plural)
LMK	Kommentierte BGH-Rechtsprechung Lindenmaier-Möhring
MDR	Monatsschrift für Deutsches Recht
Mio.	Millionen
MittBayNot	Mitteilungen des Bayrischen Notarvereins
MittRhNotK	Mitteilungen der Rheinischen Notarkammer
MoMiG	Gesetz zur Modernisierung des GmbH-

	Rechts und zur Bekämpfung von Missbräuchen vom 23.10.2008
m.w.N.	mit weiteren Nachweisen
n.F.	neue Fassung
NJOZ	Neue Juristische Online Zeitschrift
NJW	Neue Juristische Wochenschrift
NJW-RR	NJW-Rechtsprechungs-Report
Nr.	Nummer
NWB	NWB Steuer- und Wirtschaftsrecht
NZG	Neue Zeitschrift für Gesellschaftsrecht
NZI	Neue Zeitschrift für das Recht der Insolvenz und Sanierung
NZM	Neue Zeitschrift für Miet- und Wohnungsrecht
OHG	Offene Handelsgesellschaft (Singular/Plural)
OLG	Oberlandesgericht (Singular/Plural)
PartGG	Gesetz über Partnerschaftsgesellschaften Angehöriger freier Berufe vom 25.7.1994
RBerG	Rechtsberatungsgesetz vom 13.12.1935, außer Kraft getreten am 30. Juni 2008, Art. 20 des Gesetzes zur Neuregelung des Rechtsberatungsrechts vom 12. Dezember 2007
RG	Reichsgericht

RGZ	Entscheidungen des Reichsgerichts in Zivilsachen
Rn.	Randnummer (Singular/Plural)
Rpfleger	Der Deutsche Rechtspfleger
Rz.	Randzeichen
S.	Satz (Singular/Plural); Seite (Singular/Plural)
s./S.	siehe
s.o.	siehe oben
TranspR	Transportrecht
UmwG	Umwandlungsgesetz vom 28.10.1994
Var.	Variante (Singular/Plural)
vgl.	vergleiche
VIZ	Zeitschrift für Vermögens- und Immobilienrecht
Vorb.	Vorbemerkung
WEG	Wohnungseigentumsgesetz vom 15.3.1951
WM	Zeitschrift für Wirtschafts- und Bankrecht, Wertpapier-Mitteilungen
WuB	Kommentierende Entscheidungssammlung zum Wirtschafts- und Bankrecht
z.B.	zum Beispiel
ZfIR	Zeitschrift für Immobilienrecht

ZGR	Zeitschrift für Unternehmens- und Gesellschaftsrecht
ZIP	Zeitschrift für Wirtschaftsrecht
zit.	zitiert
ZPO	Zivilprozessordnung vom 12.09.1950
ZVG	Gesetz über die Zwangsversteigerung und die Zwangsverwaltung vom 24.03.1897
ZWE	Zeitschrift für Wohnungseigentumsrecht
zzgl.	zuzüglich

www.ingramcontent.com/pod-product-compliance
Ingram Content Group UK Ltd.
Pitfield, Milton Keynes, MK11 3LW, UK
UKHW021839290926
8980IPUK00005B/545

9 783631 629758